中国哲学原理

ZHONGGUO ZHEXUE YUANLI

胡家祥 著

中国社会科学出版社

图书在版编目(CIP)数据

中国哲学原理 / 胡家祥著 . —北京：中国社会科学出版社，
2012. 12
ISBN 978-7-5161-1935-8

Ⅰ. ①中… Ⅱ. ①胡… Ⅲ. ①哲学—研究—中国 Ⅳ. ①B2

中国版本图书馆 CIP 数据核字(2012)第 307965 号

出 版 人 赵剑英
责任编辑 韩国茹
责任校对 李 正
责任印制 王炳图

出 版 中国社会科学出版社
社 址 北京鼓楼西大街甲 158 号 (邮编 100720)
网 址 http：//www.csspw.cn
中文域名：中国社科网 010 - 64070619
发 行 部 010 - 84083685
门 市 部 010 - 84029450
经 销 新华书店及其他书店

印 刷 北京君升印刷有限公司
装 订 廊坊市广阳区广增装订厂
版 次 2012 年 12 月第 1 版
印 次 2012 年 12 月第 1 次印刷

开 本 710×1000 1/16
印 张 20.25
插 页 2
字 数 345 千字
定 价 59.00 元

目　录

第一编　大化论

第二编　心性论

第三编　知行论

序

蒙培元

中国哲学是一个伟大民族的智慧结晶，它以探究宇宙人生的真理为永久性主题，具有强大的生命力，历久而弥新。中国哲学又是在历史中发展的，在不同时代可容纳不同的时代内容，以满足人们的精神诉求。进入现代社会以后，能不能以及如何建立现代的中国哲学，就是一个十分迫切的问题。胡家祥教授的《中国哲学原理初编》，就是为解决这个问题而作出的重要成果。

该书之所以名之为"原理"者，意在揭示中国哲学原初的、本有的普遍性意义，予以系统化的表述，也就是将中国哲学固有而未能明确表述的潜在系统或实质系统用现代语言表述出来，使其精华和普遍价值成为现代精神文明建设的营养。所谓"中国哲学"原理，还有一层意义，就是将中国的儒、道、佛三大思潮，整合为一，揭示其看似冲突而实质上统一的共同原则，这是既见树木又见森林之举。其所以名之为"初编"者，由于这是一项非常艰巨的工程，虽然已经"完工"，但是还有待于修改、充实。这不只是作者的谦词，还是一种严肃真诚的态度。①

上个世纪三四十年代以后，中国的哲学家们开始用新的观点和方法，解释中国哲学，为中国哲学的现代化作出了贡献。但是，免不了"以西解中"的模式。现在，进入多元文化对话时期，中国哲学的地位进一步提高，文化自觉意识进一步提升。那么，中国哲学在现代社会应发挥怎样的作用？要回答这样的问题，就要在前人的基础上，有所前进。一方面，

---

① 本书最初题名为《中国哲学原理初编》。经过近一年时间的广泛征求意见和斟酌打磨，有些学界同仁建议去掉"初编"二字，因为人文和社会学科以"原理"命名并不意味着它是唯一的。现予采纳。

要进入中国哲学的深层底蕴，通过生命体验，把握其精神实质；另一方面，要运用创造性的理论思维，作出新的解释。只有"入乎其内"，才能"出乎其外"。胡家祥教授就是这样做的。他用十多年的功夫，消化前人的成果，又吸收了最新的研究成果，将中国哲学融入现代社会，钩深撮要，提炼出对现代人最有价值的精华。立意新颖而不失中国哲学之根本精神，逻辑严谨而不离中国哲学之本义，立足现代而能打通古今，保留中国哲学之命脉。该著既是对中国哲学现代化的一次总结，又有作者的创造性发展。

胡教授在设计该书结构框架时，有一个重要的观点，认为中国哲学要解决的是宇宙人生的问题，其中又特别重视人的问题，重视人在宇宙中的地位及其意义和价值，因此，可称之为人学。人学的核心则是心性之学，故又称之为广义的心学。在心性之学中，他特别重视和强调"志"的地位与作用，认为"志是人生的价值所在"，"志是理想与自由意志的合体"，"志当为心性诸因素的统帅"。我们知道，志在中国哲学中有重要地位，但是像这样提高并强调志的地位与作用，却是前人所没有的。从中国哲学中引申出这样的意义，应是一个新的发展。作者之所以如此重视并提高志的地位，意在弘扬中国哲学的刚健精神，以完成完美向上的人格。

该著在贯通古今的同时，又在融会中西方面作出了努力。其中，特别凸显出中国哲学的特征及其在现代社会的独特贡献，有很多精彩之论。比如"中国哲学虽然以人为中心，却与西方所谓的人类中心主义存在本质的区别"，非有深入研究者不能提出。又如对"情"的论述，认为情不仅"是人文文化的血脉"，而且有"高洁的"情感，直接与价值相关，使中国哲学以道德、美学见长。这也是透辟之论。再如对"身体"的解释，以为是"以身体之"的体验和实践之学，是身心一元而非二元。可说是对中国哲学的深度把握。这类论述还有很多，不必一一列举。

胡教授将书稿送我，征求意见，并要我写一篇短序。读过之后，觉得这是一部难得的好著作，便写了上面这些话，挂一漏万。希望更多的学者和大学生能够共享，从中吸取新知。

2012 年 1 月 2 日

引　言

　　建构当代形态的中国哲学原理，是一个重大而艰难的课题。可以推想，以为无必要而轻视者不乏其人，认为不可能的怀疑者或许更多更普遍。之所以轻视这一课题，是认为它本身没有多大价值；之所以持怀疑态度，是以为至少在当代还没有充分条件将这一课题提上日程。两种看法和态度都有其存在的依据，然而也须容许与之相反的回答。[①]

一　建构中国哲学原理的必要性

　　当代学界有一种看法，认为中国传统文化中没有哲学，我们只能说"哲学在中国"而不应称"中国（的）哲学"，虽然讲出了一些理由，笔者却不敢苟同。

　　黑格尔、费尔巴哈、马克思等都认为，宗教与哲学有着血缘关系，哲学的最初形式存在于宗教中。克罗齐甚至提出：宗教就是"正在形成过程中的、多少有点不完善的哲学"，哲学"则是多少有些净化和精致的宗教"。[②] 宗教与哲学都属于信仰领域，按现代宗教学的奠基人麦克斯·缪勒的看法，是源于人类心灵中"信仰的天赋"——缪勒认为它是康德哲学中"Vernunft"（现行中译本普遍译为"理性"）一词的真正涵义。华夏民族历来是一个有信仰的民族，先哲一直持有对宇宙和人生的整体的、终极的关切，从先秦的百家争鸣发端，到汉代的寻天人之际，再到魏晋玄学、隋唐佛学、宋明理学……他们对形上学的兴趣几乎没有中断过。

　　无论是宗教还是哲学，都在寻求对两个最基本的问题作出回答，即宇

---

　　① 　鉴于本学科具有草创性质，引言将集中讨论建立学科的相关问题。全书的主要内容拟放在每编的概要、各章的小结和全书的结语中阐述。

　　② 　克罗齐：《美学原理·美学纲要》，朱光潜等译，外国文学出版社 1983 年版，第 217 页。

宙是什么？人是什么？由此而表述为某种世界观和人生观。事实上，我国先哲的相关回答中有许多独到的见解，这些见解并且是内在融通的。如果我们采用卡西尔等的分类，将着重回答"宇宙是什么"问题的称为宇宙学哲学，将着重回答"人是什么"问题的称为人类学哲学，那么可以说，中国哲学主要是人类学哲学。我们不能套用西方的宇宙学哲学的范式而否认中国哲学的存在，更何况在《老子》、《易传》、《正蒙》等著作中不乏宇宙学哲学性质的论述。尽管就个体而言，我们的先人大多缺少系统的哲学探索，但作为一个有着悠久历史的文明民族，还应该注意她的群体所造就的成果。

　　更进一层说，中国哲学着重于认识人自身，集中关注人生问题，其意义非常重大。据传，古希腊得尔福神庙的入口处铭刻着一条警世箴言："认识你自己！"并曾为苏格拉底所赞赏。卡西尔在其名著《人论——人类文化哲学导引》中开篇即称："认识自我乃是哲学探究的最高目标。"[①]在他看来，这一目标已被证明是阿基米德点，是一切思潮牢固而不可动摇的中心，种种怀疑论只是这种坚定的人本主义的副本而已。认识自我与关注人生密切相联。维特根斯坦对西方传统哲学的许多命题持有批判态度，认为它们跨越了语言传达的界限，但还是坦率地承认："我们觉得，即使一切可能的科学问题都已得到解答，也还完全没有触及到人生问题。"[②]对人生问题进行解答正是哲学的基本宗旨。

　　中国哲学的人生论极其丰富，是对人类思想史的重要贡献。张岱年先生曾谈到："世界上关于人生哲学的思想，实以中国为最富，其所触及的问题既多，其所达到的境界亦深。"[③]张先生还以人生论为轴心，勾勒了中国哲学思想的嬗变历程：孔子为正，墨子是反，其合是孟子（如孔子重仁，墨子重义，孟子则兼重仁义）；儒墨为正，道家为反，其合为荀子；孟子是正，荀子为反，其合为战国末期或周秦之际的儒家；中国固有的思想为正，外来的佛教思想为反，其合为宋明道学。[④]我们还可以补充说，宋明理学为正，明末清初的事功之学为反，其合为现代新儒家（冯

---

　　① 卡西尔：《人论》，甘阳译，上海译文出版社 1985 年版，第 3 页。

　　② 维特根斯坦：《逻辑哲学论》，贺绍甲译，商务印书馆 2009 年版，第 104 页。

　　③ 张岱年：《中国哲学大纲》，中国社会科学出版社 1982 年版，第 166 页。

　　④ 同上书，第 383 页。对于宋明哲学，学界通常称为理学（广义），包括程朱理学（狭义）和陆王心学。

友兰、牟宗三等更进入以中为正、以西为反而求合阶段）。

人生哲学探究人应该怎样生活才有价值和意义，核心是道德问题。近代以来，人类对物理世界的认识突飞猛进，但对自身的体认则相形见绌。我们有理由为自然科学的巨大进步而自豪，但不能不为道德研究的相对低落而抱憾。中国哲学主要是道德哲学。道是天地万物的本根，人类得之谓之德。所以道德领域是一个自由的领域，是内在德性的显现和付诸践履。道德哲学就是道德的形上学，它以天赋予人的性理为主要研究对象，着重揭示人类为自身立法的条件和机制，回答道德自律何以可能的问题。华夏民族的先哲于此提出了许多有价值的见解，呼唤当代学人擘肌分理，予以系统的把握。

基于上述，从学术事业的必然进程看，建构中国哲学原理应当是现代学界的重要使命。

首先，这是文化传承的必需。在全球化的时代，哲学日益显示出它的无国界性质。但在古代社会，各民族的哲学不免形态的特殊性，特殊的哲学观念对其他文化形态的影响有着逻辑上的深刻性、空间上的广泛性和时间上的持久性。可以说，不理解中国哲学思想，就不能够充分认识华夏民族的传统文化。在传统文化中，诸如伦理观念、艺术观念和医学理论等领域有很多遗产在当今仍然值得继承和发扬，可以作为全人类共享的精神财富，这就要求人们进一步掌握与之相关的哲学思想。再就中国哲学学科自身来看，若能建立起共时性的原理体系，就有可能为中国哲学史的研究开辟新生面。我们知道，黑格尔、罗素等写哲学史，都是从自己的思想体系出发进行考察、梳理的，一种新的共时性的体系往往包含一种整合历史资料的新维度、新范式，促进史学研究向深度与广度拓展。

令人遗憾的是，最不能容忍原理建设工程的可能来自于当代治中国哲学的一部分学人。他们习惯于史学视角的研究，秉持对于原典的忠实态度，遵循述而不作、仅在诠释中发挥的传统，往往认为很多局部的问题都没有弄清楚，哪有条件建立总括中国哲学观念的原理体系？这些同仁的严谨学风是值得赞赏的，但他们应该意识到史学的整理发掘与原理的整合探究可以并行不悖、相得益彰。任何一部原理性质的著作，为保持观念系统的自洽性，不能不持一元化立场，这并不意味着排斥多元并进，没有独立的一元哪有多元局面的存在？相反地，那种要求原理应将该学科的观念包罗无遗的看法确是隐含着不允许多元的倾向，如果这不是独断论就是过于理想化。在中国佛教各宗派的著作中，唯一具有佛经地位的是《坛经》，如果要求慧能将天台、三论、法相、华严诸宗派的观念都必须彻底弄清楚且兼收于自己的堂讲中，合理吗？原理建设者虽有必要企求弥纶群言，其实最多只能达到自成一家之言。

其次，这是中西对话的必需。西方传统哲学注重于认知世界，以严密的知识论见长；中国传统哲学尤重道德立法，以指导人伦实践取胜。借用康德的术语，可以说西方哲学所长者在于"理论理性"的探讨，中国哲学则在于"实践理性"的研究。由此不难理解，融合中西哲学思想是世界文化发展的需求。而这种融合的全面展开，应该建立在双方基本原理的不断趋近上。迄今为止的中西哲学对话，往往是以中方的某些个别观点同西方的某种思想体系比照，显而易见是不对等的，导致一些从事比较研究的哲学工作者以为中国无哲学。另一种情况也值得注意，曾有一个时期，大陆学界的中国哲学史教科书大多依据西方哲学的框架进行编写，结果不仅不能凸显中国特色，相反地却衬托出其观念的落后和蒙昧。如果当代的专业工作者自身都失落了中国哲学的精神，怎么能企求局外人认可它的地位呢？

在终极的意义上说，哲学原理只有一种，无所谓东方或西方。但是地域不同，在某一历史时段对于宇宙或人生的感悟有异，于是而有东西方哲学的差别。目前流行的一般是西方哲学原理，很少、甚至没有吸纳东方哲学智慧，这是不争的事实。世界哲学史主要由欧洲、印度和中国三部分构成，而印度佛学在中国得以较好的保存和发展，因此，中国传统哲学最能代表东方智慧，正像欧洲传统哲学最能代表西方智慧一样。如果我们同意认识自我是哲学的最高目标，那么显而易见，中国哲学足以与欧洲哲学形成对峙的双峰。只有建构现代形态的中国哲学原理，才有可能真正实现中西哲学的会通、互补与融合。贺麟先生说得好，无论是西洋哲学、中国哲学，甚或印度哲学，"都是整个哲学的一支，代表整个哲学的一方面。我们都应该把它们视为人类的公共财富，我们都应该以同样虚心客观的态度去承受，去理会，去撷英咀华，去融会贯通，去发扬光大。"① 未来的世界哲学，必将是中西哲学的合璧。

---

① 《儒家思想的新开展——贺麟新儒学论著辑要》，中国广播电视出版社1995年版，第27—28页。

再次，这是道德重建的必需。笔者管见，中国哲学的主要精华在于"内圣"而非"外王"，在于它能帮助人们认识自身，有效地指导个体的人格建构，提升人的精神境界，进而在社会生活中寻求自我实现。至于指导人们如何认识和改造外部自然，则恰恰是其所短。中国古代哲学的主干是心性之学。先哲对人的道德心性研究之深刻和细密，应该说决不在亚里士多德的《尼各马科伦理学》或康德的《实践理性批判》之下。如果依据某些西方学者的观点，我们的先人是在探究不可言说的领域。但正是在这一领域的探究，构筑起人生的价值系统，给人以安身立命的精神家园。冯友兰先生曾提出以哲学代宗教的观点，尤其适用于中国传统哲学的内在精神。当代世界面临着深刻的价值危机，人们一旦恍惚发现"上帝死了"，就会感到自己成了无家可归的流浪者，似乎无论做什么、怎么做都是允许的，这就导致道德系统的崩溃。中国哲学认为神圣存在于人的心灵中，因而可以为当代的道德重建奠定基石。

有句成语叫"天下兴亡，匹夫有责"，流传极广。可溯源于顾炎武《日知录》卷十三的"正始"条，其本意并非指保家卫国，抗击外敌入侵，而主要是指整个社会出现道德沉沦，每个人都应当奋起救赎。顾炎武区分了两种情形：亡国和亡天下。他认为前者不过是国家的易姓改号，即改朝换代，后者则是如孟子所说，仁义之途被堵塞，社会沦落于"率兽食人，人将相食"的境况。如何保国，可以让那些肉食者谋之；而对于保天下，则即使贱为匹夫匹妇也当承担起责任来。今天的世界，社会生产力飞速发展，物质财富空前增长，但从道德角度看却是正在沉沦。没有价值支柱，失去精神家园，是生命不能承受之轻。由此导致物欲横流，很多人为攫取财富而不择手段，轻易出卖灵魂而不以为耻；他们不仅不想进天堂，甚至不怕下地狱。任何人对此都不能、也不应袖手旁观。尽力进行道德拯救，实现美国人本主义心理学家马斯洛所谓的让人生"再圣化"（re-sacralize），是当代人文学界的紧迫任务。

凡此种种，都要求推进中国传统哲学研究，使之系统化。早在几十年前，张岱年先生便有过这样的呼吁："中国哲学既本无形式上的条理系统，我们是不是应该以条理系统的形式来表述之呢？有许多人反对给中国哲学加上系统的形式，认为有伤于中国哲学之本来面目，或者以为至多应以天，道，理，气，性，命，仁，义，等题目顺次论述，而不必组为系统。其实，在现在来讲中国哲学，最要紧的工作却正在表出其系统。给中国哲学穿上系统的外衣，实际并无伤于其内容……实乃是'因其固然'，依其原来隐含的分理，而加以解析，并非强加割裂。中国哲学实本有其内在的条理，不过不细心探求便不能发见之而已。"① 这的确是中的之论。学界同仁如果赞同，就应该做原理建设的促进派。

可以设想，我们若是能发掘出中国传统哲学本身的潜在系统，并且以原理的形态展现其生命活力，那么关于"中国哲学是否存在"的争论便是多余的了。更积极一些考虑，与我国蓬勃发展的物质生产相适应，当代学界有责任在思想文化领域变"拿来"为"送出"，让传统的内圣之学成为人类共享的精神财富。这无疑是一项既不辱没祖先、又可无愧于后人的事业，需要大家群策群力，共襄盛举。人类的文化建设吁求各民族文化的优势互补，弘扬传统文化同样可以基于开放的心胸，与文化保守主义没有必然的孪生关系。

二 建构中国哲学原理的可能性

建构当代形态的中国哲学原理是否可能？回答应该是肯定的。因为今天已经具备了某些必要的条件。当然，我们必须坦率地承认，从事这一工程存在很多困难。

检索古代典籍，先哲遗留下来的主要是一堆散金细玉般的哲学的或准哲学的言论，需要我们做大量的发掘、抉择和整理工作。他们大多不重视系统的论述，可能一方面是受到祖宗崇拜的民族习俗的影响，往往选择"述而不作"，另一方面也与崇尚实用、不爱玄虚的主流思想倾向有关。这两方面因素结合在一起，造成汉代以后注疏类著作汗牛充栋，而真正属于独立创构的哲学著作则寥若晨星。例如作为宋代理学集大成者的朱熹，学术精力就主要集中在对经典文本的注释上。注疏之外，另一种典型的形式是语录。语录既有精粹而充溢灵性之长，却又有囿于局部且省略语境之短。于是常见这样的情形，先哲在谈到某一范畴或命题时，往往把它提到极顶位置，例如或则讲"仁"是唯一宗旨，或则讲不"诚"无物，或则称天下事无非"义、利"，等等，在共时性的逻辑体系中，如此断言就很难相洽。

① 张岱年：《中国哲学大纲·序论》，中国社会科学出版社 1982 年版，第 4—5 页。

　　注疏和语录都易于造成判断具有随机性、推理过程被省略等情况，而较为系统的著作其实也不同程度地存在这样的问题，且首先是缘于概念缺少严格的界定。例如《大学》提出的"格物"一词，由于没有进一步的具体解说，造成后世学界聚讼纷纭，莫衷一是。据有人粗略统计，自汉代特别是宋明以来，不同的注释达七十种以上。概念内涵与外延的不确定势必影响判断的准确性，所以对于通过格物如何致知问题便引出多种见解，或者认为格物与致知都是穷理，或者认为当理解为去物之遮蔽而呈现良知，或者认为动手做事才获知，等等。并且，由于先哲的普遍兴趣在人生问题而不是认识外部世界，所以他们着重表达的是自己的感悟而非逻辑的思辨所得，于是鲜有归纳或演绎的考虑，这对于特别注重知解，期求系统、确切地把握整体观念的现代读者来说无疑会有隔膜感。

　　此外，古代典籍没有标点，有时因断句的不同而造成意义的迥异。例如《老子》的第一章就有"故常无欲以观其妙常有欲以观其徼"的表述，河上公和王弼的注本都读为"故常无欲，以观其妙；常有欲，以观其徼"。至宋代苏辙和明代焦竑等作注，普遍采用另一种断句法："故常无，欲以观其妙；常有，欲以观其徼。"依前者，"欲"是名词，依后者，"欲"则是副词，两种句读反映出两种不同的理解。更有甚者，不同的断句形成尖锐对立的观念，犹如水与火互不相容。《论语·泰伯》记述孔子曾言："民可使由之不可使知之。"程颐、朱熹等都读为"民可使由之，不可使知之"，虽然费了很多唇舌，仍让人难释孔子轻视民众之疑；如果读为"民可，使由之；不可，使知之"，则孔子的民主意识、开明胸襟跃然纸上。

　　鉴于上述情况，尤其是经历清代乾嘉以来考据风潮之后，今天治中国哲学原典，当承其果而补其弊，更需要强调整体把握，强化逻辑解析。只有注重整体，才能提挈起多有歧义的局部；只有强化逻辑，才能贯穿犹如散珠般的格言隽语。例如《庄子》历来被看做是上古典籍中的"三玄"之一，不仅阐发的道理玄奥，而且部分表达文字生僻，即使是皓首穷经（有的称其为《南华真经》），也未必敢说已全部弄懂。但如果掌握了它见诸"心斋"、"坐忘"之类描述中的力图超越感性、知性层面而达到无限之域的一贯理路，许多局部问题就能得到统率或迎刃而解，对其基本观点的把握可能更为准确。

　　当然，原理建设旨在揭示一般，不能停留于把握个别。即使对于某些原典都能正确地理解，仍然存在整合的困难。因为它不仅需要检阅上下几千年某家某派思想的承传，还须将富有哲学意味的儒、道、释三家存在差异甚至冲突的观念合于一炉而冶之。并且，一种原理必须是一个有机的系统，不宜有生硬的拼凑或意旨的冲突。要做到这一点，何其难哉！不过，哲学作为形上学，宏观上主要考虑的是两个问题，即宇宙是什么、人是什么？围绕这两个基本问题兼收并蓄各家观点，进行一体化的论述，也并非不可能。

令人欣慰的是，二十世纪以来，随着西方哲学的大量输入，中国传统哲学的研究展现了变革的曙光。建构理论体系的工作开始被提上日程，不少前辈学者为此作出了开拓性的贡献（宽泛一些说，朱熹等编《近思录》，陈淳撰《北溪字义》已见整体把握的滥觞）。他们以丰厚的学养、求实的精神和现代的视界梳理了一些基本问题，为后学研究的延伸开辟了道路。

张岱年先生很早就意识到，现代治中国哲学，最重要的任务是表出其潜在的系统，他的《中国哲学大纲》就是朝着这一目标勇敢跋涉的重要成果。该书1935年开始撰写，1937年完成初稿，充分体现了一个青年哲学家的胆识。其特点是"以哲学问题为纲"叙述中国哲学的发展历程，可以看做是一本哲学问题史，主旨是力图"显出中国哲学之整个的条理系统"①。全书分为"宇宙论"、"人生论"和"致知论"三个部分，有很强的逻辑性；其中"人生论"部分是重点，从天人关系论、人性论、人生理想论、人生问题论几个方面展开铺陈，占全书一半以上的篇幅，较为客观地反映了中国哲学的实际情形。作者阐述中国传统哲学的概念、范畴、命题，力图做到深、准、全，视野宏阔，选材精审，立论持平，经得起时间的考验。例如即使对于心学家所记述的神秘体验，也予以客观公允地介绍，并未轻率地否定。笔者管见，《中国哲学大纲》完全可以作为建构中国哲学原理的奠基之作。

抗日战争初期，冯友兰先生在颠沛流离中"怀昔贤之高风，对当世之巨变，心中感发，不能自已"，于是用了两个多月的时间将"数年积思"撰写成文，这便是《新理学》。作者力图超越史学家惯用的"照着讲"，立意要在宋明理学之后"接着讲"；此后又陆续写成《新事论》、

---

① 张岱年：《中国哲学大纲》"自序"（1937年）。

《新世训》、《新原人》、《新原道》、《新知言》，合成"贞元六书"，直接阐述自己的哲学思想。《新理学》可谓是参照西方哲学模式构建中国哲学原理的最早尝试，它从论述天道开始，包括理、气、太极等，然后由探讨心性而转入人道，进而讨论了历史哲学、逻辑学、艺术哲学和宗教哲学等领域的一些基本问题，篇幅不大但面面俱到。作者以平易而酣畅的语言，表达了很多新颖的观点，如称实际事物涵蕴实际、实际涵蕴真际，将科学与哲学通俗而简明地区分开来。不过，由于该书主要采用新实在论的方法，且基本按照西方哲学（特别是黑格尔哲学）的框架铺排，在方法和结构上都未能凸显中国哲学的特色。

　　二十世纪中后期，港台新儒家对中国哲学的研究成就卓著。与《中国哲学大纲》的以问题为纲有相似之处，唐君毅先生撰六卷本《中国哲学原论》，"即哲学史以言哲学"，着重梳理了道、太极、心、性、理、命等最基本的范畴。该书分"导论"、"原道"、"原性"和"原教"诸篇，比较和会通儒、道、释乃至墨、名、法诸家，对所精选的问题探讨之深入和阐述之细密简直令人叹为观止。只是唐先生的主旨似乎不在揭示中国哲学的潜在系统，而是探讨中国哲学一些原范畴发展变化的脉络。即使如此，对于原理建设仍很有参考价值。牟宗三先生撰《才性与玄理》、《佛性与般若》、《心体与性体》等也是就哲学史言哲学，对儒、道、释三家的思想进行深入的探究。特别是《心体与性体》一书，剖析了宋代三系六家的"道德的形上学"，其"综论"部分更是直抒胸臆，观点鲜明，自成一家之言。与《新理学》的作者不同，牟先生主要借鉴康德哲学——批判哲学聚焦于人学，较之英美的新实在论可能与中国哲学精神更为接近；且着重继承宋明儒中周、张、程（颢）、胡、陆、王、刘的"逆觉体证"，对于程（颐）、朱一系的"顺取之路"则多有诟病——道德主要基于自律，逆觉较之顺取当更为切合实际。牟先生立意要继承和光大思孟学派至宋明儒所阐发的"内圣"之学，同时又力图弥补先哲在"外王"方面阐发的不足，其一系列著作蕴涵着大量的思想财富。[①]

　　大陆改革开放以来，学界又跃跃欲试，尝试向建构中国哲学原理的目标推进。蒙培元先生撰《理学范畴系统》，分"理气"、"心性"、"知行"、"天人"四部分，主要从横的即理论层面将宋明哲学家共同的范畴

———————————

① 牟宗三先生以《圆善论》等探究内圣之学，《政道与治道》等阐述外王之学。

系统揭示出来。如果说一种思想体系描述的是某一领域的认识之网，那么范畴便是这网上的纽结，范畴研究的理论意义自不待言。宋明理学（这里含心学）是儒、道、释三家合流的产物，中国传统哲学在这一阶段最能表现出其整体样态。现代原理建设必须立足于此接着讲。该书不仅对每一范畴的论述都很审慎，而且整体的结构安排在借鉴《中国哲学大纲》的基础上向系统化又推进了一步，从天（理气）到人（心性、知行），再到合天人，原理建设的蓝图更为清晰了一些。张立文先生撰《中国哲学逻辑结构论》，将中国哲学范畴分为"象性"、"实性"和"虚性"三类，致力于发掘这些范畴之间的纵向承接与横向联结的关系，展示了我国古代哲人思维方式由具体到抽象的演进历程，视角新颖，可备一家之言。尽管切入角度可以有不同的选择，但凡是揭示结构系统的努力都是可敬的，因为它代表着中国哲学走向现代化的正确方向。

通过以上粗略的列举，可见学界前辈对于史料的收集、梳理和阐发已经为我们今天从事中国哲学原理建设打下了坚实的基础。近些年来，大陆还有许多学者致力于中国哲学范畴史的研究，发掘的材料日渐富赡。日本、中国台湾和内地均有学者以"中国哲学概论"题名，力图全面地描述中国传统哲学精神，虽然对每一论题仍主要为历史的纵向梳理，但其胆识让人钦佩。具备了这些条件，应该说揭示中国哲学的潜在系统，达成阐述其基本原理的目标，已并非可望而不可即。

一般说来，从事学科原理的建设，不仅需要思想史家的学养，更需要思想家的素质，包括"树德建言"的志向、发现问题的眼光、"弥纶群言"的胸襟、综合创新的能力等。① 思想史家通常侧重于"照着讲"，着力辨析前人的概念术语及其内涵与外延之差别，放大前人观点的差异与冲突，以便进行发展演变过程的描述；原理建设者则侧重于"自己讲"，坚持以一慎重选择的范式审视和裁度现实事物和既有文化成果，吸收前人观点之神髓而熔于一炉，以便作共时性的系统的解析。两种"讲"法出自两种不同的宗旨，对于推进学术的发展都是必要的，人们没有理由因自己据守一端而指责另一端的劳作者"饾饤"或"空疏"。

"自己讲"的一个重要条件是能够暂时悬搁前人的相关观念，以便直面事物本身。胡塞尔倡导的现象学方法值得借鉴。清人袁枚曾总结经验

---

① "树德建言"与"弥纶群言"见于刘勰的文学原理名著《文心雕龙》的《序志》篇。

道："平居有古人而学力方深，落笔无古人而精神始出。"（《随园诗话》卷十）文艺创作是如此，学术创新也是如此。对于建构中国哲学原理来说，直面事物本身主要是反身叩问、切身体认，因为中国哲学主要是人学，着重研究的是人的心灵活动，特别是探讨人类心灵进行道德立法的潜能和机制。正如唐君毅先生在《原性篇·自序》中所说，研究中国哲学，必须"兼本吾人仁义礼智之心"。是此也有利于超越各种语词概念层次的纷争，深入把握研究对象本身的义理。

如果认同反身叩问和切身体认是领会中国哲学的门径，则更有理由对建构当代形态的中国哲学原理持乐观态度，毕竟人同此心，心同此理，在不同时境中有变亦有不变。个体只要有灵性或悟性，不为躁动的感性欲念和纷杂的知性观念所遮蔽，就有可能窥见心灵深层的律动，让自己的本心得以敞亮。孟子倡导"反身而诚"，庄子宣讲"心斋"、"坐忘"，禅宗也要求屏息诸缘，不思善，不思恶，反身内视自己的"本来面目"，儒、道、释的心学在方法、路径上多有不谋而合之处，尽管其指归之所并不相同。至宋明，在新儒家营垒中分化出程朱理学和陆王心学，二者相通之处其实远大于相异方面，如朱熹也认同"寂然不动，感而遂通"的工夫，陆九渊更明确地要求通过"寡欲"、"涤妄"以发明本心。

慧能的《坛经》有句偈语宜为当代学界所记取："心迷法华转，心悟转法华。"（《机缘品》）

三　建设中国哲学原理的目标与方法

现在的问题是：必须超越史学家的视野，弘扬思想家的气质。历史展示的是纵截面的脉络，原理更要求揭示横断面的关联。依据共时性的逻辑整合中国传统哲学的遗产，目标在于发掘、揭示其潜在的系统，因其固然而建构起一座思想大厦。我们需要返本而开新，宏观把握天人之际，重点落实于人的心性的解析，展现精神的内在超越之路，同时赞赏在社会生活中积极寻求自我实现，促进当代的精神文明建设。

这种意义的研究，通常以"原理"称之最为适宜。"原"有原初的、本来的、基本的诸义；"理"既指具有普遍意义的法则，又指完整的逻辑系统。合而言之，所谓原理，是指一个学科领域具有基础地位和普遍意义的基本道理的系统表述。原理类著作又常常被称之为"概论"，虽然这一称谓的原初义是概括的论述，约略相当于"述要"。"概论"与"述要"两种称谓的好处是在量上表明并非无所不备，只是依据主观逻辑择出精要而已；弱点是在质上不免含混，未能区分是对于某一学科历史情况的论述还是对于其共时性的逻辑结构的论述。当然，"原理"的称谓也有其弱点，容易给人以无所不包的印象；其实任何理论都只能展示具体的研究对象的一个截面，迄今仅有企求涵盖一切的辞书，却不曾有过这样的原理著作。

　　既然我们致力于揭示中国传统哲学观念的潜在系统，那么无论采用何种称谓它都具有原理性质。然而它不可能包罗万象，必然只能从某种特定的角度阐述其概要。如何进行抉择，也是一个困难的问题，当兼顾本土与世界、历史与未来。

　　立足本土，回溯历史，我们需要摄取传统哲学中主要的和精华的部分。应该说，中国哲学真正有价值的且可能具有恒久生命力的是其内圣之学。从思想史角度看，它也是以内圣之学凸显。诚然，春秋时期儒、道两家的创始人孔子与老子都有内圣外王的追求，但至战国中后期，孟子和庄子都是在内圣方面发展了前辈的思想。① 儒家中的"外王"倾向经荀子的张扬过渡于法家，为秦代的暴政奠定了理论基础；道家中取向"外王"的黄老学在秦汉时期通过法家和汉儒也进入过主流意识形态，但不免带有机巧的考虑乃至阴冷的气息。魏晋时期同儒家思想融会的是取向"内圣"的老庄学，这样的儒、道兼宗才造就了我国哲学史上又一座高峰。其后庄子学说不仅继续流行，并且较大程度上推动了佛教中国化的进程；孟子学说在魏晋时期尚未得到重视，但至中唐以后则大放异彩，这与禅宗的流行不无关系，因为禅宗恰好是心宗。儒、道、释的合流成为中唐以后思想界的基本趋势，其交接处可谓是孟、庄、禅的融合。也就是说，我国现代哲学界所要继承和发展的宋明哲学，从学理上看只能是以内圣方面见长。弘扬传统的内圣之学，有益于人们建立乐观向上的世界观和人生观，热爱自然，珍惜生命，让平淡的生活焕发出光彩。当然，在此基础上并不排斥外王的取向。

　　面向世界，放眼未来，我们需要光大中国哲学中富有特色和优势的部分。在文化资源方便于全球共享的当代，对待异域文化，应该虚心地取长

---

　　① 孟子讲君子有"三乐"，"而王天下不与存焉"（《尽心上》），可见其侧重于内圣。《大学》直接以治平为末。

补短，对待传统文化，则当虔诚地扬长避短。现代新儒家试图本传统的内圣之学开出新的外王之道，且赋予"外王"以崇尚科学与民主的内涵，立意值得赞赏。笔者并不怀疑，中国传统哲学本身可以开出民主精神来，因为在心学中，每一个体都很容易意识到自己是大写的"我（I）"，如孟子、庄子和禅僧们都是如此，遗憾的是在宗法社会里不能实现为制度。但能否本内圣之学而开出科学精神来，则大可值得怀疑：毕竟科学与道德是两种性质完全不同的文化，着眼于人的心灵则是出自两种迥异的立法形式，二者互不隶属。① 西方知识学系统之丰富以及相应的逻辑学之严密，都为世界所瞩目，应该、也可能为其他地域的人们所汲取。我们的先哲重人伦、重心性、重人生境界，形成了中国哲学的鲜明特色，在世界文化史上占有一席之地，又何必将他们所轻忽的方面加以放大地展示？如果依据当代视界予以大幅度的修正和扩充而形成哲学原理，那么它已不是对中国传统的儒、道、释思想的综合，而是要达到中、西哲学思想的融会，显然这是一项更大范围的工程，只能寄希望于将来。

理解先哲关于内圣之学的思想遗产的关键，在于把握人类心灵的整体结构。因为一旦体认出这一结构，则先哲有关人自身的种种言说就能各归其位，相关范畴或命题就有可能构织成一个层次清楚、方位明确的完整的系统。遗憾的是，现时的实验心理学尚不可能揭示人类心灵的结构，我们只能通过借鉴先哲的某些论述和借助于反身叩问相结合的方法予以探索。

在西方，古希腊时期就出现了知、情、意三分法，阿列本扎斯（属于毕达哥拉斯学派）、德谟克利特和柏拉图等都将人类灵魂分为这三个部分。但是亚里士多德反对如此划分，主张灵魂存在认识和意欲两种基本功能。经历中世纪、文艺复兴而至启蒙运动，两种对立观点一直延续，如沃尔夫采用亚里士多德的二分法，其学生鲍姆加通则取柏拉图的三分法。

我国古代哲人也有与之相似的觉醒。孔子讲"知、仁、勇"三达德，

---

① 道德活动一般是良知由内而外呈现，并要求客体（现实）服从于主体（理想），内圣之学因而坚持"先立乎其大者"。科学活动尊重的是事实，要求主体（观念）服从于客体（现实），一般从感性直观开始，逐渐提炼出知性认识，遵循由外而内的趋向更高统一性的思维行程。通俗而形象一点描述，人对现实世界具有双重关系：既是奴仆又是主宰；就文化领域而言，科学研究偏于前者，道德实践偏于后者。牟宗三先生提出"良知的自我坎陷"命题，其实蕴涵着主宰与服从两种矛盾倾向的张力，只是他的"坎陷"之谓，似有道德至上之嫌。当然，对于塑造完整人格来说，秉持道德精神与保持科学态度、运用科学方法是可以统一的；并且，两种活动虽有偏重，但都包含心灵的双向运动。

是一种平面的划分；孟子提出寡欲，指出智有凿，要求反身而诚，涉及心灵三层次；《庄子》对心灵三层次有更为自觉的意识，或称之为"耳、心、气"，或称之为"形、知、真"。《周易》区分乾、坤和阴、阳，与心灵的两种基本功能密切有关，但最早真正明白言说的可能要算嵇康的《明胆论》，至柳宗元以志与明二者为天爵，从天人关系上深入描述了心灵两个维面的来由和活动状况。

对于人类心灵结构的把握，居功至伟的当是康德，他的批判哲学实际上含有对心灵的三层面（感性、知性、"Vernunft"）和两系列（理论的、实践的）的整体结构的揭示。《实践理性批判》的"引论"明确指出，在道德领域，"我们是从原理出发，进向概念，随后再从这里才进向感觉，如果这是可能的话；反之，在思辨理性方面，则我们不得不先从感觉出发，而停止在原理上。"① 遗憾的是，在康德之后，人们把握的歧义依然存在：黑格尔有限度地采用了康德的三分法，克罗齐的心灵哲学以认识与实践的区分为基础，显然是取二分法。在心理学界，大多数研究者采用知、情、意三分法，只是未能阐明三者之间的关系；但也有某些研究者如潘菽不仅坚持二分法，并且批评三分法不科学，因为情、意都可归入意欲方面。

如何调解乃至统一上述两种划分法，是一个重大的理论问题。事实上，若将知、情、意中的"意"替换为中国哲学范畴"志"，问题就有可能豁然开朗：感性、知性、志性显然有深浅层次之分；由于感性兼指表象直观和情感体验，知性表现于抽象认识与价值评价，志性也可以区分自由意志与自性原型两维，它们表里照应，于是形成认识性（要求和谐整一）和实践性（要求自我实现）两大系列。这样，古今中外对于心灵所作的三分法与二分法的对立观点便得到统一。人类的心灵结构及其创造的精神文化大致如下图②：

---

① 康德：《实践理性批判》，关文运译，商务印书馆 1960 年版，第 14 页。德文 Vernunft 被译为"理性"并不妥帖。

② 请参阅拙著《心灵结构与文化解析》第三章，北京大学出版社 1998 年版；或《哲学原理》1995 年第 6 期刊载的拙文。事实上，心灵的展开仿佛一个扇形，感性层有无穷的多样性，知性层则相对简约，志性层更凝聚为一点。据此易于解释一与多的区分、收敛与发散的对立、认识与评价的不同趋向等。一般说来，感性欲求带有个体性，知性观念具有群体性，志性追求则包含全人类性，三者蕴含个别、特殊和一般的关系。心灵要求和谐整一的倾向体现合规律性，要求自我实现的倾向体现合目的性，所谓日神精神与酒神精神也与两系列密切相关。

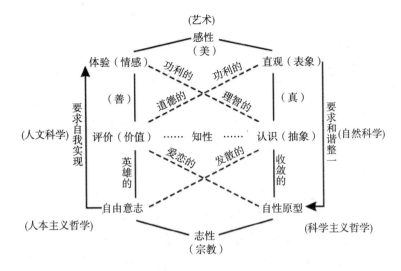

这种心灵结构图式不仅蕴涵于康德的三大《批判》的理论解说中，并且符合现代脑科学的研究成果，与佛家的"八识"说基本相洽，还同精神分析学（也被称为深层心理学）的相关描述大体一致，解释文化世界也较为便利。为节省篇幅，仅以下表展示①：

脑生理结构	心灵层面	佛家八识说	精神分析学	文化世界
新皮层	知性	六识：意识	意识	科学
哺乳动物脑	感性	前五识：眼耳鼻舌身	个体无意识	艺术
爬行动物脑	志性②	七识：末那识 | 八识：种子识	集体无意识	宗教

有理由相信，采用这一图式解释中国哲学观念的潜在系统将是有效的。特别是对于其中的心性范畴，诸如情与性、义与利、礼与理、人心与

---

①　本表以历史地形成的人脑的生理构造为基础，上述心灵结构图式则是以人的精神活动过程为基础，二者的表里关系看似不同，其实并不矛盾。华夏先哲对于心灵结构的感悟，我们将在第九节阐述。此外，印度佛学中说一切有部将"心"分为集起、思虑和了别三种功能，恰好可理解为由内而外的心灵三层次之分。

②　"志性"约略相当于康德所讲的"Vernunft"，请参阅本书第94、95页注。笔者将志性理解为潜藏于人类心灵深层的要求究天人之际、达于更高乃至最高的统一性（认识—体悟方面）和超越一切有限的现实事物、指归人生的理想境地（欲求—实践方面）的先天倾向。王夫之曾以人之"志"为第七识（《思问录·外篇》），叶燮曾称"诗言志"的"志"为释氏所谓的种子（《原诗·外篇》）。汉语的"志"既有收摄义，如"志心谛听"，更有生发义，如"壮志凌云"，大致对应于佛学所谓的"种子识"或"藏识"。

道心、见闻之知与德性之知等，可以使之各得其所。这并不意味着要排除宇宙观的描述，因为所谓宇宙观，究其实不过是人类在某一历史阶段的特定视野；且天生人，人法天，心性乃其中的枢纽。

有了这样的基本路径，还需要有具体的原则和方法，才可能到达希望的彼岸。

首先，须本着取同、合异、弃糟粕的原则，以期实现儒、道、释兼顾。三家之同特别体现为都致力于精神的内在超越，也就是寻求心灵中志性层面的敞亮。正像牟宗三先生所说，中国哲学"无论道家，儒家，甚至后来所加入之佛教，皆在此超知性一层上大显精采，其用心几全幅都在此"①。儒家的知性知天、道家的听气体道、佛家的开真如门，称谓不同，旨趣有异，但都是要让人获得安身立命之所。然而，着眼于历史的发展和社会的进步，佛家的悲观厌世、道家的消极遁世倾向并不可取，凡是这类观念都可予以摒弃；儒家虽然积极入世，但关于三纲之类礼法的宣扬同样失去了存在的价值。

其次，从学养方面肯定"我注六经"，从胆识方面提倡"六经注我"，执两而用中。继承和发扬古代文化遗产，一方面必须认真研阅典籍，设身处地穷究原意，领会精神，另一方面又须直面事物本身，以期获得切身感悟。先哲于此有过成功的经验，如公元 5 世纪初，六卷本《涅槃经》刚刚译出，竺道生领会其意，宣扬一切众生皆有佛性。由于经无明文，当时被一些佛学者斥为异端邪说。可十来年后，四十卷《大涅槃经》译出，证明道生所说符合经文之旨，于是他被誉为"涅槃之圣"。正如洞山三世师虔禅师所说："灵苗生有地，大悟不存师。"（《五灯会元》卷十三）在原理建设中，"我注六经"是基础，"六经注我"为主导。

再次，运用层次分析法、结构定位法，注重探究诸范畴及基本命题之间的区别与联系，构织成一个有机系统。据传，柏拉图在其雅典学园的门口挂有一块牌子，上写"不通晓几何者勿进"；可以推想，康德在撰写三大《批判》时，心中一定存在某种逻辑（思维范式）方位感。现代的系统方法更是明确强调整体联系和层次方位的把握。当然，这样会让与某些范畴有交叉关系的概念很难找到其特定的位置。例如将仁、诚与忠、恕比

---

① 牟宗三：《中国文化的特质》，《道德理想主义的重建——牟宗三新儒学论著辑要》，中国广播电视出版社 1992 年版，第 49 页。

较，我们更应该选择前者，后者随机地用于人伦鉴识并无不可，但在现代基础理论系统（当体现经济原则）中未必具有纽结地位。

原理建设将让中国传统哲学具有当代形态，意味着一种学术的革新。但愿建设者和批评者都秉持追求真理、实事求是的精神，如清初学者颜元所说："立言但论是非，不论异同。是，则一二人之见，不可易也；非，则虽千万人所同，不随声也。"（《言行录·学问篇》）革新也可谓之通变——既要会通于古，又求适应于今，毕竟变则可久，通则不乏。

让我们奋发努力，披荆斩棘，将张岱年等前哲开创的事业推向前进！

第一编　大化论

　　本编阐述中国哲学关于宇宙的本根和演化历程的观念，我们统称之为大化论。这是一个信仰的领域，很多观念既不能被证实，也不能被证伪。但它是道德立法的根基，必不可少；我们知道，就是基督教的《圣经》，也有"创世纪"的描述。中国在周代出现思想界稀言上帝的启蒙倾向，发展出无神论的宇宙观，两千多年来让人的道德观念无须仰仗人格神的颁布而获得存在的充分和必要的条件。这在科学高度发达的今天看来，实在是弥足珍贵。我们将先从宇宙的本根谈起，然后描述宇宙的演化，进而聚焦于人类自身。中国哲学的特点是本天道而立人道。从这种意义上考察，第一章阐述天道的逻辑存在，第二章描述天道的演化状态，第三章揭示天道的精神自觉，三者自身构成一个逻辑圆圈，同时为下一编奠定立论的基础。

第一章　宇宙的本根

探讨本根就是探讨具有原初性质和根本地位的存在，这种存在也可宽泛地称之为本体，我国庄子学派称之为"本根"（《知北游》）。在古希腊时代，关于宇宙本原的探讨出现四类见解，或称"四因"：一是着眼于质料因，如水、气、火等；二是着眼于动力因，如视友爱与争吵为两种相辅相成的力量；三是着眼于形式因，即理式；四是企求揭示其目的因，即至善。① 华夏民族的先哲也有类似的觉解，他们或讲道，或讲太极，称谓天地产生之前的本原存在和天地万物产生之后的普遍根据。严格说来，本原与本体是两个不同的概念：前者凸显的是时间性，与之相对的是现存；后者凸显的是空间性，与之相对的是现象。由于本章着重探讨的是宇宙的发生，同时也兼及世间万物的普遍法则，所以用"本根"称之较为适当。②

第一节　道

比较而言，先哲以道为本根更为普遍，儒、道、释三家均认同它的存在。而"太极"则主要是儒家和道教常用的称谓。虽然在本原的意义上，《易传》对太极与道的关系的把握更为合理，但是后世儒家对太极本身的研究远不及先秦道家对道的研究所达到的丰富程度，因此我们这里先从道谈起。

一　道的涵义

就字义上讲，道就是人们所走出或开辟的路。《说文解字》解释说：

---

① 亚里士多德：《形而上学》，苗力田译，中国人民大学出版社2003年版，第7页。

② 关于宇宙大化方面的猜测越具体，就越容易暴露出时代的局限。西方亚里士多德的学说就有这种负面影响，造成宗教界不能容忍"日心说"的沉痛教训。因此，对这类具体观念我们将不予太多理会。

"道，所行道也。"如《诗经·雄雉》曾咏唱："瞻彼日月，悠悠我思。道之云远，曷云能来？"日常生活中，人们所走的路有几个基本特点：一是大家共行——由此可抽象出普遍性；二是无限延伸——虽然某一条路可能有尽头，但总体上看似乎是无尽的，由此可抽象出无限性；三是彼此贯通——路四通八达，将大地的各个部分联结在一起，由此可见其关联性和共通性；特别是水路，多由自然力的作用而形成，聚集各地的雨水，由支流汇集为干流，日夜奔腾，直到海洋——由此可抽象出动态性和必然性；更有日月的运行，让人合理地推测应该存在肉眼看不见的轨道，因而总是昼夜更替，周而复始，如此等等。习惯于仰观天文、俯察地理，远取诸物、近取诸身的先哲，很可能受到这些事实的启发，而以"道"称谓贯穿于事物之中的普遍联系和必然趋势。

实际上，在《老子》之前，"道"已是较为通用的且具有哲学性质的概念。《尚书》常讲天与德，但《洪范》中箕子已用"王道"一词，具有政治哲学意味。《左传》记载历史人物的言论，多有称"天道"的，如郑国执政大夫子产就说过，"天道远，人道迩。"儒家典籍中，《论语》讲"适道"，《中庸》讲"行道"，《孟子》讲"由道"，均有遵循规律与法则的含义，其时《老子》一书可能还没有流行于世。不过可以肯定的是，老子最先将道上升为最基本的哲学范畴，不仅是天地万物变化发展的普遍规律，而且被看做是宇宙的始基。

在《老子》中，"道"字凡七十三见，涵义甚为丰富，可从三个层次上理解。

首先，道为宇宙万物的绝对本原。第二十五章写道："有物混成，先天地生。寂兮寥兮，独立而不改，周行而不殆，可以为天下母。吾不知其名，字之曰道，强为之名曰大。"这里并列地指称"道"的有三个词：物、母、大。先于天地的当是一种原始的混沌的存在，"生"字为不得已的用法，实即存在之意；不能理解为它是被生出的，因为无从追问它是谁之子。就我们人类的感觉能力而言，那时只是一种寂寥的状态，空旷无形，寂静无声，但它又是确确实实的存在："独立"是说没有与它相对的存在物，即绝对；"不改"是说它在变化中有恒常，周而复始地运行不息，没有什么外力能施加影响而让它停歇，因而可以生天生地，即产生人类生活于其中的宇宙。如何称谓它？用"道"可以较好地指称其周行的特性，用"大"可以较好地指称其独立的特性，但任何一种称谓都不能周延于对象的全部，因而老子不能不老实地承认只是"强为之名"。

其次，道是天地万物的普遍规律。有了天地之后，又产生出大地上的万物。万物芸芸，其实同根，这就是道。这种意义上的道又谓之天道。道生之，德畜之，物形之，势成之，形成人类的生存环境，道自然而然存在于其间。圣人不出户而知天下，不窥牖而见天道，讲的就是存在于万物和人的心灵之中的道——它是万物之奥，善人之宝。道是万物发展变化的普遍规律，或者说是其恒常的运行形式，包含西方哲学所谓的辩证法三大规律，如"反者道之动，弱者道之用"，涉及对立统一规律；"合抱之木，生于毫末；九层之台，起于累土"，涉及量质互变规律；"天下有始，以为天下母；既知其母，复知其子；既知其子，复守其母"，涉及肯定否定规律；等等。也许是由于特定的个性之故，老子所见的天道，通常具有居下、秉柔、守弱诸特性，通过矛盾方面的转化，可成就居上、克刚、胜强等结果。

最后，道是人类生活的根本准则。人得道谓之德，循道而行即是德的体现，于是形成社会生活的基本准则。在老子看来，现实地考察，人道往往与天道相背离。① 例如按照天之道，高者予以抑制，低者则予以托举，也就是损有余而补不足，可是现实的人之道则相反，往往是损不足以奉有余。能否据此而断定二者不相干呢？不能。因为就老子而言，理想中的人道当是天道的贯彻，不过能够贯彻者只有圣人而已。所谓圣人也就是得道者，大致相似于柏拉图所谓的哲学家王，是老子政治理想的寄托者——他怀有慈、俭、不为天下先三宝，能以有余奉天下，功成身退而不处其位，事就隐名而不贪其荣。天道不仁，以万物为刍狗；圣人不仁，以百姓为刍狗——这不能理解为冷酷无情，其旨在于强调要摒弃亲疏关系，从而超越一己之私。天道不分亲疏，只是有利于同它相合的善人，治理世间的王侯若是有道者，就该执左契，以与之相符为准绳；不仁其实还意味着一视同仁。

总之，尽管老子所谓的天道与人道的含义与此前或此后人们之所谓不尽相同，但是并没有否认二者是贯通的。老子指出："人法地，地法天，天法道，道法自然。"（第二十五章）此处所讲的法地即确立和履行人道，

---

① 《老子》在批判人道背离天道时，"人之道"是指人们日常之所行；该书所讲的"圣人之道"才是人们通常在应然意义上讲的"人道"。

地与天均以道为法，共同构成所谓天地之道①，道本身则无为而无不为，可以称之为莫之命而常自然，即自己就是如此。道的三重含义其实是三位一体的：它是产生天地万物的绝对存在，在天地万物产生之后是蕴涵于其中的普遍规律，有了人类社会以后它又应该是人类生活的普遍准则。

道不仅是绝对、无限的存在，而且其运行玄妙无穷。之所以玄妙，特别在于它包含无与有的基本矛盾。《老子》第一章写道：

> 无，名天地之始；有，名万物之母。故常无，欲以观其妙；常有，欲以观其徼。此两者，同出而异名，同谓之玄。玄之又玄，众妙之门。

在老子看来，天下万物生于有，有生于无。在有与无之间，构成从道演化为天地万物的门槛。就世间万物考察，一物总是从他物中孕育而生，例如母亲生了女儿，而母亲又为外婆所生，外婆又由外婆的母亲所生……似乎都可以找到个体所从出的祖辈，这些祖辈无疑是有。但是有天地才有人类和万物，那么天地是从何处产生的呢？天地是有，其所从出之处肯定不是万物、不是人类，不是我们所看得见、听得到的任何东西，因而只能称之为无。

从宇宙发生的意义上，这一矛盾表述为非无与非有也许更为确切一些。因为若说它是无，但天地万物由它而生成，毕竟存在万物之母；若说它是有，但不见其形，不闻其声，人类的感官无从把握。将这两方面合起来，浅显地予以表述，即是无状之状、无物之象。所以既应当不执于有，又应当不滞于无。老子描述说："道之为物，惟恍惟惚。惚兮恍兮，其中有象。恍兮惚兮，其中有物。窈兮冥兮，其中有精。其精甚真，其中有信。"（第二十一章）恍惚、窈冥，便是介于有与无之间的情状。

道所包含的有与无的矛盾，不仅体现于宇宙发生过程，还体现于万物的发展变化之中。任何具体事物也都有一个发生发展的过程。例如某一豢养动物，世界本没有它，是无；经雌雄交配而孕育了它，是有。在它的生命历程的每一时刻其实都贯穿着有与无的矛盾：有是其生命的肯定，无是

---

① 前述损有余和补不足只能理解为天地的共同作用。如解为人法地之博厚，地法天之高明，则甚为牵强。

其生命的否定；有是生的倾向，无是死的倾向，二者矛盾斗争而促进机体的新陈代谢；不过最后还是让死否定了生，在这个世界上该动物复归于无。整个过程可以简述为：无——有——无，构成否定之否定的圆圈。在这种意义上，老子以无为本，应该说无可厚非。不过，着眼于人类自身的存在与发展，一些哲学家更愿意以有（生命）为肯定环节，以无（死亡）为否定环节，以新的事物的产生为否定之否定环节。虽然只是考察起点的差异，却往往在不自觉中形成两种迥异的世界观：一者悲观弃世，一者乐观进取。中国哲学中的佛家与道家偏于前者，儒家则偏于后者。

有与无是哲学本体论中的基本矛盾，古今中外都是如此。印度佛学的部派佛教与大乘佛教均存在相对立的派别，如说一切有部与空宗等。黑格尔的《逻辑学》将纯有作为其开端，它是无规定性的、单纯的，是绝对的抽象体；由于它是纯粹的抽象，因而又是绝对的否定，于是而可以说是无——一个不可言说之物。有为肯定，无为否定，二者的统一就是变易。自此展开，便见质与量、肯定与否定、本质与现象、原因与结果等法则。逻辑学在黑格尔的哲学体系中居于本体地位，它考察的是纯粹的理念（绝对精神）的构成和运行法则，与之并列的自然哲学和精神哲学是其内容在不同时期、不同领域的延伸，后二者甚至可以看做是"应用逻辑学"。依照黑格尔的观点，纯粹的理念是最真实的有；它演化出自然界是否定了自身，自然物将理念遮蔽了，使之近于无；从自然界中产生了人类这样的具有精神世界的高级生物，是对作为理念否定方面的、物质的自然界的否定，于是理念得以敞开和呈现，精神认识自身——这是绝对精神运行的圆圈。黑格尔的哲学与《老子》颇为类似，但由于它以绝对精神为最真实的有，却建立了乾健向上的世界观和人生观——仅就此而言，黑氏哲学又与《周易》哲学有相似的倾向。

黑格尔哲学的一个重要特点是，其本体论又是方法论。《老子》哲学亦有类似之处。作者既认为有生于无，又肯定有无相生，那么，我们探究事物的发生与发展，就应该着重考察这两个方面：从事物的常无方面，观照其内在变化萌动的苗头；从事物的常有方面，观照其内在变化归趋之尽头。"妙"为微之极，万物始于微而后成；"徼"是归终之意，万物归趋之处为静寂。这就是说，既然有生于无，就当从无中观有；既然有归于无，就当从有中观无。二者结合，恰好深入于恍惚（妙之情状）、窈冥（徼之情状）的境地。这似乎像现代人想象中的黑洞，既深且黑，也就是

"玄"。"玄之又玄，众妙之门"描述的既是对外部宇宙的洞察，又是体道者深切的内心体验。

由于有与无构成肯定与否定两个相反的趋向，于是而有道的运行，此即"反者道之动"的主要含义。至于高以下为基，贵以贱为本，弱为强之先等，都可以说是有无相生中事物的辩证转化。老子称道为"大"，但它不是静守于一的实体，而总是周行无所不至，这便是"逝"；周行而穷其极，可称之为"远"；到达极点之时，也正是它向相反方向转化之时，可称之为"反"；盛极而衰，又趋向于无，可谓之返本还原。

综上所述，"道"是从人们的生活中形成的概念，至老子提升为最核心的哲学范畴。它既是天地产生之前蕴涵万有的绝对存在，又是天地产生之后构成万物本体的普遍规律，还应该是人类社会生活的根本准则。其内在的基本矛盾方面是有与无，世界上的万事万物的产生与变化都是有与无相生相克的结果，体道者当于其中观察道的运行之玄妙。

二　道的特点

道是独一无二的，其特点应该非常显明。不过世间其实还有许多独一无二的存在物，例如人类的每一个体，只是这些存在物都是有限和相对的。因此，描述道的特点的关键在于，如何理解无限与绝对？尽管人类的知性能力难以把握它，但是人类的志性能力却有此要求。庄子在《大宗师》中对道的特点进行了直接描述：

　　　　夫道有情有信，无为无形，可传而不可受，可得而不可见。自本自根，未有天地，自古以固存。神鬼神帝，生天生地。在太极之先而不为高，在六极之下而不为深。先天地生而不为久，长于上古而不老。

这里所说的"情"即真情实况，与"信"义近，均肯定道是真实的存在。但道的惯常状态是无为无形，因此不在人类的感官所能察觉的范围，只有觉悟者才能体认。它是我们所处的宇宙的本根，没有天地之前就已存在，正是它生出天地，并让天地间的帝鬼具有人类莫测的神通。从空间（宇）上看我们不知道它的界限，从时间（宙）上看我们不知道它的始终。这段描述揭示了道具有无形无声、自本自根、无所不在、无始无终诸特点。

　　基于先哲的论述，今天我们把握道的特点，不仅要知其然，而且应该尽可能地知其所以然，即理解先哲之所以如此立论的根据。

　　首先，道自本自根。在老子看来，道为天地万物之始祖，没有办法知道它的出处（是谁之子），如果有上帝，也应该在它之后（象帝之先）。他为何得到这样的认识，我们将在本书第七章即研究先哲的方法论部分予以探讨，这里只是依照普通的逻辑思考方式试作说明。大家知道，人类的可贵天性是喜欢穷根究底，要求找到真实、永恒的存在物是其表现之一。从常识观点看，现实的物质世界是真实的，但个体生命如白驹过隙，家族富贵有黍离之悲，山河大地也不免沧海桑田之变……佛家着眼于此，批判这种真实观是遍计所执，认为如果意识到世间任何事物都是依他起，就能予以破除，从而领悟世事皆空。不过，清空心灵是一回事，偌大的宇宙是不能遽断空无一物的。华夏民族的先哲们由万物而上溯至孕育它们的天地，进而追溯天地之所从来，并以道为宇宙发生学意义上的本根（本原）。按理说还可以追溯本根之所从来，但如此则更为玄虚——天地之母必得追溯，是由实及虚；但追问天地之母何从来，则是由虚及虚，堕入虚无。追求无限的志性心灵能力既已得到相对满足，于是假定它自本自根，独立而无所依赖，看似无为，其实无不为。

　　其次，道无始无终（时间）。由于它先于天地就已存在，所以我们只能说天地有始而道无始；如果推想有哪一天人类所处的天地会崩裂乃至毁灭，道当继续存在，所以又可以说无终。既无始，又无终，就是永恒的存在。当然，在作为本根的意义确定之后，我们虽然不能对道的无始再做讨论，可是对它是否无终仍可保持质疑，如人类所在的地球乃至银河系（即所谓天地）毁灭了，并不能排除有另外的道生出另外的天地的可能。但这样的假设更是知性所追不上的，因此也就不可致诘；更何况人类心灵总是追求统一性，破坏了道的一元性既没有切实的根据，又额外增加了心灵的困扰，先哲止步于此，自有其理由。

　　其三，道无所不在（空间）。生成天地万物之后，必须假定道存在于天地万物之中，正像一粒种子长成了参天大树，这棵树的每一根枝条、每一片树叶都会有种子所含的基本的形式结构和特定属性一样。《庄子·知北游》中以一则寓言讨论了这个问题。东郭子问于庄子曰："所谓道恶乎在?"庄子曰："无所不在。"东郭子曰："期而后可?"庄子曰："在蝼蚁。"曰："何其下耶？"曰："在稊稗。"曰："何其愈下耶？"曰："在瓦甓。"曰："何其愈甚耶？"曰："在屎溺。"东郭子不应。庄子最后告诉他："夫子之问（即让庄子指定道之所在）也，固不及质。"肯定道存在于最卑下的事物之中，虽然有逻辑的合理性，但又有言说的困难性：如果东郭子进一步问在稊稗或屎溺中的道是何样态，庄子可能就要王顾左右而言他了——事实上，后来佛门弟子质询"何为佛祖西来意"之类问题，就形成了许多答非所问的有趣公案。

其四，道无形无声（情状）。《老子》中一再指出，道是无形无声的。如第四十一章写道："大音希声，大象无形，道隐无名。"用耳朵去听它，什么也听不见，谓之"希"；希声实即无声。如果说大音超越听觉的范围，那么大象则超越视觉的范围；人类主要通过视听感官获取文化信息，文化符号主要为视觉符号和听觉符号，可是道在人类的视听能力之外，因而人类无从把握和言说。在逻辑上，我们完全可以推论出道的这一特点：它若有某种形状或发出某种声音，就与其他事物的形状和声音相对，或同或不同，它就不是无限的了；由于它生天生地并且在天地万物生成后无所不在，所以它就不会有特定的形状和声音。第十四章还有这样的描述："视之不见名曰夷，听之不闻名曰希，搏之不得名曰微。此三者，不可致诘，故混而为一。"所谓"一"就是道，从体道之人的感受来说也是无。夷、希、微三者，都否定了物质性或质料因素，当以无称之。值得注意的是，老子以"夷""希""微"三字表示道是虚与无性质的本体存在，可能体现了人类的集体无意识：十九世纪西方学者就将它们的语音（I－H－W）与基督教中的上帝耶和华（Jehowah）、古希腊知神派对上帝的称名"雅威"（Iαω）联系起来，甚至在非洲也发现了类似语音称谓的神祇。[①]

简言之，道的基本特点是自（自在自为）、无（天地之始、无声无形）、母（万物之祖）、一（无限、绝对）。这些特点都是人以自身的心灵能力为尺度衡量对象，同世间相对、有限的事物的比较中而凸显出来的，所以，绝对和无限是道最根本的特点（请注意，"绝"和"无"都是表否定之词）。由此它必须是自本自根，必须是无始无终、无所不在，必须是无形无声。在阐述这些特点时，我们一再讲到"必须"如此假定，是因

---

① 参阅黑格尔《哲学史讲演录》第一卷，贺麟、王太庆译，商务印书馆 1959 年版，第129—131 页。

为研究的对象超出我们人类知性能力所能把握的范围，可以推论是如此，但并不能证实确实是如此。这是一个信仰的领域，与知识的领域具有截然不同的性质。前者企求把握绝对、无限之存在，后者则是切实研究相对、有限的领域之所得。也正因为道是无限、绝对的，所以它超越语言所能规定的范围，这是人们常用"无"字来表述的基本原因之一。大凡无限、绝对之域，人们的称谓或有不同，其实都超出人类所发明的语言的界限，我们将在后面展开论述。

三　道的地位

道在自然界和人类社会的地位问题，前面虽然已经有所涉及，但还有必要进一步展开讨论。《老子》第三十九章写道：

> 昔之得一者：天得一以清，地得一以宁，神得一以灵，谷得一以盈，万物得一以生，侯王得一以为天下正。

道是世界万物的本体，物之性（德）来自于道，德者，得也，得道之谓也。什么是"一"？按照《老子》第四十二章的论述，一为道所最先生出，与之相对的"二"则或解为阴阳，或解为天地。如果这样理解，则一相当于天地、阴阳未分之前的混沌，从言道到言一，只是从非有维面转向非无维面。后来汉代人所谓的元气、张载所谓的太虚等庶几近之。河上公将"一"释作无为，指出无为是道之子。但无为是道的存在和运行的性相，与老子所谓的自然相通，同道并不构成母子关系。有鉴于此，我们可以说，"得一"的"一"其实就是道。① 一是独，是绝对，所以在《庄子》中，体道就是见独。

老子之意，大约是强调天地万物由于得道才成其为应该有的（理想）状态。这种观点与西方哲人柏拉图的看法相似。柏拉图认为，世界的本体是绝对的、永恒的理式，它才是最真实的存在，万事万物由于分有了理式而成为事物所应该有的样子。世间所谓的真善美便是理式在具体事物中的体现。但柏拉图的理式论把事物的运动变化看做是虚妄不实的，老子的道

---

① 《淮南子》也如此理解。《诠言训》写道："夫无为则得于一也。一也者，万物之本也，无敌之道也。"

论则认为事物的运动变化正是道的体现。比较而言，柏拉图的理式论偏于从具体（殊相）到抽象（共相），力图揭示个别事物所由产生的原型，他所讲的理式有很多，构成一个与现象世界相对立的具有普遍性的理式世界；老子的道论则是从抽象到具体，完全是演绎的，犹如从一粒种子推及它所长成的树干乃至枝叶。从无限与有限、本体与现象、一与多的贯通方面看，老子的道论应该说更为顺理成章。

　　然而这也带来相应的困难：如何解释林林总总的事物之间的差异呢？如果都是道的体现者，为何会厚此而薄彼？老子并未作出交待。孟子指出物之不齐是物之情，也未探究其缘由。庄子主张齐物纯粹是从返本还原的意义上立论的，虽然他还意识到肝胆之距犹如楚越，却只归结为考察角度问题。联系前述庄子的观点，蝼蚁甚至屎溺都存在道，这与神或侯王得道似乎有着天壤之别。借鉴柏拉图的理式论，我们可以说是万物分有道存在多少、厚薄、偏正等差异。宋代哲人提出"理一分殊"命题试图解决这一问题，我们将在后面论述。需要补充说明的是，"天道"若被理解为确定性和不确定性的统一，许多问题更易于得到解释：其确定性方面构成事物产生和变化发展的形式因，称之为"天理"较为恰当；其不确定性方面构成事物产生和变化发展的动力因，称之为"天命"更为适宜。自然界和人类社会的发展变化，似乎都交织着天理与天命的双重作用。

　　还应该区分两种情形：在自然界中，道是一种盲目的存在，蝼蚁等并不知道其所以然和所应然；在人类社会中，道可以转化为自觉的存在，特别是所谓圣人，能够体道并且自觉地履行。前者是天之道，后者为人之道。在应然的意义上说，二者应该是相通相洽的，如在《老子》的作者看来，天之道，往往是利而不害；圣人之道，则是为而不争（第八十一章）。这也就是人法天。事实上，人法天并不一定是被动的、他律的，更应该是自律的、自由的，用庄子的话说，就是"以天合天"，即以自身的天性应合天地运行的性状。① 在这一点上，《中庸》的思想与之类似，它提出"天命之谓性，率性之谓道"。既然人的德性是天所授予的，率性而行，不予扭曲、不加造作也就自然而然地是道的体现。佛家中的禅宗也予

---

　　① 自律不宜仅理解为自我约束，更当理解为自己决定自己，而非为外在的因素所决定；他律则反之。康德的道德哲学以自律和他律为衡量道德观念和道德行为纯粹性的标尺，与我国思孟学派的观点正相吻合。

以认同，他们认为，平常心是道，饿了吃饭、困了睡觉都是道的体现。

不过，由于道不可言传，唯靠个体心灵的体认，所以无论是天道还是人道，真正全面而准确地理解和把握它其实是很困难的。孔子甚至说过："朝闻道，夕死可矣。"何以如此？因为在孔子看来，能够体道和循道而行的是圣人的境界，是人生价值的完满实现。据《论语》的《阳货》篇记述，孔子有一次告诉身边的门徒："我想不讲话，保持沉默。"学生子贡一听就着急了，说："老师您若是不开口教导，我们这些后生小子将如何记述您的思想呢？"孔子感叹说："天讲了什么呢？春夏秋冬四季在自然地交替，草木虫鱼等都在自然地生长。天讲了什么啊！"这则事实也许表明，孔子一直在潜心体道、法天，并且意识到真正意义的道难以言传。王弼曾指出："圣人（指孔子——引者注）体无，无又不可以训，故不说也。老子是有者也，故恒言无［以补］所不足。"（《三国志》附引《王弼传》）这一观点得到何晏等的赞同。

总之，无论是儒家、道家还是中国化了的佛教，其实都认同天与人的相通，都以循道而行为人生的准则。于是形成中国哲学的根本特点：体天道而立人道。在某些西方学者看来，中国哲学属于一种无神论的宗教—哲学文化，应该说主要是由道的观念所奠基。

当然，我们不应忽略各学派的不同特点。先秦儒家所谓的道多就社会伦理而言，他们最为关注的是在现实社会生活中确立人与人之间关系的准则，并且总体上偏于阳刚、倾向于进取。先秦道家所谓的道多就天地万物的本根而言，他们对现实社会秩序悲观失望，最为关注的是人与人之间的关系如何回归原始的自然的形态，总体上偏于阴柔、倾向于内敛。后来佛家讲道，大致取道家之义，只是老氏以无为旨，佛氏以空为宗。道的运行本来就含有阴阳、动静、刚柔、进退、有无诸矛盾方面，儒、道互补才成道论之全。儒家奋于方（世俗人伦秩序）内，道家和佛家游于方外，具有普遍性的道恰恰可以贯通内外。

第二节　太极

以道为天地之始、万物之母，虽然能较好地描述其发生和发展的过程，统一交代其目的因、形式因、动力因，但是其困难在于没有蕴含质料因，结果容易让人将万有生于无之"无"理解为空无一物。一些先哲很可能意识到这一缺陷，因而提出"太极"一词以说明包括质料因在内的宇宙的缘起。应该说，这是中国哲学在宇宙本原论域的一次推进。

一　太极范畴的由来

"太极"一词当是出现于战国时期，因为迄今为止，我们在春秋之前的典籍中尚未见到。"太"，通"大"，有无所不包之意。《老子》中就将先天地生之混成物名之为"大"。"极"，原始义是指屋脊之木，引申为极点。两字合成"太极"，正好可以表示广袤的宇宙有一个终极究竟之处。这里当然也存在表意上的困难，本来要表达无限，却又不能不设定有一个极点。后世学者尝试在太极之前加一"无极"（周敦颐《太极图说》），结果并未解决问题，只是徒然增添了观念的混乱。人类思维与表达潜在的矛盾和形成的张力于此也反映出来，我们将在下一节展开阐述。

《周易·系辞传》中首见"太极"一词。① 其中写道：

> 是故易有太极，是生两仪，两仪生四象；四象生八卦，八卦定吉凶，吉凶生大业。

"太极"在这里是何指谓，多有见仁见智之别。汉代学者认为，前三句描述的是宇宙生成的序列，太极是阴阳未分之前最原始的存在，是极中之道、淳和之气。宋代朱熹也以太极为宇宙的本根，但认为这段话说的是八卦的象数，太极是象数未形之全体。清代学者李恕谷否定了朱熹的意见，认为这里描述的是占卜过程，卜筮的大衍之数为五十，其可用的为四十九，不用的也就是不变的，为太极。考虑到汉代与《易传》的撰成时间最近，且汉代学者释《易》一般尽可能追求忠实原意，我们采用他们的观点。宇宙以太极为本原，它生两仪即是阴阳判分、天地形成，天地

---

① 《易传》相传为孔子所作，虽然未必可信，但至少为孔门弟子或再传弟子所撰。据张岱年先生考证，《易大传》应该撰成于庄子之前。笔者探究《易大传》中"易简"的本义，发现其中"简"字的用法与《论语》中的《尧曰》"简在帝心"的用法相似，此种用法已鲜见于后世。《尧曰》当为孔子的再传弟子所撰。

之间阴阳的交替而有春夏秋冬四象。①

　　《易传》的作者同时也讲"一阴一阳之谓道"，并且区分"天之道"、"地之道"和"人之道"，这些都是指两种对立倾向相互作用而促成事物变化的常则，并不具有本原意义。他们以"太极"而不是以"道"来描述宇宙的本原，是否考虑到老子道论的缺陷我们不能确断，因为当时《老子》一书未必已流行于世，不过人们已经常用"道"来指称自然和社会的常则，肯定为《易传》的作者所知晓。在这种观念背景中，他们不取"道"来表示本根，只是以之为事物发展变化的规律，当是有过掂量的。我们可以从宋代哲人张载的观点得到某些启发，其《正蒙·太和》篇写道："气之聚散于太虚，犹冰凝释于水，知太虚即气则无无。故圣人语性与天道之极，尽于参伍之神变易而已。诸子浅妄，有有无之分，非穷理之学也。"他所谓的太和与太极相似，《太和》篇明确地以否定宇宙起源于空无为宗旨，并且指责老、释之说为"浅妄"。当然，张载对"无"的理解可能褊狭了一些，道家主要是就无形无声而言。

　　与《易传》不同，《庄子》以道为本根，仅将太极作为一个用以说明道的空间概念。值得注意的是，该书三次用到"太一"一词，似乎具有调和《老子》中的"道"和《易传》中的"太极"的意味。如《天下》篇阐述春秋战国时代的学术史，评价关尹子和老子的学说的宗旨是"建之以常无有，主之以太一"。我们知道，老子是在无与有的普遍矛盾中建立他的道论，其学说以"道"为核心范畴，在这里却表述为"太一"。

　　战国末年，秦国吕不韦网罗学者编纂的《吕氏春秋》更是直接地将《易传》中的"太极"改称为"太一"，描绘出一幅动态的宇宙结构图式："太一出两仪，两仪出阴阳。阴阳变化，一上一下，合而成章。浑浑沌沌，离则复合，合则复离，是谓天常。天地车轮，终则复始，极则复反，莫不咸当。日月星辰，或疾或徐。日月不同，以尽其行。四时代兴，或暑或寒，或短或长，或柔或刚。万物所出，造于太一，化于阴阳。"（《大乐》）该书也认同《老子》的道论并有所阐述，且明确地将"太乙"（即太一）看做是"道"的别名。

———————

　　① 这段文字宜分为两组：前三句讲的是天地自然，后三句讲的是人类文化。有的注释者将此处的"八卦"理解为指称天地水火等八种最显著的事物，蕴涵逻辑的困难：一是当为先有天地才有四季，如此则颠倒过来；二是定吉凶的肯定是先贤发明的八卦，如此则两个"八卦"之所指不同一。

至汉代，以太极为宇宙本原成为普遍的观念。董仲舒、班固等都曾论及。许慎修《说文解字》，以解说"一"字开篇，他写道："惟初太极，道立于一。造分天地，化成万物。"一本权威的字书如此撰写，可见这决非只是个别人认同的观点。

唐代孔颖达等沿袭了汉儒的观点，解释说："太极谓天地未分之前，元气混而为一，即是太初、太一也。故老子云'道生一'，即此太极是也。又谓混元既分，即有天地，故曰'太极生两仪'，即老子云'一生二'也。不言天地而言两仪者，指其物体下与四象相对，故曰两仪，谓两体容仪也。"（《周易注疏》）这里以太极为道的独生子，天地则是太极所生的龙凤胎，虽然作者立意寻求《易传》与《老子》思想的统一，但只不过是字面上的疏通而已。

宋代新儒家无不研读《周易》，所以对于太极的论述较多。尽管有不同的理解，但总的倾向是不仅以太极为宇宙发生学意义上的本原，还以之为存在于现实万千事物之中的极致之理。也就是说，太极既是宇宙的本原，又是万物的本体。

二 太极范畴的涵义

朱熹的高足陈淳撰《北溪字义》，对太极作了一连串的形容："太极之所以至极者，言此理之至中、至明、至精、至粹、至神、至妙。至矣，尽矣，不可以复加矣，故强名之曰极耳。"他将太极只看做纯粹的理，不免褊狭了一些，在宇宙的本原意义上，太极当是理与气的统一、阴与阳的统一才顺理成章。

结合先哲的大量论述，我们可以肯定"太极"具有以下一些方面的涵义。

首先，它是原始未分的混沌存在。我们甚至不妨推测，当老子考虑以人们已习用的"道"这一名词称谓先天地生的本根的时候，他可能感到有一种困难：诚然，万物皆有待，相互依赖，失去依赖的条件就不能存在，依此推论至最后，必然有一无待者，它一切具足，统摄万有，它不能是万物之中的一物，而是物物者，也就是使一物成为某物的东西，称之为"道"似乎是适当的；但这一名词本身并不包含质料因素，既然以之为天地之始、万物之母，那么现实生活中这些物质性的存在是怎么来的呢？后世哲人采用"太极"之称就能补此弊。从汉代的儒者到唐初的孔颖达等，都将太极理解为天地未分之前的一团元气。元气之"元"既有原始义，又有纯粹义；不过其中心词是"气"，因而不能凸显存在于其中的普遍法则（理）。所以，还是将太极理解为天地未分之前的混沌存在为好：因为混沌，它兼具一切因素，蕴涵一切可能。

其次，太极是独一无二的绝对存在。朱熹曾中肯地指出，太极只是个一而无对者。不过他又解释说："太极只是一个，气迤逦分做两个。气里面动底是阳，静底是阴，又分做五气，又散为万物。"（《朱子语类》卷五）前人讲太极，本是以极致之词状至极之"物"，它与道一样，也是一，但不是数字序列中的一，而是"一而无对者"，即绝对者。问题在于，朱子完全否定了汉儒的见解，只认太极为理，将气排除在外，等于暗示气是与太极相对的，这显然存在逻辑上的混乱。实际上，朱子是在向老子的思想回归，只不过用"理"观念取代"道"罢了；在宇宙本原的探讨上，他甚至不及老子的思想豁达，后者并未直接排除气或质料因素，例如也讲"有物混成"之类含糊之辞。究其原因，可能是朱熹将本体论套用于本原论上面去了。① 本来他也清楚地意识到，天地万物的生成离不开理与气，遗憾的是没有贯彻到底。我们应该肯定地说，作为宇宙本原的太极，是理与气的统一体，只有如此，它才独一无二，才是绝对存在。

其三，太极是至高无上的本体存在。生成天地万物之后，太极就作为本体存在于林林总总的现象界之中，成为其存在和变化最深层的根据。就字面上讲，"极"本为最高，其前加"太"，更是无以复加。太极作为现象界的本体，它是理；但物各有理，即一物拥有区别于他物的特殊的理，这些殊理只能看做是太极之一曲或一隅，太极是极致之理，为理之全体或者说总天地万物之理，潜在地统领众理。正因为如此，它是一种形而上的存在，尽管人们常常叨念它，其实谁也没有与之真正照面，只是心灵有这样的体验而已，仿佛庄子描述的象罔捕捉住玄珠相似。与道一样，太极也超越语言，我们将在后面进一步展开探讨。由此我们不能不说，断定物物

---

① 《朱子语类》卷一："太极只是天地万物之理。在天地言，则天地中有太极。在万物言，则万物中各有太极。未有天地之先，毕竟是先有此理。"笔者由衷敬佩朱子，本书对他的思想多有汲取也多有批评。多有汲取是因为他博学多识，几乎可谓是集前哲观点之大成；多有批评是因为他的观念较为庞杂，论述问题面向既有文化（属于波普尔所谓的世界3）较多，面向实际事物（属世界1）较少，或许是忙于教育和著述，反身叩问（属世界2）也做得不够，导致他的学者身份大于其思想家的身份。

有一太极其实是一种信念，决不是来自可证实或证伪的知识。每一物各自拥有的特殊的理则是可以认识的，相对于太极而言，这些理附着于现象，属于形而下的存在。张载区分见闻之知与德性所知，正好适用于殊理与玄理两个不同的层级。

第四，太极是无处不在的普遍存在。作为最普遍的法则，可以说物物一太极，人人一太极。用一个比喻，太极犹如月亮，个别事物犹如川流，太极的普遍存在如同月印万川。朱熹常用这类比喻来浅显地说明个别与一般的关系。有门生问他：万物分一理以为本体，所以万物各具一太极。——如此说是否意味着太极有分裂呢？朱子回答说："本只是一太极，而万物各有禀受，又自各全具一太极尔。如月在天，只一而已；及散在江湖，则随处而见，不可谓月分也。"（《朱子语类》卷九十四）将太极看做个别事物最根本的形式法则，应该说并无不妥；困难在于如何解释事物的发展变化和个性形态。朱子的解释是："阳动阴静，非太极动静，只是理有动静。理不可见，因阴阳而后知。理搭在阴阳上，如人跨马相似；才生五行便被气质拘定，各为一物，亦各有一性，而太极无不在也。"（同上）令人费解的是，太极已被看做一极致之理，理有动静而太极为何不涉动静？气有阴阳之分，说明太极当是阴阳的和合，如前所述，不宜将气与太极截然分开。

第五，太极还是大中至正的道理所在。这里所说的道理只是就社会领域而言，自然界的火山或地震、干旱或洪涝、贫瘠或富饶、疾病甚或瘟疫，均不能以中正与否加以度量和评价，人们往往归之于天命或天威。不过，先哲更多习惯于就天地人物一起说，即不分自然与社会。董仲舒认为，中是天地之达理，圣人之守持，"阴阳之道不同，至于盛而皆止于中，其所始起皆必于中。中者，天地之大极也。"（《春秋繁露·循天之道》）按照周敦颐的看法，太极也是天地人物极好至善底道理。毋庸讳言，这类观点具有蒙昧性质，因为极好至善是一个价值问题，价值是人类以自己的利害为准绳衡量对象的结果。因此我们对相关观念应予以扬弃，只限于承认太极在人世间才称得上是大中、至正、至善的道理。一般说来，人类之所以总体上趋向于真善美的境地，是因为这一族类怀有理想，而理想中当含有太极——正像柏拉图和康德等所指出的，理想中含有理式，甚至可以说植根于理式。

综上所述，太极是天地万物的本原，应该是理与气、动与静、阴与阳的合体，包蕴着天地万物分化成形的潜能。在天地万物出现之后，它并没有消失，只是作为一种根本的形式法则隐藏于物质的外壳之内，构成宇宙与人生独一无二、至高无上、无处不在的本体。仅就人类社会而言，它还可谓是大中至正的道理，潜在地制导着人类趋向于真善美的理想境地。

三　太极与道的异同

"道"和"太极"虽然都是先哲用于指称宇宙和人生的最高范畴，但是我们决不能将它们的所指看做是客观并存的东西，二者其实只是同一所指物的不同命名而已。千百年来，由于先哲大多并不重视系统的理论阐述，所以经常将二者混合使用，今天我们有必要适当辨识其异同。

应该承认，作为符号，二者的所指基本相同，都是指先于天地而有的本原和存于天地万物之中的本体。事实上，主张将二者合而为一的观点在宋代已明确提出了。邵雍指出"道为太极"（《观物外篇》），得到后世的广泛认同。[①] 他认为，老子所谓的道可称之为太，太极因而可理解为道之极。相应地，太玄可理解为道之玄，太素可理解为色之本，太一可理解为数之始，太初可理解为事之初。称谓不同，其实合指一体。至于模糊一些的意识，可以追溯至更早，如魏晋时阮籍撰《通老论》，在谈及本根时说过："《易》谓之太极，《春秋（繁露）》谓之元，《老子》谓之道。"（见于《太平御览》卷一）

展开分析，可见它们多有相同的性质。其一，两个符号的所指物都具有绝对性，也就是莫得其偶，这就从逻辑上表明二者为一，因为绝对必须是独一无二的。其二，与之相关，两个符号的所指物都具有无限性，如果二者并存的话，则要平分天下，便都是有限的了。其三，它们的所指物都具有根源性，是天地之始、万物之母，按照人类的思维习惯，总是希求追溯统一的源头，始、母只能是一而不能是二。其四，它们的所指物都具有普遍性，都无处不在。这一性质本来并不构成二者在逻辑上相互排斥的根据，譬如我们可以说气与理也是无处不在的，并不需要取舍；但当后世儒家将太极解说为极致之理以后，与道同用就难以分辨了，因为道也就是

---

① 如胡宏《知言》："'一阴一阳之谓道。''道'谓何也？谓太极也。"朱熹《周易本义·序》："太极者，道也；两仪者，阴阳也。"陈淳指责庄子分道与太极为二，不知道即是太极。（《北溪字义》）

理。其五，二者的所指物都具有超验性。老子和庄子对道的超验性阐述得很好；太极出自儒家，《易传》之后，鲜见儒者就其超验性认真探讨，留下了一些缺憾。正因为如此，宋明儒虽然普遍喜言太极，却流于泛泛而谈，缺少老、庄那样的对道的深刻描述。

"太极"与"道"之所指尽管有诸多共同点，但命名不同，表意上就不免有所区别。儒家试图以太极统领道，道家认为道高于或先于太极，自然都有其持论的理由。张岱年先生就《老子》与《周易》二书分辨其异，较是公允："老子的道论以规律的究竟者为宇宙本根，太极论则以阴阳未分之体为宇宙本根，而一阴一阳之道并非本根。老子道论中所谓的道是阴阳之所以，有道而后有阴阳；太极论中所谓的道则指阴阳变易之常则，有阴阳之用乃有道。"① 这里所说的本根也就是本原。

从字义上分析，"太极"的"太"是形容词，"极"原初为名词，常用为形容词，二者合成一个名词，仍带有形容词的性质，它可以指称一个点，但必须是无限、极致的一点。"道"虽然历来是一个名词，但用作哲学范畴其实含有动词的性质，因为它指称的是一条线，不断延展、周行不殆是它的应有之义，因而便于形容运动的过程。前者类似于古希腊哲学所谓的数、理式，偏于静态的把握，若描述其演化历程，须加"发育"、"流行"之类谓词；后者类似于黑格尔所谓的绝对精神，本身表明动态性，运行不息是其潜在规定。

就宇宙的本原而论，究竟是无还是有？抑或是有与无的结合？老子以道为本原，断定有生于无，似乎排除了质料因素。汉唐学者将太极理解为阴阳未分之元气，元有原始义，气有质料义，实际上是以为宇宙起源于有。至宋儒只以太极为极致之理，在无形无色、无声无臭意义上，也可以理解为无，不过他们普遍认为理是实有性的存在。无论断定是无还是断定为有，执于一端就不免各有所偏，若加以调和，就应该说，道或太极都是有与无的统一。

今天我们处理这两个范畴，面临着这样的困难：由于它们指称同一绝对、无限的存在，就应该择优弃劣，淘汰其中的一个；由于它们表意上有一定的区别，淘汰任何一个都会造成理论上的缺失。克服这一困难的办法也许是：保留二者，但分开为不同的论域以取其长。

---

① 张岱年：《中国哲学大纲》，中国社会科学出版社 1982 年版，第 29 页。

"太极"宜于称谓最原始的存在，即天地万物未出现之前的混沌存在，它应该蕴涵各种潜能，是形式因、目的因、动力因以及质料因的统一体；以太极范畴为核心，可以较好地建立宇宙的本原论。"道"宜于称谓天地万物的普遍规律，它是事物存在和发展的形式因、目的因和动力因，可以分化出不同的层级，所以有天道、人道以及地道之分；由于不含质料因，所以是一种纯精神性的本体，或许可以称之为宇宙精神；以道范畴为核心，可以较好地建立起解释现象世界的本体论。事实上，"太极"一词出现以后，以道为宇宙的本原的持论者逐渐减少；而以太极为天地万物的本体虽然可以成立，但是宋代儒家始终没能很好地解释事物的"分殊"问题。这就表明，两种称谓各有短长。

以太极为宇宙的本原，以道为万物的本体，并非割裂本原与本体。可以推想，目的因是道与太极之间剪不断的脐带。太极分化出天地（现代意义上的星系等），道作为精神本体存在于其间，特别是作为理（形式因）赋予万物以不同的形式；但有分就该有合，果真如此，道的运行必将引领天地万物复归于太极。从太极中分散开来的质料决不只是被动甚至冥顽的因素，如古往今来大多数哲学家所持的看法那样；它对道的运行还有可能产生反作用。形式与动力可以看做是道运行的双轮。① 如果说形式与质料的结合，形式通常居于基础地位，那么，将动力与质料联系起来考察，质料可能反过来担当着动力的物质基础。并且正因为如此，道的运行就不能完全用决定论的观点描述，必须充分考虑非决定论的存在理由，也就是说，事物的发展变化当是确定性与不确定性、必然性与偶然性的统一。由此可见，中国古代哲人所讲的天道，应该理解为天理与天命的统一体方为妥帖。

天工如何造物，人类也许永远也不能尽数知晓，所能做的只是解释诸多现象尽可能更为合理一些而已。关于太极与道在理论体系中的区分，我们在这里只限于提出一个动议，尚未予以真正贯彻，主要是因为此问题需要在前人基础上"接着讲"而不是一蹴而就地"自己讲"，否则会让人感到太突兀。但愿后来者勇于以太极范畴为核心建立本原论，以道范畴为核心建立本体论。确切一些说，在本原论中以太极为道之始，在本体论中以

---

① 金岳霖先生20世纪80年代出版《论道》一书，其基本范畴"式"约略相当于形式，"能"约略相当于动力。在他看来，居能由式莫不为道。

太极为道之极，而道在根本上说是太极的运行形式，由天道到人道，展现为许多层级，内涵因而有许多变异——例如在宽泛的意义上我们甚至可以说，盗亦有其道，但却遮蔽了其心灵中的太极。这既是理论体系的开新，其实又是对《易传》思想的继承与发展。

第三节　本根的体相用

我国学界历来流行体用之分，可以解释很多问题。对于宇宙和人生的本根，如果再加上一个"相"的维度，描述也许更为完整。传为马鸣菩萨所作的《大乘起信论》就采用了体、相、用三维之分。由于体用问题后面还将论及，因而此处将从简阐述。

一　《大乘起信论》所谓的体相用

佛家的本体论研究非常丰富，他们用"实相"等表示宇宙的本体，用"佛性"等表示有机界的本体，用"真如"、"实相"、"如来藏"等表示人类心灵中蕴涵的本体。

对于中国佛教有着重大影响的《大乘起信论》以一心、二门、三大、四信、五行为纲领逐层展开，具有很强的逻辑力量。其中"一心"是任何一个普通人都所拥有的心灵，它无所不赅，统摄一切世间法和出世间法，《起信论》认为是大乘之法的实体；"二门"指心真如门与心生灭门，是人类心灵两种最为基本的双向通道，我们将在后面论"诚"部分予以阐述；"三大"是指心真如的体大、相大、用大；"四信"指真如和佛、法、僧三宝；"五行"为布施、持戒、忍辱、精进、止观。虽然它以个体的心灵为本体，对于我们理解大千世界的本原问题似乎不能直接提供有价值的见解；但由于个体心灵作为小宇宙与外部大千世界相通相洽（后面有专节论述），以心为本体相对于太极或道而言较易捉摸，所以相关描述仍值得借鉴。

按照《大乘起信论》，所谓体，是指心真如本体，它是无限、绝对的，广大无边；具体一点说，它在空间上没有增减，从时间上恒常不变，因而称体大。所谓相，是指心真如展现的样态，它是随缘善变的，满足一切功德，有大智慧光明遍照诸法界；相是体的体现，以其丰富多变，因而称相大。所谓用，是指心真如的功能、作用，它是复杂多样的；用大之大主要取优胜义，是指真如能生一切世间或出世间的善因果，可以普度众生。体、相、用是三位一体的关系：体是基础，恒存恒持，至精至纯；相是展现，在方为方，在圆为圆；用是效用，无声无息，普化善果。

值得注意的是，《大乘起信论》在心灵活动的探究中其实区分了本原与本体两种不同的论域，可见作者立论的思精和虑周。如其中有言："是心真如相，即示摩诃衍（即大乘——引者注）体故。是心生灭因缘相，能示摩诃衍自体相用故。"也就是说，从真如是绝对的方面看，它只是体，蕴涵一切法，犹如天地未分之前的太极；从生灭为相对的方面看，则有体、相、用之分，犹如分化出天地万物之后，太极作为极致之理不仅是万有之本体，而且万有之生灭还展现太极之相、贯穿太极之用。采用体、相、用之分，本体界与现象界、绝对性与相对性等就超越抽象的对立，可转化为具体的把握。若仿照贤首大师以金狮子为喻阐述华严原理之例，我们可以差强人意地以大海为喻：一味的海水，是其体大；海水或平静如镜，或波浪滔天等，是其相大；海水能载舟覆舟、荡涤岸礁等则是其用大。

由此我们得到这样的启示：严格说来，绝对、无限在宇宙学哲学中只适用于本根论，在人类学哲学中，只适用于心灵的第三层面即志性领域；跨越这一领域或论域，就是相对、有限的现象界了。但现象蕴涵着本体，绝对存在于相对之中。

二　太极与道具有"三大"

作为本根的太极与道，显而易见也具有三大。这从其命名即可看出。我们知道，太极可以说是大之极；老子在选择名称时，甚至曾在"道"与"大"之间权衡。二者在本原论意义上就是大，而在本体论意义上则具有体、相、用三大。

实际上，《老子》中有一句话很好地勾勒了本根的体相用，即道无为而无不为。我们可以分析说，道是体，无为是其相，无不为是其用。无为作为手段或态度移植于人事虽然多有其弊，但是对于说明自然界的发展变化，应该说是很确切的：本根演化出天地万物，都不存在丝毫刻意的造作，无不自是如此，这便是无为。虽然本根并未加入刻意造作的成分，但是天地万物都从中鱼贯而出，形成生生不息、五彩缤纷的世界，这便是无不为。

一般说来，本根"体大"是就其本身存在的广袤性、周遍性而言，"相大"是就其展现的形态结构的丰富性而言，"用大"是就其活动过程中功用的卓越性而言。且看《老子》对道的描述："大道泛兮，其可左右。万物恃之而生而不辞，功成不名有。衣养万物而不为主，常无欲，可名于小。万物归焉而不为主，可名为大。以其终不自为大，故能成其大。"（第三十四章）其意是说，大道像巨大的水流一样泛滥，无所不适，无论左右、上下、远近，无所不至。万物皆由道而生，但道却默不作声，生成万物而不炫耀自己的存在，养育万物而不以主宰者自居，它从来没有任何欲求，好像自己对于万物没有任何恩赐，所以可称之为小。但是万物都归依于道而非各自独立为主，所以道又当称之为大；并且正因为它始终不自居为大，所以才成其大。老子这段话，可以说是对道无为而无不为的展开描述："大道泛兮"，包举宇宙，是体大；"其可左右"，随处赋形，变化多端，是其相大；"衣养万物"、"万物恃之而生"、"万物归焉而不为主"是其用大。

类似的描述在其他道家的著作中也能经常见到。如《淮南子·原道训》："夫道者，覆天载地，廓四方，析八极，高不可际，深不可测，包裹天地，禀授无形。"——主要描述的是其体。"源流泉渤，冲而徐盈，混混滑滑，浊而徐清。故植之而塞于天地，横之而弥于四海。施之无穷而无所朝夕。舒之帱（同'幂'）于六合，卷之不盈于一握。约而能张，幽而能明，弱而能强，柔而能刚。横四维而含阴阳，纮宇宙而章三光。"——兼论其相与其用。"兽以之走，鸟以之飞，日月以之明，星历以之行。麟以之游，凤以之翔，泰古二皇得道之柄立于中央。"——主要描述其用。与《老子》、《庄子》相似，这里对道也极尽赞美之辞，若加分辨，清晰可见其描述围绕着体、相、用三者而展开。

道家对道的体相用的描述在宇宙发生学的论域内完全适用于儒家所讲的太极，① 只是儒家鲜有具体描述而已。的确，这一领域超越语言确切界说的范围，往往只能借助诗性的言语差强人意地表达。儒家致力于现实的道德立法，较少流连于超语言领域的玩索研味，后学需要弥补其不足。

---

① 联系前面的论述，我们可以说：太极是体，无为是其相，无不为是其用；太极乃道之极，道乃太极的运行形式，看似无为其实无不为，丰富多彩地展现了太极之变。

三　本根超越语言确切把握的范围

由于本根体大、相大和用大，所以往往超越语言所能确切界定的范围。对此先哲早有认识。《老子》开篇就指出"道可道，非常道；名可名，非常名"。《庄子》中更编出一则故事予以说明。该寓言说，泰清曾询问无穷："你了解道吗？"无穷老实地承认："我不知。"于是泰清又问无为，无为回答说："我知道。"泰清再问："你晓不晓得道也有数么？"无为说："有。"又问："那是什么样的数？"无为回答："我了解道可以贵，可以贱；可以约，可以散——这就是我所知的道之数。"泰清随后将无穷与无为的话都告诉了无始，要他评价二人孰是孰非。无始感叹说："称不知的人是深刻的，自以为知的人是肤浅的。意识到不知的人深入进去了，妄以为知的人仅停留在外面呢。"泰清由衷感叹说："承认不知的人是智者，自以为知的人其实不智，是吗？"于是无始进而告诉他："道不可闻，闻而非也。道不可见，见而非也。道不可言，言而非也。知形形之不形乎？道不当名。"（《知北游》）为什么"言而非"呢？因为道无形。何以见得道无形呢？因为它是使世间万物成其特定之形的潜在根据，使万物成其特定之形的东西本身只能是无形的。道既无形体，又无声色臭味，超越人的感官所能把握的范围，因而没有言词可以确切界定，即"不当名"。

对于无限、绝对之"物"不可言说，是一些大哲人的共识。老、庄之外，佛家也常表达相似的见解，他们甚至认为，"才涉唇吻，便落意思；尽是死门，终非活路。"（《五灯会元》卷十二）与庄子称"言而非"相似，禅宗断定"拟向即乖"（《五灯会元》卷四）。

先哲的思想是深刻的。今天我们有可能更具体、更明确地予以阐释。现代符号学哲学的创始人卡西尔曾中肯地指出，语言表达存在着"下限"与"上限"：下限是指"低于语言"的区域，属于感觉而有限的；上限是指"高于任何精确的语言"的区域，属于精神而无限的。他写道："正如后者高于任何精确的语言确定的可能性一样，前者则低于语言的固定。语言是在介乎'不确定'和'无限'之间的中间王国中活动的……因而在神话和宗教概念的领域里存有着属于不同秩序的'不可言传之物'，其一表象着言语表达的下限，另一种则表象言语表达的上限。"① 我们还可以进一步分析，人类发明语言，主要是知性能力的发挥，是为了区分（包括专有名词）和概括事物。区分必然导致语词所指的相对性，例如将对象命名为"树"就与有机界的"草"或无机界的"石"等区分开来（专有名词中的人名、地名等也是如此）。概括必然导致语词所指的抽象性，如讲"树"是对松树、柏树、橘树等一类木本植物的概括，它只能是一个抽象的概念（甚至它所包括的"松树"等也是如此）。由于具有抽象性，语言不适于形容具体的感觉——这是语言的下限；由于具有相对性，语言又不宜描述绝对、无限之物，即使是数学，也不能完全应付无穷大的数（霍金语）——这是语言的上限。

虽然语言存在这样的局限性，但为了传达对无限之物的体认，哲人们又不能不言。如何解决这一矛盾？老子运用了诸如"惟恍惟惚"之类形象的描述。庄子及其学派更为自觉，其《天地》篇的一则寓言颇值得玩味：

> 黄帝游乎赤水之北，登乎昆仑之丘而南望。还归，遗其玄珠，使知索之而不得，使离朱索之而不得，使喫诟索之而不得也，乃使象罔，象罔得之。黄帝曰："异哉！象罔乃可以得之乎？"

玄珠即天地之"大美"，万物之"本根"，敏锐的视觉（离朱）不能得到它，清晰的理智（知）不能获取它，明辩的言辞（喫诟）也不能把握它，唯有那非有非无、不暾不昧的原始表象样的东西（象罔）才能蕴涵住它。② 无怪乎《庄子》一书致力于用谬悠之说、荒唐之言、无端崖之辞编织寓言（据称为全书十之九），构成象罔，其旨在于召唤人们依据象罔而观赏、领略那集天地之大美的玄珠。禅宗津津乐道在灵山会上世尊拈花微笑，迦叶会心得法的故事，与庄子之学颇为类似。

也许有人对此斥之为神秘主义而一笑置之。其实它是哲学中本体论的基本特点。哲学作为一个独特的文化领域，主要承担着对形而上者的研究，故而通常称之为形上学。甚至连常常持经验主义立场的威廉·詹姆士

---

① 卡西尔：《语言与神话》，于晓等译，读书·生活·新知三联书店1988年版，第99页。
② 吕惠卿《庄子义》："象则非无，罔则非有，不暾不昧，玄珠之所以得也。"

也认识到，"事实是：在形而上学和宗教的范围内，只在我们说不出的对于实在之感已经倾向于这一个结论之时，说得出的理由才会使我们崇信。……我们用言语说出的哲学只是将它翻成炫耀的公式罢了。"① 宇宙与人生的本根是一个无限、绝对之域，其奥义深蕴对于人类迄今所创造的任何语词来说都无从确切揭示，任何人涉猎此地，便会感到言语道断，心行路绝，因此欲辩而无言，也就是超越语言。

我们可以将整个符号学领域的所指区分为次语言、语言、超语言三个层次：次语言存在于卡西尔所谓的属于感觉而有限的领域，在艺术文化中得到广泛的运用，其能指（指符）一般为图像符号；语言的所指是确定的、有限的领域，因此在科学文化中得到充分的运用，人类通常凭借文字符号让思想成果世代相传；超语言即卡西尔所谓的属于精神而无限的领域，迄今为止它仍没有专属的能指（指符），宗教较多采用次语言，即如艺术文化那样通过音像传达，哲学较多采用语言，即如科学文化那样通过文字传达。关于宇宙和人生的本根的体认或观照，正是深入于这样的超语言的领域。

对超语言的领域进行言说，涉及一个不可避免的吊诡之处：人类的心灵总希望定天下于一，这"一"必然具有无限的丰富性，只要加以言说，即便是千真万确的也不免偏于一曲，不能摆脱相对性的局限。所以正如西方有句俗语所说：人类一开口，上帝就会发笑。尽管如此，人类仍有必要传达交流，以逐渐理解和体认自己生存于其中的世界。基督教的传播离不开《圣经》；即使佛教中出现声称"不立文字"的禅宗，它仍然留下诸多"灯录"以便薪火相传。老子与庄子非常清醒地意识到作为本根的道不当名却仍然著书立说，也就完全在情理之中了。

本章小结：本章我们主要在发生学意义上阐述中国传统哲学关于宇宙本原的见解，具有较多的推测性质。先哲普遍认为，在天地未分之前，就存在一原始、无限、绝对之物，并命名为"道"或"太极"。二者其实可以看做是对同一永恒之物的指称。既然它是永恒的存在，那么现实世界中一切万有都是从中生发出来的，这就是本原论。不过，道或太极既是天地

① 威廉·詹姆士：《宗教经验之种种——人性之研究》，唐钺译，商务印书馆 2002 年版，第 72 页。

之始、万物之母，又在天地万物诞生之后蕴涵于其中，因而构成天地万物的本体。实际上，本原论意义的道或太极与本体论意义上的道或太极的涵义是不同的：前者是指宇宙处于混沌未分的原始状态，当是形式与质料或理与气的统一体；后者仅指宇宙万物生成后存在于其中的根本性的构成法则和发展规律，已经排除了质料因素，或可称之为客观精神。若以一棵树比喻宇宙，那么种子的研究属于本原论，DNA 的研究则属于本体论；DNA 固然最先存在于种子中，但普遍存在于枝叶中的 DNA 就已不再是种子了。先哲（如朱熹等）往往混同了二者，今天我们当予以充分的注意。无论是本原还是本体，都可以称之为本根：本原是宇宙的本根，本体是万物的本根。这一本根无所不在，亘古长存，蕴涵丰富，功用卓越，因而必得以"大"才能形容，其体大，相大，用亦大。

依据《易传》的思想进行阐述也许更为合乎逻辑：太极是最原始的存在，是宇宙的本原；其出现动静之态便分出阴阳，一阴一阳之谓道，道是太极的运行形式，一辟一翕而成变，于是而有天地万物。我们可以说道是万物的本体，同时不排斥太极作为极致之理也是本体，因为这种意义上的太极可谓是道之极。道的运行使万物的发生有层级之分，于是世界上的事物展现出千姿百态——这已涉及宇宙的演化，我们将在下一章加以展开。

有意思的是，先哲基于体验或推测得出的这些基本观念竟然得到现代科学的佐证：

按照爱因斯坦的相对论，时空其实是弯曲的，人类所处的宇宙是一个动态结构。

迄今为止，科学界由广义相对论方程（$E = mc^2$）推论出的所有解中，都指示出在 137 亿年以前的某个时刻，现有宇宙中的所有相邻星系之间的距离必须为零。依照常识的观点，可谓之无。虽然其时的宇宙被挤压在零尺度的单独的一点，仿佛半径为零的球，但是它的密度和时空曲率均为无限大。因此又不能否认它是有。

宇宙在若有若无之间突然出现大爆炸，产生了无数高速运转的星系。

现时的宇宙仿佛一个气球，可能仍在膨胀之中；依据观察到的红移现象推断，一些星系之间的距离当是越来越远。但我们不能忽视另一种事实，宇宙中有很多黑洞，有的大约可以装下一千个太阳系，可见其同时存在收缩的倾向；这些黑洞多是一些恒星变冷而坍缩形成的时空区，其引力强大到连光都不能逃逸。依据中国哲学的观点，膨胀为辟、为阳，收缩为翕、为阴，正所谓一阴一阳之谓道。①

　　［问题讨论］人类是自然界演化的结果。从个体看，其性别乃至知、情、志等构成的心理特征源于来自父母的基因的组合；从整个族类看，今天地球上的七十多亿人可能出自同一祖先——在古代非洲生活的一对夫妇（相当于亚当和夏娃）。如果说现代天体物理学是远取诸物，那么现代生物遗传学则是近取诸身。二者结合，我们是否应该承认宇宙或人生确有本根存在？对它的探讨于我们安身立命是否有益？基督教的《圣经》中，能省去"创世纪"的章节吗？道与太极为何难以确切言说？——请从普通语词必然具有的抽象性与相对性特点予以解释。德国诗哲席勒在《友谊》一诗中歌咏道："伟大的造物主感到孤独无友是它的缺陷，于是它就创造出众多的精神，作为它的圣洁性的圣洁表现。那最高的本质是无对无双的，从整个精神世界的杯中，涌现出它本性的无限。"② 这首诗给了我们哪些启发？

---

　　① 当然，这也会带来一些观念的更新。例如就人类所处的宇宙而言，它在时间上其实是有始的，在空间上也许是有限而无界的；我们甚至可以推测，这个宇宙或许有整体收缩以至灭亡的那一天。但是这并不构成否认一永恒存在（先哲称为太极）的理由，因为谁也不能断定，重归于"无"的宇宙不能再生。

　　② 见于黑格尔《哲学史讲演录》第一卷，贺麟、王太庆译，商务印书馆 1959 年版，第 75 页。

第二章 宇宙的演化

由太极或道演变为广袤的宇宙，首先当是由一而两的分化，包括两种因素、两种力量、两种趋向等的相互作用，此即宇宙与人生最根本的法则——对立统一，通俗一些说叫"一分为二"。《老子》以道为本根解释宇宙的演化过程，认为"道生一，一生二，二生三，三生万物。万物负阴而抱阳，冲气以为和"（第四十二章）。《易传》描述的宇宙结构图式是太极生两仪，两仪生四象。本章我们尝试结合儒、道两家的观点，探讨宇宙演化过程中阴与阳、理与气等对立倾向或对立因素的相互作用，解释天、地、人三才所以生成的缘由。在严格的意义上说，太极在演化过程中发生蜕变，而道则担当了演化过程的主角。

第四节 动静、阴阳与乾坤

先哲普遍感受到，宇宙处在生生不息的过程之中，变易是天道的基本特点。孔子曾面对川流发出感叹："逝者如斯夫，不舍昼夜。"（《论语·子罕》）《中庸》中引《诗经·大雅·旱麓》"鸢飞戾天"、"鱼跃于渊"的诗句，描绘出一幅活泼玲珑的宇宙生意图。后世儒者也大多如此观察。因此，中国传统哲学非常注重于事物变化发展的态与势的把握，世界普遍存在的矛盾法则得到更为具体的描述，即分析出几种基本的态势类型，包括动与静、阴与阳、乾与坤等。

一　动与静

动与静是从宇宙本原到天地万物的分化过程中两种基本的状态，二者相互对立又相互转化。动有运动、变动和活动诸义。从科学的观点看，运动是物理性质的位移，变动更涉及化学性质的质变，活动则上升至生物层次的自觉——从无意识的机体新陈代谢到有意识的自觉自为，构成一个序列。静有静止、守恒、安静诸义，也具有跨越物理的、化学的和生物的三个领域的性质。由此可见，简单用西方哲学中具有物理学性质的运动与静止范畴来阐释中国哲学中动与静的观念是不够的。

由于先哲秉持生命化的宇宙观，活动与安静因而更具有核心意义。依据许慎的《说文解字》及段玉裁的注释，"动"的本义是"作"，有"起"的意思；"静"用为安静是假借，安静之静的原字当"从立"而不是"从争"，含有安定之意，上古时期的用法于《老子》中以"躁"为其反义词可见一斑，《易传》讲"寂然不动"即是静。活动呈刚健、发散的态势，可谓之辟；安静呈柔顺、收敛的态势，可谓之翕；一动一静，一翕一辟，促成事物发生变异。

周敦颐的《太极图说》较好地综合了《老子》与《易传》的观点，它特别以动静的相互依赖和相互转化解释宇宙的生成。其中写道：

> 无极而太极。太极动而生阳，动极而静。静而生阴，静极复动。一动一静，互为其根。分阴分阳，两仪立焉。阳变阴合，而生水火木金土。五气顺布，四时行焉。

虽然多为猜测，但体现了强大的逻辑力量。只是在太极之前加一无极，略有屋上架屋之嫌，按朱熹等的解释，它并非是说太极之外还有一极，而是对宇宙之根无声无臭的描述；不过，周敦颐以无极指代老子所谓的道、以为太极是老子所谓的道生一的"一"也是可能的。悬搁关于无极之论，至少在周子看来，太极无疑是宇宙的直接本原；它有动有静，分别生出阳与阴；其动与静在不断地相互转化，动至极点转为静，静至极点转为动；于是可以说，二者相互依存，互为其根；阳与阴判分，意味着天与地的形成；阳（实即乾）主变化，阴（实即坤）主合成，交互作用而生金木水火土五种基本的物质元素；五行又关联着四季，如春为木，夏为火，秋为金，冬为水。阴阳二气相交感，以金木水火土五行为质料，在春夏秋冬四季中化生出万物。万物生生不息，变化无有穷尽。

这可以说是古代中国最有代表性的宇宙观。其过程称之为"爆炸"、"裂变"固然不相宜，但以"演化"谓之则较为允当，所以我们可以更具体地称之为"宇宙演化图"。当然，以现代的视界考量，其中天地、五行等观念均具有前科学的性质。

　　动与静何者为主？在中国思想史上一直存在着观点的分歧。先秦时代，《老子》主静，提出"重为轻根，静为躁君"（第二十六章），"清静为天下正"（第四十五章）等；《周易》则主动，认为易道"变动不居，周流六虚（即上下四方）。上下无常，刚柔相易，不可为典要（即立定准），唯变所适"（《系辞传》）。延续到宋代，思想界普遍主张动静互摄，如前述周敦颐的观点得到宋儒的广泛认同。至明末清初，鉴于宋明理学的流弊和家国沦丧的现实，学界普遍主动，如王夫之、颜元等。

　　相关史料的梳理并不困难，现在重要的问题是探究出现意见分歧的原因。只有这样，我们才能辨别不同观念存在的合理性和局限性，从而实现综合与开新。

　　首先，从宇宙的生成过程着眼，先哲几乎普遍主动。《周易》强调易道生生不息，特别突出健而动的乾元，赞扬日新为盛德。《老子》讲道生一，一生二等，生即是动。周敦颐描述从太极到两仪立的过程，以动为起始。王夫之的看法更是不避偏激，他写道："太极动而生阳，动之动也；静而生阴，动之静也。废然无动而静，阴恶从生哉？一动一静，阖辟之谓也。由阖而辟，由辟而阖，皆动也。废然之静，则是息矣。至诚无息，况天地乎？'维天之命，于穆不已'，何静之有？"（《思问录·内篇》）宏观地看，整个世界都在变动之中，静只是相对的。在这种意义上，动与静是主从关系。

　　其次，就人在世间的作为而言，偏重守本（体）者主静，偏重致用者主动，出现鲜明的分野。《老子》偏重于守本，告诫侯王当守无为之道，善于以清静导化民众，"以静，天下将自定"（第三十七章）。同是在《太极图说》中，周敦颐又认为，当形成天地万物之后，人类中的佼佼者——圣人"定之以中正仁义而主静，立人极焉"。与之形成鲜明对照的是，王夫之指出："天下日动而君子日生，天下日生而君子日动。动者，道之枢、德之牖也。"（《周易外传》六）颜元追溯历史，认为三皇、五帝、三王、周、孔，都是教天下以动，是以动造就世道的圣人；春秋五霸之所以成功，正是假借了其动；汉、唐两代承袭其动之一二而成就了其世的昌盛。相反地，"晋、宋之苟安，佛之空，老之无，周、程、朱、邵之静坐，徒事口笔，总之皆不动也，而人才尽矣，圣道亡矣，乾坤降矣。"（《言行录》）这显然是以社稷的兴衰为鉴，扬动而抑静。

　　再次，就人的心灵对本根的体认立论，先哲又几乎普遍主静。老子倡导致虚守静，以达到观复、知常。庄子学派认为圣人之心虚静恬淡，所以能充当天地之鉴，万物之镜(《天道》)。《易传》也强调领会易道当无思、无为，寂然不动，感而遂通。先秦时代的"三玄"于此相通，并为后世广泛认同。朱熹要求心灵状态应精一，持敬入定，提出"静为主，动为客。静如家舍，动如道路"(《朱子语类》十二)。王阳明虽然主张动静合一，但仍以静为心之体，动为心之用，可见静的状态更为内在或潜在。即使是极其倾向于有为的荀子之流，在精神活动中也倡导"虚一而静"。在这种意义上，静与动之间存在朱熹所谓的主宾关系。

　　基于上述，我们可以说，就人类活动而言，动与静是一体之两面，二者在不同的时境中交替占据主导地位：观照须静，践履则动；静以体道，动以行道；体道者内圣，行道者外王。虽然先哲普遍坚持体道以行道，并且注意到静而圣，动而王，但的确存在积极与消极之分。人类的社会实践应该是积极行道的活动，就此而言当取健而动的倾向；这是儒家的普遍主张，也更为切合近代精神。

二　阴与阳

　　阴阳与动静密切关联，《庄子》中指出："静而与阴同德，动而与阳同波。"(《天道》)与动静不同的是，阴与阳不仅表示事物两种存在的状态，还标示两种对立的性质、两种相辅相成的力量。《老子》讲"万物负阴而抱阳"、《系辞传》称"一阴一阳之谓道"，大致都是从这种意义上立论的；宋明思想界多将阴阳理解为阴阳二气，也有性质与力量的涵义。

　　阴阳观念的出现应该很早。《易经》虽然不见阴阳的称谓，但六十四卦都由阴阳二爻所构成。按《易传》的记述，"昔者圣人之作《易》也，幽赞于神明而生蓍，参天两地而倚数，观变于阴阳而立卦。"也就是说，至少在殷周之际，阴阳观念已经确立了。另据史书记载，早在公元前780年，即西周幽王二年，我国发生了一次大地震，大臣伯阳父就推测说："周将亡矣！夫天地之气不失其序。若过其序，民乱之也。阳伏而不能出，阴迫而不能烝，于是有地震。今三川实震，是阳失其所而镇阴也。"(《国语》卷一)

　　"阴"、"阳"二字的偏旁部首相同，皆从阜，与水边坡地相关。阴古写作"陰"，原义为水之南、山之北，是背阳之坡面，又有幽暗之意。阳古写作"陽"，原义刚好与"陰"相对，为山之南、水之北，是向阳的坡面，《说文解字》以"高明"释之。现代简化字变形声字为会意字，也颇有道理，《周易·系辞传》中就有言："阴阳之义配日月。"

《周易》的卦象都由阴阳二爻构成。为何取此二爻之象，存在不同的说法，主要有以下几种：一是太阳高照为阳，太阳沉没为阴；二是太阳为阳，月亮为阴；三是阳象天，浑然一体，阴象地，水陆二分。现代学界如钱玄同、郭沫若等更提出新见，认为阳象男根（阳具），阴象女阴。统观这些解释，都认定阴阳二象是先哲远取诸物、近取诸身的结果。

关于阴阳两种势用如何推进宇宙的演化，先哲论述颇多，我们在前面也多有涉及。这里拟着重分辨阴阳二者究竟具有哪些不同的性质。

首先，在最普泛的意义上，阴阳有似于物理学上的正负对立，构成事物正反两个方面，仿佛一个原子必然存在正负电荷一样。不过，究竟是阴为正还是阳为正，实在不能遽断，往往因时境而变迁。这种意义上的把握不免简单而质直，先哲赋予阴阳的内涵多样而圆融，所以不宜止步于这一层次。

其次，阴阳含有离合、散聚的意指。一般说来，阴表现为向内聚合，阳表现为向外离散；聚合为翕，离散是辟，据此能更好地解释事物的翕辟成变。聚合与离散没有价值高下之分，合宜与否，因时因地而异：因聚合而有事物的稳定，因离散而有事物的拓展，二者恰好形成万事万物存在和发展的内在张力。

其三，阴阳又表示事物内部矛盾方面的起伏与屈伸。我们知道，阳动而阴静，相应地，阳盛则显示兴起、伸展，阴盛则显示静伏、蜗屈。两种态势往往此消彼长，主导地位相互交替，构成一个过程的不同环节。如一年中的四季，春夏为阳，秋冬为阴，春种、夏长，秋收、冬藏，既有明显分野，又可相互补充，合成一个发展的圆圈。

其四，阴阳与刚柔的特性也密切关联。《易传》讲立天之道曰阴曰阳，立地之道曰柔曰刚，大约是考虑到天为气体，因而以阴阳称之，地为形体，因而以刚柔称之，这是一种特定的精细的区分。其实气体也可以区别刚柔，形体也可以分为阴阳，后世于是有阳刚、阴柔之谓。一般说来，事物的离、散、起、伸倾向偏于刚，合、聚、伏、屈倾向则偏于柔。

其五，阴阳属性最为鲜明、最为集中地表现于人类的男女性别。古今中外，人们普遍倾向于男性以阳刚为美，女性以阴柔为美。汉代女杰班昭写道："阴阳殊性，男女异行。阳以刚为德，阴以柔为用。……鄙谚有云：'生男如狼，犹恐其尪；生女如鼠，犹恐其虎。"（《女诫》）古罗马的西塞罗将美区分为阳性的和阴性的，认为前者威严，后者秀美，并且明确指出："我们必须把秀美看做是女性美，把威严看做是男性美。"[1]即使在现代，人们也普遍承认，男性主进取，女性主融合。有西方学者以为，男人的大脑是往解决问题的方向发展的，女人的大脑是朝进行社交活动的方向发展的。

此外，历史上曾有阳尊阴卑（如王弼）、甚至阳正阴邪（如董仲舒）的观点，因只适用于特定的范围，我们这里不予采纳。

《周易》称阴阳不测之谓神。的确，造物主调和阴阳，创造了五彩缤纷的世界，奥妙无穷，我们不能不由衷地赞叹。几乎不能设想，若只有阴而无阳，或只有阳而无阴，天地万物将是何种样态？阴阳和合，成就了天地万物，包括人类的每一个家庭。成龙与林凤娇的和谐结合就是一个典型的例证。

　　成龙是我国当代著名的艺术家，1954 年出生于香港。1981 年邂逅台湾女星林凤娇，两人相互爱慕走到了一起，第二年生下儿子房祖名。成龙性格阳刚，闯劲十足，无论是影、视或是歌坛，都是公认的钢铁男儿形象，事业蒸蒸日上，世界知名，拥有亿万身家。林凤娇怀孕时，成龙尚未作好结婚的准备，一片痴情的她竟独自飞往美国待产。直到儿子出生前夕，林凤娇问起孩子的父亲一栏该写谁的名字，成龙才赶往她身边并与她办了结婚证。婚后林凤娇淡出娱乐圈，专心相夫教子。成龙对外仍称是钻石王老五，即仍是家庭的离心倾向。1998 年因前辈去世，方在讣文中向外界证明了她们母子的身份。尽管如此，林凤娇从无怨言，只要他回家，迎接他的总是温情脉脉的笑脸。其后成龙还爆出与某亚姐冠军有过一夜情而生下"小龙女"的消息，以及与某些女星的绯闻，"犯了全天下男人都会犯的错"，林凤娇保持静默和宽容，让成龙感到愧疚。2004 年成龙了解到在安徽还有两个亲哥哥，但每天忙于工作，无法分身去寻根。没想到年底收到林凤娇寄来的快递，里面是一盒记录家乡风景和亲人生活的 DV带，成龙看了不禁热泪盈眶。尤其是在拍《宝贝计划》（2005 年）

---

[1]　转引自鲍桑葵《美学史》，张今译，商务印书馆 1985 年版，第 138 页。

的一个打斗场面时，成龙不慎在 15 米高的大树上跌落下来，在医院昏迷了七天，苏醒时第一眼看到的是妻子。而林凤娇说了句"你终于醒了。感觉不好吗……"泪水夺眶而出，自己因疲劳和激动而突然昏倒。成龙此次出院后，外出购物、用餐，付账时，人们发现他的钱包里夹了一张林凤娇年轻时的照片……

有人评价说，林凤娇是一个"伟大的女人"，她以其柔韧、娴静甚至忍受委屈收服了成龙这样一个不羁的英雄汉，凝聚了祖孙三代，维护了家庭生活的和睦。我们无意于评价成龙与林凤娇两人的婚姻，更不是要将它作为典范，而是希冀从中发现男性与女性的典型的性格特征。他们夫妇可以说是阳刚、阴柔的天作之合。男与女之间一般说来具有动与静、辟与翕、散与聚、伸与屈、刚与柔等似乎是对立的态势或趋向，却有可能和谐地结合在一起——这便是天地之道的体现。

刚可以治柔，柔亦可以克刚。在人事中遵循天地之道，便形成君子之道。三国时的刘劭曾有一段很好的论述："物势之反，乃君子所谓道也。是故君子知屈之可以为伸，故含辱而不辞；知卑让之可以胜敌，故下之而不疑。及其终极，乃转祸而为福，屈仇而为友，使怨仇不延于后嗣，而美名宣于无穷。君子之道岂不裕乎？"（《人物志·释争》）这究竟是体现了《老子》还是《周易》的思想，其实无须分辨，因为二者于此是一致的。

最后需要稍作说明的是，从不同角度考察，阴阳的属性是相比较而显现的，因而具有相对性，不能僵化把握。例如在《易传》中马相对于龙为阴，但相对于牛则为阳。人们通常以白天为阳，夜晚为阴，但冬季的白天与夏季的白天比较，则只能属阴了。

三 乾与坤

如果说太极含有动静和阴阳两种对立的态势，那么，正是这样的对立态势分化出天与地——先哲又称之为乾与坤。"坤"的本义就是地；"乾"的本义是上出，有太阳升起之意，是形声兼会意字，经引申而指代天。《周易·说卦传》先描述其用："乾，健也。坤，顺也。"接着又解释其体："乾，天也，故称乎父。坤，地也，故称乎母。"

乾坤是否应该纳入中国哲学的范畴系统，是一个需要斟酌的问题。如果单纯以之为天地的另一种名称，或认为二者仅为《周易》中最有代表性的两卦，那么就有理由置于视野之外；如果充分考虑到二者构成易道之双翼，并且其涵义不能为动静、阴阳等所涵盖，那么就应该给予它们以一席之地。事实上，无论是先秦两汉，还是魏晋、宋明，先哲一直将它们作为一对基本范畴予以论述。即使在现代，对港台新儒家有着重大影响的熊十力哲学，仍然以乾坤二元的相互推衍为立论的基础。其所以如此，一是因为乾坤范畴在某种程度上实现了动静与阴阳的综合，二是因为乾坤范畴更能揭示宇宙的普遍法则，三是因为乾坤范畴能更为直接地表述人类应有的美德。

　　的确，乾坤与阴阳相通。《系辞传》引述了孔子的话："乾，阳物也；坤，阴物也。阴阳合德而刚柔有体，以体天地之撰，以通神明之德。"乾坤又与动静相对应。乾主动，变化不息；坤主静，含弘德方。由于乾坤有体，所以可以大致达成动静与阴阳的综合（当然，又不能完全取代）。一方面，乾坤作为天地本身是动与静、阴与阳交合的产物，另一方面，乾道与坤道的运行含有动与静、阴与阳的对立态势。邵雍在《观物内篇》中阐述其关系道："天，生于动者也；地，生于静者也。一动一静交，而天地之道尽之矣。动之始则阳生焉，动之极则阴生焉。一阴一阳交，而天之用尽之矣。静之始则柔生焉，静之极则刚生焉。一柔一刚交，而地之用尽之矣。"这一观点本于《易传》太极生两仪和天道含阴阳、地道见柔刚的论述，进而力图揭示其逻辑过程，可备一家之言。

　　乾坤范畴不仅实现动静与阴阳的一体化，而且滋生新的内涵，其中最主要的是万物发展变化的普遍法则。诚然，动静与阴阳均表示了事物发展变化的态势，但它们远没有乾坤范畴这样宏阔而又具体。《系辞传》写道："在天成象，在地成形，变化见矣。……阖户谓之坤，辟户谓之乾。一阖一辟谓之变，往来不穷谓之通。见乃谓之象，形乃谓之器。"为何以门户的打开和关闭来比喻乾、坤的不同属性和协同作用？或许是近取诸身的结果，甚至可能与男女之间的性事有关；且看作者随后又写到："夫乾，其静也专，其动也直，是以大生焉。夫坤，其静也翕，其动也辟，是以广生焉。"各民族早期普遍存在生殖崇拜，由生殖而推测万物的生成缘由，实际上这很正常。我们知道，《老子》中也言及"玄牝之门，是谓天地根"（第六章）。万物的变化往往神妙不测，但总是前有一阖一辟之因由，后有成象成器的结果。注重通变，也就是注重现代所谓的变化规律。

　　乾坤推衍作为规律可以更为凝练地表述为"易简"。如果说，《周易》

中的《文言传》是分释乾、坤，那么，《系辞传》的撰写意旨在于合释乾坤。其中有言，"易简，而天下之理得矣"，可见易简是乾道与坤道运行的最基本的法则，领悟了它，则纲举目张，可把握天地万物之理。遗憾的是，长期以来学界存在一种简单化的理解，人们未及慎思深究，往往将"易、简"等同于"简易"。如果仅仅是简易，何能涵括天下之理，弥纶天地之道？韩康伯的误读，造成学界的千年贻害。事实上，从《系辞传》开首一段我们可以发现这样的理路：

天—乾—动—刚—男—知始—以易知—有亲—可久—贤人之德

地—坤—静—柔—女—成物—以简能—有功—可大—贤人之业

"易简，而天下之理得"的观点正是对以上两个序列的收结。两个序列均由宇宙过渡到人生，可谓是涵盖天下之理。具体一点分析，"易"的本义指蜥蜴或日月，"简"的本义是指简牒，用如动词的意思是像易那样变化不居，像简那样秩序分明。在"易"、"简"对举的语句中，该传作者一以贯之地以"易"指称宇宙大化中一种开拓创生的倾向，以"简"指称宇宙大化中成物赋形的倾向。前者突出体现于时间维度（可久），联系着具有潜在性之"德"；后者主要体现为空间维度（可大），联系着具有现实性之"业"。德、业兼备，即是内圣外王。

在西方，古希腊哲人已有类似于乾坤的表述。例如恩培多克勒曾吟咏道："万物一时在'友爱'中结合，变成单一，一时又因'争吵'分散，彼此离异。"[1] 他还将友爱比喻为女神阿芙洛狄忒。直到现代，中西方的哲人仍直接或间接地肯定乾易坤简为天下之理的总领。

熊十力先生无疑是中国现代史上最富原创性的思想家之一，其哲学思想出入于儒、佛而归本于《大易》。他常常将易道称之为"恒转"，认为它必然包含两种"势用"：一种刚健而不物化，坚持不断开发，名之为辟；一种凝敛而成物，总是进行摄聚，名之为翕。辟为乾德，翕为坤德，宇宙大化正是立基于乾、坤推衍，翕、辟成变。熊先生在高度赞美乾德的刚健、进取、主变的同时，还明确将"简"释为坤的"贞固"之德，称道坤的让物"成型"的能力。[2] 与熊十力先生深受东方文化的浸润不同，金岳霖先生更多接受了西方哲学的熏陶。即使如此，其本体求索的结果却

---

① 苗力田主编：《古希腊哲学》，中国人民大学出版社 1989 年版，第 111—112 页。

② 《熊十力全集》第七卷，湖北教育出版社 2001 年版，第 112 页。

是很接近的。金先生在《论道》①的第一章所集中探究的问题是：道由"式—能"构成。他首先明确肯定"道是式—能"（一·一），"能"是活的，动的，但不是指"质料"（一·三），且表现出动态与多元趋向。"式"可以明确地界定为"析取地无所不包的可能"（一·五），它是逻辑的源泉，是理的源泉。宇宙的最基本的模式是"能"在"式"中又可以自由出入，亦即"居式由能莫不为道"（一·二六）。

在西方现代哲学家中，最为接近《易传》所描述的宇宙图式的莫过于叔本华的观念了。他认为世界由两个层面构成：一是表象，一是意志。在他看来，自然界的每一种力都可以认作是意志，这种力是动态的，本质上是一种盲目的、无止境的欲求。世界的表象不过是意志的客体性而已。除了这内外之分，叔本华还有一平行的二元划分，即理式与意志一样构成本体界的内容。理式就是意志的客体化每一"固定不变的级别"，它是一种基本结构，理式之于自然，"有如给自然套上一种格式"②。尼采常常被看做是叔本华思想的传人，他所说的酒神精神近于乾，主要表现为变化不居之易，日神精神近于坤，主要表现为收敛凝定之简。日神是一切造型力量之神，赋予对象以柔和的轮廓，它总是要求适度。人身上的酒神冲动是一种深沉而强大的内驱力，表现为整个情绪系统的激动亢奋，它似乎是"泰坦的"或"蛮夷的"。尼采认为，酒神精神与日神精神协同作用，"酷似生育有赖于性的二元性"③一样生成单个的艺术品乃至整个艺术世界。

我们并不讳言上述几位哲学家之间存在巨大的思想差异，这里只是取其观点中对存在于天地万物中两种基本势用的肯定。他们对宇宙人生本原的追问都觉察到其中蕴涵最根本的二重性：所谓辟同能、生命意志或强力意志等代表一种普遍的刚健开拓的力的势用（约略相当于易），所谓翕同式、理式、日神精神等代表一种普遍的贞固有序的数的势用（约略相当于简）；一方面存在变化不居的动力源泉，另一方面又存在凝定聚合的数理结构，二者协同作用于纷杂的质料，便是开物成务，形成丰富多样的现实世界以及艺术世界。中西方哲人各自从不同角度深入开掘，居然在岩层深处相遇，真可谓是"天下同归而殊途，一致而百虑"（《周易·系辞

---

①　金岳霖：《论道》，商务印书馆 1987 年版。
②　叔本华：《作为意志和表象的世界》，石冲白译，商务印书馆 1982 年版，第 191 页。
③　尼采：《悲剧的诞生》，周国平译，读书·生活·新知三联书店 1986 年版，第 2 页。

传》)。领会了易简的相辅相成,的确意味着从根本上把握了天下之理。①

以乾坤范畴为枢纽,中国哲学顺理成章地将天地之常道与人类之美德贯通起来。正如《乾》《坤》二卦的《象传》所言:"天行健,君子以自强不息";"地势坤,君子以厚德载物"。

毋庸置疑,人类心性中具有既自强不息又厚德载物的潜能,只是有的人使之得以充分发扬、有的人听任它被遮蔽而已。乾健不息有利于建功立业,坤厚载物有利于人际和谐。个体或有所偏,但决不可能一端空无。我们看到,即使是世界历史上著名的铁血人物,内心其实也有柔软的一面。以色列前总理沙龙就是典型一例。

> 沙龙是世界公认的铁腕人物。年轻时征战沙场,屡建奇功,晚年担任政府总理,敢作敢为,其人格凸显了乾健之性。他曾说:"我参加了以色列所有残酷的战争,每一次战争我都在最残酷的地方。"同时又强调:"我相信我比其他任何政治家都更懂得和平的重要,而且和平必须为犹太人提供安全。"1998年7月,时任农业部长的沙龙访问了中国,从北京乘车南下,途中经过一片农田,看到一些农家妇女在劳作,便示意车队停下来。沙龙走出车门,默默地站在路边,凝视那些正弯腰插秧的妇女,很久很久,没有说一句话。回到车内,他的眼睛闪现平时少有的温柔,动情地对陪同人员说:"现在很少能看到妇女在田野插秧了。看到她们,我就想起了我的母亲。我小时候经常看到她下地干活,一干就是大半天,累得腰酸腿痛,可她总是乐呵呵的。"陪同人员这才恍然大悟,倍感亲切。

笔者认为,乾坤二元体现于人类心性便是志与仁,将在第二篇详加论述。至于乾坤的元亨利贞或柔顺利贞是否滋生人类德性的仁义礼智,大可值得怀疑,虽然《文言传》中已见这样的比附,但似乎并不足以让人信服。

先哲对于事物发展变化的辩证法有所认知,包括对立统一、量质互变、肯定否定等。只是依据生命化的宇宙观考量,这些规律偏于数学化,

---

① 关于"易简"涵义的较详探讨请参阅拙作《〈易传〉的"易简"新释——兼谈"易简而天下之理得"》,《周易研究》2007年第5期。

而动静、阴阳乃至乾坤等则近于视象化，更能生动地展现宇宙的律动及其气象。这可谓是中国哲学乃至中国文化的突出特色之一。动静范畴描述的是两种状态，阴阳范畴上升为两种性质，乾坤范畴更揭示出两种基本法则（易简）。三对范畴既相互蕴涵，又逐层递进，各有其用，便于人们对天地万物发展变化的态势达到整体的把握。

第五节　气化万物与理一分殊

太极演化为天地万物的过程，从其基本态势方面考察有动静、阴阳和乾坤的消长，从其基本成分方面探究则必然存在气与理的分合。

一　气化论

面对现实的大千世界，我们能用一个什么语词来概括它的具有质量的存在呢？现代普遍谓之"物质"。上古的先哲更多着眼于存在的变易性，选择了"气"。从常识的观点看，物质有固体、液体、气体三种存在形态，三者在特定的条件下可以相互转化，其中以气体介于虚实之间，更方便于解释天地万物的由来。

遗憾的是，气的观念确切出现于何时，至今仍是一个谜。流传下来的早期典籍如《尚书》、《易经》与《诗经》等均未见"气"字，而迄今发现殷周之际的甲骨文和铭文中的"气"字一般为"乞（或迄、讫）"的含义。[①] 基于这种情况，我们有理由推测，先人远取诸物、近取诸身而形成"气"概念，是其觉醒的重要标志之一。他们最初也许确如许慎在《说文解字》所说的那样以"气"字象"云气"，但可能在很短的时段内就赋予它指称物质微粒和流体的含义，并以之解释宇宙的构成及其发展变化，如西周末年伯阳父就用天地之气阳伏而不能出，阴迫而不能烝解释地震灾害的成因。此时人们所讲的天地之气通常是指一种最细微、最流动的物质，与古希腊哲学的原子论相仿佛。

东周以后，人们更为明确地指出，是阴阳二气化生万物。《老子》称万物负阴而抱阳，冲气以为和。《易传》描述说，天地纲缊，万物化醇；

---

① 小野泽精一等：《气的思想——中国自然观和人的观念的发展》，李庆译，上海人民出版社 1990 年版，第 13—15 页。

男女媾精，万物化生。稍后，人们又将气区分为清、浊两种。《淮南子》认为气之"清阳者薄靡而为天，重浊者凝滞而为地"（《天文训》）。《灵枢经》推测人身上的经脉有三种气，以居于最里层的清气为生命的健康态，居中的浊气则次之，其上的邪气则是致病之因（《九针十二原》）。

先人所讲的气，本是质（质料）与能（动力）的统一体。从质的方面说，它是构成宇宙万物的形体包括人身的基本材料，相当于现代科学所讲的物质元素；从能的方面说，它涉及现代科学所谓的能量、场等。虽然在物质元素方面现代科学已有深入细微的认识，但若兼顾质料与动力以描述事物发展变化的普遍力量和运行状态，迄今仍没有比"气"更好的名词能予以取代；而按照现代物理学的观点，中国传统哲学中所讲的"气"恰好具有波、粒二象性。① 因此，我们有理由继续沿用这一观念，而不是简单地斥之为蒙昧而予以舍弃。

由于气处在虚实之间，合质与能为一体，所以解释天地万物的生成过程较为顺理成章，我们不妨试作描述。首先是由太极分化出天地。所谓太极，汉唐儒者多认为就是阴阳未分之元气。"元气"之称最早出现于何时已难确考，《太平御览》摘录《淮南鸿烈》的观点，其中有"元气"概念；在《春秋繁露》中，董仲舒已明确地以"元气和顺"为王道之征（《王道》）。汉末何休在《公羊传解诂》中写道："元者，气也。无形以起，有形以分，造起天地，天地之始也。"这类观点当然只是推测，不过与康德早年提出的原始星云说不无相似之处。其次是由天地孕育出万物。《易传》讲"天地絪缊"，应该是对气的存在和活动样态的描绘；讲"男女媾精"，应该是指阴阳二气的交合，精即精气。在《易传》的作者看来，世间万物的产生，无不是外有天地之孕育，内有阴阳之交合。先哲之所以形成生生不息的宇宙观，主要是源于对生物界的注重。着眼于植物、动物以至人类，人们很容易见出，气聚则生，气散则死（主要从质料方面看）；有气则生，无气则死（主要从动力方面看）。据此可以肯定，气为生物之所本。正如《庄子·知北游》所说："人之生，气之聚也。聚则为生，散则为死。若死生为徒，吾又何患？故万物一也。是其所美者为神奇，其所恶者为朽腐。朽腐复化为神奇，神奇复化为朽腐。故曰：通天下

----

① 现代物理学还认为，携带力的粒子可以是没有自身质量的虚粒子；这又可为中国哲学在心性领域讲气（后面将论述）提供一种"科学的"阐释。

一气耳。"

现代学界一般以张载为主气论的集成者。的确，《正蒙》一书对气作了突出的强调，认为"神，天德；化，天道；德，其体；道，其用：一于气而已"（《神化篇》）。在某些场合，他甚至将气看做可与太极互换的概念，如《参两篇》讲"一物两体，气也。一故神，两故化，此天之所以参也"；而在《大易篇》又称："一物而两体，其太极之谓与？"还有"太虚即气"之类说法，让人觉得他不只是主张气化论，而且还坚持气本论。

其实还可作另一种解读。张载如此强调气，目的在于要克服佛、老空无观念的影响，如他所交代的，"知太虚即气，则无无"。为达到这一目的，他在信笔挥写中虽然多有闪光的观点，又不免有逻辑混乱的表述。我们且悬搁关于气和太极同是一物而具两体的说法，单从《参两篇》的另一句话就可见一斑："天所以参，一太极两仪而象之性也。"这里居然将太极与两仪平列并且同归于天（参为三），实在令人费解，怎么解释都难圆其说。按张子《正蒙》全书的结构，《太和篇》更像是作者对宇宙本原的论述，太和相当于汉儒或宋代其他儒家所讲的太极。该篇开首就写道："太和所谓道。中涵浮沉、升降、动静相感之性，是生细缊相荡、胜负屈伸之始。其来也，几微、易简；其变也，广大、坚固。起知于易者，乾乎？效法于简者，坤乎？散殊而可象为气，清通而不可象为神。"从中我们看到，气只是太和的一种因素，作者更为注重的是蕴涵于太和中的动静、阴阳、乾易坤简之理。依照这样的思路，所谓太虚即气，不是说太虚是气的本体（本根），而太虚（天或虚空的区宇）也不是宇宙的本体，他所强调的是虚不离气，且当即气见神。如果再联系著名的《西铭》，张载赋予气的地位远没有现代学界所想像的那么高，其中认为，天地之塞即气聚而形，成为人的身体；天地之帅则神妙无形，成为人的德性；而人类的真正价值，在于摒除气之遮蔽，敞亮心之天德。

总之，将气理解为天地万物生成的一种最基本的因素是必须的，而理解为天地万物生成的唯一因素则万万不可，因为气毕竟只是质料乃至动力因素，要凝聚成一具体物，离不开形式因素和目的因素，也就是理。

二　理本论

在古代哲学家中，很少有人明确而一以贯之地主张气本论。因为他们普遍意识到，物物者非物。这物物者是道，与气相对时通常称之为理。以理为本者则多有之。

就字义看，理原初是动词，后来更普遍地用作名词。《说文解字》释"理"为"治玉也，从玉里声"。上古时人们将未经人工雕琢的玉石称为"璞"，按玉石的天然文理而治之，即是理。所以，"理"既指称事物固有的形式，又含有赋予事物以有序的形式之义。事物的形式包括两个基本方面，一是其存在的结构形式，二是其变化的运行规律；前者主要展现为空间的、静态的，后者主要展现为时间的、动态的。严格说来，前者以"理"表述最合适，后者以"道"表述更恰当。

先秦典籍中，《论语》和《老子》中均无"理"字。① 它被提升为哲学范畴，当是在战国时期。"理"字在《墨子》中凡 12 见，除论说部分的《节葬下》、《非儒下》运用 3 次外，其他全在经说部分中。这表明，墨子学派主要是从讲求逻辑关系的有序方面进行把握，即注重于"察名实之理"（《小取》）。孟子的新拓展在于将人之性与理联系起来，成为后世广泛沿用的性理观念；他认为理、义是人人心中所共有的，非由外铄，道德修养应该反求诸己，达到"理义之悦我心，犹刍豢之悦我口"（《告子上》）的境界。庄子学派尚天然而薄人事，《庄子》一书的基本主张是"依乎天理"，"因其固然"，除个别场合言及人伦之理外，其他 30 多处讲的全是自然之理。至《荀子》、《韩子》等兼及伦理与物理，认识有所深化，表述也更为明确。

汉魏之际，刘劭所撰的《人物志》区分"道之理"、"事之理"、"义之理"及"情之理"，且认为"四理不同"，可见"理"的运用已很广泛。魏晋玄学家中，王弼认识到理是事物运动变化之"所以然"（《周易注》），郭象则称理为事物之"必然"（《庄子注》），二者都是对理的本质的揭示，在思想史上具有重要意义。如果说，先秦诸子所谓的理多为有限的、现象界的，那么，在王弼这里，已更为注目于"举一以明"（《周易略例》）的"至理"（《老子指略》）；这种倾向与玄学家"崇本以举其末"或"崇本以息末"（《老子注》）的主张是一脉相通的。理的本体地位在佛学中得到进一步加强，出现于唐代的华严宗明确地以事为"心缘色碍

---

① 《诗经》中出现过。《小雅·信南山》："我疆我理，东南其亩。"此处"理"为治理土地之义。

者"，即现象界；以理为"平等真如"，即本体界。但现象蕴涵本体，本体见诸现象，二者相即相融而形成不同层级的精神境界。

宋明时期，理成为最高和最核心的哲学范畴。理学家试图统一把握先秦诸子所揭示的分理与玄学、佛学所注重的至理。周敦颐视太极为最高的理（据朱熹对《太极图说》之释），同时又以理释"礼"（《通书》）。邵雍提出"以物观物"，即是超越感性、知性以认识至理的方法。特别是在二程的世界观中，理被提到极顶位置，他们认为宇宙学的"天"即理，人类学的"性"亦理，故"天下无实于理者"（《遗书》卷三）。朱熹注重"格物致知"，适于探究事物之所以然；陆九渊主张"发明本心"，适于确定人伦之所当然。宋代哲人以朱熹为代表，力图全面把握自然界的物理与人类心灵的性理、现象界的分理与本体界的至理，遗憾的是少分辨而多混同，所以并未成功。经过一段时间的沉淀，至王夫之而有较为切当的认识。他指出："凡言理者有二：一则天地万物已然之条理，一则健顺五常、天以命人而人受为性之至理。"（《读四书大全说》卷五）如此解说基本概括了理的外延。

理与道密切相关，后来因而有"道理"一词，不过二者既有联系又有区别。"道"的本义是人所行的道路，"理"的本义是玉石所具的纹路；由本义引申，"道"宜于指称事物的普遍规律，"理"宜于指称事物的结构法则，二者同属于对事物存在和发展的形式的揭示。在先秦时代，哲人们以道为无限的存在，因而不可言说，而理则只是有限的存在，一般可以确认，二者为一般与特殊的关系，区别是显然的。如《庄子·则阳》指出："万物殊理。道不私，故无名。"韩非《解老》也说："凡理者，方圆、短长、粗靡、坚脆之分也，故理定而后可得道也。""道者，万物之所以成也。故曰：道，理之者也。……故理之为物之制。万物各异理……而道尽稽万物之理。"但是经过魏晋玄学推崇至理，隋唐佛学以佛性、真如为理，以至宋代理学将理等同于太极之后，二者的关系就复杂化了。按朱熹的看法，道与理是包容与被包容的关系，但又不能完全取代，道字宏大，理字精密，道字包得大，理是道字里面许多理脉。朱子的高足陈淳解释说："道与理大概只是一件物。然析为二字，亦须有分别。……与理对说，则道字较宽，理字较实。理有确然不易底意，故万古通行者道也，万古不易者理也。"（《北溪字义·理》）作为至理，实即存在于万物中的太极，因而与道的所指相同，只是偏于静态而已；作为殊理，较之道才着实、细密。正是有这样的区别，古人通常只讲格物穷理，一般不说格物穷道。

由此不难理解，先哲普遍地将理看做是天地万物之本。理通于道，气凝为器，前者形而上，后者形而下。哲学是形而上学，中国古代哲人有的突出强调气或器的重要地位，但几乎没有人否认道或理的基础地位。张载以太虚为气，程子虽为其好友却不以为然，曾指虚说："皆是理。安得谓之虚？天下无实于理者。"（《二程遗书》卷三）如前所述，张载也未必以气为本，只是强调万物皆气化而成罢了。① 另一位特别看重气与器的大哲人王夫之其实也是如此，观念在气本与理本之间时有游移，如他曾明确指出："尽天下无非理者；只有气处，便有理在。尽吾身无非性者；只有形处，便性充。"（《读四书大全说》卷十）理不仅是普遍的存在，而且对于气居统帅地位，正如人之德性对于人之形体居统帅地位一样。

三　气与理的统一

气与理的关系，大致相当于西方哲学所谓的物质与精神的关系。比较而言，中国哲学于此更见形而上的特色，因为气概念远没有物质概念那么滞重。而另一方面，精神较之道或理的意义远为含混：通常人们认为人类才有精神，人类出现以前的自然界是否有精神？事物的结构法则、变化规律是否应该以"精神"称之？这种意义的精神是否意味着是人格化的造物主的赋予？如此等等，均须加以分辨和界说。依照西方哲学，唯物主义最为合乎常识，尽管一些思想深刻的哲学家大多是所谓的唯心主义者。中国传统哲学则认为，气与理的矛盾既存在于自然界，也存在于人类心灵，它来源于太极，根本不需要人格化的神祇参与。我国现代学界套用西方哲学的唯物论与唯心论之分给传统的理气论贴标签，不免圆凿而方枘之嫌。

理与气的矛盾贯穿于天地人三者之中。关于心性中的气与理我们将在下一编讨论，就自然界而言，气与理显然是相互依存的关系；至于何者居主导地位，则是一个很复杂的问题。

从现实事物着眼，有物必有则，物为气之凝聚，便为理所规范。譬如一个陶罐，气为粘土、水等材料，理是将它们组织起来的形式，包括水土

---

① 再看张载《正蒙·太和篇》的一段话："天地之气，虽聚散攻取百途，然其为理也顺而不妄。气之为物，散入无形，适得吾体；聚为有象，不失吾常。"这里明显是以理为体、为常。

调和的比例、陶钧的过程及其赋予的特定样式等。参照亚里士多德的说法，水、土是质料因，比例、样式是形式因。水、土虽同为质料，又是客观存在的两种物体，有物必有则的道理对于二者同样适用。以水为例，也由气与理的结合所构成：其气是氢与氧两种元素（通常以气体独立存在），其理则是二者的搭配比例和结合方式。所以完全可以说，天下没有无理之气，也没有无气之理。

追溯于天地万物的本原，气与理在时间上当无先后之分。因为若推测气在先，就必须解释理是在其后某一时刻被赋予的，显见的问题是：如何确定哪一时刻？更大的问题是：谁为能赋予的第三者？而存在这样一个第三者，气与理就都算不上本原。若推测理在先也是如此，难道理能生气？没有气的时候理存在于哪里？气在理之后的突然介入同样需要第三者。这样的问题，想必《老子》和《易传》的作者都考虑过。《老子》一书尽管多以道为一种类似绝对精神的本体，但作者在推测宇宙起源时明显存在犹疑不决的心理，因而作了"有物混成"、"惟恍惟惚"之类描述。后世儒家有的将太极理解为气，有的理解为理，可谓是拟向即乖，徒添争议。如前所述，作为宇宙本原，太极不仅阴阳未分，而且是气与理的统一体。

就事物的发展变化而言，理与气孰为主导其实不能一概而论。其一，以气为质料，理是其组织形式。朱熹在《答黄道夫》中的解说较为中肯："天地之间，有理有气。理也者，形而上之道也，生物之本也。气也者，形而下之器也，生物之具也。是以人物之生，必禀此理，然后有性；必禀此气，然后有形。"理与气不能相离，但毕竟理为本、气为具，这是道、器关系的演绎。其二，以气为动力，气与理的关系转化为力与数的并列关系，则气为主动方面。事物若积健为雄，充盈乾健之气，就会更快地发展变化。王夫之的观点不无道理："气者理之依也，气盛则理达。天积其健盛之气，故秩序条理精密，变化而日新。"（《思问录·内篇》）其三，理不仅是形式因，还是目的因，目的因较之动力因更为根本。是否存在目的因？西方哲学界有颇多争议，但在我国的先哲看来，道或至理就是目的因；没有目的因，事物之所必然和人伦之所当然就都失去了根基。世界之复杂难解，与这三重关系的交织密切相关。

气与理的相互作用而生成丰富多彩的世界。世界之所以丰富多彩，在于物之不齐。物之不齐固然与气有阴阳之分、清浊之别等有关，更要追溯于理一分殊的法则。

"理一而分殊"本是程颐为弟子杨时解读张载的《西铭》提出的命题，旨在扬儒辟墨，捍卫爱有等差的伦理原则，"分"（音 fèn）为分位。如仁是理一，君君、臣臣、尊长、爱幼是分殊。后来朱熹在宇宙学的意义上加以发挥，使之成为宇宙演化进程的概括性描述。之所以有这样的发展，可能是因为他将这一命题与周敦颐《通书》的思想结合了起来。周子在该书中写道："二气五行，化生万物。五殊二实，二本则一。是万为一，一实万分。万一各正，小大有定。"其中"一"与"万"就有理一分殊之意。①朱熹自己又发明了一个较好的比喻："太极如一本生上，分为枝干，又分而生花生叶，生生不穷。到得成果子，里面又有生生无穷之理生将出去，又是无限个太极，更无停息。只是到成果实时，又却略少歇也。"（《御纂朱子全书》卷四十九）如此看来，理一分殊仿佛是华严宗所谓的月印万川。

但是朱熹之释存在很大的片面性，客观世界并非只是一个平面，而是一个多层级的结构体系。"理一"固然可解释为太极，但"分"不能只理解为分有或具有，还应更进一步理解为分化或特殊化（可以联系叔本华关于理式的客体化有不同层级的观点），而"殊"指称源于太极又不能等同于太极的殊理才更为合乎实际。王夫之说得对："理一分殊。'分'云者，理之分也。迨其分殊，而理岂复一哉！夫不复一，则成乎殊矣。"（《读四书大全说》卷十）事物在不同的空间层次和时间序列中产生和发展，其结构和性质不能不有所变化。

这让我们想起《晏子春秋》中的一则故事：

　　晏子出使楚国时，楚王想戏弄他，故意布置下属将一个犯人从堂下押过。楚王问："此人是谁？犯了什么罪？"下属回答："一个齐国人，犯了偷窃罪。"楚王就转头询问晏子："你们齐国人是不是都很喜欢偷东西呀？"晏子机智地答道："橘生淮南则为橘，生于淮北则为枳。二者只是叶子相似，其果实味道大不一样，橘又大又甜，枳又酸又小。为何如此呢？是水土不同。今民生长于齐不盗，入楚则盗，该不是楚之水土使民喜欢偷东西吧？"

---

　　① 周子的这一观念或许受到《淮南子》的影响，该书称圣人"由近知远，而万殊为一"（《本经训》）。

虽然晏婴的回答主要是外交上的斗机锋，但他用以类比的自然现象的存在是确凿无疑的。联系现代遗传学的知识，生物的存在贯穿着遗传与变异的矛盾，新物种的出现意味着遗传基因发生了突变。在生物进化树上新物种层出不穷，每一物种既保留了源于"根系"的某些基本特性，又都具有自己独特的基因结构。

从器物的演变我们也可见理一分殊，而且是一个发展上升的过程，例如从原始的陶器到后来的铁器，以至于现代计算机和人造卫星等，其中的理越来越复杂。自然界从形成单细胞到人类的出现，当比迄今为止人类的所有作为都更为复杂微妙。

第六节　天地人三才

太极分化出天地万物，实际上就是由气与理相互作用而达成一体的结果。万物是指大地上的万物，因此当是先有天地，然后才孕育出万物。万物中以人为最高级，所以最重要的是考察天、地、人三极。

一　中国古代的天地观念

人类凭借自己的感性直观，必然会得到天覆地载的观念。汉语的"天"字极其形象，表示有一个至高无上的苍穹，笼盖在人类的头顶。[①]"地"字为形声字，从土，表示重浊之气的沉积。在先哲看来，天地均为气之凝聚，但在天成象，变化多姿；在地成形，万物滋生。

仰望天空的日月星辰，让人产生崇高感；兼之还有电闪雷鸣、云行雨施，让人不能不敬畏有加。因此，各民族早期无不以天为神明之所在，华夏民族也不例外。《论语·尧曰》引述过上古的文献《尧典》，尧曾对舜说："咨尔舜，天之历数在尔躬，允执其中。四海困穷，天禄永终。"这是尧在禅让帝位时对舜的告诫，指出让位给他是上天的安排，一定要努力让民众获得温饱，不然上天就会给予严厉惩罚。

---

　①　《说文解字》训"天"为"颠"，即为头顶；又补充说"至高无上，从一大"。学界多有以"天"之本义为头顶的看法，笔者实在不敢苟同。因为若果真如此，先人直到商代（以出土的甲骨文计算）尚未形成天的概念。应该说，即使甲骨文中某些"天"字像一个人形，那也是着重表示人头顶上的苍穹。

大约在殷周之际，人的主体意识进一步觉醒，敬畏天神逐渐落实于敬德。《尚书·洪范》记述箕子告诫周武王，若有大疑，当"谋及乃心，谋及卿士，谋及庶人，谋及卜筮"。其排序很值得注意：首先要靠自己的心胸清明，作出决定；其次才是求助于身边的谋士乃至平民；若还不能决断，最后才当考虑求之于卜筮。卜筮是求助于鬼神，只宜用于万不得已的场合。《尚书·召诰》中召公总结夏、商两朝灭亡的教训，更是明确指出："惟不敬厥德，乃早坠厥命。"及至春秋时期，由于"天道"观念形成，鬼神观念更为淡出。据《左传·桓公六年》记载，随国的季梁甚至认为："夫民，神之主也。是以圣王先成民而后致力于神。"稍后郑国的子产兼言天道与人道，反映了思想界已意识到，关键的问题不是以德悦神，而是道、德贯通。老子著述《道德经》，可谓是对天道与人道的系统探究。当然，就是到了战国时代，无论是庙堂之上还是江湖之中，以天为人格神的观念仍然存在，如墨子尊崇"天志"就是如此。不过在觉悟了的思想界逐渐丧失了地盘，我们看到，儒、道两家都罕言帝、鬼。

大地在人类的脚下，是人类俯视的对象，虽然给人以天尊地卑的直观感受，但华夏民族的先哲大多怀着感恩的心理，注目于大地养育万物、为人类提供丰富的自然环境和不竭的生活资料的巨大贡献，仿佛它具有厚德而加以赞美和尊奉。

天万古常运，地万古常存。如果说天之威严似父，那么地之宽厚像母，万物乃至人类都是天地之子。天为乾，地为坤，有似于生物界的雄雌二性——确切一些说，雄雌二性是其演化的结果，万物的滋生以乾为始作俑者，即所谓乾知大始，坤则予以孕育而成形体，即所谓坤作成物。《易经》以《乾》《坤》二卦为门户扩展开来，企求解释万事万物的变化历程，《易传》更以乾、坤为易道的二元，展现一种蓬勃向上的世界观：乾具有日新之盛德，坤成就富有之大业。这其实是一种厚德者的世界观，先哲不自觉地给世界贴上自己的标签。应该说，《老子》中断言"天地不仁，以万物为刍狗"更为合乎事实。

前述中西方几位现代哲学家的思想与中国传统的天乾地坤观念或直接相联，或不无相似，其实他们之间存在巨大的思想差异。熊十力先生早年是辛亥革命的参加者，由于对黑暗的政治现实深恶痛绝等原因，尤其推崇乾，推崇变与动；金岳霖先生一直是学者，对于西方的逻辑学研究颇深，所以首先推崇式，推崇恒与静；叔本华与尼采虽然都以意志为本体，但由于对意志的态度迥然有别，前者摒斥而走向消沉，后者赞美竟走向强暴。如果乾德全是善的，那么叔本华希求意志寂灭（像佛家那样）就背离了自然；如果坤德全是善的，推崇乾健和强力就无助于人事。借鉴心理学家荣格的观点，我们倾向于这样的看法：乾仿佛集体无意识中的阴影原型，既是创造力同时也是破坏力的源泉；坤仿佛集体无意识中的自性原型，能让杂多转化为整一，但它也可能造成因循保守之弊。也就是说，乾与坤或天与地，相对于人类生存来说，均为利弊并存，必须互补。

　　然而，张扬天地美好的一面对于建立道德哲学是非常有益的，因为道德哲学的主旨是引导人们扬善弃恶。天地或乾坤本无所谓善恶，人类以自己的尺度加以衡量，隐其恶而不怨，见其善而思齐，恰好方便于为道德观念奠定神圣而稳固的基石。在这种意义上，我们当逆《老子》之意而言之：圣人守仁，常以民胞物与。

二　人类生存于天地之间

　　大地生长着万物，人其实只是万物之一，但哲学首先关注的是人自身。先哲普遍认为，自然界既然是人类的母体，那么人就应该吻合或应和她的律动。

　　《老子》最先系统地考虑了人与外部宇宙的关系，提出"人法地，地法天，天法道，道法自然"（第二十五章）。所谓"法"，就是师法、效法。按照王弼的解释，人不违地才能得到生存的全安，所以当法地；地不违天才能达成对万物的全载，所以当法天；天不违道才能实现对大地万物的全覆，所以当法道。道为宇宙的本原，实在没有需要效法的更高的对象，只是作为天地万物的本体，需要体现其自然而然的本性，如同流溢的潮水，在方而法方，在圆而法圆，在天地万物分化过程中无所不适。我们必须注意，这里所谓的"自然"不是名词，而是形容词，即自然而然、自是如此之意；以佛家喜用的言词解释，就是如如。老子这里所描述的其实是宇宙演化的逆过程：由道自然而然地分化出天地万物以至人类，人类就应该返本溯源，贵在不事造作而常自然。《老子》的这种观点是要求人类只当自然界忠实的徒儿，似乎太消极了一些。虽然个体如此有时能以屈求伸，看似无私却能成其私，但若人类都是如此，则只能回到原始的同与禽兽居、族与万物并的生存状态中去。

　　比较而言，《易传》所阐述的世界观和人生观要积极得多。《序卦传》

就《咸》卦发挥，描绘了一幅由自然到社会的演进图："有天地，然后有万物；有万物，然后有男女；有男女，然后有夫妇；有夫妇，然后有父子；有父子，然后有君臣；有君臣，然后有上下；有上下，然后礼义有所错。"《说卦传》提出天地人"三才"的观念，并以之广泛地解释卦象之六爻："昔者圣人之作《易》也，将以顺性命之理。是以立天之道曰阴与阳，立地之道曰柔与刚，立人之道曰仁与义，兼三才而两之，故《易》六画而成卦，分阴分阳，迭用柔刚，故《易》六位而成章。"我们知道，《周易》的六十四卦都由乾、坤、震、巽、坎、离、艮、兑八经卦相叠而成，因此由三爻而成六爻。这六爻中每两爻为一组，六爻涵括了三才，即"兼三才而两之"。其中天道居上，分阴分阳；地道居下，分柔与刚；人道居中，分仁与义。这样，每一卦都像是一个小宇宙，三才无所不被，无所不包。且以《既济》（离下坎上）卦为例，试用图表展示如下（之所以选择此卦，是因为它的阴阳爻均得正得中，"刚柔正而位当"，相对容易理解）：

──（偶为阴）	上	上六	阴为正	天道	阴
─（奇为阳）	中	九五	阳为正（尊）	天道	阳
──（偶为阴）	下	六四	阴为正	人道	仁
─（奇为阳）	上	九三	阳为正	人道	义
──（偶为阴）	中	六二	阴为正	地道	柔
─（奇为阳）	下	初九	阳为正	地道	刚

气与理结合，在天成象，显出阴阳，如月与日等；在地成形，显出柔刚，如水与金等；聚为人而有德，见诸仁、义之性。如此看来，天、地、人各有其特性，不能相互取代；但又有密切联系，其中天道之阴对应于地道之柔和人道之仁，天道之阳对应于地道之刚和人道之义。遗憾的是，人道的仁与义严格说来并不在一个层次上，若仁与志对举就更恰当。是此我们将容易看到，理想的人格应该、也完全可能顶天立地：他得坤德之厚而有仁，得乾德之健而有志，因此不只是被动地效法自然界，还能通过自身德性的发扬而与天地参。①

---

① 关于仁与志、志与义的关系，我们将在第二编详加阐述。

依照《易传》的逻辑，狭义的天道亦即乾道，地道当是坤道，人道则当指归于二者的中和。在传统的观念中，人中之王如三皇五帝为天下人的楷模。《老子》中称宇宙中有四大：道大，天大，地大，王亦大——王虽然处于末位，毕竟居其一。后世儒家常常推崇孔子为"素王"。汉语中的"王"字之所以读"wáng"，是表示天下所归往；之所以用三横，正如八卦的三爻，兼指天地人；之所以还有一竖，在于表达三者实现贯通。《说文解字》引孔子的话解释道："一贯三为王。"也就是说，真正的王者或理想人格，应该是与天地参的人。

需要注意的是，广义的天或天道包括地道，兼有阴阳、刚柔等对立属性，与人道相对，指天地间万物存在的基本形式、变化的根本规律或一种生生不息的创造性力量，实即作为宇宙本根的太极或道在天地产生之后潜存于各种质料之中的一种绝对精神。从老庄到后世的学者，大多在这种意义上应用。

三　人与天地的对待与协调

在现代哲学中，常用"对立"一词表示两种事物或事物的两个方面的矛盾关系，其中固然存在相互依赖，但从发展变化角度看更重要的是相互否定。对于中国传统哲学来说，这个词太尖锐，它所表达的哲理也许"方以智"，但是不能达到"圆而神"，所以在许多场合需要审慎使用。特别是对于天、地、人的关系，用"对待"较为切合先哲的本旨。两个事物或事物内部两个方面相互对待，是表示它们虽然各自独立，但并非相互否定，且可能指归于互利双赢。通俗一点说，敌人之间是对立冲突的关系，亲人之间是对待协调的关系。事实上，两种关系共同存在于现实世界，所以只认其一必然有偏。

西方的文化传统看重人类与自然的对立，因而往往形成悲悯的人生观。基督教的赎罪观念众所周知，它最先流传于罗马，当是获得了特定的土壤与气候。例如古罗马的一则神话说：

> 忧愁女神、朱庇特和土神三者都参与了创造人的活动，于是都希望以自己的名字为这一生物命名。他们争执不下，请来农神仲裁，结果得以判决："因为你，朱庇特，给了他灵魂，你应该在他死的时候接受他的灵魂；因为你，土神，给了他身躯，你应该在他死的时候接

受他的躯体；但是，因为忧愁女神作成了这生物，她应该占有他的整个一生。可是你们现在争论的是把谁的名字给他，那就叫他'homo'（人）吧，因为他是由 humus（土）作成的。"①

这则神话本身充斥着对立观念：忧愁女神在百无聊赖中用泥土捏出人类的模样，请朱庇特吹进一口灵气让他活了起来，本来是皆大欢喜的事情，可是却引起三神的纷争；农神的裁决虽然调解了神之间的矛盾，却是以人被宰割、被瓜分为代价的；经过这样的宰割和瓜分，人的生存注定不得安宁，其肉身执着于泥土——土神代表地，其心灵却要神游天宇——朱庇特代表天，二者形成的张力决定了忧愁必将占有人的一生。这幅图景尽管有深刻的涵蕴，但无疑会给人以灰暗而冷酷的感受。信从这样的观念，方便于形成斗士的人格，向往摆脱天地的控制从而获得自身的独立和自由。

中国的文化传统看重人类与自然的统一，因而往往形成乐天的人生观。孔子曾描述自己是发奋忘食，乐以忘忧；庄子推崇的至人既邀食于地，更邀乐于天。先哲何以大多都有如此的人生取向？正是基于其特定的宇宙观。张载《西铭》的阐述很有代表性：

乾称父，坤称母。予兹藐焉，乃混然中处。

人以天地为父母，当然不能是对立的关系；居于天地之间，宜常怀感恩且谦卑的心理。

故天地之塞，吾其体；天地之帅，吾其性。

与古罗马的神话相似，也认为天予神明，地予形体；但这里不见神灵，唯以天地为归属。

民，吾同胞；物，吾与也。

① 参阅海德格尔《存在与时间》，陈嘉映等译，读书·生活·新知三联书店1987年版，第239—240页。

既然出自同一父母，那么凡是人类，就都是同胞；即使是其他生物，也该视为伙伴。整个天下实为一家，虽然亲疏异情，贵贱不等，但仁心当一以贯之，尊老爱幼、扶弱助孤。

> 富贵福泽，将厚吾之生也；贫贱忧戚，庸玉女于成也。存，吾顺事；没，吾宁也。

希圣希贤，臻于穷神知化。富贵不淫，感激天地赐福；贫贱不移，视为人格锤炼。活着，顺应天地之道行事；死去，无愧于心而得以安息。

　　华夏民族的先哲大多由这样的宇宙观奠定其人生观，因此无须求助于外在的神灵就可以确立神圣的观念，让自己活得充实而舒坦。感激天地的孕育和哺育，人与自然环境就显得亲和；意识到人在天地之间有渺小的一面，就不会产生征服天地的狂妄。中国哲学虽然一贯以人为中心，却与西方所谓的人类中心主义存在本质的区别，因为这里强调的不是"征服"，而是"遵循"。求征服者以天地为物质实体，主遵循者以天地为必然规律和应然法则。而且这决不意味着人类只能自卑，甘当自然的奴隶——像宗教信徒在神灵面前那样，因为按照中国哲学，每一个人都有可能成为圣贤，体天道而行人道，保天心以立人极，大其心则可以与天地合德。人是物之至，圣为人之至，达到人之至才是真正意义上的人，这就是立人极。天、地、人三才构成三极，它们不当是对立和冲突的关系，而应是对待和协调的关系。圣人上观天时，下察地理，中尽人事，因此可以弥纶天地，出入造化，既与所处的外部世界相协调，又能达到生存的自由和圆满。应该承认，这些观念浸透了理想的成分，但存在于信仰领域没有什么不好，且正因为如此，它确立了人生的航标。

　　虽然先哲主张循天地之道以立人极甚为可嘉，只是他们普遍过分强调顺和仁，不免存在偏颇。显而易见的是，顺为地道、坤道的属性。我们需要同时高扬乾健精神以弥补其不足，如此也便于同西方哲学观念相交集乃至融合，其关键在于赋予"志"以应有的地位。[1]

---

　　[1]　在康德哲学中，道德观念的建立源于人类心灵的实践理性，而实践理性与自由意志是可以互换的范畴。

　　本章小结：本章由宇宙的本根延伸至人自身，意在为后面心性论的探讨奠定基础。西方哲学认为，事物的发展变化是基于其内在的矛盾方面相互对立和相互转化。中国哲学于此有自己的特色，即将这种内在矛盾区分为动与静、阳与阴、乾与坤等几个基本方面。这些范畴基本属于功能性的，从不同方面展现了事物发展变化的态势，其中乾与坤达成前二者的综合，尤为值得重视。另有一对实体性的范畴就是理与气的对立。气化论与理本论有些类似于西方哲学所谓的唯物论与（客观）唯心论的歧异。不过就整体而言，中国哲学界其实没有彻底的气本论者，先哲普遍认为，二者相辅相成；宇宙的演化可表述为气化万物与理一分殊的过程。理与气的相互作用（中含阴阳、动静、辟翕等矛盾倾向）而形成了天、地、人三才，三者并非尖锐对立与冲突，而是相互对待与协调的关系；以人居中虽然具有原始直观的性质，却蕴涵本天道而行人道、保天心以立人极的合理思想，确立了以人与天地相统一为人生的航标。

　　汉儒王符有一段论述可资借鉴。他首先对宇宙的本原作了描述，今天我们可以如此设想宇宙大爆炸之前的状态："上古之世，太素之时，元气窈冥，未有形兆，万精合并，混而为一，莫制莫御。"然后描述了宇宙的演化过程，包括天、地、人的出现："若斯久之，翻然自化，清浊分别，变成阴阳。阴阳有体，实生两仪。天地絪缊，万物化醇。和气生人，以统理之。"最后论述天、地、人三才相辅相成，营造了宇宙的和谐："是故天本诸阳，地本诸阴，人本中和，三才异务，相待而成。各循其道，和气乃臻，玑衡乃平。"（《潜夫论·本训》）

　　［问题讨论］任何哲学著作都会承认规律的存在。规律从何而来？是否应该追溯于本体？它是精神的还是物质的？——宇宙学哲学于此而有唯心论与唯物论的分野。熊十力先生倡新易学，抓住辟、翕两种势用，提挈阴阳、动静诸对立，是否值得赞赏？结合第一章和第二章的内容，能否找出我们的先人描述宇宙大化的质料因、动力因、形式因和目的因？如果能够体天道而立人道、行人事，是否有助于道德观念的确立和社会的和谐发展？

第三章 人类的位置

前面我们已谈到天地人三才，明确了古代哲人基于直观而形成的观念。他们普遍认为，天覆地载而人立其间，与天地合德是人应该有的样子。不过，在宽泛的意义上说，"顶天立地"的不只是人类，还有其他物种，要真正理解人类在宇宙中的位置，还必须与其他生物进行比较才能确定。

第七节 人为万物之灵

如同西方古代的哲人们一样，我们的先人也认为人类是天地中万物的灵长。他们只能凭借肉眼观察，自然没有考虑到天空中的某些星体有可能类似于地球的环境，从而产生丰富多样的生物界。不过即使在今天，我们虽然不能排除这种可能性，却没有任何确凿的证据能予以证实，因此仍只能就人类所在的星球立论。

一 人类在大地上的优越地位

先哲普遍持有天地之中人为贵的看法。《老子》和《易传》都潜存这样的观念，不过只是一种宏观把握和大笔勾勒，已见前述。《礼记》中的《礼运》篇的分析相对来说较为具体，其中认为，人类秉承了天地之德，由阴阳之交、鬼神之会而产生，因而为五行之秀。荀子在《王制》中予以经验性质的论述，更容易让人信服。他写道："水火有气而无生，草木有生而无知，禽兽有知而无义。人有气、有生、有知，亦且有义，故最为天下贵也。"在荀子看来，世间万物可以分为四个层级——无机物、植物、动物、人类。水火是普通的物质，由气凝聚而成，是无生命的存在物，因而在四个层级中最低；草木当然也由气聚而成，但它们已经有了生命活力，只是还没有达到有知觉的层次；禽兽较之草木类植物更高一级，它们已经有了知觉，能自由活动，不过仅听凭本能驱使，并没有道德观念；人类既是气之凝聚，又是有生命、有知觉的存在物，并且建立起道德观念，能够考虑何者应当、何者不应当从而作出选择，因此这一族类最为天下贵。这一论述与西方哲人亚里士多德的观点遥相呼应。亚里士多德也是擅长于经验的考察，在他看来，生物都有"灵魂"，由低级到高级展现为"植物灵魂"、"动物灵魂"和"人类灵魂"的序列，它们中每一后继者都潜在地包含了先在者。"营养能力"是灵魂中最初的，也是最为共同拥有的能力，一切生物都能摄取食物和生殖；其次是"感觉能力"，任何动物至少拥有一种感觉；再进一步发展而有"理性能力"，它是灵魂用来思索和判断的部分，唯独人或与人同等、甚至比人尊贵的存在物才具有。

当然，放在广袤的宇宙中进行考察，又可见出人的个体之渺小。庄子及其学派承认道大、天大、地大，但是并不赞成人亦大。他们以为，与前三者比较，恰好凸显人之小。从时间方面看个体，人生天地之间，就像白驹之过隙，忽然而已。从空间方面看群体，中国之在海内不过粒米之于太仓，四海在天地之内，不过礨空（小穴，如蚁冢）之在大泽，而人在中国土地的万物之间，又不过毫末之在马体，其渺小可想而知。不过庄子学派主要是就人的寿命和形体而言，并没有否定人的精神及其潜能的广阔无涯。他们所赞赏的那些至人、真人及至神人，都为人貌而天虚，其精神独与天地相往来，可以自由驰骋于无限的境地。

简约地说，人类的优越性在于具有较为完整的精神系统。王充曾谈到，"倮虫三百，人为之长，天地之性，人为贵，贵其识知也。"（《论衡·别通》）如果说宇宙也存在一种精神（规律、法则、动力等）的话，那么，人类是地球万物中这一精神的觉醒者、自觉者。因此可以说，人为天地之心（《礼记》）。由于人类具有较高的思维能力，能够运用符号传达和贮存相关的信息，具有理性处置事情、作出反应的长处，因而较之动物界优越。让我们看看一个普通的扳道工与他的孩子在紧急关头的应激反应。

一些年前，德国一家电视台出高价征集"十秒钟惊险镜头"，许多新闻工作者趋之若鹜，结果一命名为"卧倒"的镜头以绝对优势夺冠。它记录的是这样的场景：某火车站的扳道工去为一列徐徐而来的火车扳道岔，这时还有另一列火车从相反方向驶进车站。假如他不能及时扳道岔，两列火车必定相撞。当他走向工作岗位时，无意中发现自己的儿子正在那一边的铁轨中玩耍。是抢救儿子，还是去扳道岔以避免一场灾难？他几乎没有选择的时间。只见他威严地朝儿子喊一声："卧倒！"同时冲过去扳动了道岔。刹那间，那边铁轨的火车呼啸而过，这边的火车也进入预定的轨道。对面那列火车过去后，躺在铁轨中间的孩子霍地站了起来……后来人们才知道，扳道工其实是一个很普通的人，最大的优点是忠于职守；而他的儿子居然是一个弱智儿童，平时与爸爸玩打仗游戏时，唯一能听懂且做得最出色的动作就是卧倒，在千钧一发之际用上了。

——这对极其普通、能力平平甚至偏弱的父子在紧急关头的出色表现应该说是动物界所不能达到的，因为其中既有信息的传播，又有道义的选择。

如果说在六千万年前地球上曾经历恐龙时代（白垩纪、侏罗纪），那么近几百万年来，地球已进入人类时代。作为天地间演化出的最高物种，先哲认为人类是能够治万物、用万物的主宰者，当是合乎事实的。即使在今天，人类仍然还有巨大的潜能尚未发挥出来，以"更快、更高、更强"为追求的体育运动尤其可见这一点。

20世纪30年代，美国马拉松健将喀纳斯·安迪与马尔他登山健将迈威恩曾有一场隔空争论。迈威恩成功攀登科迪勒拉山以后认为自己有生之年恐怕不能超越这一高度了，他深感在自然面前，人的微乎其微。喀纳斯则认为人的潜力无限，必将书写一个又一个看似遥不可及的神话。一年后，迈威恩就超越了自己，登上了喜马拉雅山的珠穆朗玛峰。二人去世后，喀纳斯的墓碑刻的是他的左脚印，迈威恩的墓碑刻着他的身高：1.78米。两块墓地相隔数万里，但奇妙的是都恰巧在北纬30度上。半个世纪后，前苏联一位密码学家声称破译了两块墓碑上的"天书"，的确较之其他种种解读更能令人信服。他认为二者分别表达的是：没有比脚更长的路，也没有比人更高的山。墓碑上的密码是否确为此意，可以继续讨论和探索，而人们之所以普遍信服如此解读，表明大多数人相信这一哲理。事实上，曾持悲观看法的迈威恩本人一年后就以行动纠正了自己，雄辩地证明世间"没有比人更高的山"。

基于上述，我们不能不认同先哲的观点：惟人，万物之灵；天地所生，惟人为贵。

二 人类的两种基本立法

应该承认，历史上尽管鲜有论者质疑人为万物之灵，但确有论者反对天地所生人为贵的观念。因为前者可以只考虑能力，后者还须兼顾德行，而能力与德行是两回事。中古时期的发难者为著名的文学家和思想家韩愈，随后同样是文学家和思想家的柳宗元、刘禹锡也卷入天人关系的讨论，成为中唐思想界一道别致的风景线。

据柳宗元的《天说》引述，韩愈曾以《天之说》与之交流，其中写道："今夫人有疾痛、倦辱、饥寒甚者，因仰而呼天曰：'残民者昌，佑民者殃'；又仰而呼天曰：'何为使至此极戾也？'"在韩愈看来，像这些怨天者其实都不知天；天是自然背后的主宰者，它要维护自然的原生态，其赏罚尺度与人类的观念恰恰相反。就像有机物腐败了于是产生虫子一样，天地间的元气阴阳坏了，于是产生了人。毫无疑义，虫子是它所寄生物的仇敌，能够除虫者便是有功者。与之相类似，人类开拓田地，砍伐山林，挖井以取泉水，掘墓以葬尸体，并且筑墙垣、城郭、台榭，还钻木取火，掏土制器，采矿炼金，等等，严重破坏了自然的阴阳五行，所以能够摧残人类者，正是有功于天地者；而那些致力于让民众生息繁衍的人，恰恰是天地之寇仇。为何人世间屡屡见到残民者昌、佑民者殃？道理就在这里。

对于韩愈的奇谈怪论，柳宗元不敢苟同。他坚持传统的宇宙观，以在上而玄者谓之天，在下而黄者谓之地，混然而中处者谓之元气，寒来暑往则是阴阳的交替；认为它们都不能赏功而罚祸，人类生活中功者自功、祸者自祸，那些期待老天爷英明赏罚者是谬误之谈，那些通过呼而怨祈求老天爷哀且仁者更为荒唐可笑。总而言之，天地并不干涉人类的祸福。

后来刘禹锡作《天论》三篇以补柳宗元《天说》未尽之意。文章首先列举了两种对立的观念：一种以为天与人如影随形，好像有一个主宰者确然存在似的，作恶必降罪罚，为善必有福报，人穷厄而呼时天必可闻，隐痛而祈时天必能答；一种以为天与人不相干，根本不存在所谓主宰者，雷电击伤了动植物，不是由于它们犯有罪过，春天滋生了草木，并未区别对待良莠。前者尚阴骘之说，后者持自然之说。柳宗元的观点基本属于后者，刘禹锡其实也是如此，所以柳宗元甚至认为《天论》只能作为《天说》的传疏。应该说，《天说》虽提出较为公允的观点，但论述简略甚至粗疏（如其中将元气比喻为痈痔等）；《天论》不仅论证较为周密，而且观点也有开新，即由天不预人进而提出天人交相胜。依刘禹锡之见，天之道，在生植；其用，在强弱。人之道，在法制；其用，在是非。天人相分又相合，人类需要把握的关键在于：用天之利，立人之纪。

韩愈的《天之说》不见于《昌黎文集》，大约是作者遭贬谪或其他心情不顺之时随手写出的愤激之辞，藉由骂人而间接地表达怨天的情绪。不过其中却提出一个重大的问题：如果从自然界的角度来看人类社会，现有的价值观念都应该颠倒，因为天与人存在敌对的关系。当然，其论证过程中无疑含有重大缺陷，因为无论是虫还是人，其实都是自然界生态的一部分，与其他生物是相生相克的关系。我们需要珍视的是，这篇文字所间接提供的启示：人类的价值观念仅适用于自身的需要。经过柳宗元和刘禹锡介入讨论，问题更为明了起来，他们意识到，天、人有分，各按一套规则行事，前者并不干预后者得祸还是得福。①

顺着先哲的思路，我们可以说，天立自然法，人立世间法；前者为自然之道，后者为人世之道。二者都是道的体现，可是由于体现在不同的领域，因而产生质的区别，这就是理一分殊的突出表现。自然之道赋予自然界的生物以存在和发展变异的秩序，人世之道建立人类社会存在与发展变化的秩序，可见其有一致性；但是，从人类的角度看，自然之理是物之本然，是客观实存的，人伦之理则是人之应然，是祈求确立的，二者性质迥异。②

人类在生存和发展的过程中，总是力图认识自然之理和确立人伦之理，也就是一方面寻真，一方面持善。于是形成两种既对立又互补的文化：寻真而有科学，持善而有道德。科学认识旨在辨别真假，道德观念旨在判断善恶。科学致力于探寻客体"是什么"，揭示事物之所以然；道德旨在坚持主体"应该怎样"，昭示人伦之所当然。前者涉及必然领域，要求主体服从于客体，所珍贵的是知识；后者属于自由领域，要求客体服从于主体，所珍贵的是信念。如果没有科学的发展，人类就不能很好地利用

---

① 《天之说》可能主要针对德与福不相匹配的情况有感而发，《天说》、《天论》也都予以分辨，这一问题我们将在后面继续讨论。

② 自然之理与人伦之理也并非完全不相干。认识自然之理是由末趋本，即由个别探寻特殊乃至一般；体认人伦之理是由本趋末，即由一般统领特殊以支配个别。两种立法交集于一点（一般），趋向相反但并不平行。

自然，从而提高自身的物质生活水平；如果没有道德的确立，人类就不能很好地协调族类内部的关系，不仅意味着向动物界回归，甚至可能运用科学技术发明的武器毁灭自己。所以两种文化不可或缺，应该互补。沿用刘禹锡的说法，就是用天之利，立人之纪。

文化出自人类的创造。科学和道德都属于精神文化，必须依靠人类的心灵能力和符号系统才能建立起来。作为精神产品，二者又都可以说是人类"立法"的成果：科学是人向自然立法，道德是人为自身立法。后者显而易见是以人自身的需要或祈求为尺度裁断事物；前者其实也是以人自身的逻辑思维和符号标记为基础勾勒事物的图式，如牛顿力学与爱因斯坦相对论所勾勒的宇宙图式或模型就大不相同，二者分别是两次科学革命的产物。

两种文化都由心灵生发，因而在人类心灵活动中更能见出两种立法形式的分野。人向自然立法，其实是要努力揭示自然界的"固有之法"，它要从大量个别现象入手，抽象、概括其特殊乃至一般、恒定的东西，并在认识过程中不断修正，使主体之观念服从并接近于客体之必然（因此宜称为"寻真"）。认识过程的心灵活动是由外而内不断综合，逐渐趋向于更高的统一性，简言之，即向内收敛，归多于一的过程。人为自身立法，则是参照一定社会条件确定人伦关系中的"应有之法"，它对现实人际关系的状况更多持批判态度，摩西在西奈山上的满腔愤怒和孔子周游列国时间或有激愤之语都具有典型意义。道德观念主要来自主体的深层意志，是要将一种人伦的当然之则强加于现实，所以人们又将道德称做自由领域（因此宜称为"持善"）。这种意义的"自由"其实乃是"由自"，即不顾忌外在的现实境况如何险恶，主体坚持实施内心的律令，心灵的活动是向外发散，由一到多的过程。①

中国哲学曾考虑到两种立法形式。先秦哲人讲求仰观天文，俯察地理，远取诸物，近取诸身，但遗憾的是仅落实于探究人事之吉凶。从魏晋到宋明，众多哲人注意到理兼有所以然和所当然之义，但要么只关注所当然之理（如陆王学派），要么将二者常常混同起来阐述（如程朱学派），

———————

① 在个体心灵世界中，两种立法是尖锐对立的趋向；在文化世界中，科学与道德也仿佛双峰对峙。审美活动和艺术文化使这种对立或对峙得以调和乃至趋于统一。康德的《判断力批判》和黑格尔的《美学》均有深刻的论述；拙著《审美学》与《文艺的心理阐释》多有展开的讨论，请参阅。

因而需要进一步理清其关系。

三　中国哲学侧重于人自身

沿着天人相分和两种立法的思路，哲学当产生两个分支：致力于认识自然事物，呼唤逻辑学；致力于营造人际和谐，呼唤伦理学。事实上，我国先秦时代二者曾出现过平行发展的情形。墨子学派重视工程技术的研究，并且创立了墨辩逻辑；荀子主张天人相分，在名学方面也较有建树；而无论是墨子学派还是荀子，都极为关注伦理问题。

为什么墨辩逻辑和名家学说秦汉以后走向衰落甚至失传了呢？其中有很复杂的原因，我们可以大致归之于思想界科学精神的缺失，疏于事物之所以然的探求，等等。这种情况的出现又包括几个基本原因：

一是农耕经济。在古代，生产工具的改良是一个极其缓慢的过程，其作用在某一时段几乎可以忽略不计；生产力的提高主要依靠生产关系的调整来实现，如反兼并，均土地等；并且生产不是为了交换，而是直接满足生产者或财产占有者的生活需要。于是重农轻商成为华夏民族的传统观念，竞争观念淡薄，百工受到鄙视。

二是宗法制度。农耕将人束缚在一块固定的土地上，较少迁徙游移，家族世代繁衍仍同居一处，长幼尊卑的人伦关系便凸显出来。父为一家之长，老为一族之尊。由父系家长制逐渐演变出封建等级制，小至家族、大至民族都成为一种金字塔形的超稳固的人际关系结构。在这样的结构中，礼教与礼制获得非常适宜的生长土壤。

三是政治专制。由农耕经济与宗法制度滋生出政治上的专制，具有某种必然性。汉语的"国家"一词昭示，国是一个大家。王权因而至高无上，暴君能够实行其"牧民"政策，所谓仁君也只是视人民为"子民"而已。为要让家天下得以世代相传，国君最为关注的自然是社会等级秩序的稳固，尤其在无外来的发达民族入侵的时候。

四是学界取向。在政治专制的社会里，得到朝廷的青睐是知识界的普遍追求，学而优则仕；吃上"皇粮"就要为巩固皇权卖力，似乎天经地义；他们忙于恪尽职守，哪能顾得上科学技术方面的探究？古代学人多以宣讲齐家、治国、平天下为使命，以实行"王道"为追求，但真正有机遇在政治领域一显身手的毕竟是极少数。用便行，舍则藏，"外王"无缘而"内圣"可追，于是大多投入于道德修养的研究。

上述一、二两点分别是中华文化忽视所以然而重视所当然的基本原因，也是形成三、四两点的基础条件。第三点是关键，大一统的政治专制是造成思维惰性、束缚科技发展的罪魁。梁漱溟先生曾指出，如果没有西方文化的碰撞，中国再过一千年也不会有科学与民主精神产生出来。此说固然不无道理，但毕竟失之于片面：如果华夏民族保持春秋战国时期的政治、经济和文化等各领域的竞争局面，科学与民主精神走在西方前面都是有可能的，因为后者还经历了漫长的中世纪。也正因为是高度集权的封建大一统，使文化精英失去独立的品格，横向的皇权附庸与纵向的祖宗崇拜形成合力，促使他们只关注为人处世：执着于仕途者心无旁骛，超脱一些的也多以修身见于世为人生目标。

这种情况既造成中国文化之短，又铸就中国文化之长。所短者在于它相对忽视人类认识自然和改造自然的斗争，不太关心科学技术的发展进步，缺少相应的"亚里士多德传统"；所长者在于它建立了一种深刻而绵密的人类学哲学，对人之所以为人的价值作了稳固而有力的论证，对心性的诸要素作了精细而丰富的阐述，对人生一般抱有执着而乐观的态度。借用康德的术语，可以说中国哲学所短者在于理论理性的探讨，所长者在于实践理性的研究。毋庸置疑，个体心灵中实践理性的确立必将有助于理论理性的发挥。

我国现代学界往往将科学与民主并提，以示中国传统文化之所短。从学理上看，二者其实涉及两种立法，性质完全不同。民主问题也是人类为自身立法，但属于政治哲学范畴，本不在我们讨论的议题之列。可以附带指出的是，西方的民主思想是建立在上帝面前人人平等的观念上的，据此可见中国的内圣之学有条件为民主思想奠定坚实的观念基础：既然人人都可能成为圣人，就没有必要崇拜祖宗，屈从威权，就有理由保持个体人格的独立和自由。历史上如孟子、陆九渊等的行状大致能作为佐证。正如王阳明所说："个个人心有仲尼，自将闻见苦遮迷。而今指与真头面，只是良知更莫疑。"（《咏良知》之一）比较而言，基督教文化主要具有外在的超越性，中国哲学则既是超越的，又是内在的，后者作为人格独立和政治民主的根据或许更为稳固。

第八节　心为形身之君

人为万物之灵，关键在于其意识的觉醒，也就是有"心"。心为一身之主，是古代哲人的共识。与其说中国哲学主要是人学，不如更严格地说，其主要价值在于心学或心性之学。虽然人们常常在相对意义上将心学只看做宋明时期的一个哲学流派，其实真正能够汇聚儒、道、释三家思想的正是心性的开掘——以孟、庄、禅为主要代表。

一　"心"的广义与狭义

汉语的"心"是一个象形字，本义指人的心脏；也许是由于心在五脏乃至全身中处于中枢位置，中国古代哲人以为它是人的精神活动之所在。据孟子《告子上》所引，孔子曾说过："操则存，舍则亡，出入无时，莫知其乡，惟'心'之谓与！"心的这种灵动性正与精神之"神"的灵动性一致。

先哲通常在极其广泛的意义上言"心"，其涵义往往因时境的不同而有种种差别，界定非常杂乱。我们可以梳理为三种基本情形。

广义的心是指情与性、见闻之知与德性所知等精神因素的总和。张载认为心统性、情，人的精神活动由内而外，发于性则见于情，发于情则见于色，以类相应，得以外化。更具体一些说，性处在天人之际，联系着宇宙本根；知觉为物我之交，是人对现实的反映或反应；心将这内外两端统一在一起，简约地表达，就是"合性与知觉，有心之名"（《正蒙·太和篇》）。在这种意义上，心不仅含理，也含有非理成分；既有纯一无瑕的道心，又有芜杂而动荡的人心。先哲大多取广义，只是有时看做一种精神能力（近于佛家所谓的"心识"），有时又看做是整体的精神内容（近于佛家所谓的"心所"）。如孟子既讲心之官则思，又讲理义之心、恻隐之心、本心等；邵雍一方面以心为性之郛廓，比喻为一个空阔的容器，一方面又称心为太极，它蕴涵无限的内容。此外还有一种含混的看法，如朱熹所言："性者，心之理也。情者，心之用也。心者，性情之主也。"（《元亨利贞说》）陈淳在《北溪字义》中倍加推崇，认为说得非常条畅明白。照笔者看来，虽然看似条畅，却很不明白：心统性情当是指兼有或包括，这里却理解为统帅了。通常说心支配身，是就精神系统的总体而言；若说心支配情或性，则为谬见——心如三军，性当为统帅；怎么能说三军当统率其统帅及其兵马等？

狭义的心专指道心。陆九渊、王阳明常取此义。从人们的一般看法中，心与理既相契也相悖。陆九渊的独特之处在于，他将情欲、气禀等排除于心之外，专一就心灵的第三层面立论。① 因此他坚决反对当时学界对于人心与道心的区分，认为理乃天下之公理，心乃天下之同心，心即理，人之所以为人者，惟此心而已。王阳明也持相似的观点，以为身之主宰便是心，心即道，道即天，知心也就知道、知天。这种观点其实有一个很大的麻烦，例如王阳明曾说："心之所发便是意，意之本体便是知，意之所在便是物。"（《传习录》上）若心只是道，意与知就都不属于心的范围。显而易见，"知心"不能等同于"尽心"。

次狭义的心是指知虑之心，即知性能力。庄子讲"心止于符"（《人间世》）乃取此义，人的思维正确与否，往往以符合客观事实为准。庄子及其学派还常常批判机巧之心，虽然不纯是认知性质的，但也属于知性能力。前者旨在把握物之理，后者旨在操作事之成。

我们这里主张将心作广义的理解，即人的精神系统的总称，包括心灵能力及其内容，如情欲、知虑、性理等，亦即能与所的统一。

与古希腊的哲人的观念大相径庭，华夏民族的先哲为何用"心"而不是"脑"称谓精神活动的中心，或许反映出东方民族性格整体上的相对内倾。以脑为形身之君，是注重于认知客观世界；以心为形身之君，则注重于体验主观世界。② 在今天看来，以心脏为意识活动之所在，无疑是带有蒙昧性质的观念，但是心脏与精神活动密切相关，则又是一个不争的事实，尤其在现代心脏移植的案例中得到了验证。

　　人类心脏移植开始于 1967 年，在 20 世纪 80 年代后发展很快。美国亚里桑那州大学著名心理学教授盖里·希瓦兹历经 20 多年调查研究，得出惊人的结论：至少十分之一的器官移植患者都性格大变，"继承"了器官捐赠者的某些性格特征。他在调查中发现，一名女性接受器官移植后，竟突然开始会说流利的外语；还有一名女孩移植了一名年轻词曲作家的心脏和肺脏后，突然爱好弹吉他，并且开始写诗和谱曲。另据英国《每日邮报》报道，1988 年，美国芭蕾舞蹈家克莱尔·西尔维亚 47 岁时接受了心脏和肺脏移植手术。自此以后，性

---

① 请参阅拙作《陆学之"心"试解》，《中国哲学史》1999 年第 1 期。
② 英国哲学家霍布斯曾描述其心理经验：快乐之情是心脏的运动，概念之思是头脑的运动。

格平和的她开始变得非常冲动和富有攻击性，并且爱喝啤酒、吃术前她很不喜欢的肯德基炸鸡块。通过追踪调查才了解，原来她的心肺捐赠者是名 18 岁男孩，生前正具有这样的嗜好。类似的事情还发生在一名 7 岁的美国小女孩埃米莉身上。她通过手术移植了几天前被谋杀的 10 岁女孩的心脏，自己对捐赠者的身份一无所知，在手术两个月后，其性格和生活习惯发生很大的变化，开始频频做噩梦，梦到自己被人谋杀了。令人震惊的是，这名 7 岁女孩对凶手的描述是如此精确，美国警方靠她提供的"线索"，竟然一举逮住了那名残忍谋杀 10 岁女孩的凶手！

基于上述事实，我们可以肯定，心脏很大程度上制约着人的个性特征，并且还有可能参与甚至承担某些精神活动。在生理解剖学的意义上考量，"心灵"之所指既不能局限于心脏，也不能只局限于大脑，它当是涉及中枢神经与周围神经的立体系统。

二　道心与人心

心灵既然是一个立体系统，就有可能从多方面或多角度进行区分，如性与情、天理与人欲、天地之性与气质之性等。这些对立观念我们将留待后面阐述，现在先探究道心与人心之分，因为它是直接对"心"的区分。

《古文尚书·大禹谟》记述，舜曾教导禹："人心惟危，道心惟微。惟精惟一，允执厥中。"至宋明时代，这十六字受到普遍重视，甚至被奉为"尧、舜、禹传授心法，万世圣学之渊源"（真德秀语）。可是据明代学者梅鷟和清代学者阎若璩的考证，《大禹谟》系六朝人伪造，不足采信。他们认为，"人心惟危，道心惟微"是窜掇者取自《荀子·解蔽》对古《道经》的引述，"惟精惟一"也是《解蔽》篇中"精于道""一于道"说法的浓缩；"允执厥中"则取自《论语·尧曰》之所引；由此可见，除最后一句外，前三句均为依《荀子》一书"钞略、掇拾、胶粘而假合之者"。[①]

梅、阎二人的质疑的确持之有据，但《大禹谟》系后人伪作是一回事，这十六字所表述的为先秦时代的观点则毋庸置疑。其一，"允执厥

---

① 梅鷟：《尚书考异》。另外可参阅阎若璩《古文尚书疏证》。

中"是尧告诫舜的话，后来舜以之告诫禹，已见《论语》记述。其二，另三句为荀子之前已有之，也完全是可能的。荀子所引的《道经》，即使不是《尚书》，也当是一部较为权威的古书，其语体未必如《解蔽》篇所述："人心之危，道心之微，危微之几，惟明君子而后能知之。"也就是说，荀子很可能是用自己的话语引述古人的观点。若是如此，则在这段话之前荀子讲"精于道"、"一于道"和"昔者舜之治天下"等都可以是对《道经》思想的发挥。其三，从湖北郭店发掘出的《楚简》看，先秦典籍不见于两汉文一点也不值得奇怪；更何况，从今存的两汉文看，其时学界的兴趣相对外倾，根本就不关注人心与道心之分；阎若璩以此为论据之一，并不能让人信服。

对于这十六字"心法"，托名孔安国撰的《孔传》的解释甚为简明："危则难安，微则难明，故戒以精一，信执其中。"也就是说，人心动荡而造成生存的不安，道心的精微而让人难以觉察；心灵犹如海洋，表层动荡而深层幽微，须得沉潜和坚定，方能精一和执中。

后来朱熹综合前人的观点，在其《上皇帝书》中作了历来被学界认为是最为权威的阐释。他写道："夫心之虚灵知觉，一而已矣。而以为有人心、道心之别者，何哉？盖以其或生于形气之私，或原于性命之正，而所以为知觉者不同。是以或危殆而不安，或精微而难见耳。"人心生于形气，道心原于性命，于是而有危、微之别。"然人莫不有是形，故虽上智不能无人心；亦莫不有是性，故虽下愚不能无道心。"人有形体就有人心，有德性就有道心，无论圣贤还是愚夫，莫不具有。"二者杂乎方寸之间，而不知所以治之，则危者愈危，微者愈微，而天理之公，卒无以胜乎人欲之私矣。"这句话问题甚大，一是用"杂乎"形容，模糊了二者的层次之别，二是将道心等同于天理之公、人心等同于人欲之私——依照存天理而去人欲的主张，就应该提倡存道心而去人心，是此便与前后文均有矛盾。"精则察夫二者之间而不杂也，一则守其本心之正而不离也。从事于斯，无少间断，必使道心常为一身之主，而人心每听命焉，则危者安，微者著，而动静云为自无过不及之差矣。"（据滕珙编《经济文衡》）主张修身以达到道心为主、人心为从是恰当的，圣人之所以为圣人，就在于此。

如前所述，陆九渊所谓的心其实仅指道心，所以他对这种区分很不以为然，曾对学生说："'人心惟危，道心惟微。'解者多指人心为人欲，道心为天理。此说非是。心一也，人安有二心？自人而言，则曰惟危；自道而言，则曰惟微。罔念作狂，克念作圣，非危乎？无声无臭，无形无体，非微乎？"（《象山语录》卷一）宋代学界普遍将"人心"等同于人欲，"道心"等同于天理，朱熹之外，此前程颢等也都如是观，陆九渊提出否定意见应该说是合理的。但他随后的申述则误解成分甚多：其一，人心、道心之分并不是说个体人有两个心，而当理解为心灵包含多重因素；其二，语中所引的"罔念"、"克念"若不属于心很难说通，若属于心，而心即理，"作圣"又何必"克念"？其三，作为精神世界的一部分，人心同样无声无臭、无形无体，又何必仅以"微"说明道心？

陆九渊这一独特的见解，连后继者王阳明都不敢苟同。王阳明高度评价《大禹谟》中的十六字，称之为"心学之源"。他还作了一种破除迷信的大胆发挥，认为即使是尧、舜等圣人，由于他们看到人心惟危的一面，就证明其心与普通人相同，只是圣人的可贵之处在于时时自见己过而改之，所以能无过而已，并非他们的心与普通人天生就有本质区别（《寄诸弟》）。不过王阳明也未能意识到人心与道心的层次之分，以为人心之得其正者即道心，道心之失其正者即人心，其逻辑根据竟然是天理、人欲不并立（《传习录》上）！

宋明儒之论，常有不够严密之处，在解释人心与道心问题上可见一斑。朱熹、陆九渊和王阳明的观点既不相同，又犬牙交错，需要我们进行抉择。

有鉴于此，我们不妨提出一种新释。简言之，人类心灵的志性层面是道心，感性、知性层面则是人心。心灵深层存在通天下之志，它是纯一无伪的，也可以说体现天理之公；心灵的知性层面多有特定群体性的局限，感性层面更带有鲜明的个体性的印记，二者通常受欲望驱使，驳杂且可能为伪。但感性与知性层面并不一定都是恶的、坏的，因此不能等同于宋明儒所讲的人欲；并且二者还可以是通天下之志的现实体现——人心可以是道心的现实体现，所谓的圣人就是如此。上古先哲讲精一、执中，关键在于执持其志。[①] 这样阐释实际上综合了宋明儒的观点，既有克服又有保留，且与佛家关于心灵的净、染之论基本吻合。[②]

---

① 本书第十一节将展开论述。
② 详见本书第十二节的阐述。

三 心为形身之君

心灵深层联结着宇宙的本根，心灵表层则常受形体需求的驱使，在基督教文化中被描述为灵魂中天使与魔鬼的对立，在中国哲学中则表述为天理与人欲的分野。由此我们不难理解，当将心与身放在一起考察，前者应该居于支配地位，因为天理潜存于心灵的深层，人欲则联系着人的躯体。并且，在先哲看来，人的生成是"天出其精，地出其形"（《管子·内业》），灵动之天无疑当制导厚重之地。

依孟子之见，心与身都可以称做"体"，但体有贵贱，有大小。"养其小者为小人，养其大者为大人。"（《告子上》）小体指身体的生理欲求，大体则指理义之心。人作为人，不能以小害大，以贱害贵。身体的感官不能思考和辨析事物是否合乎理义，常被物所蔽；心之功能在于思索，通过思索便可获得道德观念，这是天所赋予人的。也就是说，尽其心则能知其性，从而敞亮天理；身体的欲求则易缚于外物，让人为物所役，因此当崇大体而抑小体。

荀子虽然认为道德观念出自人为的造作而不是天之所赋，但也在经验主义的立场上肯定心是"形之君"，"神明之主"，正是由于它对形身发出指令，所以人有自由意志，可以自禁、自使、自夺、自取、自行、自止；个体的言行由其心灵所决定，而心灵自身则可以自由选择，"是之则受，非之则辞"（《解蔽》）。荀子还谈到，人体中有耳目鼻口形五官，各司其职，心居中虚，兼治五官，可称之为天官；心灵有血气、志意、知虑三种基本因素或功能，通过灌输道德观念，人就能约束自己的言行，从而合乎社会的伦理规范。

《礼记》以格物、致知、诚意、正心、修身、齐家、治国、平天下为人生的八目，其中正心是极为重要的环节。孟子曾指出，平治天下的关键在于格国君心中之非，君正则一国正。魏晋学者傅玄或许受到孟子这一观点的启发，撰成《正心篇》，强调帝王的立德之本莫尚乎正心，因为心正而后身正，身正而后左右正，左右正而后朝廷正，朝廷正而后国家正，国家正而后天下正。正心为何有如此重大的功用？因为心是"神明之主，万理之统"。从逻辑上说，心、身对举时前者泛指人的精神系统，后者则指人的感性躯体。但由于精神系统的感性层面通常是肉身的代表者，主于视听言动之心潜在地是指精神系统中的理性部分，也就是傅玄所谓的神明或万理之所在。

心与身，本是内外的关系，个体外在的动止语默决定于内在的精神状态。不过这种关系可以转化，身体保持其形，心灵则表现为神，常常飘逸于形体之外。孟子曾提出道德修养深厚者可以践形，呈现圣贤气象，也就是神。如果说心为身之主，那么同样可以说，神为形之君。《淮南子》以人物画为例阐述道："画西施之面，美而不可说（即悦——引者注）；规孟贲之目，大而不可畏——君形者亡焉。"（《说山训》）何以如此？在于心灵的活动通常要表现于声色，通过外显的声色可以窥见内在的心灵。三国时的刘劭致力于研究人，就充分注意到这一点，他写道："心气之征，则声变是也。夫气合成声，声应律吕。有和平之声，有清畅之声，有回衍之声。夫声畅于气，则实存貌色。故诚仁必有温柔之色，诚勇必有矜奋之色，诚智必有明达之色。夫色见于貌，所谓征神。"（《人物志·九征》）眼睛是心灵的窗户，尤其能够传神。据《世说新语》记述，东晋大画家顾恺之画人物，"或数年不点目睛。人问其故，顾曰：'四体妍蚩，本无关于妙处。传神写照，正在阿堵中。'"（《巧艺》）内在之心与外显之神穿透形体而一脉相通。

心灵是联结形而上的真际与形而下的实际的枢纽。宇宙的本根是道，体现于人身上是性，性是心最为内在的因素；心的另一端关联着人的肉身，而人体直接与外物进行着不息的物质交换。也就是说，心的一端通过德性联系着形而上的道，另一端则通过情欲联系着身和物。邵雍意识到这一点，他在《击壤集·自序》中比喻说："性者，道之形体也。性伤则道亦从之矣。心者，性之郛廓也。心伤则性亦从之矣。身者，心之区宇也，身伤则心亦从之矣。物者，身之舟车也。物伤则身亦从之矣。"形而上者寓于形而下者，后者受害前者也会有损。人类视界中的宇宙本来就由形而上和形而下两个层面合成，心灵刚好处在枢纽位置。造物之妙，于此也可见一斑。

由于人能以心为形身之主，因而其生存与动物界的生存具有本质的区别。人类生存不仅要满足自身的物质需求，还需要满足不断增长的精神需求；人赋予世界以价值和意义，其生活更为丰富多彩。动物听凭形身的欲求驱使，往往会为外物所役，是他律，无真正意义上的自由；人类能够让心灵主导自己的视听言动，是自律，可以达到自由的生存。动物总是生活在当下，人类则贯通过去和将来。王夫之曾描述心灵知来藏往的体验说：

"瞬有养，息有存，其用在继，其体在恒，其几在过去、未来、现在之三际。"(《尚书引义·多方一》)

在基本满足了温饱需要之后，生存的价值和意义问题便凸显出来，因此，生存质量的高低更常常表现为心灵的体验。若能意志自律，则人活得踏实；如果反之，则人感觉飘浮，此即生命的不能承受之轻。当然，还存在问题的另一面，追寻生存的价值和意义，或许让人感受到生命的不能承受之重。西方现代存在主义者往往倍感精神的压抑，是因为难觅灵魂的皈依之所，尤其是看到世人灵魂漂泊无寄而多有不觉，更让这些思想者感到"我独闷闷"。他们为人心不古而恶心，为神圣远去而悲叹，终日为恐惧和绝望所困扰。有的学者指出，西方十九世纪的问题是"上帝死了"，二十世纪的问题则是"人也死了"。中国传统哲学充分肯定心灵与天地的相通，很容易开启神圣之门，因而有理由豁达乐天。正如王阳明所吟咏的："人人自有定盘针，万花根源总在心。却笑从前颠倒见，枝枝叶叶外头寻。"(《咏良知》之三)

第九节　大宇宙与小宇宙

公元前六至五世纪，古希腊哲人开始注意到宇宙与心灵的相似与相通。在我国古代，先哲也将心灵看做是宇宙，而且肯定心灵可以与外部大宇宙叠合为一体。

一　心灵是一个小宇宙

宋代著名哲学家陆九渊，在与朱熹的争鸣中形成了所谓心学学派，影响深远，至明代曾一度压倒程朱学派而获得更多的信众，现代港台新儒家主要继承的是陆王心学。据传陆九渊从小就表现出刨根问底的求知精神。三四岁时，问他的父亲陆贺：天地有不有边际？陆贺笑了笑，没有回答他。于是陆九渊经常独立沉思，有时甚至忘了吃饭。大约在他十三岁时，读到古书中有"宇宙"二字，查看其注释为"四方上下曰宇，往古来今曰宙"，忽然之间大悟，提笔写道："宇宙内事即己分内事，己分内事即宇宙内事。"(《宋史纪事本末》卷二一)后来反复研读《孟子》，更有深切体会，意识到"宇宙便是吾心，吾心即是宇宙。千万世之前有圣人出焉，同此心、同此理也；千万世之后有圣人出焉，同此心、同此理也；东南西北海有圣人出焉，同此心、同此理也"（《象山集》卷二二）。这一感悟进一步增强了他的自信，认为假如能够认识到心即是理，即是宇宙，就能自作主宰，《六经》都将成为自己的注脚。

以人的方寸之心同外在的似乎无限的时空等量齐观，乍看像是痴人说梦，其实完全能够成立。因为人的心灵可以思接千载，视通万里，观古今于须臾，抚四海于一瞬。它作为小宇宙，可以从时空两个方面理解。张载在《正蒙》中专列《大心篇》，主要着眼于空间考察，强调大其心则能体天下之物，目接于日，耳闻雷霆，本来已经够辽远的了，但心的功用不止于此，还能不为耳目见闻所累而穷究太虚，追寻形而上的存在。从时间上看，正如王夫之所言："过去，吾识也；未来，吾虑也；现在，吾思也。天地古今以此而成，天下之赜赜以此而生。其际不可紊，其备不可遗。"（《思问录·内篇》）在这种意义上我们的确可以说，人的心灵，包乎天地万物之外，贯于天地万物之中，不仅可以浮现过去、反映现在，还可以展望未来，它与大宇宙一样广袤。陆九渊就曾说过，此心之体甚大。若能尽我之心，便与天同。①

不过必须看到的是，就包含的内容而言，小宇宙与大宇宙并不能等同。我们所看到的世界只能是自己的一种视野，随着知识、阅历的增长，面前呈现的世界也在随之改变。例如童年时我们观赏月亮，可能联想起吴刚砍树、嫦娥奔月等很多传说，具有较多的神话色彩；成年后学习了天体物理学，知道了月球只是地球的一个卫星，自己不能发光，并且是一片干涸的沙漠，根本不适宜植物生长，更谈不上人类居住，关于月亮的观念就完全变了。个体的一生可以看做是整个人类发展历程的短暂而迅速的重演。个体童年时代的世界图像约略相当于原始时代人类心目中的世界图像。近代以来科学技术迅猛发展，在不断地改变着人们的世界观，例如依据牛顿力学，宇宙仿佛是一架钟，按照非常有序的节律运行，但是爱因斯

---

①　现代科学的前沿出现这样的推测，宇宙也许不只一个，时空可能具有十维乃至更多。只有在空间和时间某一特定的区域，才存在高级智慧生物产生和发展的条件。在这样的区域中，智慧生物观察到的宇宙正好合乎他们生存所需要的条件。对于人类来说，按照其先天能力只能看到三个空间维和一个时间维平铺开来，如果不是这样的时空——譬如它是二维空间或四维以上卷曲得很小的时空，很难设想能出现人类。这就是所谓人择原理。它揭示了人类与其所处的宇宙具有必然的相通相洽的关系。有的科学家比喻说，人类所看到的宇宙有点像我们的居住环境相似：住在高档社区的富人们，根本看不到贫穷；反之亦然。事实上，人类形体的大小正好处在宏观世界（如太阳，其直径为 1.392×10^9 米）和微观世界（一个分子的直径约为 10^{-9} 米）之间的中心点。

坦的相对论颠覆了这样的观念，它与现代量子力学相结合，揭示了宇宙更像是难以把捉的云，时空是相对的，物质的运动在很多场合是无序的，等等。

人类观察宇宙，首先依赖于自己的感官能力。感官能感觉到的，我们认为它是真实存在；没有感觉到的，便以为它不存在，例如细菌、病毒之类微生物，在古代人的宇宙观中是没有的。科学仪器是人类感官的延伸，毕竟也不能摆脱有限性。其次还受制于自身的需求。进入个体意识中的宇宙图景，往往因人而异。中国大陆改革开放不久，有一家祖孙三代从罗马旅游回来，由于眼界大开，争相向人们述说自己的罗马印象。爷爷说，那里的拐杖既精致，又轻巧，随便挑一根就爱不释手；孙子嚷着称赞那里的玩具太好玩了，手动的、电动的、会跑的、能飞的，应有尽有；轮到中年男子，他坦承现时眼前浮现的尽是罗马街头那些衣着暴露、丰姿绰约的女性。罗马肯定留给祖孙三代共同的印象，但不能否认他们心中各自形成了有独特性的罗马世界。所以严格说来，当我们谈起宇宙的时候，讲的其实只是自己看到的宇宙，即宇宙观，而不能武断地说它就是宇宙自身的样态，否则不免夜郎自大之嫌。

尽管如此，我们仍须有宇宙的情怀。一方面，人的个体固然存在只能看到自己所能（能力所及与需要支配）看到的东西的局限，但是人的族类可以通过符号形式描绘出宇宙的图式，世代相传而不断地加以修正；另一方面，人类心灵又可以无限扩大，甚至能在主观上将外在的宇宙包罗无遗。如果说前者形成了科学文化，那么后者则是宗教文化得以形成的基本条件。

在世界的大部分区域，宗教信仰奠定道德观念的基础。这是因为，道德观念的确立需要神圣性作为基石，由内在的神圣性而滋生出崇高观念，才有可能与强大而不免卑劣的现实相制衡。宗教文化的一个基本特征，就是取一个宏大的、整体的、似乎可以涵盖一切的视角考察宇宙与人生，从而建立起信仰和信念。据《普曜经》描述：释迦牟尼在刹利王家出生时，"放大智光明，照十方世界。地涌金莲华，自然捧双足"。他刚下地时就丈量四方，朝东西南北方向各走七步，然后分手指天地，作狮子吼："上下及四维，无能尊我者。"这自然是出自后世的神化，未必是历史的真实。不过它反映出人类心灵的伸张能力，每一个体都希求成为宇宙间的主人。唐五代时的智通禅师临终有一偈云："举手攀南斗，回身倚北辰。出头天外看，谁似我般人？"（《五灯会元》卷四）据传陆九渊曾予引用，大约是有着相似的体验。

二　人与大宇宙的相通

一般认为，西方文化中的"宇宙"概念最先是由毕达哥拉斯学派提出的。公元前五世纪，该派哲学家阿尔克迈翁还通过解剖动物发现了感官与大脑的联系，他认为人是一个"小宇宙"，人体的构成甚至可以看做是大宇宙的缩影。其后留基波和德谟克利特撰写专论探讨两种宇宙的秩序，可惜已经失传。我国先秦时代也出现了"宇宙"概念，《庄子》一书多次言及。汉初的《淮南鸿烈》称"天地宇宙，一人之身也；六合之内，一人之制也"（《本经训》），显然也以个体人为小宇宙，并且肯定它与天地相吻合。

学界探讨人与宇宙的联通，古往今来无非两种路径，一是人的形体与宇宙相似，一是人的心灵与宇宙相通。

汉代董仲舒在《春秋繁露》中列有专章探讨"人副天数"，主要就人的形体与天地相比较。他认为天地之精所以生物者，莫贵于人。因为人直接受命于天，所以唯独人能与天地相副。如人有三百六十节，合天之数；人有形体骨肉，合地之厚；上有耳目聪明，如日月之像；体有空窍理脉，似川谷之像；心有哀乐喜怒，为神气之类。此外他还更具体地比附，人的头颅像天容，头发像星辰，耳目戾戾像日月，鼻口呼吸像风气，内有五藏副五行之数，外有四肢副四季之数，等等。虽然不免牵强附会的成分，但表现出类似科学研究的猜测精神。西方直至近代还存在这样的研究。一些学者认为，就身体的各部分而言，头是天，足是地，胃是海，胸是空气，骨是石头，血脉是树枝，头发是草。他们甚至认为，人的生理也与地球的物理相似，例如，地球上的水从浩瀚的大海转移到高山之巅（覆盖的积雪），然后又日渐融化流入江河重归大海；人的血液则始于心脏之海，经大动脉到小动脉，上行至大脑的顶端，又从小静脉到大静脉而回归心脏，如此等等。

将人的形体与自然的样态相比照，基本属于形而下的研究，而探讨人类心灵与宇宙结构的相通则有很浓的思辨色彩，更富于哲学意味。

先秦时代，孟子已隐约意识到人类心灵存在三个层面，他提倡寡欲属于感性层面，指出智不凿正是知性层面的局限，要求反身而诚从而达到上下与天地同流则涉及第三层面。庄子及其学派对心灵的三层面不仅有清楚的体认，而且对小宇宙与大宇宙的对应关系也有明确的表述。庄子所讲的"心斋"、"坐忘"等显然揭示了心灵的三个层面，我们将在本书第十九节加以详述，此处仅就《秋水》篇的一则议论进行分析。

> 夫精粗者，期于有形者也。无形者，数之所不能分也；不可围者，数之所不能穷也。可以言论者，物之粗也；可以意致者，物之精也；言之所不能论、意之所不能察致者，不期精粗焉。

在庄子看来，外部大宇宙可以分为有形与无形两个方面，约略相当于康德所谓的现象界和物自身；而有形方面又当区分为物之粗者和物之精者，于是大宇宙就展现出三个层面。人类心灵刚好与之对应：通常人们谈论某物，即是对某物外部现象即物之粗者的指称，基本属于感性的命名；物之精者大致是指潜藏于某物之内的特殊之理，这是只能意致的，也就是知性的把握，在庄子时代人们很少穷究物理，因而鲜见言说；外部宇宙还有一不期精粗者，这便是道或太一，即宇宙的本根，它是绝对的——数之所不能分，无限的——数之所不能穷，人们却企求把握它，这就是志性能力的呈现。为明晰起见，可列成下表：

大宇宙（外部世界）	小宇宙（心灵）
物之粗者（万物，现象）	可以言论者（感性）
物之精者（分理，本质）	可以意致者（知性）
不期精粗者（道，一理，本根）	言不能论、意不能察者（志性）

先哲关于心灵三层面的光辉思想与康德将人类心灵区分为感性、知性、Vernunft[①]三个层面基本是一致的，但是康德囿于西方的文化惯例，没有明确指出第三层面所涉及的对象其实具有超越语言的特点。心灵的第

[①] 现行的中译本普遍译为"理性"，大约参考了"reason"的英译。但据英籍德国著名学者、近代西方宗教学的奠基人麦克斯·缪勒的看法，英语中根本就没有同康德所谓的"Vernunft"相对应的词汇，于是他以"信仰的天赋"（the faculty of faith）称谓它，以解释宗教学中一系列基本问题（《宗教学导论》，上海人民出版社 1989 年版，第 12 页）。事实上，就中国哲学而言，"志"范畴与之颇为接近，作为人类心灵最一般的能力，称之为"志性"较为恰当。黑格尔解说康德哲学，指出"Vernunft"概念是指以无限者、无条件者为对象的精神活动（《哲学史讲演录》第四卷，商务印书馆 1978 年版，第 275 页）。

三层面是最原始的部分，可能处在人类的集体无意识区域，但从宇宙演化角度考察，它当是最普遍、最深刻的部分。[①]

心灵与宇宙的相通还可以从二者都存在两极的事实中看出。魏晋时的嵇康撰有《明胆论》，认为宇宙之元气陶铄众生，人秉阴、阳二气而有"明"（认识）和"胆"（意志），明以见物，胆以决断。明、胆异气，不能相生，但相辅相成。唐代柳宗元从天人关系上解释人的心灵能力的来由，认为人之所以为万物之灵，在于天付刚健、纯粹于其身。他写道：

> 刚健之气，钟于人也为志，得之者，运行而可大，悠久而不息，拳拳于得善，孜孜于嗜学，则志者其一端耳。纯粹之气，注于人也为明，得之者，爽达而先觉，鉴照而无隐，眽眽于独见，渊渊于默识，则明者又其一端耳。明离为天之用，恒久为天之道，举斯二者，人伦之要尽是焉。（《天爵论》）

这里吸收了《易传》的思想，并加以创造性发挥。"刚健"、"纯粹"均见于《乾文言》，柳宗元认为二者有本质的不同，作为宇宙间刚、清二气，集中于人身上便形成志与明两种最基本的心灵能力，"明以鉴之，志以取之"，协同作用而成就人生的事业。我们结合现代科学可以进一步发挥说，志驱使人奋斗不息，不断向更高更远处进取，似云；明让人能鉴照默识，把握周围事物的内在秩序，似钟。前述牛顿力学与量子力学导致两种不同的宇宙观，英国科学哲学家波普尔认为这两种意见都有偏颇，他提出："有许多事物，自然过程与自然现象，我们可以把它们摆在左边的云与右边的钟这样两个极端之间。"[②] 也就是说，宇宙的图景是云与钟的统

---

① 心灵三层面的存在已得到现代科学的证实。美国精神保健研究所脑进化和脑行为研究室主任麦克林关于人脑的生理构造的研究成果得到比较广泛的认同。他发现，人脑其实是一个经过长期进化形成的三叠体：最外层是新皮层，它是尼人到智人阶段进化的产物，是智力、想像力、辨别力、计算力的发源地；新皮层下边是缘脑，这是从哺乳动物遗传下来的部分，控制着情感；缘脑的里层是爬行动物脑，是从爬行动物那里继承下来的人脑的最原始部分，控制着一些本能的无意识的保卫自己或攻击对方的行为。——参阅 Mary Long：《爬行动物的脑子》，载《世界科学》，1981（10）。从生理结构看，心灵由外而内的序列是知性—感性—志性；而从心理过程看，通常由表及里的序列是感性—知性—志性。

② 波普尔：《客观知识——一个进化论的研究》，舒炜光等译，上海译文出版社 1987 年版，第 219 页。

一，恰似心灵是志与明的合体一样。为明晰起见，也可列出下表：

心灵（小宇宙）	胆（嵇康）、志（柳宗元）	明（嵇康、柳宗元）
世界（大宇宙）	云（量子力学的图景）	钟（牛顿力学的图景）

在西方，亚里士多德认为人类灵魂可以区分为认识和欲求两种基本功能，中国哲人所谓的明正是认识功能，而志或胆大致相当于欲求功能。与亚氏不同，无论是嵇康还是柳宗元，都明确地将人的心灵能力与宇宙的阴阳或刚清二气联系在一起。

志与明，在心灵的最深层次上就是康德所谓的实践理性与理论理性，本书分别以自由意志与自性原型表述。① 由于心灵的三层面各有两端，因而形成向外发散、要求自我实现的欲求性系列与向内收敛、要求和谐整一的认识性系列。

综合上述两表，可见人类心灵当是一个具有三层面和两系列的结构体，本书"导言"部分已作描绘。这一结构图式统一了中西方关于心灵的三分法与两分法，对于把握人类文化的各个领域均有助益，而对理解中国哲学关于心性特别是道德立法的研究更是意义重大。它也可以看做是康德批判哲学的潜在范式，遗憾的是康德仅就人立论而不曾涉及大宇宙，中国古代哲人则普遍认为天人于此相通。

前述人类言说的宇宙其实只能是一种视野，现在我们还当更进一层说，由于人类具有心理结构的共同性，因而可以有共同的视野。至于动物，因为不具有这样的精神系统，肯定看不到如此丰富的宇宙图景。由此更可见出：人为万物之灵。

三　反身观照的意义

反身观照是认识人类自身。事实证明，考察人类自身对于研究人类文化的各个领域都有必要，而对于人文学科尤为必需。康德的批判哲学是近代以来世界思想史上最杰出的成果，甚至可称为人文领域的一次"哥白尼式的革命"。它围绕三个基本问题展开：我所能知者为何？我所应为者

① 康德认为理论理性的运用最后停止在"原理"上。荣格曾解释说，他所谓的自性原型类似于柏拉图所讲的"理式"。毋庸讳言，康德在多种意义上运用 Vernunft 一词，叔本华曾就《纯粹理性批判》一书列举八例，指出其涵义不同一且存在相互矛盾(《康德哲学批判》)。

为何？我所可期望者为何？这三个问题又可以归结为一个问题：人是什么？即聚焦于认识人自身。

遗憾的是，康德的这种研究路径曾受到黑格尔的嘲笑，认为它就像一个人在下水游泳之前想要先学习游泳一样。其实，从心灵能力和生存需要考察人类文化的性质和特点是一个极好的窗口，黑格尔的这种批评间接暴露出他自己的局限。其庞大的哲学体系发端于精神现象学，将自我意识的考察转化为客观精神的描述，且以理念为唯一的立法者，人的主体性被大大地削弱，所以建立不了深刻而系统的道德哲学，未能深入于人类生存的价值问题的玄奥。

中国哲学中儒、道、佛三家都关注生存的价值问题，希冀为人自身立法，因而殊途而同归，都注重反身观照，致力于认识人自身。

先哲普遍认为"道不远人"（《中庸》）。道既幽远，又浅近。如果说，从发生学的角度看是道寓于气中，生成万物而有德，寓于心灵则是性，那么，体道就应该是一个逆向的过程，即见性而知德，知德而悟道。《庄子·天道》勾勒了这一过程："性修反德，德至同于初。同乃虚，虚乃大。"物之初或气之虚就是道之所在。儒家中的孟子也有类似的经验，指出人能尽己之心，就能知其性；若能知其性，则是知天了，因为性是天道、天理在心灵中的体现者。这一过程的宗旨在于贯通小宇宙与大宇宙，回归作为本根的"一"，在心灵中寻找神圣的基石——儒家的太极，道家的道，佛家的真如、实相等，确立安身立命之所，从而为现实的人世间立法。所以中国哲学具有浓郁的人文气息，甚至具有代替宗教的功能。《老子》宣称不出户就能知天下，不窥牖就能见天道，讲的就是反身观照。他贬抑知识积累和实践活动，认为人若外向求取，则"其出弥远其知弥少"（第四十七章）。

现代人多以老子之说为怪异，是由于受到科学精神的过多浸泡，对于人文文化的产生和发育形成严重的隔膜。英国哲学家罗素区分外展的（extensional——牟宗三先生译为外延的）真理与内含的（intensional——牟宗三先生译为内容的）真理，对于区分科学文化与人文文化不失为一种考察维度。[①] 一般说来，科学文化所揭示的真理是客观的，偏于空间的、广度的，通常诉诸视觉；人文文化所揭示的道理（人文领域旨在持

[①]　牟宗三：《中国哲学十九讲》，吉林出版集团2009年版，第20页。

善，称之为"道理"较"真理"也许更合适些）是主观的，偏于时间的、强度的，更多诉诸听觉。①

究其原因，科学文化旨在把握殊理，万物所具之理各不相同，所以主体心灵应该像镜子一样去映照；科学认识通常必须从直观事物的表象开始，所以是偏于空间的、广度的；其理正确与否取决于是否合乎对象本身，所以是客观的。相反地，人文文化旨在坚持一理，人生千头万绪的道理被看做是这一理的生发，先立其大者则其小者不能夺，所以主体心灵更应该像灯火一样照耀；人文的觉知通常表现为心灵的体验和祈求，所以是偏于时间的、强度的；其理确立与否取决于主体感悟的深浅和强弱，所以是主观的，不过同样具有普遍意义。

由此我们不难理解，即使是西方的人文主义哲学家，同样会重视时间和体验。大家知道，柏格森撰有《时间与自由意志》，海德格尔的代表作是《存在与时间》，二者均着重于描述心灵的体验。当然，科学也常以时间为考察维度，但那是用钟表刻度计量的时间，在柏格森看来其实是空间化了的时间。

中国传统文化主要是"心的文化"（徐复观语），最为注重反身观照。中国艺术往往将空间时间化，展现乐、舞的旋律；中国哲学亦然，所谓"道"、"易"之类范畴与古希腊哲学的"数"、"理式"相比较就明显具有时间化的特征。这种倾向虽然不能直接有助于现代科学精神的发展，但是却洋溢着浓郁的人文气息，无疑将有助于当代价值观念的重建。因为道德的立法者就在每一个人的心灵中，关键在于让它得以自由地呈现！

本章小结：至少在地球上，人类是最高的生物。按照进化论，高级生物保留了低级生物中业已获得的优良的进化成果，于是形成一个向上发展的链条。宽泛一点说，只有无生命的东西才是完全盲目的存在，植物已具有摄取营养的机能（"神经"），动物进而具有感觉机能，人类意识的觉醒使之更能体认出外部宇宙的律动，并且发明了符号，可让相关的体认成果得以传承和发展。因此，通过尽心而知性、知天应该是可能的。

人类基于两种立法能力可以成为智慧主体和德性主体，并通过心灵对身体的主宰而付诸实践。我们将"心"理解为人的精神系统的总称，包

---

① 华夏民族以圣人为理想人格。"圣"古作"聖"，含耳闻心通之意。

括心灵能力及其内容。事实上，心灵是一个小宇宙，与外在的大宇宙可以相通相洽，心灵三层面、两系列的结构合乎迄今为止人类所揭示的宇宙图式。不过还当看到，心灵对身体的主宰地位并不能保证德性主体的确立，它是必要条件而非充分条件；真正确立德性主体的因素必须是让天地之道主宰心灵，或者换一句话说，必须是道心常为一心之主。所谓"道心"，实即心灵的第三层面；而与之相对的"人心"，则是心灵的感性与知性层面。

[问题讨论] 黑格尔的哲学体系建立在这样的宏观把握上：绝对精神（正题，逻辑的存在）—自然界（反题，盲目的存在）—人类（合题，自觉的存在）。科学界普遍承认，个体一生是人类历史行程的短暂而浓缩的重演。这些认识对于我们理解个体与世界的关系有何启发？美国学者汉弥尔顿曾谈到，在世界上没有其他东西能如人那么伟大，在个体人之内没有其他东西能如心那么伟大。你同意这样的观点吗？美国科学家 R. H. 迪克和英国科学家 B. 卡特提出"人择原理"（或"人的宇宙原理"），认为也许存在多个宇宙，但人所能看到的只是其中允许人类存在的宇宙。通常我们所谓的宇宙（世界），其实是人类的一种视野。在这种意义上，庄子将宇宙分为物之粗者、物之精者、不期精粗者，是否为心灵存在三层面的认知提供了依据？本书将人类心灵描述为具有三层面、两系列的结构体，你有何看法？能分辨出其中蕴涵的心灵活动的"四因"吗？

第二编 心性论

华夏民族的先哲普遍关注人生问题，而人生问题的核心是陶冶心性从而安身立命，因此心性论是中国传统哲学的重点。儒、道、佛于此都有深入的开掘，观点各有千秋且可以会通融合，成为中国哲学有别于西方哲学的独特魅力之所在。深入开掘和整理这份宝贵的遗产，既有深远的理论意义，又有紧迫的现实意义，当代人迫切需要营建精神的家园，让人生再圣化。本编三章分别探讨心灵的三个层面。① 首先从志性层面入手，是因为这一层面可谓是心灵的本根，同宇宙的本根紧密相连，道德活动的秘密就在于回到这根部进行思考和评判，然后付之于行动。这是中国传统哲学的精华，也是人类文化殿堂的瑰宝。知性层让潜在的德性意识化、观念化，在使之明晰的同时又使之受到限制；它对来自感性层的信息和需求，既有服从的一面，又有制导的一面。感性层是精神系统直接应对现实世界的部分，内容极其丰富多彩，不过又可能让整个心灵世界动荡不宁。个体身上所谓魔鬼与天使的角力其实是感性与志性的较量。

---

① 为要相对便捷地把握心性诸范畴的定位、定性及其相互关系等，敬请参阅本书"引言"部分的心灵结构图和"结语"部分的逻辑结构图。二图是贯通的，有助于理解心性系统诸因素的错综关系。周敦颐采用图文互参的方法为读者理解其《太极图说》的论述文字带来较多的便利，值得我们借鉴。

第四章　志性层面

如果说上一章是由大宇宙向小宇宙的过渡，那么本章我们将完全进入人类心性的研究。心灵的志性层面是联结人类与自然母体的脐带，是生生不息的宇宙精神在每一个体身上的体现，所以当最先加以探讨。这是中国哲学的精华所在，中国哲学之所以具有代替宗教的功能，正在于大力开掘这一层面，为人生奠定了精神基石。

第十节　命、性、理

我们在第一章谈到，天道应该理解为天命与天理的统一，也就是蕴涵着动力因与形式因，表现为不确定和确定二重性。演化出人类心灵，天道凝为德性，天命与性命、天理与性理也分别具有相互贯通的关系。《周易》的《说卦传》认为圣人作《易》的主旨在于"穷理尽性以至于命"。命、性、理是心性中最接近自然（天）、最直接体现道或太极的要素。朱熹肯定这样的观点："天则就其自然者言之，命则就其流行而赋于物者言之，性则就其全体而万物所得以为生者言之，理则就其事事物物各有其则者言之。到得合而言之，则天即理也，命即性也，性即理也。"（《朱子语类》卷五）传统观念偏重于和合，今天我们同时还要重视分析。

一　天命与命运

汉语的"命"字，原义是"使也。从口从令"（《说文解字》），指称超出人自身所能掌握的一种不知然而然的力量在发生作用。孟子曾界定说："莫之为而为者，天也；莫之致而致者，命也。"（《万章上》）孔子生前对学生罕言命，大约是因为它很难说清楚而不予置评。不过他又称五十而知天命，应该是切身感受到某种不可知的力量难以抗拒，只能尽人事，顺势而行罢了，也就是尽义而知命；我们决不能理解为孔子在这一年龄段开始能预测命运、掌控命运——须知正是在这一时期，他奔波于列国祈求淑世救民，却到处碰壁。他曾喟叹："道之将行也与？命也；道之将废也与？命也！"（《宪问》）

"天命"被看做是上苍的安排①；人的"命运"包括贫富、贵贱、祸福及寿夭等。二者是相通的，常可互换使用。但前者宏大一些，还可运用于解释社会历史的进程；后者一般被归结为个体的气禀之异。② 这是一个极为棘手的哲学问题：如果能给予逻辑的解释，就算不上是命了③；虽然很难给予合理的解释，却又不能于此沉默，因为它在很大程度上影响着人生。我们这里不予回避，不是因为笃信天命，而是要着重探寻人生应有的态度。

人的命运当是必然性与偶然性的统一。从必然性方面看，它可理解为有某种预设或前定的"数"，这带有决定论的意味；从偶然性方面看，它又可理解为一种凑巧的机缘，即"遇"，这是非决定性的。无论是数，还是遇，都超出个体所能把握的范围，前者不是科学研究所能揭示的，后者甚至造成命运本身的不确定性。因此，在人生历程中，命运几乎不可能依据常理准确预测。④

历史学家吴晗的人生历程与"9"多有关联。1909 年他出生于浙江义乌。1929 年进入中国公学社会历史系，毛遂自荐得到胡适的赏识。1939 年，他在云南大学任教授，与相恋多年的袁震结婚，开始同生死、共患难的生活。在后者的影响下，思想倾向于共产党。1949年他以军管会副代表的身份接管清华大学，任清华大学校务委员会副主任、文学院院长，并当选全国青联秘书长，参加了第一届政治协商会议和开国大典。1959 年，毛泽东提出要学习海瑞"刚正不阿、直言敢谏"的精神，吴晗发挥自己的明史专长，发表了《海瑞骂皇

---

① 天命观念较早的见于《尚书·召诏》："今天其命哲，命吉凶，命历年。"

② 《朱子语类》卷四："敬子问自然之数。曰：'有人禀得气厚者则福厚，气薄者则福薄；禀得气之英华者则富盛，衰飒者则卑贱；气长者则寿；气短者则夭折。此必然之理。'"

③ 天命能否准确预卜？大可值得怀疑。王充《论衡》列有《卜筮篇》，其中引了一个经典的事例：周武王伐纣，通过占卜得到的预测是"大凶"。姜太公于是推掉蓍草、踩碎龟甲说："枯骨死草，何知而凶？"

④ 在经验层次上考量，"数"联系着个体的特定性格，"遇"联系着个体的自由选择，人的命运在某种程度上又存在可预测、可掌控的因素。

帝》、《论海瑞》予以响应。这也许是基于学者的良知，也许掺杂有仕途的考虑，甚至可能有对又一个"9"年的敏感。谁知，批判他1960年创作的《海瑞罢官》历史剧成为毛泽东发动"文化大革命"的导火索，吴晗被批斗、毒打、投入监狱；1969年，夫妻先后被迫害致死。"9"对于吴晗的前半生似乎是吉祥的，可是在他后半生却截然相反。

我们固然可用必然性通过偶然性开辟道路的原理解释命运中数与遇的关系，但这只是在二者吻合时才是有效的。不能忽视它们常有矛盾的情形：当所遇力量强大，对某种定数具有压倒的优势，定数就有可能被瓦解。例如，人的寿命长短主要取决于遗传，某人就生理而言可以活到九十岁，这是正命；可是一场惨烈的战争或许让他夭折，在战场上死于非命。也许正是这多层次因素的搅合，造成命运的难于预料。

命究竟存在与否？直到科学高度发展的今天仍是一个悬案。信命者认为人生的很多偶然都是"注定"，而不信者则以为所谓"注定"其实都不过是偶然。我们有理由不承认它的存在，因为一切事件的发生都可以找到某些原因。如泰坦尼克号的沉没是由于同冰山相撞，第二次世界大战的发生是由于希特勒的野心膨胀，唐山大地震是由于地球板块的运动，等等。在自然灾害和战争中千万人同时遇难，很难依据这些人的特定生辰、特有星相、独特气禀之类予以解释。然而也有很多偶然与巧合，人们不能不归结于命。轻松一点，就体育运动看，在雅典奥运会上，中国跳水队员一路领先，准备最后一跳却居然从跳板上滑落水中，让希腊队员侥幸得金；之后的一天，美国射击名将一路领先，最后一枪居然射出靶外，又让跟随其后的中国队员侥幸得金——这不由得使人联想起古希腊奥林匹斯山上诸神的打赌。此外还如德国足球世界杯赛中女巫预言小组赛正跌跌撞撞的意大利队夺冠，南非世界杯赛中章鱼保罗的预测反复应验，等等。沉重一点，就人的命运遭际看，肯尼迪家族的一连串不幸被人们普遍认为有怪异的因素在起作用；类似的事例也可能存在于我们的周围……

基于各种事实，人们揣测有某种不可知的力量在间或左右人生历程是可以理解的。不信者不应嘲讽相信者愚昧，信命者不宜指责不信者无知。人的一生有些不解之谜，前景未卜，增添了各种变数，从积极方面看能让生活丰富多彩，从消极方面看会使个体悲观怵惕。宗教之所以拥有无数的信众，与人们普遍困惑于命运的安排密切相关。

在中国哲学中，儒、道、佛都信命，唯墨家持否定态度。[①] 古代称命有三科，即受命、遭命、随命。所谓受命是行善得善，所谓遭命是行善得恶，而所谓随命则是行恶得恶。如果只有受命与随命，就是佛家所谓的因果报应。《中庸》也如是观，它以为"大德必得其位，必得其禄，必得其名，必得其寿"，洋溢一种乐观的情调。但采取现实的立场，人们就不能不承认遭命的存在，这就让问题变得复杂起来，甚至不免让人怨天骂神。关汉卿创作名剧《窦娥怨》，就着力于表达这种愤懑。

应当怎样对待命运？总览人们的态度，我们可以根据主体性的发挥程度分为五个层次。

一是畏天认命。孔子曾提出君子有三畏："畏天命、畏大人、畏圣人之言。"（《论语·季氏》）天命之所以可畏，是由于主体无以把握，即使遭遇厄运，也似非人力所能摆脱。古希腊的《俄狄甫斯王》描述了这样的悲剧故事，现实生活中也时有发生。当代作家毕淑敏 2009 年在清华大学作了一次演讲，其中谈到美国国务院官员比尔的亲历。比尔的妻子是香港人，年龄比他小很多。一些年前，他们在香港一座庙宇中随意抽签，请和尚讲解。和尚看了他妻子的签，说她会早死；看了比尔的签，说他会老死。妻子认命，于是抑郁寡欢。比尔安慰她："你别相信，那个人是胡说。如果我们中有一个人先死，那应该是我，因为你比我年轻。"但是不久，他的妻子患了喉癌，经多方医治无效，撒手人寰，真的留下比尔在等待"老死"。比尔谈起此事既愤怒又凄楚。可想而知，关于"早死"与"老死"的谶语仿佛是盘桓在他们头顶上的一只秃鹫，时时威胁着他们的生活，夺去了很多本该快乐的时光。

二是敬天顺命。《庄子·大宗师》描述子来的生死观，"大块载我以形，劳我以生，佚我以老，息我以死"，表达了听命于大块，安时而处顺的主张。现实生活中也常有这样的事例。不久前，美国一架客机飞行在德克萨斯州上空时发生了故障，乘客们都十分恐慌，唯独一位老太太安详地坐在自己的座位上，异常平静。经过飞行员的努力，飞机最终得以迫降在

---

① 墨家讲"非命"，否定命运的存在，主要是出自功利的考虑，以为人们相信命就不努力劳作，抛弃伦理道德，有害于事功。的确，若一切结果都是命中注定，就必然要废弃人事。不过，墨家非命也有学理上的原因，这一学派肯定存在天志、天鬼，专治不义之行，如果个人的命运前定，天志、天鬼就无从发挥作用。

一个临时停机坪上。乘客们如释重负，庆幸避免了一场灾难，但老太太神情自若地跟着人们走下舷梯，没有任何惊喜之色。同机的一位牧师注意到老太太的与众不同，上前致敬并询问其缘由。老太太微笑着告诉他："我有两个女儿。大女儿几年前去世了，二女儿现在德州，今天我是去看她。在飞机遇险时我在想：若能平安到达，我将如愿看到二女儿；万一失事，我就改道去天国看我的大女儿。这样想着，没感到有什么可害怕的。"

三是乐天知命。《周易·系辞传》称圣人"乐天知命，故不忧"。孔子就是这样的典范。据《史记》记述，孔子过宋，与弟子习礼于大树之下。宋司马桓魋使人欲杀孔子。弟子闻讯催他快些跑，孔子曰："天生德于予，桓魋其如予何？"据说犹太法典中有言："上天所做的任何事，都是为了最好的结果。"在基督教世界中，人们相信，上帝若关上了一扇门，必定要为你打开一扇窗。另有一则传说，塞浦路斯岛的芝诺读了很多希腊的哲学著作，经常在市场上对人讲哲学，不过其主业还是经商。某天传来一个坏消息：他的满载货物的商船在暴风雨中沉入海底。这意味他已倾家荡产。芝诺听到消息怔了一会，然后长舒一口气说："命运之神啊，谢谢啦！托您的福，今后我只能靠讲哲学为生了。"后来他在雅典租了一个画廊讲学，创立了斯多葛派，在西方思想史上产生深远的影响。

四是回天造命。个人不能掌控命运，但可以创造条件改变命运。宋儒中二程子认为贤者知命只是相信有命，但坚持求之以道，得之以义，而不轻易归之于命。循道行义是回天造命的基础条件。美国著名实业家洛克菲勒曾因此延年。这位石油大王在 57 岁时得了一种怪病，全身毛发脱落，消化系统紊乱，连喝牛奶都难以吸收，只能靠喝人奶维持生命。病情让他几近绝望。后来有位著名的医师告诉他一个治疗方法：多做善事，保持快乐；二者结合，就是在做善事中获得快乐。洛克菲勒遵照医嘱，成立以自己名字命名的基金会，积极地展开活动，让密歇根湖畔的一所即将倒闭的学校得以存活，这就是如今闻名世界的芝加哥大学；建立一个医学研究中心，这个中心先后获得 12 项诺贝尔医学奖。基金会还帮助控制了非洲瘟疫的蔓延，促成青霉素的发明和推广……洛克菲勒每天在奉献中获得快乐，病情逐渐好转以至最后完全痊愈，居然活到 98 岁才骑鹤西归！

五是制天用命。荀子在《天论》中指出天行有常，不为尧存，不为桀亡。这是很可贵的思想。他认为，应之以治则吉，应之以乱则凶；强本（农桑）而节用，则天不能贫；养备（使人衣食足）而动时（动作以时），则天不能病；修道而不背叛，则天不能祸。说得都有道理，只是讲过了头。基于此，他得出结论：尊崇天而思慕之，哪能比得上像利用物一样裁制它？顺从天而颂之，哪能比得上主宰天命而用之？这种观点虽然抬高了人的地位，但其强烈的唯意志论倾向无疑是有害的：在神圣观念缺失的情况下，认为可以掌控自己命运的人更容易胡作非为。诚然，荀子所谓的天是自然之天，与孔孟、老庄的观念均有不同，但令人感到奇怪的是，他意欲主宰天却认为无须认识天——"唯圣人为不求知天"，其唯意志论已经越出理性的界限。后来秦代统治者践履了这套理论，很快就自取灭亡了。前车之覆，当为后车之鉴。

上述五种态度，以三、四两种最为值得肯定。比较而言，一、二两种不免消极顺应之嫌，第五种则显然有践踏神圣之弊，或过或不及，均偏离了中庸之德。

二　天命之谓性

上一小节中的"天命"是一个偏正结构的名词，"天"修饰"命"；这里的"天命"是一个主谓结构的词组，即天授之意。二者易于混淆，当注意分别开来。

一般地说，天所授予人的心理因素都叫性。在天为道，人得之则为德，亦即是性，所以有"德性"一词。《说文解字》释"性"为"人之阳气性善者也"，依据的是董仲舒的见解，不太确切，性兼备阴阳而非偏于一端。我们不妨换一种解释：所谓性者，人与生俱来之心也。也就是说，后天通过经验所得、观念灌输的心理内容均不宜称为性。从汉语的天性、德性、性命、性理四个常用词中我们可以看出，性源于天，基于德，联结命与理。

关于人之性，先秦时代孟子与告子有不同的把握。告子认为人有食、色之需求，就是其天性。孟子不同意告子的观点，是因为它没有将人类与动物界区分开来，没有考虑到性的道德内涵。由于个体性的感性欲求和全人类性的道德潜能均为与生俱来之心，孟子主张将食色之需称之为命，将理义之心称之为性。这种严格限制与率性之谓道、知性则知天以及性即理的把握在逻辑上是一贯的，奠定了汉代以后儒家关于人性问题的立论基础。

孟子的思想是深刻的，着重揭示了人类心灵中全人类性的一面。但现实的个体都具有各自的特点，即有气禀的不同，如何解释这种个性差异？张载提出存在与天地之性（即天命之性）相对的气质之性（即气禀之性），作为对孟子人性论的补充。

所谓天地之性大致相当于孟子所讲的理义之心，它是湛然纯一的，没有偏蔽。按孟子的观点，人类心灵生来就具有恻隐、羞恶、辞让、是非四端，只要让它自然发展、扩充而不为外物损害，便会形成仁、义、礼、智四德；四德也可称之为天德，亦即性。这是单纯从道德角度立论。毋庸讳言，其中存在一些问题：一方面，义与礼二者应该说主要是个体在后天经观念灌输的结果，既然是后天由教育而形成的，就不宜称之为性；另一方面，人之性其实不能局限于道德，而所谓"四德"中的智其实也不能为道德范畴所能涵括，因为它本质上是一种能力，其用不只是分辨善恶，还分辨真假，并且还有可能被运用于为非、作假。从人格的整体看，柳宗元以志与明为天爵较之孟子以道德忠信为天爵更有道理。

所谓气质之性并非告子所讲的食色，它主要包括心理活动的刚柔缓急和人的智力的聪颖或愚钝。张载在《正蒙·诚明篇》中写道："形而后有气质之性。善反之，则天地之性存焉。故气质之性，君子有弗性者焉。人之刚柔缓急、有才与不才，气之偏也。天本参和不偏，养其气，反之本而不偏，则尽性而天矣。"在张载看来，人体既然为气之聚，那么气禀之刚柔或昏明就决定了人的个性特征；在严格的意义上君子不将它作为性的内涵，只是在宽泛的意义上才有气质之性的称谓。[1] 张载关于气质之性的刚柔与昏明之分，同柳宗元将天爵区分为志与明存在表里对应的关系：人人皆有志，但其实现过程有刚柔缓急之别；人人皆有明，但存在聪颖愚钝之异。柳宗元和张载发展了孟子的人性论，难能可贵。

综合先哲的观点，我们可以说，天地之性是天地之道在个体身上的体现，它是非质料的、纯形式的存在；而气质之性则因个体的禀赋不同而各有差异。人心中的天地之性是天德之所在，全人类相通，而个体的气质之性则或有所偏，或有所蔽。就现实生活中的人来看，天地之性仿佛是其气质之性中包裹的闪光的内核，个体修养的关键在于去蔽而反本，纠偏而守中。此外，告子以食色为人之性也是有道理的，当在广义上讲人性时，也

---

① 《礼记·乐记》已有此观念的萌芽，其中讲"血气心知之性"，正是张载所谓的气质之性。

可以纳入其中。①

张载之后，一些论者（如朱熹）认为，天地之性是专指理言，而气质之性则以理与气杂而言之。如此解释看似分明，其实偏于从形式因方面把握，且往往易于同道心与人心之分相重合。由此我们不能不探讨性与心的关系。

上一章列举了"心"的多重涵义，我们主张作广义的理解，即人的精神系统的总称，包括心灵能力及其内容，即能与所的统一。本章我们依据"性"字的本义，提出性为人与生俱来之心，也就是心的天然部分。合在一起看，心与性当是整体与部分的关系。由此可见，将心与性看做是"一而二、二而一"（《朱子语类》卷五）的关系是不确切的。道心与人心对举，二者周延于整个心灵领域；天地之性与气质之性相加，却只是心灵的某些部分。其中的原因在于，道心固然相当于天地之性，但人心则远不止是气质之性：气质之性也必须理解为是先天的、与生俱来的，而人心包含着复杂多样的后天因素。

如果仅仅就天地之性而言，可以说性为心之太极。它兼有性命和性理，正像天道兼有天命与天理一样；它包括志与仁，正像易道包括乾元与坤元。诚是个体见性与离性的分界线。当人们将视域扩大到心灵系统中的其他天然的部分，的确有理由提出且有必要正视气质之性，现实的人都有其个性特点，如气质的刚柔和智力的颖钝，即使是父兄，也不能以移子弟。进一步说，食、色之类欲求对于人类来说也出自天然，因此称之为性其实无可厚非。事实上，孟子只是基于建立道德哲学的需要，才将它们改称为命；后来荀子断定人性恶，恰好注目于食色层次。作为心灵的基本因素，这一层次的天性表述为情与象更为恰当，因为二者是人类心灵的两种基本能力，并且构成人类与动物界的交接部。

现在我们有可能重新审视和阐述性三品说。中国历史上最先明确提出性有三品的是东汉的王充。他尝试调解此前关于人性善恶问题的对立观念，认为孟子言人性善是着眼于中人以上，荀子称人性恶是着眼于中人以下，扬雄判断人性善恶混是以中人为对象。这一区分的确很有见地，只是尚未发现心灵的根据。中唐时韩愈较多从心灵入手，认为性与

----

① 广义的性有三重涵义，刚好对应于心灵的三层面：天地之性（或称天命之性）——志性层，气质之性——知性层，食色之性——感性层。

情都有三品，其中性三品为：居上者为善，主于仁而行之于义礼智信；居中者可导而上下，虽有五种美德却时有动摇或隐遁；下者为恶，反于仁而悖于义礼智信。韩愈推进了三品说，只是所论不尽中的。基于上述关于广义的人性层次的区划，我们在此不妨简约地说，在社会生活中溺于情而惑于象者为下品，依于仁而行以志者为上品，介于二者之间的是中品。

先哲普遍将人性的品位与善恶捆绑在一起，蕴涵一个逻辑悖论：既然天命之谓性，个体处在哪一品其实是无辜的；如果个体天生便有或善或恶的归宿，则整个道德哲学都是多余的空谈，于个体人生和社会历史毫无裨益。这显然不是他们的初衷，但在讨论中他们既忽视了性为天生的前提，又没有注意到善恶问题并非人性本身所具有的属性。

从学理上看，孟子首倡"性善"说，是因为他认定人类心灵生来就有恻隐、羞恶、辞让、是非"四端"，所以相应地具有仁、义、礼、智"四德"。如此看来，这些美德"非由外铄我也，我固有之也"（《告子上》）。孟子也注意到人有味、色、声、臭、佚等生理需要，但是"君子不谓性也"（《尽心下》）。通过肯定仁义礼智之本存于心和排除味色声臭等于人性之外，"人性善"的立论便顺理成章了。与孟子正相反，荀子认为"人性恶"。在他看来，人生而好利，所以争夺生而辞让亡；生而有疾恶，所以残贼生而忠信亡；生而有耳目之欲，所以淫乱生而礼义文理亡。以此观之，人之性恶是显然的，"其善者伪也"（《性恶》）。伪是人为造作之意，礼乐文化以劝善为宗旨，就是出自圣人的造作。除孟子和荀子的代表性观点外，我国思想史上还有性善恶混（扬雄）、性善情恶（李翱）、无善无恶（苏轼、胡宏、王阳明）等观点。

为什么对人性出现截然相反的评价呢？我们看到，断定人性善或人性恶，其实与持论者着眼于人的不同心灵层面有关。孟子主要着眼于心灵的第三层面，所讲的是天命之性；荀子注目于人的感性欲求，视性、情、欲为一体之三位。① 孟子的思想代表了中国传统文化的主流观念，一是以为天命于穆不已，二是认定人类之性相同，从理论上看最为深刻；荀子所说的性其实是情欲，甚为肤浅，其观点摧毁了道德哲学的基石，只是为法家

---

① 荀子在《正名》中写道："性者，天之就也；情者，性之质也；欲者，情之应也。以所欲以为可得而求之，情之所必不免也。"他还称喜怒哀乐等为"天情"（《天论》）。

的政治哲学奠定了基础。① 就人们的习见而言，善恶的认定还与心灵的两系列相关，以乾健精神（志—气等）凸显者易被认为是恶，以坤顺精神（仁—智等）凸显者常被认为是善；在这种意义上正如法国作家孟德维尔所说，人们在这个世界上称之为恶的东西，其实是"一切职业和事业的牢固基础、生命力和支柱；我们应当在这里寻找一切艺术的和科学的真正源泉"②。

不过，学界似乎普遍忽视了一个事实，善与恶是人基于现实利害关系的评价，不能只考虑主体动机。而在阶级社会里，不同群体总是存在着利害冲突，因此没有一位通过竞选产生的领袖能获得百分之百的选票。即使循道而行，也可能有损他人利益，于是被认为是恶。印度现代的著名领袖圣雄甘地，出生于一个虔诚信奉仁爱、不杀生、素食、苦行的印度教家庭。他自幼腼腆、羞怯、循规蹈矩。为争取民族解放和民族和睦，倡导和试验非暴力抗恶。历尽周折而赢得印度的独立，获得了人民的崇敬。但自治后的印度难以克服印度教与伊斯兰教的纠纷。甘地利用自己的威望与绝食（他曾宣布，只有纠纷停止，自己才进食）感化了部分教徒，平息了自己所居住地区教派的仇杀。然而毕竟很有限度，不久就成了教派冲突的牺牲品，一位狂热的印度教徒认为他庇护了伊斯兰教而枪杀了他。可以肯定，在这位印度教徒的眼中，甘地的行为是一种不可饶恕的恶。

善与恶本是人类特有的一种价值尺度，是人类为自身立法的基本形式。就动物之间而言无所谓善恶之分，老虎吃獐子，大鱼吃小鱼，母狼哺幼狼，人们通常并不对这些作道德评判。人类唯以自身的利害关系为准绳确定或善或恶。一般来说，善是对符合全人类或某一特定群体乃至个人利益的行为或事件的肯定性评价，恶则是与之相反的否定性评价。

善与恶还只是人类在特定的历史时期的社会化生存所形成的对立评价。离开这一历史时期，如果人与人、人与自然达到和谐的境地，也就无所谓善恶之分了。更进一层说，即使在人类分化为阶级的历史

---

① 西方现代思想界出现马斯洛等的人本主义心理学与弗洛伊德等的精神分析学关于人性善恶的争论，颇似我国先秦时的孟、荀之争。荀子与弗氏虽然都有持论的理由，但难于解释生活实践中达到体用一如的可能。

② 马克思赞赏此说，见《马克思恩格斯全集》第26卷第1册，人民出版社1972年版，第416—417页。孟德维尔所谓的"恶"的心理根据，荣格表述为"阴影原型"。

时期，离开人与人之间的利害冲突，如鲁宾逊那样生活在一个孤岛上，或躬耕垅田，或游猎山林，率性而行无不为善，因而也就无所谓善恶问题。

社会既有种族、阶级、阶层之分，涉及经济生活、政治生活的行为或事件也便必然导致人们有不同的甚至是对立的价值评价；并且，由于人伦关系、种族关系等同样充满矛盾对立，因此除征服自然而有益于全人类的行为（如传说神农播五谷、大禹治水、普罗米修斯盗火等）之外，很难有人类完全一致的善恶评价。西方有的学者认为，在现实生活中所谓善或恶的判定只带有统计学的意义，立论虽有偏颇（只着眼于量），但未尝没有一定道理。

的确，在社会生活中，善与恶仿佛一枚银币之两面，往往同时适用于评价某一行为或事件。菲律宾马克坦岛上有一座奇特的纪念碑。碑的正面铭刻着："1521 年 4 月 27 日，费尔南多·麦哲伦死于此地。他是在与马克坦岛酋长拉普拉普的战士们交战中受伤死亡的。麦哲伦船队的一条船——维多利亚号……于 1522 年 9 月 6 日返回西班牙港口停泊，第一次环球航海完成。"它的反面是这样的记载："1521 年 4 月 27 日，拉普拉普和他的战士们，在这里打败了西班牙入侵者，杀死了他们的首领——费尔南多·麦哲伦，成为击退欧洲侵略者的第一位菲律宾人。"——同一块墓碑，其两面表彰一对曾经的敌人。他们为了各自心中的崇高信念而战：一个为认知世界，传播文明；一个为保卫领土，抵抗入侵。他们都是英雄，都有理由得到后人的敬仰。人们敬仰他，是以之为善；两人本是敌人，相互以对方为恶的代表者。

基于上述分析，我们有理由断定，人性本身无所谓善恶之分。即使依照最宽泛的涵义，人性中的情绪形式及表象能力全人类基本相同，气质的狂、狷或中行其实无论优劣，智力的高下也无关于善恶。而在严格意义上所讲的人性就是道心，主要体现为志与仁二元，二者都有通天下的性质，似乎至善无恶——无恶相对，称之为善也就没有意义。并且，我们还不能断言道心纯善，因为一介入现实社会生活，志士勇于开创，毕竟要损害一部分人的利益，仁人富有爱心，但对敌人的仁慈便是对同志的残忍，所以都不能简单地贴上善恶的标签。

这样讲会引出两个基本问题。一是个体人是否有善念与恶念？我们的回答是，善恶的评价不能只考虑效果，还应该追溯动机，善恶之念的确存在，但它属于心而不是性；也就是说，心有善恶而性无善恶。① 二是天道是否纯善？先哲多有这种观念，能起到增强信心的作用，但它更应看做是一种善意的谎言，在道理上未必正确。比较而言，老子认为天地以万物为刍狗更为合乎实际。人类在感情上可以赞美天地之善，也可抱怨天地之恶，但都没有权限确定其善恶之属且于事无补，只能逆来顺受或因势利导。如果说天命之谓性，知性则知天，那么性和天于此也有共同的性质。②

　　性作为人的与生俱来之心，在物理学意义上可比喻为一个容器，在生物学意义上可比喻为一个器官，在精神现象学意义上则是一个灵动的系统，很多心理因素是后天赋予或酝酿的。它应对现实的生存境况，参与分泌乳汁或毒液，对于他人而言就是利与害，对于其自身则多是本能的（气质与食色之性）反应。天地之性即"道心"，无所谓善恶之分。在食色与气质之性的基础上产生的"人心"，既具有清醒的意识，又担当着思想原料和成品的输入与输出，它才直接发出制造乳汁或毒液的指令。在这种意义上我们承认，个体对价值的选择具有偶然性；不过还当看到，放眼历史的长河，人类的文化建设总体上在趋向于真善美的境地——此即天地之性潜在地发挥着制导作用。

三　性理及其与性命的关系

　　先哲普遍认为性即理，虽然抓住了道心中基本的方面，仍显得不够周全。例如朱熹认为，元亨利贞是"天道之常"，仁义礼智是"人性之纲"（《小学题辞》）。二者相通相洽：得天命之元，在人谓之仁；得天命之亨，在人谓之礼；得天命之利，在人谓之义；得天命之贞，在人谓之智。《周易》以元、亨、利、贞描述乾道与坤道，元为大，亨为通，利为宜，贞

---

　　① 诚然，心与性不能截然分开，不过显而易见的是，害人、害群并不是性所决定，而是由心起念。心的起念既以性为潜在的基础，又往往直接受外部情境的制约。性有多重内涵，以天地之性为基础而起念更倾向于善，而依食色之性起念更多偏向于恶，因为食色之需虽然为人类所共有，但其满足则只是个体性的，甚至是排他的。胡宏有言，"人有不仁，心无不仁。"朱熹称赞此说极好，殊不知它与"人心惟危"相冲突。

　　② 善与恶是道德领域常用的基本尺度。笔者此处毫无解构之意，只是不赞同空泛地讨论和任意地判断。本书致力于弘扬心灵中全人类性的一面，从而促进人类生存的和谐与进步，本质上指向于至善。本小节所述，可参阅拙作《"人性"三题议》，载《江西社会科学》1997 年第 4 期。

为固，四者均具有形容词的性质，是对天地之道的摹状，并不能称之为天理，而仁、义、礼、智四德被认为是人之性理，显然都是名词，仅此一点，就可以看出所谓天道之常与人性之纲不对等。此说本于《易传·文言》，但《文言传》并没有将二者直接对等。按照《周易》，天道最根本的是乾、坤二元，依此演化出人性之纲，为志与仁似更恰当。

在应然角度看，天理包括物理与性理，前者为天地万物已然之条理，后者为天以命人而变为性之条理。二者的性质与形态均有差别：前者是自然之法则，是物之所以然；后者是伦理的法则，是人之所当然。但先哲注目于伦理道德，往往将性理等同于天理。朱熹在《答或人》中写道："穷理者，欲知事物之所以然与其所当然者而已。知其所以然故志不惑，知其所当然故行不谬。非谓取彼之理而归诸此也。"这段话兼顾所以然与所当然两个方面，表述全面；问题是所以然之理需要探究，可谓之穷，所当然之理需要呈现，不在穷究的范围。前者涉及的是真假问题，后者涉及的是善恶问题；前者属于认识领域，后者则属于评价领域。穷究物之所以然，形成科学文化；呈现人之所当然，形成道德文化。朱子虽然意识到二者有分际，但在很多场合（如讨论格物致知）仍搅合在一起，在古代学人中很有代表性。

程颢曾谈到："吾学虽有所受，'天理'二字却是自家体贴出来。"（《二程外书》卷十二）其实此词已见于《庄子》等典籍，不过庄子主要就物理而言，而程颢则是纯粹就性理而言。"体贴"二字用得很妙，表明它不是外向探究的产物，而是内心体认的结果。那么什么是天理（此指性理）呢？程颢语焉不详。张载在《正蒙·诚明篇》中解释说："所谓天理也者，能悦诸心，能通天下之志之理也。"他在《西铭》中还隐含有理一分（fēn）殊的意识，如民胞、物与，都是仁的体现，但仍有等差。《论语》以仁为最高之德是有道理的，我们可以说，性理之根本者是仁。在仁的基础上形成礼、义等处世原则，只有在宽泛的意义上才可以称做性理，例如君为臣纲、父为子纲、夫为妻纲都只不过是适用于一时一地的处世原则。

作为天地之化育的一个部分，命以其动为阳，为乾；理以其静为阴，为坤。《周易》的《彖传》描述"乾"道："大哉乾元！万物资始，乃统天。云行雨施，品物流形。大明终始，六位时成，时乘六龙以御天。乾道变化，各正性命。"乾道运行不息，支配着万物，使之各得其命。《文言》

释"坤"为至静而德方,"君子敬以直内,义以方外。……黄中通理,正位居体,美在其中而畅于四支"。同性命比照,性理具有静、直、方诸特点,显现其有序性,因而美在其中。循此又可见出,在人的生活中,命是动力因,主体受到驱使却往往不自觉;理是形式因,主体通常可以体认和领悟。于是二者构成了人生中不确定性与确定性的对立,这也正好与大宇宙的样态相仿佛:命在人性中似云,理在人性中似钟。金岳霖先生曾将成语"理有固然,势所必至"改造为"理有固然,势无必至"①,更为合乎实际。比较而言,性是中性的,阴阳和合,联结着命与理,展开为志与仁等。简言之,天道含有乾与坤二元,人道基于志与仁二德,天与人的这种相应关系正是以性命、性理为枢纽。

不过我们还须看到,命与理二者均非性所能全部包容,实际上,它们都有一部分越出心性的范围,是个体与外部生存环境相互作用的结果。

一方面,性中虽然含有人伦之理(性理及伦理),但它其实只是达成人际和谐有序的心理倾向或态势,至于其具体内容则因时代与地域的变迁而各有不同。古代与现代生存环境发生翻天覆地的变化,关于人伦之常(理)的观念无疑存在质的区别;同是在现代,在基督教、伊斯兰教或佛教文化圈,人们所见之性其实并不相同。当然,这些主要是就意识层面而言,严格说来并不完全属于性理范围,但屏蔽了所意识到的性理,就只剩下无意识的本能倾向了。并且,人毕竟也是宇宙万物中的一物,身体含有物理,心灵能够把握物理,物理与性理如何交接,是古今中外屡屡遇到的哲学难题。柏拉图假定心灵中存在真的理式和善的理式,对二者如何联结则语焉不详。荣格在柏拉图学说的基础上提出人类的集体无意识中存在自性原型,它能化杂多为整一,变无序为有序,或许有助于揭示心灵确立性理(仁爱的凝聚)和把握物理(逻辑的综合)的统一基础。

另一方面,命运很大程度是个体性格(气质之性)与社会环境相互作用的产物,也是一个不能忽视的事实。当有人说"性格决定命运",他未尝没有道理。苏轼仕途坎坷,与其性格豪放、率真,甚至口无遮拦有关。现代文人聂绀弩也是如此。

聂氏天生桀骜不驯,随性逍遥。曾任香港《大公报》主笔,后

---

① 金岳霖:《论道》,商务印书馆1987年版,第201页。

任人民文学出版社副总编辑。1955 年"肃反"，他因为与胡风情同手足而被隔离审查。1957 年"反右"，再因生性耿直而受冲击。在一次批判会上他拍案而起："你们磕头求人家提意见，提了又说反党、反社会主义……这不是骗人是什么？人家不讲，非得逼着哑巴说话，说了就定罪名、扣帽子、打棍子，你们究竟意欲何为？"不愿隐忍使他在 55 岁时被流放至北大荒，后来还蹲了监狱。毛泽东于 1966 年发动"文革"，聂绀弩于 1967 年即他 65 岁时再次被抛进监狱，直到粉碎了"四人帮"，他才以"国民党军特警"名义特赦回京。平反后十来年，至 83 岁逝世，他居然出版了十几本著作。正如他的诗作所说："锋镝牢囚取次过，依然不废我弦歌。"今天他被誉为鲁迅之后最好的杂文家。

假如聂绀弩生活于保障言论自由的环境里，也许能一生顺畅；由于既具有放荡不羁的性格又遭遇不尊重人权的历史时期，决定了他的半辈子不能不在跌跌撞撞中度过。

性格（心理学称做气质）无好坏之分，品德则有优劣之别。通常以遵循天理为有德，以命运亨通为有福。人们总是祈求德与福相当，可事实上二者常常不相应。

程颢从心灵的体认方面立论，提出穷理、尽性以至于命，"三事一时并了，元无次序。不可将穷理作知之事，若实穷得理，即性、命亦可了。"（《二程遗书》卷二上）这是对人生精神境界的一种描述，并未关注现实的命运遭际。张载也对理、性、命的统一持乐观态度，认为一心修德则祸不可及。其《正蒙·诚明篇》写道："天所性者，通极于道，气之昏明不足以蔽之。天所命者，通极于性，遇之吉凶不足以戕之。不免乎蔽之、戕之者，未之学也。"这是说，命存在于气中，其上通于性，知性则能正命，遇凶不会被戕害；性上通于道，个体气有昏明，不足以遮蔽它；既如此，尽性而至于命是可以达到的，关键在于学（即穷理）。分析颇有哲理，不过仍然回避了人类生存的复杂性，难以让人信服。且看一个现实的事例。

2006 年，山西省长治市一位叫申竟的中年女性去世，引起全城民众的悲恸。人们自发地前往追悼，痛惜有德者为何没福。1995 年，

34 岁的申竟从供销系统中层领导岗位上下岗了，先后做过杂工，开过杂货店。2001 年，她丈夫也下岗了，家庭生活更是雪上加霜。为了养家糊口，夫妻俩到晋城打工，帮朋友推销涂料。两人的业务量占到了公司业务的 40% 以上。不久，他们开办了自己的华普涂料公司，专招下岗职工，既是为社会减轻压力，更是为了帮助与自己有相似经历的人。公司效益甚好，于是申竟成立了一个救助贫困失学儿童教育中心，从一些贫困家庭中接来 40 多个孩子，帮助他们上学。但爱心救助持续了两年后，申竟开始没有财力了，只能到处化缘。2006 年 10 月去山东催要捐赠款，因教育中心有事要处理她急于返回。途中客车抛锚。与一些乘客同租的车，又在隧道中熄火。她于是发动大家合力把车推出隧道，不想一辆挂车急驰而来，让她的生命戛然而止……

俗谚说"好人命不长"，竟在这位善良女性身上应验了，无怪乎引起人们的普遍哀伤。虽然没有任何理由断定这是命运的安排，但它却昭示人生中的德与福并不一定相匹配。

生活中存在诸多德、福不相应的事实，在宗教文化中往往通过上帝的安排来调解，让人寄望于天国或来世。中国哲学也持有一种信念，但并未求助于人格神。《周易·文言传》认为，承天而时行，"积善之家，必有余庆"；相反地，"积不善之家，必有余殃"。宏观地看，这一论断应该是可以成立的。孟子还提出修身以俟命的观点，既不回避现实，又积极寻求超越，使道德真正建立在意志自律的基础上。[①] 他以德为天爵，以福为人爵，认为前者是"求则得之，舍则失之"，操之者在我，因而当努力从事；对于后者则当"求之有道"，但须知得之有命，求之未必能得之，所以当修身以俟（《尽心上》）。我们可以说，在孟子的学说中，道德领域是一个真正自由的领域。

第十一节　志、诚、仁

在人类心灵中，第三层面处在天人之交的地位，不过其中又有分际。

------

① 严格说来，祈求得福而修德是不纯粹的，是意志的他律，缺少心灵之诚。

相对来说，命、性、理是直接与"天"相接的部分，志、诚、仁则更进入"人"自身一端。性可作为心灵第三层面诸要素的总称，诚则是见性或失性的关键。余下的四者具有相互对应的关系：志对应于命，二者体现天与人的相互作用；仁对应于理，是性理的集中呈现；命与理相对已于前述，志与仁相对将在本节展开讨论。

一　志①

志是中国古代哲学的重要范畴，遗憾的是近代以来常为论者所忽视，20 世纪 80 年代编纂的《中国大百科全书》"哲学"卷未立"志"为条目，当代哲学史家较少有人阐述古代哲人论"志"的内容。如果说，人学是中国古代文化的核心，那么，对志范畴的忽视无疑会妨碍对我国传统文化精神的把握。从一般意义上说，研究人若不考虑人之志，实在是撇开了人安身立命之本。因此，开掘中国传统哲学的志范畴，有着非常重要的意义。

纵观我国古代思想史，大致可以说，"志"在《论语》中已是哲学概念；在《孟子》中更提升到范畴地位；与之对照，庄子学派从另一视角同样赋予它以很高的理论意义。这一范畴经过一个时期被冷落之后，在柳宗元的哲学著作中又庄严复出，经过张载、二程等的一再推重和开掘，至王夫之，融合儒、道、释有关观点加以全面阐发，使之真正成为一个比较完整且能充分体现时代精神的哲学本体论范畴（《读四书大全说》明确肯定志为"心之本体"）。

汉语的"志"字，为"之"、"心"二字合成，段玉裁认为它是会意兼形声字，应该说是切当的。《说文解字系传通论》注释为"心者直心而已，心有所之为志"，较为简明地揭示了它的本义。许慎修《说文解字》，当初未收此字，是大徐（徐铉）所增补的十九字之一；但大徐仅将它释为"意也"，甚是笼统。考古代用法，"志"多达十几种涵义，就其所指之要者而言，人们首先是把它确定为一种精神因素，表示意念，心情等，如"诗言志，歌永言"（《尚书·尧典》）。其次是用它更具体地指称目的因素，或表示目标、准的，如"予告汝于难，若射之有志"（《尚书·盘

① 限于篇幅，这里只能简述一些要点。请参阅拙作《志：中国哲学的重要范畴》，《中国哲学与哲学史》1996 年第 12 期或《新华文摘》1997 年第 1 期。

庚》）；或表示志向、理想，如"盍各言尔志？"（《论语·公冶长》）再次用以指称动力因素，或表示向慕、倾注，如"吾十有五而志于学"（《论语·为政》）；或直接表示意志力，如"志不强者智不达"（《墨子·修身》）。又次，此词还含有价值属性，其"心"当理解为"直心"，也许字形演化为"士"与"心"的结合并非偶然，学界因之又注释为"志者，士之心也"（蔡仁厚《孟子修养论》）。另外，志不仅表示外向的心理活动，而且含内敛、专一、至一之义，如《孟子》中有"专心致志"，《庄子》讲"其心志，其容寂"，《坛经》中有"志心谛听"，等等。如果将这些基本涵义作一简要概括，大致可以说，我国人文著作中常常谈到的"志"，一般是指人精神上趋向于较恒定的、具有正价值的目标。

人之志从何而来？《墨子》中有《天志》三篇，认为天之志是要求人类行义、兼爱："天之志者，义之经也。"（《天志下》）这实际上是借上天的名义为人世立法。《黄帝内经》试图从生理上予以解释，其《灵枢经·本神篇》提出"肾藏精，精舍志"。中医所谓的肾大略是指一种潜在地维持人的生命活力的系统，包括生殖系统与内分泌系统的相关部分。认为精为志之舍虽然是推测，但即使在现代仍不能被证伪；相反地，西方现代思想界如尼采、弗洛伊德等就都将个体的生命力、意志力同其性力联系在一起。唐代柳宗元明确地以宇宙发展演化的观点阐述主体之志的来由，认为它是天地间刚健之气钟于人的结晶，观点很有启发性。至王夫之，他既肯定《灵枢经》的上述推断"合理"（《思问录·外篇》），又继承了柳宗元的观点，将志看做是"乾健之性"，认为它本合于天而又有事于天。同时王夫之还借鉴了张载的思路，认为主体以志治气，是人反作用于天；主体之志既乃天之所授，主体之气也为天化之撰，这样，宇宙学的理与气的矛盾就转化为人类学的志与气的关系。

总之，从人的整个族类来看，志是不息运行的大自然演化、"遗传"给人的一种心灵能力。人类基于这种能力而具有主观能动性，中国哲学讲"法天"、"则天"、"效天"、"胜天"等，其实潜在地都须以主体之志为枢纽。志作为乾健精神的凝聚（康德在《宇宙发展史概论》中曾肯定人类本性中有一种扶摇直上的不朽精神），在一些改革家身上往往得到鲜明体现。

1992 年 1 月，南巡途中的邓小平来到珠江冰箱厂。当听说这个乡镇企业小厂在 7 年间，产量增加了 16 倍，排名全国第一，并出口到东南亚一些国家时，他高兴地说："发展才是硬道理。"这句非常朴实的话既表达了一条颠扑不破的真理，又反映了他的自强不息的人格，成为鼓舞全国人民加快改革开放步伐的响亮号角。这位 88 岁高龄的退休老人还语重心长地告诫："改革开放胆子要大一些，敢于试验，不能像小脚女人一样。看准了的，就大胆地试，大胆地闯。深圳的重要经验就是敢闯。没有一点闯的精神，没有一点'冒'的精神，没有一股气呀、劲呀，就走不出一条好路，走不出一条新路，就干不出新的事业。"① 显而易见，"闯"、"冒"是志的表现，气、劲是志的体现。

志对于人的生存之所以可贵，在于它如王夫之所指出的，是性所自含，且以道为骨。也可以说，它是心灵中本合于天又有事于天的基本能力，是人所以立命以相天者。

主体之志既然为天之所授，是大自然生生不息的必然性在人类身上的结晶，我们就不难理解"道"对它的制导作用。孔子最早倡导"志于道"，不断为后世思想家所发挥。按二程子的理解，"立志"本身就意味着"至诚一心，以道自任"（《程氏文集》卷一）。王夫之发展了这种观点，对道、志及义的关系提出了进一步的看法，以为"志主[于]道而气主[于]义"，志较之义处于更深层次；义固然是道的体现，但道一而义多，"义散见而日新，道居静而体一"；志则是初终一揆的，且静以待物，正好与道相守。然而道对志不是外在的决定或制约，而是内在的制导："守志只是道做骨子。"（《读四书大全说》卷八）也许可以说，真正的志就是道的自觉自为。孟子讲不动心有道，所谓不动心即志；② 《中庸》讲率性之谓道，率性而发其实就是自由意志的呈现。先哲普遍认同，心有存主曰志，心之所之亦志。③

---

①　《邓小平文选》第 3 卷，人民出版社 1993 年版，第 372 页。

②　王夫之论证说："其道固因乎意诚，而顿下处自有本等当尽之功，故程子又云：'未到不动处，须是执持其志。'不动者，心正也；执持其志者，正其心也。"（《读四书大全说》卷一）他称赞程子直以孟子持志而不动心为正心，"昭千古不传之绝学"，认为朱熹只泛泛谈"心"尚未寻得落处，不如程子全无忌讳，直下"志"字之为了当。

③　因此，志是人类心性中自己决定自己的基础因素，可以担当道德立法的根据。这与康德哲学不谋而合。

志是理想（ideal）与自由意志（will）的合体，所以它蕴涵着人生的目的因、动力因以及形式因。今天我国的一些哲学和心理学著作，未能将志与意区分开来，遮蔽了心灵的神圣性方面，妨碍了人文精神的重振。在中国古代的哲学家中，普遍意识到二者具有本质的区别。[①] 他们注意到，志是恒存恒持、初终一揆的，意则随遇偶发，生灭无常。借鉴康德的划分，前者处在本体界，后者依托现象界。采用现代学界的普遍称谓，二者虽然都可称之为意志，但前者是自律的，后者则多为他律的。张载明确指出，志公而意私，持志者自合天下之公，任意者则囿于一己之私，所以教育人当以志为本："志者，教之大伦而言也。"（《正蒙·中正篇》）王夫之继承和发展了这一思想，他依据志与意的比例，将人区分为圣人、君子、中人和庸人四等，比较明确地以意志的自律与他律作为评价人的道德修养的标准（《张子正蒙注·有德篇》）。的确，真正的有志者，生命不止，奋斗不息，最能体现人生的价值。

1952 年，法国西姆卡汽车公司总裁皮戈泽主持会议突然在发言中昏厥，送医院救治诊断为严重的心肌梗塞，生命最多只能延续几十天。七十高龄的他知道自己在世的时日无多，就辞去公司的日常事务，每天拖着病体在写些什么。《费加罗报》得到这个信息，决定开辟专栏开展有奖竞猜，悬赏的问题是："世界第一 CEO 的生命中最后一件事是什么？"以后一段日子，答案如雪片般飞来，猜测大多集中于两点：一是财产分割，二是接班人选。皮戈泽居然撑过了三个月，直到最后由长子依据他的口形记录遗言，待圈上最后一个句号，气若游丝的皮戈泽才驾鹤西归。第二天，《世界报》刊出他三个月来写的"遗书"——《西姆卡公司今后 500 年发展规划书》，包括产品研发、厂区规划、市场开拓等。对于世人关注的两个问题只是简单提及：1.6 亿私人遗产一半捐给红十字会，一半用作公司的科研经费；接班人由董事会投票决定。如此投入于自己的事业，心存通天下之志，让所有参与猜测的人为之汗颜。为何汗颜？因为自己是以小人之心（私意为主）度君子之腹（志为主）。

---

① 只有荀子等极少数人基于其经验主义立场将志与意平列使用。

完全可以说，志是人生的价值所在。诸葛亮告诫子弟："立志当存高远"，不然就会"永窜伏于凡庸，不免于下流"（《诫外甥书》）；嵇康甚至讲："人无志，非人也。"（《示儿》）如果说他们只是在向后辈传授自己深切的人生经验，那么王夫之则揭示了其中的哲理。他依据佛家对人类心灵的研究成果，指出唯识宗所讲的前五识只是孟子所说的小体，是人和动物共有的，第六识即意识某些禽类也部分拥有，志相当于释家所谓的意根，即第七识，是动物界未能觉醒的，因此，"人之所以异于禽者，唯志而已矣。"（《思问录·外篇》）今天我们还可以补充说，马斯洛所讲的自我实现的人就是追求实现心灵之志的人。"我"有三重指谓，借用弗洛伊德的术语，沉湎于情欲者是"本我"至上，恪守社会角色者是"自我"主宰，能通天下之志并为之奋斗者才达到"超我"①的境界，只有后者才是真正自我实现的人。黑格尔等以自由为人的最高本质，所谓"自由"，按北大已故的熊伟教授的看法，最简洁的解释莫过于"由自"；而由自的较切当的解释当是"任志"——依志而行才是人应该有的样子。②

从应然的意义上说，志当为心性诸因素的统帅。孔子与孟子都曾中肯地指出过。这是因为，志在心性中相当于天地之道中的乾元，虽有坤元与之相对，但仍需以它为统领才得中得正。如果说，支配天地万物生生不息的是道，那么，与之对应的支配人不断进取的心性因素只能是志而不是其他。张载有一段分析甚为得当，他写道："志大则才大事业大，故曰'可大'，又曰'富有'；志久则气久德性久，故曰'可久'，又曰'日新'。"（《正蒙·至当篇》）我们知道，《易大传》描述乾之势用是"可久"与"日新"，坤的势用是"可大"与"富有"，人生以志为统帅，二者都自然而然地提挈起来了。具体一点说，持志而主乎视听言动，视听言动无不合宜；心正而无论世之清浊，所行所事无不中规。此即人伦实践之自由，即所谓"从心所欲，不逾矩"③。在实践活动中，志作为天道的负载者，既可充当个体与群体联结的心灵纽带，又是保持个体相对独立而不同流合污的精神柱石。孟子讲居仁由义，正是此之谓。

一般说来，有志者自尊自信，"我"（I）字大写，顶天立地。土耳其

---

① 此处"超我"的含义与弗洛伊德之所谓并不相同。

② 请参阅拙作《"任志"才是自由》，《社会科学》1996年第3期。

③ 王阳明《传习录》上："'从心所欲，不逾矩'，只是志到熟处。"此即体用一如（见本书第二十七节）。郭店楚简中表达了相似的观点："心有志也，无与不可。"（《性自命出》）

有句谚语："两腿站直的普通人，比屈膝下跪的名人高大。"诺贝尔文学奖获得者、英国作家拉雅德·吉卜林给儿子的赠言，主旨便是砺志，是对人的乾健之性和阳刚精神的极妙铺写：

> 如果在众人六神无主之时，你能镇定自若而不是人云亦云；如果被众人猜忌怀疑时，你能自信如常而不去妄加辩论；如果你有梦想，又能不迷失自我，有神思，又不至于走火入魔；如果在成功之时能不喜形于色，而在灾难之后也勇于咀嚼苦果；如果辛苦劳作已是功成名就，为了新目标依然冒险一搏；如果你跟村夫交谈而不变谦恭之态，和王侯散步而不露谄媚之颜；如果他人的意志左右不了你，与任何人为伍你都能卓然独立；如果骚扰动摇不了你的信念——那么，你的修养就会如天地般博大。而你，就是一个真正的男子汉，我的儿子！①

无志者则自暴自弃。相关的论述很多，也许取一事例更易让人信服。据传有位画家构思一幅《魔鬼与天使》的作品，很快在大街上找到了一个天真烂漫的小孩做模特，但是苦于难找魔鬼的原型。整整四十年过去了，画家终于发现一个沿街行乞的人很合适：他发须蓬乱，浑身肮脏，表情贪婪。画家与乞丐谈妥了价钱，带他来到自己的画室。没想到，刚刚坐定，乞丐便大哭不止——原来，挂在墙上的天使画像，正是四十年前的他！当初的"天使"为何沦落为"魔鬼"？原因是他没有为理想而奋斗，自暴自弃，以至于成人后连生计都不能维持！

　　志是人生的动力源泉，是个体与命运相互作用的关键因素。认命者丧志，往往一辈子庸庸碌碌；有作为者或顺命实现②，或与之抗争。蒲松龄

---

①　见于 2009 年 6 月 26 日《广州日报》。这段论述有助于人们领悟通过尚志可以奠定建设自由、平等、民主社会的人格基础。

②　匈牙利一位木材商 1929 年生了个笨儿子，小时候人们都喊他"木头"。12 岁那年，他梦见有个国王给他颁奖，因为他写的字被诺贝尔看上了。他将这个梦告诉了妈妈，妈妈鼓励说，当上帝把一个美好的梦想放在谁心中时，他是真心想帮助他完成的。男孩信以为真，从此喜欢上写作。他心里怀着信念："倘若我经得起考验，上帝会来帮助我的！"正当他期盼上帝来帮助的时候，希特勒的军队先来了，他因为是犹太人，被关进集中营。还好，他有幸活了下来，战后开始写些短小的作品维持生计。1965 年写出第一部小说《无法选择的命运》，以后又陆续发表了一些作品。就在他不再关注上帝是否帮助他时，瑞典皇家文学院宣布把 2002 年的文学奖授予匈牙利作家凯尔泰斯·伊姆留雷。他听到后大吃一惊——因为这正是自己的名字！

年少时便才华横溢，可是成年后在科举考试中屡次不中。他于落魄至极之际亲笔写下了励志自勉联，全文是："有志者事竟成，破釜沉舟百二秦关终属楚；苦心人天不负，卧薪尝胆三千越甲可吞吴。"整副对联气势磅礴、催人奋进，引用了史上非常著名的两个典故，一个是楚霸王项羽破釜沉舟灭暴秦，另一个是越王勾践卧薪尝胆吞吴国。蒲松龄以此联激励自己，开始时是刻在铜尺上，后悬置于聊斋书屋，终于以一部《聊斋志异》名垂青史。贝多芬命途多舛，其巨大成就的获得与他积极的人生态度有关，他曾说：我要扼住命运的咽喉，而决不向他屈服。

　　美国人民普遍爱戴的林肯就是一个以志抗命者。他出生时家中一贫如洗，从小就在不幸中成长。母亲是私生女，父亲是无聊粗鲁而到处流浪的懒汉。9 岁时母亲积劳成疾离开了人世，年仅 35 岁。林肯没有受到良好的教育，主要靠勤奋自学。为了生计他种过地，伐过木，帮过厨，干过船工，当过铁匠铺子的伙计、杂货店的店员，还当过一阵子邮递员、测量员，总之什么活都干，什么书都看。青年时与一位叫安妮的姑娘一见钟情，可准备结婚前几个月，安妮突然病故。遭受到如此沉重的打击，林肯的精神几近崩溃，他的朋友说："二十多年来，林肯没有一天是快乐的。"但他的可贵之处特别在于：决不向命运屈服。1832 年竞选州议员落选，连工作都丢了；1833 年再次向朋友借钱经商，再次失败，欠下大笔债务；1834 年再次竞选州议员才当选；1840 年参加国会大选，资格被否定；三年后当选；1848 年欲连任国会议员，失败；1854 年、1858 年两次竞选参议员失败；1860 年一举当选美国总统，时年 51 岁。回顾自己的奋斗历程，他说："虽然有过心碎，但依然火热；虽然有过痛苦，但依然镇定；虽然有过崩溃，但依然自信。因为我坚信，对屡战屡败的最好办法，就是屡败屡战，永不放弃。"将挫折与失败看做是对自己的锤炼，劳筋骨、饿体肤，在所不辞。林肯的这种态度正是中国古代先哲所倡导和赞赏的，它超出特定国度，是人类精神的美丽之花。

　　无数事实表明，有志者，事竟成。天道酬勤，有一分耕耘就可能有一分收获。青年人不要忌讳志大才疏，志与才之间的落差恰好是进步的动能。有志者就能抬起头来，挺起胸来，阔步向前。华人作家刘墉牢记一位长者的教导：挺起胸膛是迈向成功的第一步，因为它意味着健康、自信和有骨力。有志者组成的群体（例如我国深圳特区的拓荒者们），锐意进取，朝气蓬勃，易于营造千帆竞发的局面，是天行健的人间体现。

志向外发散而实现对气的统帅和形成义的裁制，我们将在下一节阐述。

二 仁

"仁"，《说文解字》释为"亲也。从人二。"段玉裁注："独则无偶，偶则相亲，故字从人二。"这是说，单独就个体而言，无所谓仁之德，仁是在与他者并立时相亲相爱、凝聚彼此的心理纽带。"仁"字不见于《尚书》中的虞夏商书、《周易》的卦爻辞、《诗经》的《雅》《颂》中，表明它大约出现于西周社会趋于稳定之时。

然而这并不意味着仁之德此前不存在，只是没有形成明确的观念而已。事实上，天覆地载，万物滋生，万物同源，便存仁的"似本能"倾向。形象一点说，根对枝叶的眷注，存于个体人心即是仁。埋在地下的树根供养树枝产生果实，无私奉献而并不要求任何回报。图报是他律，仁爱为自由。仁德的培养，在于回溯至根本，因为根本较之枝叶更有归于一体的倾向。曹植有一首著名的《七步诗》："煮豆燃豆萁，豆在釜中泣。本是同根生，相煎何太急！"煮豆燃柴禾，本为日用之常，没有什么动情之处。但是通过以豆科喻人类，我们才意识到相煎不仁，原因在于"本是同根生"——追溯至同根同源，就应该摒弃相斗相残。母慈、子孝都是仁，但前者仿佛三春晖，后者则只是寸草心，在于前者习惯于由根系出发而无私施予。[①]

虎毒不食子，狼喂养"狼孩"，都有相亲相爱的萌芽，但是至人类才达到自觉自为。孟子认为个体心灵中先天而有的恻隐之心是仁德之端。他举例说："今人乍见孺子将入于井，皆有怵惕恻隐之心，非所以内交于孺子之父母也，非所以要誉于乡党朋友也，非恶其声而然也。"（《公孙丑》）出于内交、要誉、恶声而伸援手都是他律，恻隐之心则是基于自由意志或良知。孟子又称恻隐之心为不忍（加恶于）人之心，它是怎么来的呢？朱熹解释道："天地以生物为心，而所生之物因各得夫天地生物之心以为心，所以人皆有不忍人之心也。"（《孟子集注·公孙丑章句上》）实际上，问题的关键在于将他人作为同胞看待。美国南北战争期间，有位北方军的狂热支持者兴奋地向林肯报告一场战役的战果："歼灭了2700个敌人，我

[①]　俗谚道出普遍的事实："娘疼儿，长江水；儿孝娘，扁担长。"

方只牺牲 800 人，太棒了！"林肯为她的态度感到震惊，告诫说，丧生的都是同胞手足。但这位女士还是坚持她的大获全胜的观点，仍喋喋不休地夸耀不停。林肯低下头，泪水浸湿了眼眶，喃喃道："我只能说，这个世界远远大于你的心灵世界。"考虑到"敌人"其实是"同胞"，因而于心不忍，这便是一种归根的精神倾向。

在日常生活中，仁常常表现为同情心，或设身处地，或推己及人，其实都是心灵中要求一体化倾向的显现。这是一种坤厚兼容的精神，它有效地维系着人际和谐。

纯粹从道德着眼（即不考虑物理），仁可谓是天理的根本处。不同的个体和谐地结合在一起，其关键在于相亲相爱的仁德的维系。"仁"字在《论语》中出现 105 次，孔子认为它是人最高的德，兼涉忠、恕、礼、敬、勇等。他教导学生"志于道，据于德，依于仁，游于艺"（《述而》），将仁提到与道、德并列的地位。道—德—仁—艺四者构成一个前后连续的系列：追求天道与人道是人生的最高目标，朝闻道，夕死可矣；而道不远人，体现于人自身的就是德，求其道落实于求诸己；德是多方面的，其中仁德是核心和总领；仁表现于日用之常，在文化活动中主要通过礼、乐而体现，个体于此而达到仁德的实现。朱熹在《论语集注》中解释："仁者，心之德，爱之理也。"王夫之也写道："若仁者，则心学之凝夫天理者也。"（《读四书大全说》卷三）一个"凝"字，用得极为传神。

严格说来，仁的涵义应该是博爱或兼爱之性，即对周围的人和事物无所不遍、一视同仁地爱。孔子向往天下归仁，是期建立一个博爱而和谐的社会。《礼记》中的《礼运》借孔子之口描述说："大道之行也，天下为公，选贤与能，讲信修睦。故人不独亲其亲，不独子其子。使老有所终，壮有所用，幼有所长，矜寡孤独废疾者皆有所养。男有分，女有归。货恶其弃于地也，不必藏于己；力恶其不出于身也，不必为己。是故谋闭而不兴，盗窃乱贼而不作，故外户而不闭。是谓大同。"大同也可谓是大和或太平，它是充分体现了兼爱精神的社会乌托邦。若从心理角度考察，可以说仁者与天地万物同体，视天下犹一家、中国犹一人。程颢、王阳明等都曾如是观。

1901 年，第一个诺贝尔和平奖毫无争议地授予了瑞士银行家亨利·杜南，表彰他富有兼爱精神的善举。1859 年 6 月，杜南为了银行的工作路过意大利北部小镇索尔弗利诺，正赶上法国联军与奥地利军之间的一场恶战，战场上死伤者达 4 万多人。无助的伤兵在烈日下痛苦挣扎，战士的尸体横七竖八。杜南毅然放弃去谈生意的计划，带领随行人员并组织居民抢救伤兵、掩埋尸体。事后，杜南呼吁建立国际法，对交战双方的俘虏实行人道主义，保证伤员治疗中立化。这一提议立即在欧洲赢得普遍的响应，1863 年 10 月，欧洲 16 国代表一致通过《红十字决议》。为了表示对杜南的敬意，红十字会的标志以瑞士的国旗为底本。杜南因为全身心投入红十字会的救护工作，自己经营的银行破产，只能居住在巴黎贫民窟中，后来流落于阿尔卑斯山的偏远村落。欣慰的是，世界并没有遗忘他，从 1890 年起，许多国际性的荣誉颁发给这位富有仁爱精神而倾尽家产的人。

然而现实地看，人类之爱的施予，迄今为止普遍存在等差，由近而及远：首先是亲其亲，扩展而仁其民，再扩展而至于泛爱物。孟子指出："君子之于物也，爱之而弗仁；于民也，仁之而弗亲。"（《尽心》）这里的"弗仁"是说不作为自己的同类看待，"弗亲"是说不作为有血缘关系的亲属看待。的确，对于禽兽草木，只要取之有时，用之有节，就不失为爱；老吾老以及人之老，于民则可，于物则不可。至于同是人类，毕竟客观上存在亲疏，主观态度也自然有别。爱和亲都可统称之为仁，仁之理一，对待物、民、亲不免有别有序，这是分殊。《论语·乡党》记述了一件事生动说明了爱有等差：孔子在鲁国任职，有一天退朝回家，听说自家的马厩失火，赶忙关切地问："伤着人了吗？"他没有问马的损失情况，并非不关心财产损失，但与人比起来，物产毕竟是次要的。

依据逻辑推论，兼爱之仁是坤道在人类心灵中的体现，它才是严格意义上的性，而爱有等差则是仁德运用于现实时某种程度的异化。一方面，个体本来就有以天地万物为一体的先天倾向，即爱之理；另一方面，人们普遍渴求生活于平等且不分彼此的兼爱社会中，理想比现实更能体现人性的理念。"泰坦尼克号"的沉没是 20 世纪的重大事件。在今天的文学和影视作品中，我们看到的多是美好人性的显现：白发苍苍的老船长庄严颁布，让妇女儿童首先离船，自己平静地与船一同沉没；一位父亲深情地亲吻自己的小女儿后将她送上救生艇，自己仍站在泰坦尼克号与之诀别；两个乘艇的小孩哭喊船上的母亲，艇上一位青年女子站起来，空出一个位置，将生的机会留给孩子的妈妈……但是实际情况并非全是如此。据一些研究者披露，幸存者比率头等舱达到63％，二等舱为43％，三等舱只有25％。原因是存放救生艇的区域在头等舱与二等舱附近，逃生安排也按照舱位的秩序——我们多么希望事实不是这样！

以爱释仁，抓住了要点，但并不周全：爱一般是动词，仁一般是名词；爱通常被看做情感，而仁则被看做是德性。仁为爱之理，爱为仁之用；或者说，仁为爱之根，爱是仁之花。作为表示德性的名词，仁还具有其他方面的丰富涵义。从积极方面说，己欲立而立人、己欲达而达人是仁，这是尽己助人，谓之忠；从消极方面说，己所不欲、勿施于人也是仁，这是推己及人，谓之恕。曾子曾概括说："夫子之道，忠恕而已矣。"（《论语·里仁》）仁者还存敬，通常视他者为目的而不是手段，尊重其存在的权利，包括对弱者、位卑者也以礼待之。正因为它是这些处世原则的基础，所以仁者多具有很强的凝聚力。

　　南非首位黑人总统曼德拉既是志士，又是仁人。他因为带头反对白人的种族隔离制度，被白人统治者关在荒凉的大西洋小岛27年。罗本岛环境恶劣，到处有蛇和其他动物在岩石间活动。曼德拉后来年事已高，但看守们像对待年轻犯人一样，要求他碎石料、捞海带、挖石灰石等。由于他是要犯，被关在集中营的锌皮房里，由3个人轮流看管。后来他在就任南非总统的仪式上，介绍了来自各国的政要之后，特别向客人们介绍他邀请来的三位当初看管他的狱警，并向他们致敬。那一刻，让所有在场或在看直播的人都感到灵魂的震撼。这种以德报怨的宽容精神正是保持种族之间和睦所需要的。

对于建设和谐的人际关系，仁德的功用怎么估计都不会过高。整个社会的人文文化，都应该以仁为基础之一。但是社会不仅需要稳定，而且需要发展，所以必须同时看到它的局限性。在一个诸侯争霸、弱肉强食的时代里，孔子呼唤天下归仁，期盼老者安之，朋友信之，少者怀之，是时代的要求。遗憾的是中国传统哲学特别自宋代以来过分强调仁，甚至以之为"全德"，严重地助长了因循保守的倾向。

朱熹撰写《仁说》，提出孔门之教，必使学者汲汲于求仁，因为仁为天地生物之心："天地，以生物为心者也。而人物之生，又各得夫天地之心以为心者也。故语心之德，虽其总摄贯通，无所不备，然一言以蔽之，则曰'仁'而已矣。"问题是：天地生物虽然可称之为仁，但并非如夫妇生育子女那样百般垂爱，芸芸众生其实一直在经历着残酷的生存竞争，天地在听之任之，称其不仁也无可厚非。虽然坤厚载物不容否认，但坤德是与乾德相对的，何能"无所不备"？朱熹以仁为天道和人道的根本，显然偏于从向内凝聚方面把握。这种理论面对明代时开始萌芽的资本主义生产和生活方式，就必然显得僵化保守，因而遭到明末清初思想界的猛烈批判。在现当代，一些港台新儒家虽然认识到朱熹学说是道德哲学的歧出，却仍然坚持以"仁体"为基础立说，也许是值得深入检讨的问题。

回溯思想史，我们甚至可以说，儒、道、佛三家让东方民族的内敛倾向逐渐加剧。儒家强调仁，是道德上内敛于一；道家强调无，扩展为在世界观上内敛于一；佛家强调空，直接否定此岸世界，其内敛倾向更为突出。在社会生活中，性格的内敛表现为言行的谦卑，最为突出者是日本女性对待男性的仪态。它似乎是东方民族的"美德"，其实也是个性的抹杀，平等观念的失落。① 谦卑是坤顺之性的表现，更多考虑的是服务于对方，在西方人看来多少有些本性变异的成分。有个中国留美学生，晚间去拜访指导他的教授，双方谈得很融洽，教授的兴致很高。这个学生无意间看了一下手表，赶紧站起来告辞说："时间不早了，老师和师母要休息了，我该走了。"谁知教授太太听了并不高兴，直率地说："你想走就走好了，为什么把责任推到我们身上？"弄得这位学生满脸错愕，一时手足无措。

历史证明，仁君未必是英明的统治者。齐宣王不忍一牛之死，换成以羊做牺牲，可算是有仁心；梁武帝信佛，长期吃素，饮食节俭，用面粉做成牺牲替代牲畜供奉宗庙，每断死刑必为之哭泣，几乎让天下人都知道其仁慈。然而结果是：宣王之时，齐国不治；武帝之末，江南大乱。原因当然是多方面的，其中之一就是仅有仁心，易致精神疲软，人弱以致国弱。相反，秦皇、汉武、唐宗、元祖，没有一个完全为仁德所拘，却都建立了赫赫功业。历史进入近代，生产力进入一个迅猛发展时期，国与国、人与人之间的生存竞争空前激烈。在这样的时代里，道德哲学应当更为明确地

---

① 古希腊人以"正义、智慧、勇敢、节制"为四种主要道德，也不免有偏，显然缺少华夏民族所讲的"四德"这么亲和。

肯定积极进取的精神，而志正是积极进取的动力源泉。

由于仁主要是一种凝聚倾向，相对于志当属坤顺之性，因而将它作为心性的重要一翼更为适当。仁恰似荣格所谓的自性原型在心理系统中的功用，它让矛盾对立的东西统一为和谐的整体；不过荣格还注意到阴影原型与之一样重要，它是创造力与破坏力的源泉。坤顺过度，必须以乾健精神注入：尚志从而鼓气、持义，积极地促进现实生活的变化和发展。在一个开放的社会里，昔日陶渊明描绘的理想国——"黄发垂髫，并怡然自乐"的桃花源显然已经落伍，因为这种似乎充满仁爱的国度只能依赖自然经济，看不到公平竞争，看不到变革创造，长此以往，有可能成为死水一潭。当封闭的状态被打开，比照外面蓬勃发展的世界，生活于其中的人们就会顿失幸福感，他们宁愿外出打工，也不愿固守家园。

中国哲学需要某种变革。仅强调守仁固然有助于维系人际和谐，但还需要强调持志以有助于公平竞争。与朱子哲学比较，王夫之的一系列著作更为突出人性中志的一维，应该说更为切合近代精神。仁者以亲亲为大，易于造成一个"人情社会"，重亲疏而轻公义，浓关系而淡法制——这正是现代社会必须摒弃的中国传统文化中的糟粕部分。志的弘扬是由内圣走向外王的心性基础，只有坚持理想的人人平等原则而不是俯就现实的爱有等差情形，才能真正建立社会生活中的公平正义。

西方的经验值得注意。古希腊哲学崇尚爱，认为它将那些相分离、相对立的东西结合为一体；同时承认与之相反的仇恨和斗争也是事物发展的动力。如此立论，较为公允。基督教片面强调仁爱，与西方中世纪社会的停滞不无干系。文艺复兴时期在欧洲出现了新教，持有不同于天主教的伦理观，他们相信劳动和勤勉是人对上帝应尽的责任，谁能有效地使用其产业，就能增益上帝的荣耀。马克斯·韦伯认为，这种转变对于资本主义意义上的劳动生产力产生了极为有力的影响。[①] 近代人文学者如康德等普遍重视心灵中自由意志的立法功能。

检索中国古代典籍，最先提出"志士仁人"一词的当是孔子（见《论语·卫灵公》）。这也许表明，孔子意识到，就个体为人处世而言，志与仁具有同等重要的地位（他常邀学生各言其志）。今天我们若能志、仁

---

① 马克斯·韦伯：《新教伦理与资本主义精神》，于晓等译，读书·生活·新知三联书店1987年版，第140页。

兼尚，将产生与现代精神更为合拍的新儒家伦理。

三　诚及其与志、仁的关系

"诚"的初义当是言之有信，是一个形容词。《说文》释"诚"为"信也"，《增韵·清韵》则释为"无伪也，真也，实也"。而后发展出表示心理活动的动词，如"诚其意"。至思孟学派提升为极为重要的哲学概念。

在中国古代，无论儒家、道家还是释家，其实都重视诚。道家中的庄子学派多处言及"诚"，如强调"不精不诚，不能动人"（《渔父》），告诫统治者"修胸中之诚"（《徐无鬼》）。唐代释道世撰《法苑珠林》120卷，其中专列有"至诚"篇。儒家中最为推崇诚的莫过于思孟学派。《中庸》一书集中讨论"圣人之道"，其核心观念是"诚"：开篇"天命之谓性，率性之谓道，修道之谓教"三句，就是论诚的伏笔，后文"自诚明，谓之性；自明诚，谓之教"正好与之照应。"诚"字在《孟子》中凡22见，虽然多为形容词，约略相当于"确实"，但有几处阐述得非常深刻。《离娄上》表达了与《中庸》相似的观点："诚者天之道也，思诚者人之道也。"《尽心上》更进一步指出："万物皆备于我矣。反身而诚，乐莫大焉。""反身而诚"一语明确肯定这是一种复归于内心深处的精神活动，值得我们深入品味。

王夫之指出："说到一个'诚'字，是极顶字，更无一字可以代释，更无一语可以反形。尽天下之善而皆有之谓也，通吾身、心、意、知而无不一于善之谓也。"（《读四书大全说》卷九）的确，诚是联结天道与人道的桥梁，在心性活动中的地位举足轻重。首先，无论是体天之道，还是行人之道，均须一乎诚。诚的境界既无内外之别，又无阴阳之分，是一种宇宙与人生浑然一体的体验。有的学者认为，《中庸》论"诚"是对《大学》八目之一的"诚意"的发挥，其实未必然。前者较之后者远为深刻，其蕴涵远为广阔。其次，要达到诚的境界，需要反身内省，复朴归真。所谓"反身"不仅是一般意义上的反求诸己，还含有在精神上拨乱反正的意味。先哲注意到，人在现实生活中，由于受到各种感性欲念和种种知性观念的牵扯或束缚，诸如礼仪、事象等都可能存在矫饰、虚伪的情形，所以必须复朴归真，诚则既朴且真。再次，诚意味着寂然感通，尽心知天。《易传》所谈到的无思、无为和寂然不动、感而遂通的工夫，同样适用于诚。孟子倡导"尽心",其实也强调的是诚:由尽心而能知性并进而知天,即诚者;由存心、养性而事天,即是诚之者。至诚则可尽性,尽性则与天地参。

如此立论似乎太过玄远,但哲学具有为人们的观念系统奠定深层基础,从而影响社会生活的取向的使命,有些玄奥在所难免。

在社会生活中,人们普遍呼唤诚。最显见的是,丧失诚信,对日常生活构成严重的威胁,一不留神就受骗上当。不久前暴露的麦道夫的金字塔骗局就是典型的一例。

> 1938 年,伯纳德·麦道夫出生于纽约的一个犹太人家庭。1960 年开办了自己的公司,从事证券投资的中介服务。至 2008 年,该公司在纳斯达克排名达到第二十三位。他于 1991—1993 年还曾担任纳斯达克交易所主席。赢得声望后,他在投资证券公司之下成立一家资产管理公司,开始悄悄地实施金字塔型骗局,即用高额回报引诱投资者,继之以后续投资者的资金偿付前期投资者的利息。这种骗局模式一般只能维持二三年,但是麦道夫竟能灵活自如地运用这种骗术近二十年,数额高达五百亿美元之多,成为美国乃至世界历史上最大的金融诈骗案,不能不让人们瞠目结舌。

骗子见利而忘义,诚者见利而思义。内心至诚,何有行骗之类伎俩?当今人们经常叨念"诚信",诚与信实有分别。一般说来,诚者由自,信者见他,诚在内而信在外。马卡连科在《教育诗》(第一部)中记述的一则故事发人深省。

> 谢苗是一个经常参与抢劫的违法者。进了童犯劳动教养院以后,渴望得到院长马卡连科的信任。有一天,马卡连柯让他骑马到几十里外的财务处领取五百卢布。谢苗当时惊讶得张开了嘴巴。他很好地完成了这次任务。过了两个星期,马卡连柯又命谢苗去领取两千卢布。谢苗吃惊地说:"两千?要是我取了钱不回来呢?"校长真诚地回答:"请你少说这种傻话!既然让你去取,你就去取。"谢苗取钱回来交给马卡连柯,请他数一遍。马卡连柯说:"你数过就行了",随手将钱放进了抽屉,"我一点也不担心,知道你这个人跟我一样诚实。"

面对马卡连科的信任，谢苗告诉院长："路上我在想，如果遇上有人袭击，我拼死也要保护这笔钱，除非他们把我杀死。"

以诚待人，就是以心换心。哪怕是不良少年，也能唤醒其良知，懂得自尊自爱，不辜负信任。

诚信之立，不能只是慑于"法"、缘于"教"，更应该基于"道"。前二者是外部的压力或观念的灌输，后者则是内在良知的觉醒。也就是说，立诚应当基于觉而不应局限于知，因为若局限于知就难免利害、机巧成分的掺杂，并不能达到纯一无伪的至诚境界。①

诚与前述的志、仁均处在人类心性中的天人之交处。但诚无阴阳之属、刚柔之偏，似乎类同于天道或人道，所以先哲常将它作为一个实理范畴。问题在于，诚从来不是一个纯粹的名词，所谓"诚者天之道"并非诚即天之道，只能作为对天道状态和属性的形容。宋儒以诚为实理，却未告诉我们它提供了什么样的形式规范；与其谓之实理，不如称之为实然。张岱年先生主张不必以诚表示实有的范畴，甚是。事实上，性包含志与仁，诚则不能包含，因此其外延必须小于性。诚可看做是一条心理境界线，达到此境界线则敞亮天理之本然。

如果说志与仁体现了人类在道德实践中心灵发散和收敛两种对立的趋向，那么，诚恰好兼而有之。并且，不限于道德活动，人类心灵与宇宙在深层次上的贯通，都须以诚为实现的枢纽（我们将在下节详加论述）。

本来，作为基本的心灵能力，志也兼备收摄与生发两种趋向，前者是神志专注于一，后者是理想发散于多，因此适宜于担当心灵第三层面的总称。现在引入诚，在于它既表示个体在体道或见性时心灵的应有状态，又刚好能勾画出知性层面与志性层面的交界处，更为鲜明地呈现心灵中一与多、净与染、道心与人心、德性所知与见闻之知等的分际。

---

① 曾国藩较为"钝拙"（梁启超语），就是一篇短文，诵读多次也背不下来。传说有个小偷潜入他的室内，准备在他入睡后行窃。可是左等右等，见他不背下来不甘休，没有上床之意。小偷终于忍无可忍，跳出来呵斥他："你这种笨脑袋，还读什么书?!"这也许是一个坊间笑谈，但他考秀才考了九年却是事实。这样的人为何能成为一个重要的历史人物呢？可贵的是他有自知之明且保持心中之诚。他常讲自己"生平短于才"，秉质"鲁钝"、"愚柔"，不过又深信勤能补拙，坚持不懈的学与思成就了他的大智慧，诚与仁、志的结合让他成就了大事业。他一生待人接物以诚为本，以拙为用。做事"情愿人占我的便宜，断不肯我占人的便宜"，"凡人以伪来，我以诚往。久之，则伪者亦共趋于诚矣"。

　　仅就道德活动而言，志与仁是相对的范畴。志为乾健之性，仁为坤顺之性；自强不息为志，厚德载物为仁。二者构成人生的两大支柱。我们又可以比喻为人生和社会航船的双桨，航船依赖二者才能快速而平稳地驶向光明的彼岸。阿富汗有句谚语非常精妙：人——比石头还坚硬，比花朵还温柔。坚硬主要在于其尚志，温柔特别在于其守仁。志者动，仁者静；志者辟，仁者翕。尚志便渴求不断发展，守仁则祈求持久和平，而和平与发展，其实是人类社会两大永恒的主题。近代以来尤其容易见出，志的弘扬是公平竞争的基础，是社会和人生不断超越现状的动力源泉；而仁的浸润则是团结友爱的基础，是保持既有社会秩序、营造群体关系和谐的根据。二者结合，才能使社会与人生处于一种稳固而开放的动态平衡之中。

　　志与仁不可或少，不宜孤行。志强仁弱，一般欠缺亲和力，即使出自个体的自由意志，也常酿成与他者的冲突，因而寇仇较多。科学泰斗牛顿可能是这样的人。霍金称他不是一个讨人喜欢的人物，他和其他院士的关系声名狼藉。他晚年的大部分时间都是在激烈的争吵纠纷中度过。在被任命为皇家学会主席不久就与皇家天文学家约翰·夫莱姆斯梯德发生冲突，后者为他的《数学原理》提供过很多数据。此后又同德国数学家莱布尼兹之间为微积分的发现问题发生更严重的争吵。据报道，莱布尼兹死后，牛顿还为他伤透了莱布尼兹的心而洋洋得意。① 反之，仁厚志弱，就没有蓬勃朝气，因循保守，处事优柔寡断，心慈手软，甚至可能葬送事业。如宋襄公就沦为后世的笑谈。公元前638年，楚成王率军伐宋，会战于泓水河。时值深冬，但河水尚未封冻，楚军涉水北上。此时宋襄公率军一字排开，在北岸迎敌，身边的谋士看到在河水中艰难挪动并冷得发抖的楚军，建议宋襄公命令士兵射击，但宋襄公却说："不可。楚军还没有完全上岸。"待到楚军都从冰冷的河水里爬上岸边集结，宋国的谋士更急了，哀求道："打吧！打吧！再不打就迟了！"宋襄公仍然不为所动，指示说："不可。楚军还没有列队。"结果让楚军整肃阵容，且具有背水一战的潜在优势，宋军大败，襄公被箭射伤，逃回都城。宋国人都责怪襄公用兵失误。他辩解说："君子不重伤，不禽（同擒）二毛。"不久便郁郁而死。

　　2011年度"感动中国"的十大人物，几乎无一例外地或以仁卓著，

---

　　① 霍金：《时间简史》（普及版），吴忠超译，湖南科学技术出版社2009年版，第133—134页。

或以志见长，或二者兼之。如其中的胡忠，放弃在成都的工作，作为志愿者前往荒僻的山区支教，担任一百多位孩子的校长，难得与家中的孩子见上一面；北京青年刘伟，十岁时因触电失去双臂，但热爱生活，身残志坚，经过艰苦的练习，居然夺得残疾人运动会游泳冠军，后来因肾病不能从事超强的游泳活动，克服难以想象的困难，用脚趾弹钢琴，在维也纳金色大厅主办演奏会，赢得人们不息的掌声。另外有吴孟超、张平宜等，其事迹是志、仁兼举的突出表现。

　　按照蔡元培先生的观点，西方自法国大革命以来，道德教育的要旨为"自由、平等、博爱"三大义，"三者诚一切道德之根源，而公民道德教育之所有事者也"。[①] 基于人类心性因素的分析，我们可以解读说，尚志而自由，守仁而博爱，二者兼之则自然而然地会有平等的观念、态度和作风。

　　中国哲学若继续一味地强调仁为总德，那么就会削弱人们为政治民主而奋斗的意愿，可能让人们仍寄希望于仁君贤相的出现。只有同时尚志才会造就千百万精神解放和个性独立的人格，从而奠定民主政治的社会基础。牟宗三先生等港台新儒家企求由内圣开出新外王，用意甚好，但思路似当有所改变。

　　微观地从一个家庭单位看，家长以严父慈母为多。严父是志的体现者，主辟；慈母是仁的体现者，主翕。父严有利于整饬纲纪，驱策上进；母慈有利于子女和睦，向心凝聚。若有慈而无严，往往导致纲纪全废；反之，仅有严而无慈，可能招致分崩离析。

　　尚志滋生英雄激情，守仁滋生爱恋激情。二者其实人人具有，一旦实现结合则力量惊人。2006 年 5 月，福建繁昌县一个采石场，留守的 65 岁的老妪听到 3 岁孙子的哭喊，只见一只半人高的狼正在扑咬孙子，刹那间老人的头脑一片空白，下意识地冲了过去，徒手扼住狼的脖子，任凭恶狼抓咬也不松手，直到它四肢松软瘫倒在地。后来才发现，这匹狼有五十多斤。想到当时的情景仍心有余悸，只是在面临孙子危难的紧急关头，突然迸发出自己也不敢想象的力量。另有一个典型的事例表明这种力量的持久。1989 年，洛阳市 60 岁老人高秀兰遭遇丈夫去世、儿子亡于车祸、儿媳病故接二连三的重大打击，悲痛过后决心依靠自己的双手做鞋垫抚养才 8 个月的孙女成人。直到孙女上了大学她还在负担学费和生活费。2009 年 4 月电视台

---

① 《对于新教育之意见》，《蔡元培文选》，百花文艺出版社 2006 年版，第 29 页。

记者在现场直播中为她算了一笔账：20 年间，老人做了大约 25 万双鞋垫！

诚介于志与仁二者其间，既无刚柔之偏，又非阴阳之属，所以，诚与中庸之道紧密相联。明清之际的名儒孙夏峰就是这样的人物。人们评价他：诚挚、中庸而德望。他本名孙奇逢，河北人。明末以节侠闻名，能主持公道，救人危难。清兵入关大掠，京畿诸城沦陷，他督率亲戚、调和官绅，固守容城。后来避乱五公山，很多民众相从。他立简单的规章互相约束，一面修武御寇，一面从容讲学，在群体中养成淳朴风俗。再后避乱百泉山，即夏峰，躬耕终老。明清两代皇帝屡次下诏征召，他始终不出。康熙三年，有人以文字狱相诬陷，他淡定应对："天下事只论有愧无愧，不论有祸无祸。"请当局对簿。他的学问虽然得益于王阳明最深，但不抱门户之见，同时也肯定程、朱的贡献。据梁启超评述，由于他年寿长、资格老、人格又高尚，性情又诚挚，学问又平实，所以当时人普遍景仰他，门生弟子遍天下。[①] 我们不能据此断定诚较之志或仁德更高，只能说至诚让人的心灵深处回到中点，有利于处事不偏不倚。

总之，较之命、性、理，志、诚、仁更为直接地奠定了人事的基础。显而易见，前三者均可以直接以"天"修饰或限制，即天命、天性、天理；后三者则不然。

还需要说明的是，志、仁、诚均为德。就心灵的全域而言，智不当是四德之一，而应该是与德（狭义）相颉颃的范畴，传统的"仁且智"观念宜提升为"德且智"。志与仁结合以应对现实，并不能保证事业的成功，还需要清澈灵敏的智慧相伴随。否则，守仁可能流于迂腐而难行，尚志可能流于刚愎而过锐，持诚也可能流于胸无城府而上当。在复杂的社会生活中寻求自我实现的人，应该达到志、仁、诚、智的全面占有。我国当代实业家李嘉诚的成功便是如此。

李嘉诚出生于潮州书香世家，抗日战争时期举家迁往香港，父亲弃教经商。不久父亲病故，临终前嘱咐他："贫穷志不移"，"不义而富且贵，于我如浮云"。李嘉诚将这些话一直铭记在心，几十年如一日，坚持公平、正直、真诚、仁爱等处事为人的核心价值。他 14 岁时中止学业，开始谋生养家。虽然时世艰难，但他志存高远，小小年

①　梁启超：《中国近三百年学术史》，人民出版社 2008 年版，第 46—47 页。

纪就决心要出人头地。起初在茶楼、钟表公司做伙计，后来到五金厂、塑料厂做推销。他勤奋好学，善于思考，富于开拓精神。如别人一般只向杂货店推销，他另辟蹊径，直接向用户推销，对产品性能的熟悉，为用户热心解难，用真诚和信用做担保，让人们乐于接受他介绍的产品。他工作出色又不满足，一路跳槽，后来终于建立自己的公司，使之不断壮大。从一个赤手空拳的小伙子，到饮誉全球的华人首富，是一部活生生的有志者事竟成的奋斗史。他的经验是："你必须以诚待人，别人才会以诚相报"；"用爱心做事业，用感恩的心做人！"他告诫当代中国青年，要懂得历史、观察现在、梦想未来。现代商业文明与中国传统文化似乎冰炭不容，但在李嘉诚身上却合为一体。这位商海中的精英，鲜明而集中地体现了中国人的传统美德，可谓是崇德广业的典型代表。

[问题讨论] 儒家哲学具有保守的一面，人们通常集中火力批判其礼教，其实还与它过分强调"仁"有关，尤其在宋代以后。如果在观念上将"志"提升到与"仁"同等重要的地位，是否有益于个体心灵乃至民族精神达到动态平衡，从而克服其保守内敛的倾向？能否从《周易》的乾健、坤顺之分找到相关的理论依据？朱熹极其强调仁，王夫之非常重视志[①]，此中是否透露出某种时代的气息？若认同"乾坤并建"（王夫之语），是否当倡导"志仁兼举"？

张岱年先生曾指出："中国的人生思想，因过于重'理'，遂至于忽'生'。无见于生之特质，不重视生命力或活力之充实与发挥。……如活力衰薄，则一切德行都是空虚。……西洋人有所谓力的崇拜，中国哲学中则鲜有痕迹。实际上，理与生，德与力，乃是应并重的。"[②] 张先生之所

---

① 王夫之对志有全面的把握，已如前述。相应地，他最为崇尚乾健之性，对于主静主柔则持否定态度。其理由是："病则喜寂，哀则喜愿。喜者，阳之舒，寂、愿者，阴之惨，阴胜而夺其阳矣。非病与哀，则小人而已矣。……喜流于阴柔，而以呴沫为仁，以空闿为静者，皆女子小人之道也。"（《思问录·内篇》）观点虽然不无偏激，却是由应对时代挑战的切身感受而发，其包含合理性方面当毋庸置疑。

② 张岱年：《中国哲学大纲》，中国社会科学出版社1982年版，第589—590页。将"志"范畴提到同"仁"并列的地位有助于中国哲学与西方哲学的对接——欧洲中世纪的宗教哲学认为意志高于理智，康德以自由意志为道德立法的基础，叔本华和尼采等都视意志为人生的根本，等等。

言，特别对于宋明理学以仁为总德且等同于理具有针对性。我们如何看待？

近代以来，欧洲的发展进步引领了世界，与新教伦理不无关系。如果将朱熹哲学作为中世纪的理论，那么儒家学说也当寻求与近代的社会发展接轨，从学理上看，尤其需要焕发其中的什么精神？事实上，奥运会"更快、更高、更强"的口号已成为现代社会的主旋律，我国近几十年的改革开放正好顺应这一潮流，落实于个体，它特别以何种心性因素为基础？

康德指出，道德立法的根据是心灵的自由意志；英国诗人和思想家雪莱则认为，道德的最大秘密是爱。两种观点有可能调和吗？如果我们说，"道德的真正秘密是回归人性的根部为人世立法"，是否更为全面和合理？

第十二节 一心开二门

本章我们集中探讨心灵的第三层面，其中命主动而理为静，志向外发散而仁向内收敛。这种动与静、辟与翕发端于第三层面，其实影响着心灵的全域。它们展现为一种什么样的动态模式？现在不妨将儒家所倡之"诚明"与佛家所倡的"一心开二门"联系起来进行对照分析，以期深入了解人类的心灵结构特别是其第三层面的活动情况，揭示深层无意识领域的某些基本的活动规律。

"一心开二门"的理论首见于《大乘起信论》。此书传为马鸣所作，大可值得怀疑。在唐玄奘西天取经的年代，印度学界并不知道自己民族存在这一著作，后由玄奘将中文译为梵文。中土出现的最早"译本"出自南朝真谛之手，人们有理由推测很可能它就是真谛等所撰。若果真如此，其思想当是中印哲学融合的产物。与印度佛学的主流派别有所不同的是，这一著作以为心灵深处并非空寂而是存有（自性清净心），认阿赖耶识并非唯妄而是真妄和合，人生态度则由悲观而显出乐观。这些都疑似中国哲学精神的濡染所致。《大乘起信论》中含有"二谛"说和"三性"说，相关观念融入中国传统哲学或与之异曲同工。

一 佛家的"二谛"与中国哲学的相关二分

"二谛"最初为古印度婆罗门教的用语，后为佛教所沿用。所谓

"谛"，指的是真实不虚之理。"二谛"即两类被认为是真确的理，包括俗谛与真谛。俗谛又称世俗谛，真谛又称胜义谛、第一义谛。前者以万物为实有，是世俗以为真确的道理；后者以万物为性空，是佛教圣贤认为真确的道理。龙树在《中论·观四谛品》中解释说："世俗谛者，一切法性空，而世间颠倒故，生虚妄法，于世间是实；诸贤圣知其颠倒性故，知一切法皆空无生，于圣人是第一义谛。"不过他主张中观，即既不固执于有，对事物作绝对的肯定，也不固执于空，对事物作绝对的否定，而倡导从空观有，空有两摄，此即所谓"中道"。

我们可以取《传习录》中记述的一个故事来分辨二谛的区别。王阳明将要出征，其弟子德洪与汝中追至严滩为他送行。交谈中汝中问及佛家实相、幻相之说。王阳明回答说："有心俱是实，无心俱是幻。"随后又补充一句："无心俱是实，有心俱是幻。"前一句在佛家看来是实相，是为真谛，但按世俗观念却难以理解；后一句在佛家看来是幻相，但人们通常认为正确，是为俗谛。当然，也可理解为前者是本体上说工夫，后者是工夫上说本体。

中国的本土哲学也有相关的二分。不过其主旨不是辨别认识的真假，而主要着眼于道德的善恶。例如关于人心与道心之分，气质之性与天地之性之别，已见前述；这里拟着重谈谈见闻之知与德性所知的区分。

张载《正蒙·诚明篇》开首就写道："诚明所知，乃天德良知（即德性所知——引者），非闻见小知而已。天人异用，不足以言诚；天人异知，不足以尽明。所谓诚明者，性与天道不见于小大之别也。"其意是说，人若能自诚明，则可敞亮心灵本有的天德良知，由知性进而知天；个体人之性似乎很小，天之道似乎很大，其实二者并无小大之别，因为此时人在精神上已与天合而为一。但将来自于见闻之知与德性所知相比较，前者则只是小知而已，因为它是局限于个别现象的认识。

在《正蒙·大心篇》，张载进一步解释："见闻之知，乃物交而知，非德性所知。德性所知，不萌于见闻。"如果说前一段话是由《中庸》引出，那么本段议论则本于孟子的《尽心》篇。其意是说，所谓见闻之知，是人与外物相交接，由感官知觉到思虑而形成的知识，它当然有其正确性，但具有明显的局限性，因为充斥于天地之间的都是物，若只依据一己之见闻，个体一生能够交接的又有几何？是此怎能尽知天下之物？因此，人要体天下之物而无一遗漏，只能依靠把握存在于天地万物之中的最普遍之理，它不可能来自见闻，而只能来自心灵深层的体认，即德性的呈现——孟子倡导尽其心，描述万物皆备于我，正是此之谓。

宋儒的这一理论，直接源于思孟学派的思想，却与佛家的相关观念甚为吻合，真可谓是天下同归而殊途，圣贤百虑而一致。还值得注意的是，张载也区分世俗与圣贤的不同："世人之心，止于闻见则狭；圣人尽性，不以闻见梏其心，其视天下无一物非我。"（《大心篇》）这多少有些像是俗谛与真谛之分的另一种表述。但显然不同的是，儒家主有，对现实事物的存在持肯定态度；佛家主空，仅视现实事物为假有。①

今天我们可以作这样的解释：人类心灵的第三层面为天人相交的部分，在整个精神系统中居于根基地位，其敞亮为天德良知，是普遍、根本的道理，似乎令人感通天下之志——这是一个信仰的领域；其感性与知性层面是与外物相接的部分，所获得的知识不免有局限性，最多只能是局部的真理，在时空的变化中很容易转化为谬误，因此来自见闻的认知总是相对的——这便是知识的领域。从宗教和哲学的立场评判，前者为圣贤之所务，后者为世俗所从事。若再加以善恶的考量，前者纯一而无伪，可谓之至善，佛家称之为净；后者观念芜杂，为善恶相交混，佛家称之为染。这两重区分，其实就是有限与无限、相对与绝对之分在认识领域的表现。

二　佛家的"三性"与心灵的三层面

与二谛说相关，佛家还有"三性"说。"三性"即遍计执性、依他起性、圆成实性，又称"三自性"、"三相"、"三自相"等，是瑜珈行派和唯识宗理论体系的中心观念。遍计执性（又称遍计所执性、普观察性）是指人们普遍地观察计量世界的事物和现象，妄生分别且执为实有；依他起性（又称他根性）指一切现象均须依众缘而生，即依赖各种原因或条件而出现，失去这些原因和条件，它便失去根据而不能独立存在，所以一切事物和现象都是虚幻不实的；圆成实性（又称成就相）是圆满成就诸法实性，即在依他起性上，远离遍计所执的谬误，认识到一切现象既无人我、又无法我，由此而显现真如实相。

由于三性都属于心灵领域，所以与心灵的三层面密切相关。与三性相对的是三无性，即相无、生无、胜义无。在玄奘之前，南朝的真谛就已介

---

① 当然，按照佛家的观点，严格说来德性之知也非真谛。

绍过瑜珈行派和唯识学的理论。我们不妨将同一概念的不同名称联系起来考察。①

玄奘所谓的遍计所执性，真谛曾译为"分别性"，与之相对的是"相无性"。人凭借自己的感官知觉外部世界，往往视各种色相为真实的存在，并且予以分别，譬如一株树、一棵草等，这主要是一种感性的把握。但佛家认为这些色相犹如水中月、镜中花，虚而不实，为妄念所生，今日之树、草，他日将消失得无影无踪。对于色相或执为实有，或以为虚妄，当属于心灵感性层面的取舍。

玄奘所谓的依他起性，真谛曾译为"依他性"，还可译为"他根性"，与之相对的是"生无性"。关于事物存在的因缘的考察，是深入于色相之内的成因发掘，追寻出"他根"，当属于心灵的知性层面的作用；依他是从肯定方面立论，生无是从否定方面立论，均为知性层面的认识。道家曾有类似的意识，如《庄子·田子方》写道："万物亦然，有待也而死，有待也而生。"所谓有待也就是依他而起，无待者只有道，它才自本自根。

玄奘所谓的圆成实性，真谛曾译为"真实性"，与之相对的是"胜义无性"。它究竟涉及心灵哪一层面？我们不妨从"真实性"上予以突破。归结起来，中外历史上都存在三种真实观：一种认为，呈现于人面前的感性世界是真实的，这是世俗的普遍观点；另一种认为，现象未必真实，而其中蕴含的本质则是真实的，这是某些学者之论，科学尤为注重这重真实性；在宗教和哲学文化中，人们往往以绝对之物、无限之境为真实，因为只有它才是永恒的。这三种真实观正好对应于人类心灵的三层面，真谛所谓的真实性显然属于第三种。

三性说和三无性说发展了传统的二谛说，不仅描述了心识与心所中的二元对立，而且展现了心灵三层面存在的肯定与否定的逻辑序列。按世俗的观点，事物的色相是真实的存在，万物不齐，各有分别，构成五彩缤纷的世界；但佛家认为这只是假有，因为它们都处在因果链条之中，只能依他而起，并非自生，其实性空；瑜珈行派和法相宗不同于空宗，它由说一切有部演变而来，可归入有宗，所以没有止步于性空，还揭示了有真如实

---

① 玄奘《成唯识论》卷八："谓心、心所及所变现，众缘生故，如幻事等非有似有，诳惑愚夫：一切皆名依他起性；愚夫于此横执我法、有无、一异、俱不俱等，如空华等性相都无：一切皆名遍计所执；依他起上，彼所妄执我、法俱空，此空所显识等真性名圆成实。"真谛与玄奘相距约百年，对三性的理解不免差异。

相的存在，这便是圆成实。简言之，三性说中蕴含着这样的逻辑：遍计执为肯定环节（实；世俗谛）——依他起为否定环节（虚；自性无）——圆成实为否定之否定环节（实；真如，胜义谛）。

应该说，三性说与中国传统哲学有较多交集，因为华夏民族的先哲也以心灵第三层面为最真实的存在，认为通过反求诸己就有可能抵达，而诚是人道与天道交接处，是属于回归心灵第三层面的活动。如孟子倡导寡欲，指出智之凿，要求反身而诚，正是直指心灵的深层。庄子提出离形、去知，从而达到同于大通，显然也同三性与三无性相对应：离形则去分别智，不执于色相；去知则不穷究众缘，企求超越有待（依他起）；同于大通则达到无限之域，个体以天合天，可谓是天道的呈现，人格的圆成。

三　"一心开二门"与心灵两系列的活动

在此基础上，我们还当注意心灵存在向内收敛和向外发散的双向运动。前面我们已经描述，人类心灵是一个三层面、两系列的结构体。现在还要进一步说，立体地看，它像是一个锥体；平面地看，它像一个扇面——或许与大爆炸后膨胀的宇宙相似。其最外在的是感性层，无穷多样；中间是知性层，相对概括和抽象；第三层面则凝为一点。这样；心灵两系列的活动便表现为两种对立趋向：从感性、知性而臻于志性层，是不断向内收敛的活动，是由多到一；从志性经由知性而抵达感性层，是向外发散的活动，是由一到多。①

《大乘起信论》将每一个体心灵都看做一个完整的精神系统，趋向于真如和趋向于生灭当理解为一体之两面。其中谈到：

> 显示正义者，依一心法有二种门。云何为二？一者心真如门，二者心生灭门。是二种门皆各总摄一切法。此义云何？以是二门不相离故。

所谓"真如"有真实如常之意，即非假有、不变异的绝对的实体；所谓"生灭"是指色法具备因缘则生，失去因缘则灭，是具有相对性的万有。

---

① 作为心学大家，康德发现了这种双向运动。其《纯粹理性批判》蕴涵这样的逻辑：感觉——概念——理念；《实践理性批判》则强调心灵的相反行程：原理——概念——感觉。

以门比喻既形象又贴切，但真如门与生灭门其实并非是两个门，而应该理解为一个转轴门，向内转（收敛）是开心真如门，向外转（发散）是开心生灭门，因而二门不相离。正因为如此，它具有区别和通入两种意思：内、外是区别，进、出是通入。出真如境而入生灭境，是由绝对转入相对，谓之流转；由生灭境入真如境，是由相对进入绝对，谓之还灭。在佛家看来，前者是心生万法，后者是万法一如。按照庄子的说法，入生灭境是自其差异的方面看，于是而见肝胆楚越；入真如境是自其同一的方面看，于是而见万物齐一。① 无论是从绝对方面还是从相对方面看，其实都可总摄万有，即一切法。佛家以入真如境为净，入生灭境为染；前者达成齐一，后者生出分别。从真如而流转为生灭，是由静转动；从生灭而还灭于真如，是由动转静。

这一心灵过程，也见于道德立法。朱熹曾中肯指出：《中庸》"乃孔门传授心法"，"所谓诚者，实此篇之枢纽也"（《中庸章句》）。现在的问题是：诚是如何在心灵中发挥枢纽作用，从而合内外之道的？

辨析"自诚明"与"自明诚"的关系是理解诚的枢纽作用的关键。冯友兰先生在《新原道》的论"易庸"节认为："天命之谓性，率性之谓道"，是自诚而明，"修道之谓教"则是自明而诚。如此解释似乎将"率性之谓道"的中介地位给遮蔽了②：性合天德，可修之道则只能是人道。他以"由明得诚"为最高境界更是有待斟酌：由诚而明当更为深入，见性毕竟比立教更为根本。以禅宗的掌故为例，饱读经书的神秀可谓是自明诚，即由教而明，择善固执——他以心为明镜台，坚持勤拂拭，其诚意可鉴；而六祖慧能则可谓是自诚明，虽不识经书，但寂然感通，不思而得，见性而明——是为大清明，远远超越了神秀所达到的境界。③ 由教而明的

---

① 《庄子·德充符》："自其异者视之，肝胆楚越也；自其同者视之，万物皆一也。"

② 《世说新语》记载了阮籍、刘伶一些率性而发的行为，自然不违道，但在社会化生存中却被看做是任诞，因而需要"修"。

③ 元代释念常《佛祖历代通载》记述，五祖弘忍一天告诉众僧徒："正法难解，不可徒记吾言，将为己任。汝等各自随意述一偈，若语意冥符，衣法皆付。"时会七百余众，神秀居第一座，学通内外，众所推仰。秀于是在廊壁间书一偈曰："身是菩提树，心如明镜台。时时勤拂拭，莫遣惹尘埃。"祖见偈曰："后代依此修行，亦得道果。"众聆此语，人各讽诵。他日，慧能在碓坊闻偈，乃问同侣："此谁为之？"同侣告以乃秀上座所为。能曰："美则美矣，了则未了。"同侣共呵其谬妄。能便执烛，令童子于秀偈侧写道："菩提本无树，明镜亦非台。本来无一物，何假拂尘埃？"这一典故生动反映了禅宗"直指人心，见性成佛"之旨。

局限性在于它一般只抵达知性层次，受教者的思想往往为平日之教所束缚。正如《庄子·秋水》所说，一曲之士，不可与语大道。

比较而言，《中庸》之作远早于《大乘起信论》①，而它所倡导的"诚"的心法却达到了几乎同样的理论高度：自诚明为冥思、体悟，是心灵向内收敛于一，类似于开心真如门；自明诚则须向学、力行，是心灵向外发散于多，类似于开心生灭门。

在中国传统哲学中，儒、道、释虽然都注重精神修养，但存在着明显的分别：儒家主张内外兼修，道家特别是庄子学派不免扬内抑外，佛家较之道家更甚，他们尚内而弃外，否定世俗的生活而企求达到涅槃境界。这种分别集中表现于诚在心灵活动中的枢纽作用上。

思孟学派的思想家是心学大家，他们所谓的"诚者，天之道"就是指心灵向内凝聚为一点，此时以天合天，敞亮天理之本然，纯一而无伪，可以说不勉而中，不思而得，从容中道。受佛学濡染甚深的李翱对由诚而明有一段较好的描述："诚而不息则虚，虚而不息则明，明而不息则照天地而无遗。非他也，此尽性命之道也。"（《复性书》上）其实庄子所谓的"心斋"、"坐忘"的心理过程与之类似，佛家倡顿悟也是如此，我们将在第三编详加论述。

然而，佛、道两家只肯定心灵由多归一，由实转虚，由动复静，鄙视甚至厌弃由一转多。佛家以一为净，以多为染。开真如门为"还灭"，于是见空（实相）、得一（真如）；开生灭门则为"流转"，于是滋生妄念、分别。释氏的意旨是希望人的生存只开真如门而闭生灭门，这便是涅槃境界。道家如庄子等以为五声五色扰乱心灵，是非观念樊然殽乱，于是一味醉心于游心，以期精神入于寥天一。以思孟学派为代表的儒家"极高明而道中庸"，兼顾自诚明与自明诚，既能游于方（社会规约）外，更要求奋于方内。

"自明诚"可作两解，一是由教而入，这是认知活动，约略相当于佛家的渐修，包括学、问、思、辨等；一是择善固执而笃行之，这是实践活动，即通过学问、思辨而明理，然后身体力行，一以贯之。儒家同时注重于这两方面，既遵循天道又发扬人道，通过修道以立教，建构了积极入世

---

① 《大乘起信论》即使为马鸣所撰，也晚于《中庸》几百年；若为真谛等所撰，则晚于《中庸》近千年。

的道德哲学和伦理观念。然而这不包括荀子学派，他们虽然也重视礼乐教化，但仅仅以之为化性起伪的结果，并非天道与人性的自然延伸。

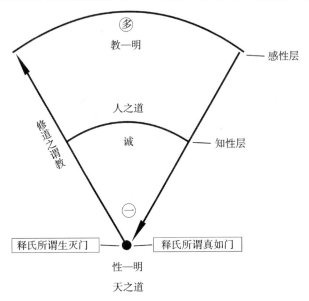

《中庸》讲"诚则明矣，明则诚矣"，是一个非常好的见解，表明对于人的生存来说，二者可以、也应该互为因果。通过诚而达到大清明，然后仍要诚之以转化为行动，即修道立教，择善固执。不过须特别注意的是，自明诚的"明"其实不同于自诚明中的"明"：前者处在意识领域，缘于学，是可以言说的，即由教而明，明在诚之前；后者则是深层无意识的敞亮，缘于悟，是难以言说的，即见性而明，明在诚之后。先哲对此鲜有辨析，现代学界有必要予以澄清，否则易于造成观念的混乱。① 如上图所示。

理解了这一点，有助于我们厘清一桩学案：千百年来，学界一般认为"诚者"为圣人之事，"诚之者"只是贤人之事，根本没有面向事实本身进行反思。其一，如果说"圣人"生而知之，不学而能，那么连十五而志于学、一生发愤忘食的孔子也不敢担此称号；事实上，被奉为圣人的历史人物，都既是立教者，又是受教者。其二，圣人不能只停留在玄思之中，不能设想他只是领悟天之道，而无须履行人之道，无须在现实社会生

---

① 我们可以说孟子注重自诚明，荀子注重自明诚。前者重上达，后者重下学。前者是性明，后者只是教明。

活中寻求自我实现。《中庸》中讲五达道、三达德以及九经之属莫不是指人之道。其三，由于社会生活存在着种种利益冲突，即使是圣人，一介入其中便只能坚守道德境界，所谓天地境界其实只存在于个体的精神生活中，处在鲁国司寇位置上的孔子不可能是纯粹的"天民"。最后还有一点值得注意，《中庸》对"圣人"并未像后世那么迷信，承认他有所不知，行有所不能。因此，对于个体来说，诚者与诚之者不仅可以、而且应该合为一体，是此则为道之损与为学之益相协调，顿悟与渐修相互补，下学而上达，致知又力行，从而真正达到合内外之道。

　　基于上述，我们看到，佛家与道家固然以游于方外见长，但儒家更见彻上彻下的工夫。其心法以诚为枢纽，一方面倡导反身而诚——自诚明，知性知天；一方面要求择善固执——自明诚，居仁由义；兼顾两端且收放自如——"我欲仁，斯仁至矣"（《论语·述而》）。一念之间贯通方外方内，从而获得生存的自由和寄托。比较而言，儒家哲学既不乏深刻性，又能肯定日用之常，致力于达到个体与群体、人类与自然的和谐，是一种积极而较为完善的人生哲学，对于人们的现实社会生存具有更为普遍的指导意义。

　　当代生活中常有劫匪与救人英雄是同一个人的事例，从一个侧面表明，自律与他律往往以诚为界石。

　　2005 年 11 月，北京警方在海淀逮捕了一个叫李某的逃亡多年的罪犯。他在 2001 年初伙同朱某等 3 人窜至北京铁路局宣化火车站实施抢劫后逃逸，随后辗转到达内蒙古的呼和浩特市。2002 年底，他在当地的公园临时找了一份游船管理的工作。12 月的一天，他正在上班，忽然冰面塌陷，在冰面上玩的两个小学生落水，他与另两位同事奋勇将他们救起，由于见义勇为而获得公司的表彰。李某自述："当时我来不及多想，只一心想去救人。救完人后我心里特别高兴，觉得终于可以为自己所做的错事赎罪了，终于可以睡个安稳觉了。"原来，李某 4 岁时，父亲就因煤矿事故去世了，母亲被迫外出打工，开始跟姥姥一起生活到 12 岁。后来母亲改嫁，继父看他不顺眼，经常打骂，初中毕业后，他就不想上学了。李某自己写到："年少无知的我就这样进入了社会，不久就认识了朱某等朋友，他们经常带着我玩耍，给我抽烟，教我喝酒，怎样讲哥们义气，我感觉他们就是我的亲人和朋友，为了他们我什么都愿意做……"

罪犯的两段自述反映了性明与教知的本质区别：前者由内呈现，是自律；后者来自环境的影响或观念的灌输，是他律。释家以为这是"放下屠刀，立地成佛"，其实也可见诚的枢纽作用。我们可以推广一些说：诚者合天，按人应该有的样子行事——尚志、居仁、由义；不诚则自绝于天道，失魂落魄，放任恣肆。诚与不诚，很多时候仅是一念之差！

本章小结：本章关涉中国哲学精神的重中之重，所以我们以较大的篇幅展开论述。心灵的志性层面是联结天与人的桥梁，中国哲学的宗旨是要体天道而立人道，正是以这一层面的开掘为基础。其中又有某种层次关系，命、性、理偏向天道一侧，志、诚、仁则偏向人道一侧。它们是心之本体，均可谓是"一"，如至诚一心，志初终一揆，仁者与万物一体，等等。它们又都是心灵深层之"自己"，是精神自由的根据：任志即由自，诚者通天人，为仁由己（《论语·颜渊》）。先哲称人人心中有一太极，当是此之谓：太极静而为理、动而为命，翕而为仁、辟而为志，因而其用表现为两端。诚在心灵第三层面中处于门户地位：反身而诚，则归多于一，至一合天，佛家称之为净；诚之而行，则由一到多，散为万殊，佛家称之为染。这种心灵活动过程，可谓是一心开二门。中国思想史上的道心与人心、天命之性与气质之性、见闻之知与德性所知等区分，据此可以得到较为恰当的解释。

道德哲学的真正秘密在于回归心灵深处，体认性命与性理，激活志与仁。志为乾健之性，仁为坤顺之性。兼尚志与仁，将建构起切合时代精神的新儒家伦理。今天我们提倡见性立德，就是希冀每一个体都成为"志士仁人"。

不过即使是志士仁人，也不能完全掌控自己的命运，重要的是修身以俟命，坦然地乐天知命，积极地回天造命。

无善无恶是心之体，有善有恶是心之用。心之体即天命之性或道心。善恶是人们在社会化生存中对事物的肯定或否定的评价，如同一枚银币的两面，不能截然分开。虽然性无善恶，但是心有善恶。只有充分注意人心中善的一面，才能建立深刻而稳固的道德观念。当然，也须充分注意人心中恶的一面，才能建立和健全民主与法制。至此，我们将进入心灵的知性和感性层面。

　　［问题讨论］荣格认为，人类心灵中存在集体无意识。集体无意识的内容是原型。其中的阴影原型可能最强大也最危险，是人身上创造力和破坏力的发源地，而自性原型坚持统一、组织和秩序，力图使个体自身成为一个和谐的整体。这对于我们理解志性层面诸要素有何启发？前述具有本原性质的二元对立，诸如动与静、阳与阴、辟与翕等在志性层面有否体现？仁与志的相互对待，同人类历史中一直贯穿的和平与发展两大主题有何关系？日本的神道教认为，神都具有两面性，平常情况下是"和魂"占主导地位，表现为和平、仁慈、文静、调和诸品德，非常情况下占主导地位的是"荒魂"，表现为强暴、勇猛、奋发和凶狠诸品德——这两种灵魂或灵魂的两面似乎反映了日本民族的性格，是否还具有全人类的意义？

第五章　知性层面

本章我们进入容易意识到的心灵层面。应该说，西方哲学对这一层面的研究甚为精密，不过中国传统哲学也拥有自己的特色，可与西方哲学形成互补：西方哲人尤为关注辨识真假，华夏哲人最为关注分辨善恶。就是在伦理学科中，西方的范畴或者来自神的指令，或者来自契约的规定，与华夏民族归结于心灵有所不同。

知性层面的范畴有很多，着眼于道德领域，我们选取四个范畴：气、义、礼、智。按照中国的传统哲学，仁义礼智是所谓四德，相关论述极多，我们已将仁范畴放在志性层面讨论；信、忠、恕、敬等也是常用的概念，但具有形容词性质，在上一章均已论及。这里还补充一个气范畴，虽然它不只存在于知性层面，但在这一层面上最为凸显，且其性质和特点正好与智范畴相对应。

第十三节　气、义

本来，我们可以将气与智作为一对范畴进行阐述，因为二者都基于生理，属于张载所谓的气质之性，又都在一定程度上贯通心灵三层面，且一者为动力因素，一者为形式因素，构成心灵系统的二维。为要从不同角度考察，这里拟遵循从知性层的乾健方面开始，转而讨论其坤顺方面，再进而予以综合的理路展开。

一　气的涵义与功用

前面已谈到作为构成天地万物的质料和动力的气，我们姑且称之为天地之气，它是极其微小又最能流动的物质因素；现在我们将探讨身心之气，包括生理之气和心理之气，心理之气当是一种精神因素。从物质因素过渡到精神因素，生理之气是中介环节，其中的许多玄奥至今仍需要生物学、生理学以及心理学界集体探索。之所以如此，是因为生理之气本身就包含两个方面：一是构成人的形体，无时无刻不在与天地之气进行物质和能量交换，人是生物界的一物，需要从生物学角度研究；二是构成人的心理活动的动力，从感官感觉、逻辑思维到深层的自由意志的活动，都有赖于气的运行。

事实上，在很多场合，生理之气与心理之气浑然难分。《左传·庄公十年》记载曹刿的话很有道理，也为无数事实所验证："夫战，勇气也。一鼓作气，再而衰，三而竭。"若要解释这种勇气的来由和衰变，必须兼顾生理能量与精神观念两个方面的因素。

因此，虽然我们所要探讨的主要是心理之气，但是不能不考虑生理层面。生理之气联结着天地之气，也存在阳刚与阴柔之分。一般说来，男性偏于阳刚，女性偏于阴柔；心灵偏重于向外发散者阳刚，偏重于向内收敛者阴柔。阳刚与阴柔本无正负价值之分，正像乾与坤没有正负价值之分一样。不过，由于道德实践主要是一种向外发散的活动，所以更为需要阳刚之气。生理之气又可区分为清、浊两种。在宇宙学意义上，人们以为轻清之气上薄而为天，重浊之气下沉而为地；轻清者透明，重浊者冥暗。延伸至人类心灵，清者昭明，鉴照万物而无隐；浊者昏暗，缺少穿透事物的现象而发现其本质、本原的能力。不难理解，气之或清或浊存在优劣之分，尤其在需要智慧的领域，人们普遍地褒清而贬浊。[①]

基于上述分析，我们可以从逻辑上得出两种值得肯定的组合形态：刚而清者、柔而清者。当然，还有一种刚柔和合而清者，为论述理路的明晰起见我们暂不考虑。在道德领域，刚而清者一般为志士，柔而清者更多是仁人。也就是说，无论是志士还是仁人，都应该是不乏智慧的人。视野扩展于整个心灵，则力主尊德性者尤为需要刚而清之气，以便在道德实践中寻求自我实现；力主道问学者不妨常持柔而清之气，以顺从于对象世界之所固有，接物而致知。沉湎于冥思体道者也可归入后一类。

现在我们可以比较一下先秦时代即已出现的孟子与庄子的养气说。二者在旨趣、方法和路径诸方面均有不同，但都是建立在切实的人生经验和深刻的内心体验的基础之上，其阐述并非虚言，因而对后世都有重要

---

① 在心灵的平面图中，气与智当置于相对的两端，但人的精神系统毕竟是立体的结构，各要素相互影响。

影响。

孟子在《公孙丑上》中明确提出养气说。学生公孙丑向孟子请教："敢问夫子恶乎长？"孟子回答说："我知言，我善养吾浩然之气。"公孙丑又问道："何谓浩然之气？"孟子告诉他："难言也。其为气也，至大至刚，以直养而无害，则塞于天地之间。其为气也，配义与道，无是，馁也。是集义所生者，非义袭而取之也。"这段对话有几点值得注意。一是孟子以自己善于养气而自豪，看来它是非同一般的修养工夫。二是承认对浩然之气难以言说，应该是大实话。这不仅因为它是一种内心体验难以描述，而且因为其时主体的精神深入于天人之际而超越语言。三是孟子还是尽其所能对学生作了解释，揭示了浩然之气的几个基本特点：其存在样态为至大至刚，乃至胸怀广宇；其培养方法主要是直养而无害，不能强制其心而企求拔苗助长；其培养条件是配义与道，如此才有刚、大的特性。

同样是心学大家，庄子也很重视养气，并且与孟子一样也是期于达到天人之际；不过在庄子看来无须配义与道（此为人道），关键是要斋以静心。《达生》篇认为，人的精神应该"处乎不淫之度，而藏乎无端之纪，游乎万物之所终始，壹其性，养其气，合其德，以通乎物之所造"。梓庆削木为镰，具有异常高超的技巧，鲁侯惊叹之余希望了解其缘由。梓庆解释其诀窍在于未尝敢以耗气，必斋以静心，从而逐渐忘庆赏爵禄，忘非誉巧拙，乃至忘自己有四肢形体，然后入山林，观天性，以天（斋后的心灵）合天，手到而镰成。这种意义上的养气是要求精神向内收敛，使灵台一而不桎，有似于《人间世》所讲的"心斋"和《大宗师》所述的"坐忘"，指归于体道合天。

比较而言，庄子逍遥于方外，所重视的是心灵对世界本根的观照，因而养气具有向内收敛的倾向，其气表现为"清"；孟子同时还重视在社会生活中自我实现，其养气具有向外发散的倾向，其气表现为"刚"。二者所讲的气都与力有关，但注重实践者更为凸显气的力量，纯粹的静观者则不具有阳刚的特性。由于主导倾向是向外发散，所以孟学如山，阳刚之气四溢；由于主导倾向是向内收敛，所以庄学似水，阴柔之气潜流。① 孟子的养气说与他所讲的"尚志"相通，庄子的养气说则与他所讲的"以明"

---

① 阴阳属性是相对的，已见前述。庄子不与严重异化的现实妥协，但并没有努力与之抗争，而秉持安时而处顺的态度，逃避现实而寻求逍遥游，与孟子的人格比照当是偏于阴柔。

相沿。志与明，正好是柳宗元所体认到的"天爵"，两种养气说因而各有千秋。然而这并不意味着孟子所讲的浩然之气不需要清明，它充塞于天地之间即含有鉴照万物或万物皆备于我之意。

由于道德活动总是具有实践品格，所以孟子的养气说对后世的影响更为深远。中唐时韩愈再次高举"养气"说的大旗，志在恢复中断了的"道统"，展现本土文化的荣光，振奋安史之乱后开始低落的民族精神。其《答李翊书》写道："气，水也；言，浮物也；水大而物之浮者大小毕浮。气之与言犹是也，气盛则言之短长与声之高下者皆宜。"韩愈是当时的文坛巨擘，但他主张先道德而后文章。在他看来，文是为了载道的，道又是崇高的，通过修道而养气，其气便来源深广且力量强大，见诸言辞就必然顺理而成章。怎样才能达到气盛呢？韩愈介绍的经验是：非三代两汉之书不敢观，非圣人之志不敢存；行之乎仁义之途，游之乎诗书之源；并且像孟子那样，用则施诸人，舍则传诸其徒。

总之，在人类学意义上讲气，它是可以培养或蓄养的，主体之气是从生理层次延展到精神空间的不息运行的一种力量的载体，是道德践履乃至静心体道的不可缺少的因素。孟子所谓的浩然之气，约略相当于今天所谓的生命力、意志力及其与想象、思维结合后形成的一种刚毅、宽广、清澈的胸襟状态。它虽然源于生理，但较多思想观念的渗透，且指归于在社会生活中达到自我实现，做一个顶天立地的大丈夫。

与气范畴关联最为密切的是志与义。二程子曾指出："孟子有功于圣门，不可胜言。仲尼只说一个'仁'字，孟子开口便说'仁义'；仲尼只说一个'志'，孟子便说许多'养气'出来。只此二字，其功甚多。"[①] 孟子尚志，积极寻求自我实现，因而兼重义与气。依孟子之思，志是道德立法的基础，它在社会生活中的对象化需要更具体的观念形态（义）和至大至刚的胸襟（气）。现在我们可以清楚地看到，个体自我实现的过程需要志、气、义的共同参与，三者构成犄角之势，向外发散而锐不可挡。

以志帅气、义，构成强大的道德意志[②]，体现心灵的自由和人格的独

---

① 转引自朱熹《四书章句集注·〈孟子〉序说》。另见《二程遗书》卷十八，其个别文字可能有错讹或遗漏。

② 康德的批判哲学揭示了文化世界与心灵能力的对应关系：科学基于理智，道德基于意志，艺术基于情感。中国哲学对道德意志或自由意志的把握较之西方远为细密：它主要由志＋义＋气三重因素构成。

立。人们普遍赞赏的傲骨、气节正是由此而伴生。

　　陈寅恪是二十世纪中国的大学者，身上充溢着古代所谓的士人之气。一生志在学术，早年就倡导为人治学当有"自由之思想，独立之精神"。中华人民共和国成立后，决定调他担任中国科学院历史研究所第二所所长。但他在《对科学院的答复》中，提出自己就任所长有两个条件。第一条："允许中古史研究所不宗奉马列主义，并不学习政治。"第二条："请毛公或刘公给一允许证明书，以作挡箭牌。"并说："我认为最高当局也应和我有同样看法，应从我之说。否则，就谈不到学术研究。"这两个要求当然得不到应允，于是去科学院一事作罢，他一直任教于中山大学。

　　气虽然很重要，但应从属于或服从于志，大致可以比喻说，志为气之帅，气为志之兵。孟子写道："夫志，气之帅也；气，体之充也。夫志，至焉；气，次焉。故曰：持其志，无暴其气。"（《公孙丑上》）气与义的关系则有所不同，二者大致是平列的，浩然之气之所以超越生理层次，在于它渗透了理所当然之观念，即义。没有这样的观念，气就缺少了刚毅的特性，于是显得馁。孟子的这一开拓，切合性理，的确有功于圣门。后世广泛运用"志气"、"义气"之谓，在观念上或当溯源于孟子。

　　由于气较之志处于被统帅的地位，且培养它需要配义与道，所以我们有理由将它置于知性层面。又由于它与志、义联结在一起，所以可作为人的尊严的表征，如称正气凛然等。据说曾有一位客人询问弘一大师："人活着究竟为了什么？"大师简洁地回答："为了呼吸。"客人似有所悟，附和说："确实，没了呼吸心脏就停止跳动，人的生命也就完结。"不想弘一告诉他的是另一层意思："呼与吸，虽然连为一体，却各有一半含义：呼者，为出一口气；吸者，为争一口气。这一'呼'一'吸'，一'出'一'争'，内中包含了人生的境界和尊严啊！"俗话说"人活一口气"，弘一大师将其中的深刻哲理剖析出来了。

　　作为意志力，知性层之气可归于人的气质之性。不同于庄子所说的"心斋"中与天地相接的生命之气，它体现了鲜明的个性特征。一般说来，气禀阳刚者（狂者）较为重义，正道直行而难以接受一些繁文缛节；气禀阴柔者（狷者）则不然，临事可以隐忍而难以作出果断的裁制。纯粹就气质本身而言或许无所谓优劣，但处事接物不免各有短长。

气之情状与感性层的情绪波动直接相关，喜则气舒，怒则气粗，哀则气敛，乐则气平。

二 义的涵义与功用

义，古写作"義"，《说文解字》释为"己之威仪也。从我从羊。"徐铉注：与善同意，故从羊。古"義"字通仪、谊，前者表示具有令人敬畏之象，后者表示于事所宜的当然之则。孟子以恻隐之心为仁之端，羞恶之心为义之端；周敦颐称爱曰仁，宜曰义。二者都是对的，只是着眼点有所不同，前者主要就心性修养而言，后者主要就应物处事而言。

在《论语》中，孔子言"义"多是指于事所宜的当然之则。如《为政》篇说："非其鬼而祭之，谄也；见义不为，无勇也。"前者是做了不需要甚至不相宜的事情，后者是该做的事情想做却不敢做①，二者均不可取。《里仁》又言："君子之于天下也，无适也，无莫也，义之与比。"要求处事既保持与时偕行的灵活性，又当有坚持道义的原则性。

最先突出强调义的是墨子，在其学说中，义一端联结着形而上的"天志"，一端制约着形而下的利。

比较而言，孟子更多从个体的品格修养方面立论。虽然他提出"仁，人心也；义，人路也"（《告子上》），意识到义是主体内在仁德的向外延伸，构成处事之原则，但是并不同意告子所谓的仁在内而义在外的观点，因为他认为仁与义都是人心中之德。也就是说，义虽然表现于处事过程中，但它根于心，非由外铄。"义"字在《孟子》中凡108见，大多就人自身的德性而言，所以常常仁义并提。有人问武王伐纣一事是否为弑君，孟子对曰："贼仁者谓之贼，贼义者谓之残。残贼之人，谓之一夫。闻诛一夫纣矣，未闻弑君也。"（《梁惠王下》）抛弃了仁义的国君当称之为残贼，不过一匹夫而已。他还以义为人生的价值所在，甚至胜过生命，曾比喻说："鱼，我所欲也；熊掌，亦我所欲也。二者不可得兼，舍鱼而取熊掌者也。生亦我所欲也，义亦我所欲也，二者不可得兼，舍生而取义者也。"（《告子上》）孟子将义提升到与仁并列的范畴地位，凸显了道德哲

---

① 在孔子看来，见义勇为是人应该有的样子；见义不为并非人不想做，而多是不敢做。这一观点表明孔子意识到道德的先验性方面，后来为孟子所发展开来。

学的刚健一面，与其尚志、养气的主张一脉相通，是要积极地寻求在社会生活中自我实现。

董仲舒撰《春秋繁露》，对仁与义作了别开生面的解释，可成一家之言。他认为，《春秋》之所治，不过是人与我二者。治人是以仁安人，治我是以义正我。"故仁之为言，人也；义之为言，我也。"如果以仁自裕而以义设人，是弄乱了道理。显而易见的是，"仁"字从人从二，"义"字从我从羊。因此可以说，"仁之法，在爱人，不在爱我；义之法，在正我，不在正人"。对于后者，可见历史的事例：春秋时代楚灵王讨陈蔡之贼，齐桓公执袁涛涂之罪，并不是不能正人，然而《春秋》却不以"义"称之，在于楚灵王、齐桓公本身不正（《仁义法》）。按照这种解释，似乎既颠覆了告子的仁内而义外的观点，又颠覆了孟子的仁为人之安宅、义为人之正路的观点。关于仁与义的关系我们将在后面讨论，仅就义的涵义而言，董仲舒的看法是很有道理的，他把威仪与合宜两种含意融为一体，指出义是宜在我者，我能处处依道理之宜而立，无疑将正气凛然。①

检索古代"义"字的用法，多种多样，我们从哲理角度不妨尝试梳理其部分用法的内在关系。首先是合宜。《尚书·康诰》记载周公告诫其侄封说："用其义刑义杀，勿庸以次汝封（采用合宜的刑杀条律，不要自己随心所欲处置）。"《周易·文言传》也称"利物足以和义"。由合宜延伸，可指称适宜的道理，如诸葛亮在《出师表》中告诫刘禅注意不要"引喻失义"。再由此延伸，则可指称正义，即必须坚持的有利于民众的公正道理、原则，如《墨子·公输》中"吾义固不杀人"。由坚持正义可联结威仪之意，因为它蕴涵强大的道德力量，往往呈现壮美形态，② 如孟子说："守正而俟死者，义也。"（《滕文公下》）在这种意义上，可见董仲舒以"正我"解释"义"是对的。但坚持正义不仅是心中恪守，还当意欲付诸行动，所以孟子以义为人之正路也是正确的。

基于上述，简言之，秉持内心的道德原则，依据理所当然行事，正道直行而无愧于心，即是义（行）。作为观念形态的义（知），是内在德性

---

① 由于董仲舒在汉代学术界居于崇高的地位，许慎在《说文解字》中对他的思想多有吸收，如解释"性"、"情"等字。据此我们有理由推测，将"义"解释为"己之威仪"是受到董子这段论述的影响。

② 康德将崇高形态与伦理道德力量相联系，见《判断力批判》上卷"崇高的分析"。

在知性层面的呈现，同时还是特定社会群体价值观的汇聚。也就是说，义首先是人的内在品德，其次是临事时的价值取向，若不能坚守正道且予以践履便有愧于心，就会感到羞恶。因此又可以反过来表达，由于个体处事过程中有羞恶自责的体验，就表明内心自然而然地有对义（道德原则）的需求。

由此可见，义之用，首先在于正己，然后面临外部情境就能果断裁制，取认为合宜者而为之。如果说为仁由己，那么行义也是如此。

> 1942 年，欧洲的东线战事异常惨烈。列宁格勒被德国军队围困了一年多，濒临弹尽粮绝的地步。工人每天只能分配 250 克面包，居民只有 120 克黑面包，连养马的饲料、榨油用的棉籽都吃完了，大街小巷常常见到有人饿倒在地而爬不起来。11 月的一天黎明，一辆专为伤员运送食品的卡车在街道行驶时被敌人的炮弹击中，司机牺牲，新鲜的面包散落一地。饥肠辘辘的人们从四面八方围过来，但看到这是运给伤员的，都自觉地拾起一块块色香诱人的面包，小心地吹去尘土，仍放回车厢里，然后守在旁边，直到面包厂的另一辆车把它拉走。整个过程中没有一个人偷吃一块面包。当第二辆车开走时，有两个人饿倒在地上。正是列宁格勒民众的大义，支持苏联军队坚守孤城四年之久！

这一事例表明，孟子所谓的"舍生而取义"并非只是理想主义的空谈，在现实生活中普通民众都能知能行。朱熹曾很形象地描述了义的功用："'义'字如一横剑相似。凡事物到前，便两分去。"（《御纂朱子全书》卷四十八）所谓横剑是内心的道德原则，所谓两分是善善恶恶、扬善弃恶的裁制。于此也可见志对义的制导作用，为实现理想（志）而勇于担当（义）。

由于正己，因而具有威仪。义直接支配着人们活得有尊严。胸中义薄云天，处世便是孟子所谓的大人、大丈夫，居天下之广居，立天下之正位，行天下之达道。俯视现实的事事物物，犹如大象之俯视群兽。

> 大象是目前生活在地球陆地上最大的哺乳动物。它很有灵性，已有喜怒哀乐之情的萌芽，或许还有羞恶之情。除了横遭不幸暴毙荒野

的之外，据说这一物种都能准确地预感到自己的死期。在死神降临前的半个月左右，大象便离开象群，告别同伴，独自走到遥远而神秘的象冢里去。每群象都有一个象冢，或是一条深深的雨裂沟，或是一个巨大的溶洞，或是地震留下的一块凹坑。按照《发现》光盘的介绍，离开同伴时它会依依惜别，有一个简短的仪式，然后步履从容地走向它的归宿地。尽管是穷途末路，它仍保持着王者风范，向头顶盘旋的秃鹫示威性的扬起强有力的鼻子，还不时发出低沉的吼声。

一个胸中充盈浩然之气的义勇之士，敢于赴汤蹈火；如果需要舍生而取义的话，也一样能从容赴死。孟子称"志士不忘在沟壑，勇士不忘丧其元"（《滕文公下》），正是此之谓。

对于基于某种道义观念可以将生死置之度外的人来说，对待自己视之为友的一方自然会披肝沥胆，讲究信用，所以义与诚也密切相关。古今中外的义侠的共同特点是讲情谊、有豪气、重然诺、轻生死。荆轲刺秦王就是一例。

> 荆轲本是卫国人，好读书、击剑，后来去了燕国。燕太子丹惧怕秦国，欲刺杀秦王，先拜托壮士田光，田光因年迈不堪此任，推荐荆轲。因此事机密，田光在荆轲答应后自杀，一是表明不会由他泄密，二是为了激发荆轲的豪情。荆轲于是见太子，承诺了此事。太子尊荆卿为上卿，舍上舍，供太牢，不时进车骑美女以顺适其意。当形势紧迫不能再拖延时，荆轲要了樊于期将军的首级与燕督亢的地图，以取得秦王的信任。起程时高渐离击筑，荆轲唱道："风萧萧兮易水寒，壮士一去兮不复还！"送行者都为这悲壮的情景而感动。荆轲虽然没有成功，但不失为孤胆英雄。在这一事件中，田光、樊于期等也可称之为义士。

然而我们并不能说，这些义士感悟了天之道；他们不过是勇敢地践行了人之道而已，其诚主要是教的产物。或者说，其心中之明只是教明，而未达到性明。他们通常还有被人利用、沦落为工具的风险，尽管就其本人来说是心甘情愿的，不是屈从于外部的强迫。现实生活中一些讲究江湖义气的人，时常被某些观念（如一时一地的行规）遮蔽了双眼。从中也可见出，义不宜全然归之于人的本性，一定程度上还来自于后天特定观念的灌输。作为义之端的羞恶与恻隐具有不同的性质，恻隐是人临事时直接从心灵中生出，羞恶则是以人应该有的样子（志）为参照，临事时自己未能做到而产生的，其实是一种反作用力。[①]

还须看到的是，义与勇虽然密切相关，但并不一定必然相联，因为勇通常与气浑然一体，义则表现为观念形态。孔子曾对子路说："君子义以为上。君子有勇而无义为乱，小人有勇而无义为盗。"（《论语·阳货》）义为道义的原则或道德的尺度，如果失去这样的原则或尺度，仅有勇作为一种向外发散的力量，犹如行驶中的船舶失去了航标，只能四处乱撞。以义为基础的勇，可谓之英勇，它既是怯懦的对立面，同时又是莽撞的对立面。反过来也可以说，有义而无勇失之于怯懦，有勇而无义则失之于鲁莽。

总之，义是知性层面的一个范畴。外在地看，是指人的思想或行为合乎公认的社会道德准则。它一般是可以明确言说的观念，并且属于心灵中向外发散的要求自我实现的倾向，是主体对各种客观情境具有原则性的裁制。内在地看，它以志和仁为基础，同气相融合而形成自律的意志，表现为道德主体要驾驭现实而不是屈从于现实。由于处在知性领域，一些观念就不免相对性的局限，不同时代、不同地域、不同阶层、不同社团，其义往往相互矛盾。

义对感性层面的心理因素具有制导作用。事陈于前，义是对它的处理原则；义与利、欲是矛盾关系，既对立又统一，因而形成义利之辨，我们将在后面讨论。

三　志与气、仁与义的关系

志与气、仁与义简单说来都是表里关系。志与仁属于深层，气与义相对而言属于表层。深层可生发于表层，发挥统率作用。

孟子的养气说其实是针对告子的相关言论提出来的。告子先于孟子讲到不动心，但他所讲的并非是自然而然地形成的，有较多的造作成分。如告子称，"不得于言，勿求于心。不得于心，勿求于气。"前一句在孟子

---

① 这样理解与前述大象计较死的尊严并不矛盾，大象或由其体型庞大而本能地形成羞恶之感。

看来是完全错误的，这样就既失于外而又遗其内；后一句认为于心有所不安则当力制其心，而不必更求其助于气，虽然勉强说得过去，但并未完全参透性理，其实通过养气也有助于不动心的形成。志如将帅，气如兵卒，所以不动心应该是持其志，无暴其气。由此而引出关于养浩然之气的经验之谈。

持其志与养气中的配义与道是一种什么关系呢？依照前面所述，我们知道，气与义在一个层次上，而志是与道相守的；道是一，志也是一，而义则是多，是临事时道的某种体现；配义与道，可以解释为持志而立义，是此浩然之气便具有刚健的特性。王夫之有一段论述甚为精彩，他写道："志是大纲趋向底主宰。""夫所志之义，以事物未当前，则但谓之道，而不名为义。义散见而日新，道居静而体一也。故孔子言'志于道'，而孟子以'集义'为养气之功。志主［于］道而气主［于］义，明矣。其曰'配义与道'，是志、气合用底。气配义以不馁其气，即配道以不馁其志也。"（《读四书大全说》卷八）

个体一般需要通过志与义、气的结合而完成自我实现。2010 年 6 月，英国著名科学家霍金寄语同样患有渐冻人症的中国东北青年王甲："将注意力放到残疾不能阻挡的事业之上，并且坚定地将它做下去！不要抱怨已经发生的问题，身体虽然残障了，不要在精神上残障。无论如何，不幸的生活有其相似性，但总有事情你能够去做，并且你也可以做得很好！只要有生命，就不该放弃希望。对于我来说，我自身的残疾并没有阻挡我成为一个阅历丰富、精神充实的人。"不放弃希望就是持其志，坚定地将事业做下去就是自我实现，它需要志、气、义三者统一发挥作用。

从要求自我实现方面看，志者气之帅是人们的共识。但气是否可以动志，历史上存在不同观点。孟子持肯定态度，他之所以要求无暴其气，是因为注意到"志壹则动气，气壹则动志也。今夫蹶者、趋者，是气也，而反动其心"（《公孙丑上》）。就是说，在一般的场合，志对气居于统帅、支配的地位，但是若气之波动极大，它也会反过来摇撼志。这当然是就普通人的情况而言，若是修养深厚者，因外部遭遇难以造成其气的巨大波幅，其志也就会巍然不动。所以程颢说："志动气者十九，气动志者十一。""若成德者，志已坚定，则气不能动志。"（《二程遗书》卷十一）的确，从逻辑上看，当一个人的修养达到在社会生活中从心所欲不逾矩的境界，即使气有些许波动，也不可能影响其志。

　　相对说来，仁与义的关系还要复杂一些，其中不仅有内外之分，还有刚柔之别。

　　在春秋战国时代，思想界已普遍注意到仁义的层次之别。如《墨子·经上》云："仁义之为外内也。"《管子·戒》更明确地指出："仁从中出，义从外作。"其意是说，仁由心滋生，义因断事而显。稍长于孟子的告子以为人性本无仁义，仁义出自人的造作；见诸社会伦理，仁为亲亲，义为敬长；亲亲在内，如爱自己的弟弟，却不爱秦人之弟；敬长在外，如敬自己的国人之长，也敬楚人之长。郭店楚简的《六德》篇从治道着眼，也提出相似的观点，主张家族之内以仁治，家族之外则以义治："仁，内也；义，外也。礼乐，共也。……门内之治仁掩义，门外之治义斩仁。"不过保留于郭店楚简中的文献并未否认仁义基于人的本性，其中提出"智而安之，仁也；智而行之，义也"（《五行》），与孟子的观点颇为相似。

　　孟子以仁为人心，义为人路（《告子上》）；更确切一些说，仁为"人之安宅"，义为"人之正路"（《离娄》）。安宅是精神归宿之所在，正路是精神显出之所由。我们还要补充说，仁德一般不待学而有，义德往往需要教而成。就孟子之所述而论，亲亲是仁，敬长为义：孩提之童，无不知亲其亲；可是须待他长大懂事了，才无不知敬其长。单纯从心性的意义上，也可以说仁内义外。孟子批评告子，是因为他没有看到仁义均内存于人的心灵之中，非由外铄，并没有否认在心性中仁义有内外之别。他提出理想的人格（大人）当"居仁由义"，用词非常确切："居"安于内，"由"则趋于外。我们将仁归于志性领域，义归于知性领域，从总体上看合乎孟子的思想。

　　仁与义的阴阳属性原本不是一个问题，但被后世学者给弄乱了，需要予以澄清。

　　《国语·周语下》记载单襄公告诫其子说："仁，文之爱也；义，文之制也。"毫无疑义，爱是柔性的，制是刚性的。《周易·说卦传》指出："立天之道曰阴曰阳，立地之道曰柔曰刚，立人之道曰仁曰义。"应该说，这是对天地人三才最为经典的描述。依据其逻辑，义与阳、刚，仁与阴、柔各为一个序列。郭店楚简的《五行》中写有："刚，义之方也；柔，仁之方也。"《尊德义》亦云："仁为可亲也，义为可尊也。"汉代董仲舒认为仁之法在爱人，义之法在正我，扬雄称于仁也柔，于义也刚，均与上古的共识是一致的。

问题也许出在朱熹身上。朱子虽然意识到，"仁是个温和柔软底物事"，甚至肯定老子的"柔弱者生之徒，坚强者死之徒"的观点，理由是，坚硬的石头上长不出生物（《御纂朱子全书》卷四十七）。然而，他被一系列比附给弄昏了：由《周易》的元亨利贞类比春夏秋冬，由春夏秋冬类比仁礼义智；由于元、亨与春、夏当为阳，所以仁、礼为阳；利、贞与秋、冬当为阴，所以义、智为阴。其实，仁固然有生发的一面，那是因为它较之义、礼等居于心灵的更深层。如果类比宇宙学的乾父坤母之谓，我们可以说心性中是志父仁母，不能因为坤、仁有发育的功能而认为二者具有阳刚的属性。朱子的错误看法却由于他崇高的历史地位而产生了广泛的影响。王夫之《读四书大全说》中称"天地间既有阴，则阳自生；人道中既有仁，则义自显"，应该说正好与《周易·说卦传》的观点相呼应，可斧正朱熹之失，遗憾的是中华书局 1975 年出版校点本，校点者竟反以为王夫之颠倒了阴阳。[①]

义虽然处在知性层，但可以对仁产生反制，正像气在特定情况下可以动志一样。如果通天下之志升腾为大义，就有可能且应当统帅个体性的仁（亲亲），这便是受到人们普遍称许的大义灭亲。

　　春秋时代，卫庄公与爱妾有个儿子叫州吁，从小受宠，但品行不端。大夫石碏也有个儿子名石厚，与州吁臭味相投。后来卫庄公死了，公子完继位为卫桓公。此时，石碏因年纪老迈告老还乡。一天，卫桓公要到洛邑去见周王，州吁和石厚便借送行之机杀死了卫桓公，并夺取了王位。可是他们不得人心，于是商量找老臣石碏帮助，以安抚民心。石碏告诉前来求助的儿子说："你们只要去请陈恒公帮你们在周王面前说说，得到周王的同意就行了。"于是石厚和州吁带上礼物赶往陈国。这边石碏暗中写信密告陈恒公，让他帮助捉拿弑君的凶手。石厚和州吁一到陈国，就被抓了起来。陈王派人问怎么处置这两个凶手，石碏回答说："这两小子不忠不孝，留着又有什么用？"于是让人把他们杀了。[②]

---

　①　王夫之：《读四书大全说》上册，中华书局 1975 年版，第 125 页。
　②　事见《左传·隐公三年》。

这一典故以忠君为大义，不免历史的局限性，石碏之举未必值得效法。一般而言，若是某个亲人为害一方且让人们无可奈何时，大义灭亲、诉诸法律可保护大多数人生存的安宁，这在当代乃至将来都是值得肯定的。

在个性解放的西方，时有"我爱吾父（子），但我更爱真理"的情形。不久前，在塞尔维亚首都，激进党市议员候选人安东尼有个头号反对者，就是他26岁的儿子拉萨。他不认同爸爸过激的民族主义，于是制作许多标语牌，呼吁选民不要投票给他爸。人们以为这对父子生活中可能形同陌路，其实不然。儿子说，他和爸爸的感情很好，只是完全不认同爸爸的政见；父亲说："他是我的儿子，我不会阻止他扯我的后腿。"父子关系和谐是仁，政见不同，是作为社会公民有不同的裁制，其义从范围上大于父子关系之仁，各自坚持正合道理。

第十四节　礼、智

如果说气与义主要体现了心灵向外发散的倾向，要求现实服从于主体之所期，那么，礼与智则主要体现心灵向内收敛的倾向，要求主体服从于现实之秩序。所以相对而言，礼与智是心灵中一种坤顺的势用；并且，二者都以追求有序为指归。

一　礼的涵义与功用

《说文》释"礼"曰："履也。所以事神致福也。从示从豊，豊亦声。"先民在婚、丧、冠、兵等活动中举行仪式，用豊器设祭，求神赐福，即是礼。殷周之际的文献多有记载。从祭神仪式到典章制度、人伦秩序，礼逐渐成为一种伦理规范或人事之仪则。就社会而言，形成礼教与礼制，属于马克思所谓的上层建筑；就个体而言，形成礼"德"和礼仪。

春秋时代是礼盛行（包括兴盛之后往往会出现的虚化——名不符实）的时代，《左传·隐公十一年》评论道："礼，经国家、定社稷、序民人、利后嗣者也。"《昭公二十五年》追记郑国大夫子产曾言："夫礼，天之经也，地之义也，民之行也。"儒家学说中一些观念最早在司礼中产生。孔子认为，"导之以政，齐之以刑，民免而无耻。导之以德，齐之以礼，有耻且格。"（《论语·为政》）刑是外在的惩罚，是施政的手段；礼为内在的感化，是道德的体现。自此之后，儒家莫不以礼为人的道德因素。

在儒家中，几乎没有谁比荀子更为推崇"礼"的了。在他看来，礼为人道之极，是修身的根本："凡用血气、志意、知虑，由礼则治通，不由礼则勃乱提慢。"（《修身》）更是齐家、治国、平天下之大宗："人无礼则不生，事无礼则不成，国家无礼则不宁。"（《修身》）由于礼是"法之大分，群类之纲纪"，所以它是"道德之极"，"学至乎礼而止矣"（《劝学》）。《荀子》赋予"礼"以多重涵义。在宽泛的意义上，作者定义为"养"：如五味调和养口，椒兰芬芳养鼻，钟鼓琴瑟养耳，房室床几养体等，大约凡是人使之生活有序又客观上有益于自身的事物都是礼。在严格意义上，"礼"的核心取向当是"别"，也就是使所有的社会成员各安其位："贵贱有等，长幼有差，贫富轻重皆有称者也。"（《礼论》）显然，荀子大多是就后者立论。

礼在于明分是人们的普遍观念。《礼记》中也写道："夫礼者，所以定亲疏，决嫌疑，别同异，明是非也。"（《曲礼上》）婚礼本当是两性的结合，其义是合二姓之好，上继祖宗下开后世，可是《婚义》篇仍强调的是分："古者，天子后立六宫、三夫人、九嫔、二十七世妇、八十一御妻，以听天下之内治，以明章妇顺，故天下内和而家理。天子立六官、三公、九卿、二十七大夫、八十一元士，以听天下之外治，以明章天下之男教，故外和而国治。"由女、男两性不仅形成内宫与外廷，其所分的阶级乃至每级的数目都要求对应，整个社会俨然像一张缜密的网，如此则社会秩序井然，以期长治久安。

从心性角度看，礼处在知性层次，受到来自感性和来自志性两个方面的制约。荀子主要着眼于人的感性欲求，因而认为人性恶；礼之所以被推为道德之极，在于它化性起伪。其《礼论》开篇便写道："礼起于何也？曰：人生而有欲，欲之不得，则不能无求，求而无度量分界，则不能不争。争则乱，乱则穷。先王恶其乱也，故制礼义以分之，以养人之欲，给人之求。"在这种意义上，礼的确起于明分。孟子主要着眼于人的志性层面，因而认为人性善；礼之所以生成，在于人与生俱来便有辞让之心。应该说，《中庸》的解释更为具体："修身以道，修道以仁。仁者人也，亲亲为大。义者宜也，尊贤为大。亲亲之杀，尊贤之等，礼所生也。"礼基于亲亲、尊贤，亦即基于仁义。亲亲含有人、我一体化的倾向，但不是任人唯亲，当有隆有杀，即依其贤能而有丰有削，于是而建立起合乎天理的等差秩序。

事实证明，礼应该以仁爱为基础，与尊重他人相联系。待人以礼先要学会从内心里欣赏别人，承认三人行，必有我师。胸中怀有尊重乃至敬意，礼便油然而生。

美国国务卿希拉里的人缘一向很好，与她小时候父亲的教导有关。一个风和日暖的下午，她和父亲一起在公园散步，看见一位老太太居然裹着一件厚厚的羊绒大衣，脖子上还围着围巾。她轻轻地拉了一下爸爸的胳膊说，那老太太的样子多滑稽呀！没想到他爸爸默不作声，片刻后严肃地说："希拉里，我突然发现你缺少一种本领：你不会欣赏别人。这证明你在与别人的交往中少了一份真诚和友善。"他爸爸接着说："那位老太太也许是大病初愈，身体还不太舒服。她注视树上的丁香花的表情是那么生动，热爱春天，喜欢美丽的大自然，令人感动！"这件事一直铭记在希拉里的心里，后来曾寄语同学："欣赏是架起友谊的桥梁，愿你我都能学会真诚地欣赏别人。"

人们若能义以为质，礼以行之，就能在社会生活中扮演恰如其分的角色，营造出人际关系的和谐，这也就是"立于礼"。

美国报业巨子普利策去世后，人们检阅他的日记，发现以 1878 年为界，记述的角度发生根本性的改变：此前记的是别人对他讲过什么话，此后记的是自己对别人讲过什么话。而 1878 年正是 31 岁的普利策买下自己的第一份报纸《圣刘易斯快报》的时候。由此，研究者得出结论：身为普通员工时，普利策一直记着别人交代的话，那时他懂得谦虚，总是在提醒自己照办；成为报社老板后，他及时记下自己的话，是要提醒自己遵守诺言，保持诚信。日记透露了普利策成功的秘密：创业时需要谦虚，成功后恪守诚信。

个体在社会生活中其实永远不会有绝对的自由，必须遵循某些社会规约。社会生活中的自由一般是戴着镣铐跳舞的自由。歌德曾说过，在限制中成就事业，才显出大师的本领。

应该承认，从现代的观点看，中国传统的礼教和礼制有很多糟粕需要扬弃。特别是为着巩固封建统治秩序的"三纲"，确实具有"吃人"的性质。由于君为臣纲，君要臣死，臣就不得不死；由于父为子纲，父要子亡，子就不得不亡；由于夫为妻纲，夫可以三妻四妾，妻却只能从一而终。这种礼教和礼制是以外在的权而不是以内在的性为本位建立起来的，其实是极权统治的产物，与仁义精神背道而驰，在特定的历史时期或许有助于保持社会的稳定，肯定没有长期存在的理由。

必要的礼仪在现代生活中仍然是必要的，只是礼节过于繁密，就很容易流于形式，甚至沦为虚伪的程序。韩国与日本都受到中国礼教的濡染，文化又没有受到像中国"五四"时期那样的扫荡，其礼仪习惯与现代观念常有冲突。

接受韩国人礼物有时会遇到尴尬，因为依照礼俗必须先推让两次，第三次才能收下。如果主人要给你一坛泡菜，你心里想带走，但是嘴里必需推辞，否则有失礼节；主人再问你："你真的不要吗？"你还是应该说不要。主人讲到第三次，你才可以说恭敬不如从命，然后拿走你喜欢的礼物。据说现在有所简化，推辞一次就可以了。但是这又让一些外国客人犯难：主人如果依照老规矩，客人只推辞一次就显得不礼貌；可是若主人是新派的，推辞两次，就等于放弃了你本来喜欢的礼物；并且，推让多次没有收下，你还有辜负主人心意或对礼物看不上眼、不给主人面子之嫌。

作为一个外族人，我们大约都希望废止这样的礼俗，让大家活得更真实一些。

在走向全球化的今天，东西方人际交往的礼仪的互补与融合当是必然趋势。应该说，双方各有长短。基于明分之需，所以中国传统的礼仪从作揖、鞠躬以至于下跪，都是旨在强化人、我之别。人们习以为常，不觉得有什么不好。西方人际交往的礼仪似乎正好相反，从握手、拥抱以至于亲吻，都是旨在强化人、我无间。西方人习以为常，也不觉得有什么不好。现在的问题是：我们该如何选择？是全盘西化，还是紧抱国粹？二者有可能调和吗？

这里我们不妨借鉴黑格尔的话说，凡是现实的就是合理的，必有其存在的理由。西方之礼，基于宗教背景，渗透了人人平等的观念，个体人格各自独立，因之需要以适当的礼仪强化融合。中国之礼，基于宗亲背景，渗透了宗族的乃至血缘的观念，个体处在亲缘关系之中难解难分，需要以适当的礼仪强化区隔。亲缘关系容易让人昵溺，成就事业需要严明秩序；个性独立容易让人疏远，成就事业需要加强团结——于此可见，志对于礼也居于基础地位，尤其在军队中，严格的等级之分有助于提高战斗力。人与人之间，本来就应该有所区隔和有所融合，所以东西方的礼仪都有调整和校正人际关系之功用。试想，一帮各奔东西、久别重逢的同学聚会，若大家相互作揖、鞠躬，甚至跪拜，那是多么的疏远？一个行政机构的首长召开整肃纪律的会议，若同参加会议的下属个个拥抱、亲吻，势必影响会议宗旨的达成。

　　由此可见，日常礼仪可以有即有离，关键在于是否合乎调整和校正人际关系，使之达到不即不离的目的。即为趋同，离为存异，二者应保持适当的张力。扩宽一些说，调整和校正人际距离以保持良好的社会秩序，当是礼的本质所在。

　　东西方的伦理观念也是如此。金庸先生曾谈到，他常去西方国家，但不习惯那里的人际关系，就连父亲和儿子共同进餐，吃完饭都是各付各的钱。这种生活没味道。东方人传统的良好习俗不能都没了。子女孝敬父母，夫妻之间、兄弟之间、朋友之间如果能维持传统的伦理观念，每个家庭会更温暖，社会也会更和谐。金庸先生所说的确很有道理，不过我们还应该看到西方人的所长。伦敦市在北京奥运会上展示了一台巴士道具，因为巴士是了解城市风尚的一个窗口。在中国大陆，人们上公交车总是就近争抢座位，但在伦敦，先上车的人总是从后排坐起，因为这样可以方便后面的人上车和落座，同时让车厢整洁有序而不至于拥挤。东方文化中的礼虽然表现爱有等差，但又有益于宗亲之间的和谐。西方的家庭生活虽然不如东方这么温情，但在社会生活中，人们同样讲求仁爱，其礼让更多出自真诚而非虚伪的造作，有的甚至成为一种生活习惯，形成社会风尚。如果说东方民族的家庭伦理值得肯定，那么西方民族的社会伦理也值得赞赏。二者各有千秋，应当互补。

　　时代在发展，人们的生产和生活方式变化了，礼也应该并且必然要随之变化。其发展趋势应该是简约化——逐渐抛弃繁文缛节，求实化——以亲和虔敬为基础。在宽泛的意义上说，礼的教育在任何时候都是必要的。许多研究美国布什家族成功的秘密的人得出相似的结论：他们时刻充满友善的情怀，在生活中向周围的人们传达着善良和真诚的信息。真正能亲亲、尊贤乃至爱众，必然要求待人以礼，教育应该承担这一责任。

二 智的涵义与功用

汉语的"智"字，兼有会意与形声，知为声，知、日为形，二者合成，表示像太阳之朗照，无所不明。通常用做名词，指称人的聪明智力。扬雄在《法言》中释曰："智，烛也。""知"为智之运用及其结果。《尔雅》界定说："明明斤斤，察也；条条秩秩，智也。"智力之明在于洞察事物的条理、秩序、法则。

如果像庄子所说，通天下都是一气，人由气聚而生，气散则死，那么显而易见，智与气的状态相关。气的刚柔不能直接影响智力的高下，但气之清浊则是智力优劣的基本条件，因为智之明必须依赖气之清，浊气弥漫则形成遮蔽——既蔽于知物之理，又蔽于知己之性。我们可以说，气清则通，通则神，神则知之无碍，此即智慧。程颐曾谈到："性出于天，才出于气。气清则才清，气浊则才恶。"（《二程遗书》卷十九）所谓"才"的核心是智，"才恶"不是指道德品质恶劣，而主要是指智力愚钝。《淮南子》写道："神者，智之渊也，渊清则智明矣。智者，心之府也，智公则心平矣。人莫鉴于流沫而鉴于止水者，以其静也。"（《俶真训》）智像水，静而明，如一片清澈而平静的湖面，山色、云影均可尽收其中。从另一角度看，无论是外部的世界还是内在的心灵，都处在变化和发展过程之中，智需要灵活运动才能朗照，这同样像水，清澈流动而不滞。

智与气一样，其实贯通于人类心灵的三层面，既作用于外部事物形色的辨别，又作用于对天人之际的探究；从耳目接收外部信息，到对这些信息的分析和综合，以及力图归多于一乃至追求最高统一性的过程，都有智的作用。不过它主要体现在知性层面，其活动的过程依赖文化符号，活动的结果形成文化观念，且个体的颖钝为其气质之性。正因为智凸显于知性层面，所以古今中外对智的反思，均存在经验论与先验论的对立。

如前所述，智的运用获得知。对于作为结果的知如何获得的研究其实就是对智的反思。孔子不愧为华夏文化的奠基人，立论多能执两而用中。他既承认"生而知之"，又肯定"学而知之"（《论语·季氏》），兼顾两端而不片面否定。生而知之是先验的，学而知之是经验的，考察人类之知的来源当兼顾这两个方面。就心灵的结构而言，先验的知识来自志性层面的呈现，经验的知识来自感性材料的综合，二者虽然存在内外之别，但都汇集于知性层面。孔子之外，大多数哲人不免有所偏重。

先秦时代，墨家较为注重从经验方面考察智的运用，提出"以其知遇物，而能貌之，若见"和"以其知论物，而其知之也著，若明"（《墨子·经说上》），约略相当于今天所谓的感性认识与理性认识之分。荀子也很重视认识外物，他分析说："凡以知，人之性也；可以知，物之理也。"（《解蔽》）可以知的人之性是智（能知），可以知的对象是物之理（所知）。物不齐则物之理也有不同，所以这种理是分理而不是总万物的一理。物之理是经验探究的对象，循此可以产生科学文化。此外，名家对于研究知的逻辑学也有仅次于墨家的重要贡献。

遗憾的是，中国古代的自然科学家大多不是哲学家，而墨子与荀子其实也主要关注的是人自身的事务。如墨子提出的"三表法"的本、原、用诸准则都关于人事而非物理①；荀子主张天人相分诚为可贵，但同时又宣称唯圣人不求知天（自然）。在一个宗法制的国度里，名理（逻辑）的研究在秦以后式微是不足为奇的。认知外部世界特别是自然界需要从现象探究本质，借用陆九渊的语词，真正可谓是"外入之学"，与道德文化难以兼容，于是逐渐为学界所漠视甚至遗忘。

相反地，儒家和道家都争相为人生确立信仰柱石、构建精神家园，用智于呈现心灵中的神圣之本体，因而普遍地从先验方面求知。《老子》倡导致虚守静，要求不窥牖而见天道；思孟学派倡导反身而诚，通过尽心以知性、知天；庄子提出"心斋"、"坐忘"等方法，更具体地展示了体道的过程。按牟宗三先生的理解，这些都属于"智的直觉"。先秦儒、道两家奠定了基础，后世继承者层出不穷。汉代董仲舒认为"聪明圣神，内视反听"（《春秋繁露·同类相动》），魏晋的王弼认同"不行而虑可知"（《老子注》），至宋代邵雍提出"以物观物"，都遵循这一路数。尤其是张载区分见闻之知与德性所知，将经验的认识与先验的认识放在一起论述，明确表示肯定后者而鄙薄前者。见闻之知是智运用于现象界之所得，德性所知则是智运用于本体界之所现，前者是外向求索的产物，后者是内

---

① 《墨子·非命上》："何谓三表？子墨子言曰：有本之者，有原之者，有用之者。于何本之？上本之于古者圣王之事；于何原之？下原察百姓耳目之实；于何用之？发以为刑政，观其中国家百姓人民之利。此所谓言有三表也。"

向体认的结果。致力于弘扬德性所知，是中国哲学的突出特色。

现代学界大多对先验的认识持否定态度，是基于近代科学精神的濡染，没有充分注意人文学科的特点。追寻人生的价值和意义，外向求索其实只能是南辕北辙。应该说，智见用于内外两端都是合理的。

智本应是一种认知世界和人自身的能力，严格说来属于才而不是德（狭义）。通常人们崇尚德才兼备，德指人的品德，主要为居仁由义立信等，才指人的才能，主要为聪明识见权谋等。徐干在《中论》中写道："君子仁以博爱，义以除恶，信以立情，礼以自节，聪以自察，明以观色，谋以行权，智以辨物，岂可无一哉！"（《智行》）在这段论述中，仁、义、信、礼四者为德，聪、明、谋、智四者为才。如果说，仁在人的品德中居于基础地位，那么智在人的才能中也是如此。

人在处事待物时，德与才表现出两种不同的心理趋向。德的核心范畴之一是仁，守仁则要求持善，即秉持内心的道德原则，善善而恶恶，决不与沉沦的现实同流合污，并且企求改变现实，使之服从于理想，要求客体之现状服从于主体之所期（志），可以称之为"同化"，所以看到的世界是民胞物与。才的核心范畴之一是智，用智则要求寻真，即辨识事物的真相与假相，探究事物的本质和规律，思维随着事物的变化而迁移，主体的认知必须符合客体之现状，更多的是"顺应"[①]，正如荀子所说，"知有所合谓之智"（《正名》）。两种心理倾向的相辅相成，编织着人类的社会生活。

孔子曾以智者与仁者代表聪明者与厚德者两种人格，并总结生活经验道："知者乐水，仁者乐山。知者动，仁者静。知者乐，仁者寿。"（《论语·雍也》）这是强调二者的分别，智与仁相比照，仁是安而静的德性；智则随外物而动，无有穷已。基于孔子的这些论述，后世学者多认为，就个体而言，兼有仁与智就可能成为完满的人格。

汉末魏晋时代的学人从实际出发，对完满人格的认知有重大的发展。徐干撰《中论·智行》，超越纯道德的视界，提出了新颖的观点。其所谓智是指智慧，是洞察事理的能力；行为志行，表现于道德实践。二者虽为

---

① 认识活动中也存在"同化"与"顺应"两种倾向，正好体现心灵两系列的双向运动。但要真正获得新知，须以顺应为主——归纳偏于顺应，演绎偏于同化。康德指出，对于获取新知，综合较之分析更为根本。

两端，但缺一不可，只是存在或多或少的比例问题。比较而言，徐干更为欣赏盛才以立功。依他之见，孔子也非常看重运用才智以建功立业而有益于世。例如在《论语》中可以看到，尽管管仲背君事仇，奢而失礼，但他辅助桓公有九合诸侯、一匡天下之功，因此而受到仲尼的称赞；相反，与管仲同时的召忽伏节死难，似乎体现了人臣之美德，可是孔子只将他比作匹夫匹妇之所为（见《论语·宪问》）。

尽管徐干之论不无道理，而且在一定意义上还可援孔子为范例，但由于中国哲学主要为道德哲学，所以智通常被看做是人的道德因素之一。孟子以"是非之心"为"智之端"，是纯粹从道德角度立论。应该说智是心能而不是心所，它既可以用于辨别是非，又可以用于辨识真假，而且还可以用于为非作歹——老庄之辈主张绝圣弃智，就是看到文明带来的副产品，人的异化普遍表现为自私而用智。由此可见，智并非像仁义诸德那样具有价值属性，只是一种中性的心灵能力。智之运用建立在居仁由义的基础上为善；脱离此基础，屈从于谋利、纵欲则为恶——当代社会生活中种种造假行骗之类恶劣行为均有赖于智力之助。

智属于坤顺之性。从感性、知性到志性层面，智的发挥过程主要是内敛或综合的过程：感觉元素的综合形成知觉，知觉材料的抽象概括形成所谓理性认识，继续内敛则是追求更高的统一性乃至最高的统一性（可以理解为受志性的自性原型维面的潜在牵引）。同时，这一过程又是使心灵中呈现的对象世界达到有序化的过程。人们普遍以水为智，除了凸显其反映之明而外，还涉及静、柔诸特性。

三　礼、智及与其他范畴的关系

在中国哲学中，礼与智的密切关联在于其明分，追求某种秩序。二者均需要清晰的意识，且有赖于教育培养，是知性的直辖区域。荣格认为人类心灵存在意识、个体无意识、集体无意识三个层面。意识层面的主要内容是自我，它是一种人格面具，个体因此像一个演员，在社会舞台上因时因地扮演不同的角色——这正好适用于解释礼。经验告诉我们，当人清醒地面对现实的时候，看到的是一个等级分明的世界，而在人的理想憧憬（包括梦与醉的状态）中，往往呈现的是一个自由平等的世界。礼反映了个体清醒的意识性和态度的现实性。智运用于认识外部事物的必需条件是物、我二分，主体与对象须保持一定距离；对于对象的把握主要依靠分析与综合，以明了其内在的条理和法则。

也正因为如此，礼（东方民族的）与智（在知性层面上）的运用并不要求强烈的情感渗透。因为情感往往会造成意识的遮蔽，导致人、我或物、我界限的消除。甚至可以说，二者都易于造成本真自我的失落，因为其主旨是要服务于对象，或者要求克己复礼，或者要求克己识物。顺此还可推论，现代智能机器人最容易分担人类的这一部分作为，它们依据既定程序有可能在计算和礼仪方面做得比人更好。由此产生一个严峻的问题：在严格意义上，将二者看做人类之德是否合理？智无价值属性便不宜视之为德，称之为个体的气质之性或许更为恰当；老子以礼为忠信之薄的突出表现、荀子以礼为化性起伪的产物，我们不能忽视其中合乎道理的成分。当然，二者对于道德实践的辅助作用是毋庸置疑的。

礼与智虽然都依赖于教，但礼总是运用于人伦事务之中，只有将自然物神化时才有加诸礼的必要。智的运用范围则要宽阔得多，无论是面对自然界还是人类社会的事物，都有用智的需求。相对而言，智具有较多的先天性，礼则基本上源于后天教育。人类心灵具有要求秩序与和谐的先天倾向（荣格称之为自性原型），通过智洞察外部世界的秩序，通过礼营造家族乃至社会的秩序。二者还有相辅相成的关系，智运用于社会或人际关系之间，促成礼的生成；个体在克己复礼的过程中，也需要智的参与。

先哲之所以将礼作为人的四德之一，是因为看到人有辞让之心。其实，辞让之心可以看做是仁的表现形式之一。更确切一些说，现实生活中的辞让之举，往往包含相爱与相敬两重因素。"人而不仁，如礼何？"（《论语·八佾》）心不存敬，如礼何？失去了其生成的基础，礼就成为虚假的人为造作，成为没有实质内容的花样文章。一些随俗浮沉的圆滑之徒，待人接物尽管彬彬有礼，但其胸中无道义、言行无诚信，不过乡愿而已，而乡愿乃"德之贼也"（《论语·阳货》）。

礼还须以理为根据，旨在让人伦关系和社会关系各得其理。周敦颐在《通书·礼乐》中写道："礼，理也。乐，和也。阴阳理而后和。"这段论述不太容易理解，依明代曹端的注释，礼为阴，所以指归理；乐为阳，所以指归和；合而言之，则阴阳各得其理而后二气和。由人类学哲学的命题却引出宇宙学哲学的结论，似不相宜。周子之论当是本于《乐记》。《乐记》认为乐反映天地之和，礼反映天地之序，序即理，这是前两句之意。《乐记》随后又指出，"圣人作乐以应天，制礼以配地"，应天者阳，配地者阴，因而以礼为阴、乐为阳也是能成立的。但将"阴阳理而后和"理解为礼乐匹配、各得其宜而后和，或许要贴切一些。

比较而言，智与理的关系更为密切。智本质上以理为追求对象：格物穷理是智之能事，且呈现至理有待智之直觉。我们将在后面展开论述。

着眼于道德领域，智应该服务于仁和志，按人所应有的尺度区分是非与善恶，从而作出正确的选择。同时，智的开发往往受到志的制约，"志不强者智不达"（《墨子·修身》），"无冥冥之志者无昭昭之明"（《荀子·劝学》）。虽然志不强毅者可以是聪明的，但具大智慧者一定是强毅者，尤其是在见闻之知领域，例如人们很难找到一个志不强毅的伟大科学家。《老子》主张弱其志，那是从社会实践方面立论，作者对道的追寻，潜在地蕴涵着志的作用。

反过来看，仁与志的实现又都需要智的协助。我们可以说，仁而不智为东郭先生，志而不智是西楚霸王。东郭先生是墨子兼爱学说的信徒，虽然知道虎狼之恶，但是见到负伤的中山狼便顿生怜悯之心，冒死相救，不曾想到狼给予他的报答是要将他吃掉。当一位老者制服了狼，他仍不忍加害。以致被人讪笑："子则仁矣，其如愚何？"（《古今说海·中山狼传》）这虽然是一则寓言，但生活中常见其现实版。项羽是秦末起义军的领袖之一，以"霸王"自居，多勇而欠谋，结果败在刘邦手下。他少有大志，见到威仪赫赫的秦始皇也毫不胆怯，并夺口说出"彼可取而代也"。只是其智不足以统领天下，鸿门宴上错失良机，让范增发出"竖子不足与谋"的慨叹（《史记·项羽本纪》）。事实上，许多人因为没有相应的智力支撑，几经失败之后，以致基于现实的考虑不敢抱高远之志。

以上主要从礼与智的根据方面考察，现在还需要从其表现方面略作陈述。

礼与事的关系最为密切。凡事依礼而行，则有节有序。礼与象也有一定的关联，个体施礼总是见诸仪表，或恂恂如，或侃侃如，或訚訚如、怡怡如，等等。国家机器也是如此，尊礼则显得文理隆盛，如周代时有经礼三百，曲礼三千，营造了一派峻极于天的景观。

智本当与象密切相关，由事物的现象才能认知其本质。但中国哲学重在内心觉知，常以之为履行道德原则、明辨是非的能力，所以这一端的研究甚为薄弱。

中国传统文化最为重视的是处理人伦事务的智慧。如果能不违仁与礼而获利、遂欲（常为志的异化表现），便是智慧高超者。《三国演义》第三十九回中孔明教刘琦脱身一节鲜明地表现了这一特点：

> 正商论间，忽报公子刘琦来见。玄德接入，琦泣拜曰："继母不能相容，性命只在旦夕，望叔父怜而救之。"玄德曰："此贤侄家事耳，奈何问我？"孔明微笑。……次日，玄德只推腹痛，乃浼孔明代为回拜刘琦。……公子邀入后堂。茶罢，琦曰："琦不见容于继母，幸先生一言相救。"孔明曰："亮客寄于此，岂敢与人骨肉之事？倘有泄露，为害不浅。"说罢，起身告辞。琦曰："既承光顾，安敢慢别？乃挽留孔明入密室共饮。饮酒间，琦又曰："继母不见容，乞先生一言救我。"孔明曰："此非亮所敢谋也。"言讫，又欲辞去。……琦曰："琦有一古书，请先生一观。"乃引孔明登一小楼。……孔明作色而起，便欲下楼，只见楼梯已撤去。……孔明曰："疏不间亲，亮何能为公子谋。"琦曰："先生终不幸教琦乎！琦命固不保矣，请即死于先生之前。"乃掣剑欲自刎。孔明止之曰："已有良策。……公子岂不闻申生、重耳之事乎？申生在内而亡，重耳在外而安。今黄祖新亡，江夏乏人守御，公子何不上言，乞屯兵守江夏，则可以避祸矣。"

　　这则故事中的三个人物都用了智慧。刘备不答刘琦是因为涉及家事，亲戚不管家务事是常理，因此他佯装腹痛将此事推给孔明，是智慧；刘琦为了得到孔明的指点，用了三十六计中"上屋抽梯"办法，也算智慧；最具智慧的当然是孔明，他在整个过程中其实是将计就计，前两次不答，是碍于疏不间亲之礼，第三次见他如此执着，又恐真的弄出人命来不好交代，于是顺水推舟告诉一个良策，其实正是自己早有的盘算。

　　智运用于这类场合涉及为人处事的经与权，我们还将在下一章展开讨论。

第十五节　生理特征与社会规约

　　个体人的成长历程，总是在既有的生理特征和特定的社会环境的双重作用下展开，因此，个体人格兼有生物性与社会性。运用波普尔的"三个世界"理论，生理方面属于物理世界的遗传，社会方面属于文化世界的熏陶，二者相互作用影响着个体的心灵世界的建构。心灵世界的建构最集中地表现于知性层面，因为志性层面只是觉醒、敞亮的问题，感性层面只是丰富化与被制约的问题。孟子以志性层面为性，以感性的食色为命。马斯洛称前者为"似本能"，后者则是本能。在知性层面，我们选择了气、义与礼、智四个范畴，气、智可以培养，礼、义更是可以直接通过观念灌输。

一　气与智主要属于先天素质

人的身心之气有刚柔、清浊之别，先天而然，我们可以将它看做是气质之性。现代心理学认为，人的气质是个体心理活动的相对稳定的动力特征，虽然它在后天不同时境中可以有所变化，但总是保持着与生俱来的基本量度，包括心理活动的速度、强度、平衡性与灵活性等。强度、平衡性关涉道德活动中的气（如孟子所谓的浩然之气），速度、灵活性关涉人之智，敏捷与迟钝是智力的标尺之一。

西方一直沿用古希腊时代希波克利特医生关于气质类型的划分。希波克利特在其所著的《论人的本性》中提出人体有四种体液，即血液、粘液、黄胆汁、黑胆汁，认为血液占优势者为多血质，粘液占优势者为粘液质、黄胆汁占优势者为胆汁质，黑胆汁占优势者为抑郁质。依据现代的视界，其立论并不科学。俄国著名心理学家巴甫洛夫从大脑皮层的活动特点企求完善这种类型划分的根据，但没有对类型划分本身提出新的见解。

其实，从逻辑上看，孔子关于个体气质的区分具有强大的生命力。他曾说："不得中行而与之，必也狂、狷乎？狂者进取，狷者有所不为也。"（《论语·子路》）采用荣格的说法，狂者为外倾型，狷者为内倾型。孔子的划分体现了他一贯坚持的秉中执两的方法，简单、适用、逻辑严密。并且，现代神经心理学可以为之提供依据，巴甫洛夫的学生尼基弗洛夫斯基在博士论文中划分三种神经系统的类型：兴奋强于抑制的强型、抑制强于兴奋的弱型、二者平衡的平衡型。[①]我们可以说，强型为狂者，弱型为狷者，平衡型为中行。

中国古代文化极其关注人自身，因而重视气质的研究，尤其在文艺理

---

①　简·斯特里劳：《气质心理学》，阎军译，辽宁人民出版社 1987 年版，第 2 页。

论界多有涉及。

曹丕撰《典论·论文》，认为个体之气清浊有体，不可力强而致，虽在父兄，不能以移子弟。这是很值得注意的见解，它肯定气与生俱来，不可强力改变，与孟子所讲的非义袭而取之的观点有相似性。在该文中，曹丕还持有个体气质各有差异，但无优劣之分的观点，难能可贵。当然，曹丕基本着眼于生理之气，孟子则主要就心理之气立论。

生理之气是心理之气的基础，不过后者作为意志力，可以锻炼；作为心胸状态，可以培养。孟子的养气说正是依此而言。观念的灌输并不能产生立竿见影的效果，但长期的熏陶就有可能使之潜移默化。在韩愈（观点已见前述）之后，对养气说卓有贡献的要算苏辙了。青年苏辙深服孟子的养气之说，在《上枢密韩太尉书》中写道："文者，气之所形。然文不可以学而能，气可以养而致。"他以孟子和司马迁为典范，他们的文章或宽厚宏博，或疏荡有奇气，"岂尝执笔学为如此之文哉？其气充乎其中而溢乎其貌，动乎其言而见乎其文，而不自知也。"对于如何培养浩然之气，苏辙结合自己的实际提出了新的见解。韩愈告诫人们养气要志于古道，研读古代经典；这在苏辙看来，自己百氏之书无所不读，已有践履，但具备这样的条件仍不足以激发志气。因此他意识到在这种情况下最需要的是外游，当年太史公便得益于周览四海名山大川，与燕赵间豪俊交游。外游的意义在于：一方面，游历名山大川，以感受其宏阔；另一方面，结交文豪俊杰，以感受其博大。

在宽泛的意义上，气与智可以合为一体进行研究。柳宗元在《天爵论》中认为，天地间有刚健、纯粹两种气，前者钟于人而有志，运行而可大，悠久而不息；后者钟于人而有明，爽达而先觉，鉴照而无隐。也就是说，刚健之气的多寡决定着人的意志坚毅与否，纯粹之气的多寡决定着人的智力清明与否。孟子与庄子两种不同的养气说于此可以得到进一步的解释。将二者分开考察，一为非智力因素，一为智力因素，共同构成人的个性心理特征。在从事某种实际事务的过程中，二者相互为用，相辅相成。据说日耳曼人的民族特点是：他们喝着酒（提升气的刚健度），大胆地表达主张——如是否进行一次战争，以免失去决断；而后他们不喝酒，冷静地（保持气的清明度）斟酌权衡，以免失去理智。

此外，单纯就人的智力而言，不同个体存在高低或颖钝之别，也是天生而然。现代将它量化，谓之智商。作为智力运用的方式，康德所谓的十二范畴其实人人先天而有，但是觉悟程度、反应快慢则人各不同，古代称之为昏与明的差别。人的智力通过教育（包括自学和思考）可以得到一定程度的开发。

个体如果智、气双高，并积极在社会生活中寻求自我实现，就可谓之"英雄"。三国时代的刘劭对"英雄"作了饶有趣味的描述：

> 夫草之精秀者为英，兽之特群者为雄。故人之文武茂异，取名于此。是故聪明秀出谓之英，胆力过人谓之雄，此其大体之别名也。若校其分数，则互相须：各以二分取彼一分，然后乃成。何以论其然？夫聪明者，英之分也，不得雄之胆，则说不行；胆力者，雄之分也，不得英之智，则事不立。是故英以其聪谋始，以其明见机，待雄之胆行之；雄以其力服众，以其勇排难，待英之智成之；然后乃能各济其所长也。（《人物志·英雄》）

草之精秀者为英，似文；兽之特群者为雄，似武。文为聪明过人，亦即智慧过人；武为胆力过人，亦即气力过人。气与智，构成人格的两端，但当相互蕴涵："聪能谋始、明能见机、胆能决之，然后可以为英，张良是也。气力过人、勇能行之、智足断事，乃可以为雄，韩信是也。"（同上）无论是张良还是韩信，均不以德见长。如果说张良只宜称为英，韩信只宜称为雄，那么曹操则无愧于"英雄"的称号，尽管大多数历史学家认为他是一个缺德的人物。由此可见，气与智都非真正意义的德，只是辅助德性实现的必备能力而已。

二　义与礼一般来自后天教养

与气、智不同，义和礼虽然不是严格意义上的德（德者得也，本义当是与生俱来之性），但一般是德在现实生活中的体现。因此，在宽泛的意义上，二者可以归入德的范畴。

在现代人的生活中，侵占他人知识产权的事件比比皆是，屡禁不止。美国著名作曲家约翰尼·默瑟能与一默默无闻的老太太分享版权，的确是道德的表现，于是被传为佳话。

> 1962 年，默瑟创作了一首红遍世界的《我愿在你的身边》，朴实

的歌词、优美的旋律打动了无数的听众。唱片的标签上除了默瑟之外，还署有"萨迪·维姆斯蒂"。原来，后者是一位孀居的老太太，五年前写信给素不相识的默瑟，希望能为她写一首歌，大意是：当你心碎时，我愿在你身旁捡拾那些碎片。默瑟一直记在心里，依照这一主题写成后，也署上老太太的名字，结果让她拥有十多万美元的版税。

默瑟为孀居的老太太写歌，当是受到仁爱之心的驱使；写成后将版税的一半分给这位素不相识的老人，是临事时的合宜裁制，也表现了对这位老人的尊重，于是仁爱之心又借义和礼表现出来。这件小事表明默瑟不仅拥有一流作曲家的声誉，同时还拥有光明磊落、讲究道义、平易近人的品格。

　　但我们不能由此而推论，人生而具有礼和义的取向。与仁和志相比较，二者明显带有后天造作的印记。任何一对夫妇，都有舐犊之心；任何一个人，生命不止则追求不息——这便是仁与志的先天倾向，不教便知，不学而能，可谓之良知良能。礼和义则必须依靠教育。基于志，每一个体都希望自己顶天立地，甚至祈求运转乾坤，谁愿意屈从于现实的秩序，变为其中前倨后恭的一分子？基于仁，每一个体都希望与自己的族类乃至天地间的万物和谐相处，融合无间，又何须分辨临事之所宜，甚至不惜与强大的现实力量相抗争？

　　如果说，志与仁是乾道与坤道在人类身上的体现，那么，义与礼则是基于志与仁而应对现实甚至屈从现实所形成的品格，二者或多或少脱离了人的天性，或者说在应对现实的过程中不同程度上扭曲了人的天性。尤其是礼，往往表现出人的严重异化。《老子》尖锐地指出：

　　　　故失道而后德，失德而后仁，失仁而后义，失义而后礼。夫礼者，忠信之薄而乱之首也。前识者，道之华而愚之始。是以大丈夫处其厚，不居其薄；处其实，不居其华。(《老子》第三十八章)

这一思想是深刻的。在老子看来，道无为而无不为，衣养万物而不为主；德者得道之谓，上德不恃，得而无丧，利而无害；下德则不能无为而为之，显见偏离了道，于是有仁、义、礼之属。上仁博施仁爱，无所偏私，算是为之而无以为；爱不能兼，则有抑抗，忿枉佑直，助彼攻此，所以上义又低一层，是为之而有以为；直不能笃，于是饰文修敬，责备于表，所以礼离道与德最远，为忠信之薄而乱之首，其实于人有强迫的性质——为之而莫之应，则攘臂而扔之。这一演化过程如同一棵大树，道为根本，礼为花朵。从根到花，经历多个异化环节，将社会生活中的礼与居于本根地位的道相比照，常常显得浅薄、浮华甚至虚假。

我们知道，郑国大夫子产曾将礼提到天经地义的高度，但是到了孔子生活的年代，礼的虚伪性已明显暴露出来。虽然与老子的否定态度有所不同，但孔子也基于疾伪而对当时的礼乐进行了批判。他不无愤懑地说："先进于礼乐，野人也；后进于礼乐，君子也。如用之，则吾从先进。"（《论语·先进》）先辈虽然只是郊外的质朴之民，他们制礼作乐却是真诚的；后世士大夫行礼奏乐，矫饰之风盛行。孔子认为后者忘记了礼乐的本质，所以如果让他选择，他宁愿同野人而不是这些士大夫生活在一起。联系《子罕》篇表达的"欲居九夷"的念头，可以说孔子的态度是一贯的。[①]

博学的荀子当了解先辈的这些观点，于是干脆将礼义文化同天道、仁心分割开来，认为它的产生是出于不得已，本质上是"反于性而悖于情"的。在他看来，人之情性，是饥而欲饱、寒而欲暖、劳而欲休；如果在某些场合出现辞让，那完全是教育即外部观念灌输的产物。是谁发明了礼义观念呢？荀子认为是圣人："圣人化性而起伪，伪起而生礼义，礼义生而制法度。然则礼义法度者，是圣人之所生也。故圣人之所以同于众其不异于众者，性也；所以异而过众者，伪也。"（《性恶》）荀子之论，缺陷在于遮蔽了心灵深层所蕴涵的美好德性，因而无从建立基础稳固的道德哲学。但是他指出礼义是为应对现实的境况而产生，这并没有错；特别是认定辞让并非出自人的本性，简直一针见血。[②]

礼旨在明分，所以官场上多礼，即使西方也是如此。美国前总统小布什大约受到西部牛仔的影响，较为习惯于率性而行，因而难以适应白金汉

---

① 孔子产生"欲居九夷"的念头可能既有道不行的愤懑，又有对质朴生活的向往。

② 现今常有家长以孔融让梨的故事教育孩子。如果真有此事，那也不是他天生有辞让之心，其中既蕴涵了一种仁爱精神，同时还是出于不得已，是基于现实条件的限制而约束自己。最能说明问题的是两只公羊过独木桥的寓言，谁都希望自己过去，但是若不能礼让，就会都掉进水中淹死。一般而论，行礼需要克己，而人的天性渴求自由和平等，如此才有对大同世界或共产主义社会的真切向往。

宫的礼节，访问英国王室时常常闹出笑话。中国官场的礼节历来繁缛，现代才有所改观。即使是当代，仍然是让身处仕途的人经常怵惕的问题：在上司面前乖巧一点儿，会有人说他溜须拍马，阿谀逢迎；略显清高一些，又有人会说他目无上级，自命不凡。其中的尺寸很难把握。

礼是一种特定的社会规约，使各种人伦关系得以确定，有助于建立或维护社会秩序。不过应该承认，它的确是化性（尽管我们所理解的性与荀子之所谓有本质的不同）起伪的结果，其中多有脱离人的自然本性的造作。西方有些学者甚至称之为是基于腐化了了的人类本性之上的"恶劣艺术"，例如英国上流社会在交往中总是彬彬有礼，有时其实是带着人格面具虚与委蛇，掩饰着暗地里的尔虞我诈。今天，当我们在讪笑质朴率真的某个山里人不懂得某些规矩礼俗的时候，更应该为自己而叹息：文明脱离了自然，缰绳络住了马首！

荀子常常礼、义并提，其实二者存在本质的区别。

首先，义偏于内在的道德方面，礼偏于外在的伦理方面。"道德"与"伦理"虽然经常可以互换使用，但按中国传统哲学，二者须有分际。道德建基于性命与性理，是天道在人心中的体现；伦理则为人伦之理，是现实人际关系所包含的准则。相对而言，义从中出，礼由外作。

其次，得之于道谓之德，表现于处事的裁制就是义，因此而有"道义"一词；谁如果铁肩挑道义，其行为方式即使有些鲁莽也是情有可原的，如好莱坞电影中经常塑造的与恶势力抗争的孤胆英雄。现实伦常关系蕴涵的准则是理，表现于人的行为规范即是礼，因此可以说，礼之实，在于恭敬、辞让之"节文"。由此可见，义偏重内容（质），礼偏重形式（文）。

再次，由于是内在的德性表现于意识层面，所以义常为人的实践行为的自律因素，正己以处事，一般不为外境的顺逆所动摇，即所谓义不容辞；由于来自现实伦常关系的要求，所以礼多是人的实践行为中的他律因素，因时因地需要适当变迁，个体仿佛舞台上的角色，常常不免丧失自己，用庄子的话说是"失性于俗"。形象一些描述，义是客从主，礼是主从客。

最后，由于正己、自律，所以行义之人要求"我（I）"字大写，通常持有平等观念，不愿屈从于任何他者，因为道义可以有上帝般的崇高；由于着眼于现实关系，而现实的人处在不同的社会等级之中，所以循礼之人极为看重尊卑，卑贱者的言行举止必须揣摸尊贵者的要求。简言之，行义者往往自尊自信，循礼者大多要求为人谦卑。①

　　曾任联合国秘书长 10 年之久的安南能较好地处理义与礼的关系，与其家教有关。他来自非洲的弱小国家加纳，但对大国的意见只虚心倾听，并不一定完全依从，这种处事风格源于家庭教育。他曾经谈起对自己的性格影响很深的一件事情。一天，父亲在办公室查账，发现一处疑点，就喊主管的伙计来解释。这位伙计怕老板讨厌他抽烟，就一边跑，一边将烟头塞进裤子口袋里。结果在回答问题时裤子开始冒烟，安南的父亲却没有关心，直到伙计最后狼狈地离开。安南觉得平时心地善良的父亲在这件事上不厚道，便提出质问。父亲解释说："我并没有让他这样做，他可以选择在门外把烟头扔掉，也可选择进来后继续抽，桌子上有烟灰缸，可是他却选择放进口袋里。"接着告诫安南："每一个人都应有自己的尊严，不要因为别人的脸色而自卑，永远不要低三下四。"安南从此意识到，不自卑就没有心理负担，才能择善而从。而那位伙计就是因为怕看老板的脸色而出现慌乱，失落了自己。或者说，拘于礼而失于义。

　　一般说来，社会的现实与人们的期盼总是存在落差，所以又可以说，行义之人多是理想主义者，循礼之人多是现实主义者。生活中这样的例证不可胜数。就先秦儒家而言，孟子更为关注内在的道德建构，因而非常重视义，对礼则不太重视②；荀子正好相反，更为关注外在的人伦秩序，因而非常看重礼，义被作为礼的附属观念而提及。义较为直接地体现德，体现理想，主张舍生取义是孟子之学的突出特色；礼近于法，要求人适应现实的境况，荀子由尊礼而延伸到尚法，其观念也自成一个系统。还是孔子的思想最为持平，他主张义以为质，礼以行之，个体若能如此，便是文质彬彬的君子。

———————————

　　① 在东方民族中，谦卑容易让人接受，从而避免发生矛盾冲突。文与可有诗云："相如何必称病？靖节奚须去官？就下其谁不许？如愚是处皆安。""就下"和"如愚"被看做是处世的秘诀。

　　② 陈淳在《北溪字义》评价说："孟子于诸侯之礼未之学，周室班爵禄之制未尝闻，毕竟是于此心无穷之量终有所欠缺未尽处。"孟子也许不是未之学，而是不太感兴趣。

三　气、义、礼、智的关联

中国古代常将人的德行区分为五种，或曰仁、义、礼、智、圣五德，或曰仁、义、礼、智、信五常。

郭店楚简中的《五行》篇以仁义礼智圣为五德，大约是思孟学派的思想。《中庸》有一段文字讲的正是这五者："唯天下至圣，为能聪明睿知，足以有临也；宽裕温柔，足以有容也；发强刚毅，足以有执也；齐庄中正，足以有敬也；文理密察，足以有别也。"首句是讲圣，描述他具有睿知之质，看事物能居高临下。以下四句，描述也很简明精切：宽裕温柔为仁，发强刚毅为义，齐庄中正为礼，文理密察是智。孟子在《尽心下》中亦有一段关于仁义礼智圣的论述，不过他更多宣讲的是仁义礼智四德，将圣抽出其列。

汉代儒者常谈仁、义、礼、智、信五常。扬雄的《法言·修身》描述五常之用说："仁，宅也。义，路也。礼，服也。智，烛也。信，符也。处宅、由路、正服、明烛、执符，君子不动，动斯得矣。"这段论述既沿用了孟子的观点，又加以发展补充，比喻非常形象贴切。它告诉人们，五常不仅是人所应有的五德，还当是现实生活中人之常行。刘劭在《人物志·九征》中也采用五常说，只是解释有些杂乱。[①]

事实上，在儒家出现之前，上层社会已将人的德行区分得非常细密。如《国语·周语下》描述晋悼公年轻时前往周朝廷侍奉单襄公，视听言动无不依礼，"言敬必及天，言忠必及意，言信必及身，言仁必及人，言义必及利，言知必及事，言勇必及制，言教必及辩，言孝必及神，言惠必及和，言让必及敌。"其中已有仁、义、知（智），虽然没有谈及礼，但敬、孝、让等均与礼相关，而勇与气相联，此外还有忠、信、教、惠等。如果将这些概念都作为理论范畴纳入一个思想系统中，势必显得芜杂、臃肿。

鉴于孟子已经简化为四德，我们在探讨心灵第三层面时已经论述了仁与诚（为信的基础），在此进一步将仁抽出，而放进孟子异常强调的气观

---

① 《人物志·九征》："是故骨植而柔者谓之弘毅，弘毅也者，仁之质也。气清而朗者谓之文理，文理也者，礼之本也。体端而实者谓之贞固，贞固也者，信之基也。筋劲而精者谓之勇敢，勇敢也者，义之决也。色平而畅者，谓之通微，通微也者，智之原也。五质恒性，故谓之五常矣。"

念，与义、礼、智三者并列讨论，应该说也可以成立。① 诚然，忠、孝、敬等都值得重视，是中国古代常用的伦理概念，但它们更多具有形容词性，且一般只适用于宗法制的社会，较少普遍意义，因而不宜作为德性范畴。况且，知性思维需要遵循经济原则，因而有必要运用所谓的奥康剃刀，审慎选择，少增实体——例如忠与诚颇为接近，就只能二择一。

我们对所选择的四个范畴已作两次分组：从心灵应对现实的顺逆方面看，气与义、礼与智分别为一组；而从心灵本身的建构看，气与智、义与礼分别为一组。现在再就它们的关系作一补充阐述。

气与义构成主体心灵向外发散、要求自我实现的倾向，是乾健精神的体现，属阳。或者说，二者属于尊德性一端，支配着个体对现实不予妥协。其突出者，易于被世人讥为不识世务。孟子继承了孔子兼重仁与志的思想，并且发展为仁、义同列，志、气并提。突出强调义、气是他自身人格的写照。《史记》记述他被同时代的人看做"迂远而阔于事情"（《孟子荀卿列传》），而怀有崇敬之情的二程也评价他有英气、见圭角，实是对其人格不无微词。

清初的著名学者傅山也以讲究气节、道义闻名于世。他与顾炎武、黄宗羲、王夫之、李颙、颜元被梁启超称为"清初六大师"。时值明、清交替，傅山坚决保持自己的民族气节，不为清廷服务。明亡后他在《甲申守岁》中写道："三十八岁尽可死，栖栖不死复何年。"出家为道士，人称"朱衣道人"。康熙年间，皇帝下诏举行博学鸿词科举考试，傅青主被强拉到北京。他故意服食过量大黄造成腹泻以逃避。后来康熙皇帝授予他中书舍人的官职，傅山推脱不受，拒绝与清朝合作，终老林泉。这种似乎是择善固执的态度，曾被传为佳话。其实还可以换个角度评价，如果能造福于民众，何必过分计较坐在龙椅上的人姓朱还是姓白？

礼、智是心灵向内收敛、要求达到和谐有序的倾向，是坤顺之性的体现，属阴。或者说二者要求主体处事接物服从于现实，属于道问学的范

---

① 本书以志、仁、诚为严格意义的德性，义、礼为宽泛意义的德性（或称品性），智与气则为气质之性。

围。礼的阴性，在与乐的比照中早为人们所肯定。《乐记》之外，郭店楚简也有类似观点："乐由阳来者也，礼由阴作者也，阴阳和而万物得。"（《郊特牲》）礼与智的联手，支配着个体在现实生活中委曲求全；如果没有道义力量的潜在制导，在政治舞台上最容易成就权奸。唐代宰相李林甫就是这样的人物。

李林甫为李唐宗室后裔，虽然不学无术，但擅长迎合拍马，投上司之所好。他给人的印象是平易近人，和颜悦色，彬彬有礼，通过结交宦官与妃嫔之家，开元年间官至宰相。他一方面煞费苦心，揣摸皇帝的心意，议事显得忠心耿耿；另一方面笑里藏刀，排斥贤能之士，甚至加以陷害。因此深得唐玄宗的信任，曾权倾一时。世人称老奸巨猾的李林甫"口有蜜，腹有剑"，简言之即"口蜜腹剑"。

由此可见，心灵知性层面的两端各有分工又各有局限，需要相互补充、相互为用。

从逻辑上看，四者在同一层次上刚好构成一个有规则的序列：气—义—礼—智。从左向右，观念内容逐渐形式化、明晰化；自右至左则反之，逐渐趋向于动力化、模糊化。这一层次的两端最能鲜明地体现心灵中不确定性与确定性的对立：气的存在似"云"状，智的存在似"钟"状。介于两端之间的义与礼也具有类似的形态特点，只是不那么明显而已。

心灵的这一层面通常依靠个体不断学习而加以充实和提高，此即老子所谓的"为学日益"的区域。先秦儒、道两家中，以荀子最为专注这一层面的建设，他撰有《劝学》篇，指出学可以扩大人的视野，就像不登高山不知天之高、不临深溪不知地之厚，不闻先王之遗言不知学问之大。修养的关键在于潜心向学，一个人往往终日而思，不如须臾之所学。通过学才能促成人的社会化，主要指孔子所讲的"立于礼"："木受绳则直，金就砺则利，君子博学而日参省乎己，则知明而行无过"；而学的过程当始于诵经，终于读《礼》，学至于《礼》便达到最高点，如此可以让人致士乃至成圣。荀子之学偏向礼、智一侧，其论学也不免此局限。

实际上，原始儒家和道家的代表人物都重视学，孔子和老子自不必说，庄子于学无所不窥，孟子也博学多识，只是老庄与孟子更为重视思。孔子的态度最得中道："学而不思则罔，思而不学则殆"（《论语·为政》)。通过学与思，不仅有知性层面观念的充实，而且可能达到志性层面天地之性的敞亮，于是便建立起内在的道德系统，从而有效地制导人的感性生存。

本章小结：在道德哲学的意义上，气是一种向外发散的动力因素，大致相当于意志力；义既是内在德性的体现，又可能是特定群体的规约；礼可以是德的表现，也可能是适应现实需要的虚伪造作；智严格说来属于才而不是德，但为道德活动不可缺少的辅助因素。比较而言，气与义主要体现个体生存的骨力、价值，礼与智则适用于在群体生活中建立秩序和规则。后者致力于个体与现实达到和谐，前者决定着个体对现实不予妥协，它们构成心灵知性层面的阴、阳两极。

从另一角度看，气与智源于个体的生理特征，义与礼则代表特定的社会规约。由于具有生理性质，气与智可称之为气质之性，不同的个体存在刚柔、颖钝之别，前者为非智力因素，后者为智力因素。义与礼是"修道之谓教"的产物，是主体应对现实事务的原则或规定，二者也具有对立倾向，相对说来，义由中出，较多自律成分；礼由外作，较多他律成分。

这些范畴之所以属于知性领域，在于它们都是可以后天培养的，特别是礼、义，完全是可以明确言说的观念形态的东西，且往往带有人类某一特定群体的标记，因不同的历史条件、社会状况必有变迁。礼与义比照，又更为显出是观念灌输的产物。较之志、诚、仁等，这些心性因素更接近于具体多样的感性世界，于是从道德立法过渡到伦理实践的层次。

如果将哲学理解为统观宇宙与人生的大学问，那么中国传统哲学于此显出重大缺陷：一般只注重处理人际关系（伦理）的智慧，忽视了认识自然（物理）与改良自然的哲理研究。

[问题讨论]"五四"时期中国学界受西方观念的影响，提出"打倒孔家店"的口号，撕开礼教吃人的面目，它的合理性在哪里？是否有片面性？陈独秀呼吁以德先生（民主）与赛先生（科学）取代旧文化，的确切中时弊，然而是否存在"无于内而取于外"（戴震对于荀子的批评）的偏颇？内圣之学必须保持主体性，高扬理想的旗帜，外王之学则须正视乃至服从现实，如何调解这种矛盾？古今中外，在道德研究中一直存在先

验论与经验论的对立，通过对知性层面的义、礼的剖析，我们得到什么启发？虽然先验论和经验论都有存在的理由，但我们能否权衡轻重，区分本末，而后予以统一的把握？人类对于自己的生存环境有着双重关系，一方面祈求主宰，另一方面又必须服从，从知性层诸心性要素的分析中能否得到佐证？我们以自由与服从区分道德活动与科学活动，是绝对划界还是相对而言？

第六章　感性层面

人类心灵的感性层面包括眼耳鼻舌身的五种感觉——视听嗅味触与其产品（事、象），以及相应的情绪体验——喜怒哀乐好恶等及其评价（利害）。心灵的这一层面是人类与动物界的交接部。着眼于这一层面，可以说人之异于禽兽者几希。① 感性欲求一般具有排他性的特点，在心灵中若居于支配地位，便充分暴露出人心惟危。从外王之学角度看，这是一个需要德与法共治的区域；如果只强调道德的内在制约而轻忽甚至鄙视法律法规的外部约束，必然会失之迂阔。

第十六节　情（欲）、利

情与利既是人在现实生存中重要的动力源泉，又是个体心灵常常为之激荡的一片区域。佛家及道家企求摆脱其束缚，往往对二者持完全贬抑的态度；儒家中或抑或扬，均在一定限度之内——其抑不至于摒弃欲求，其扬不至于抛却理义。情表现为喜怒哀乐好恶诸形式，欲通常指饮食、男女、声色、财货诸需求，利通常是对满足这些需求的事物的肯定。欲大致介于情与利之间，所以有情欲、利欲之谓。

一　情的涵义与功用

汉语的"情"字，主要有两个义项，一为情况，二为情感。《说文解字》释为"人之阴气有欲者"，是采用汉儒董仲舒的观点，不够确切。应

---

① 英国媒体 2010 年 11 月刊登了墨西哥一个才 14 岁的蒙面小孩紧握冲锋枪的画面。他化名"斗蓬"，两眼杀气腾腾，是警方通缉的对象。"斗蓬"小小年纪便跟随贩毒分子闯荡江湖，已沦落为冷血杀手，许多人因为被认为挡住了他所在的组织——南太平洋贩毒集团的财路而被他枪杀。据称他擅长割喉，下刀快而狠，以痛打、折磨受害人为乐，还常常将杀人过程拍摄下来，然后传到网上加以炫耀。

该说，"情"最早是指真实情况，后来才指称人的情感，而情感也未必属于阴气。

今天所见的上古典籍中，《易经》、《春秋》和《老子》均无"情"字。《尚书·康诰》仅一见，为周公教导幼弟康叔，要他认真审察殷地民众的情况，"民情大可见，小人难保"。《论语》中记述孔子有一次言及"情"，他告诫学生樊迟："上好礼，则民莫敢不敬；……上好信，则民莫敢不用情。"（《子路》）显而易见，礼与敬相通，信与情相近。《左传》的用法也与《尚书》、《论语》基本相同，如称"大小之狱，虽不能察，必以情"（《庄公十年》）。当其时，"情"的反义词是"伪"，所以《易传》中几次联用，亦即真伪之意。

何时从情况义引申出情感义，至今仍是一个悬案。困难在于，《诗经》中出现过唯一的一次"情"字："子之汤兮，宛丘之上兮。洵有情兮，而无望兮。"（《陈风·宛丘》）如果依据诗缘情的观点认为它指的是情感，那么情感之义的形成至少要上推至孔子之前。迄今为止，很多批评家包括朱熹在内都将它作为情感之情理解。其实，即使整体上是一首情诗，此处的"情"字也未必有指称情感之意。陈国风俗是"妇人尊贵"，又好"巫觋（男巫）歌舞之事"，所以主人公当是一个游荡的男子（子之汤），整天扮着巫觋在宛丘之上歌舞，以期博得女性的欢心，那可怜的模样虽然表明他确有诚意（洵有情），却又让人瞧不起（无望）。如此看来，"情"作实诚或诚笃解，语句也畅通。①

在《庄子》中，"情"无疑已开始指称情感。《德充符》写道："吾所谓无情者，言人之不以好恶内伤其身，常因自然而不益生也。"好恶就是情感。在此基础上，荀子迈出更为关键的一步，即明确定义"情"为情感："形具而神生，好恶喜怒哀乐藏焉，夫是之谓天情"（《天论》）；"性之好恶喜怒哀乐，谓之情"（《正名》）。荀子之所以有如此贡献，与他认为性、情、欲是一体之三面密切相关，所谓"情者性之质"可理解为情为性之实。

情作为一种主观感受或心理体验，在逻辑上宜于区分为情绪与情感。情绪是机体一种先天预置的反应方式，仿佛造物主在人类身上安放了一张六弦琴，应内外刺激而发出不同声响。它是生理的，纯形式的，事实上，

①　孔子整理过《诗》三百篇，如果有表达情感的"情"字，想必他会在生活中经常运用。

动物中的灵长类甚至哺乳类也有喜悦、愤怒、悲哀、爱恋等情绪。但人类之情不只是形式的感动，还有具体的文化内容，如亲人之爱与同志之谊（仁）、英雄精神（志）或自尊心、责任感（义）等，所以通常称之为情感。

难能可贵的是，我国先秦时代就出现了六情说。当代有些心理学家认为，这是迄今为止对于情绪形式最为简约的划分。[①] 其中喜、乐、好为一端，怒、哀、恶为一端，刚好揭示了情绪的两极性；且喜、怒、哀、乐为四种最基本的情绪，对应于四种基本的审美形态——壮美感为喜，优美感为乐，弱美感含哀，审丑则含怒。[②] 然而在荀子之前，人们并不称为六情，而是称为"六志"（《左传·昭公二十五年》）或"六辟"（《墨子·贵义》）。在六情中，先哲尤为推崇乐，因为它反映了生命的平衡态、心灵的恬静和圆足。孔门的乐（yuè）教其实也是乐（lè）教。上古之乐，典雅平和，给人恬适的享受；日常生活中，孔子也倡导乐以忘忧。孟子谈及君子有三乐，且认为人生的最高境界伴随着乐的情绪《孟子·尽心上》。庄子虽然要求无情，但其人生态度的积极面可表述为"邀乐于天"（《庄子·徐无鬼》）。

情感是人文文化之血脉。如果没有它，人文文化就不免失之苍白。它是伦理关系的纽带，如人伦关系中有亲爱、敬爱、疼爱、友爱等；是道德评价的晴雨表，好善、恶恶是人在日常生活中应有的态度。它尤其是审美活动的重要内容，情景交融是物我为一、天人合一的基本内涵之一；并且也是宗教活动的一种介入状态，如对神圣的敬畏、对众生的悲悯等。情感因素让人类的生活有滋有味，丰富多彩。一个热爱生活的人，需要保持情感的丰富性；经常能自得其乐，将有益于身心的健康。

仅就情绪而言，它应该是中性的。喜怒哀乐对于人体的健康或有积极与消极之分，但是对于人类生存的价值来说并无善恶之别。魏晋时期学界曾有过一场争论，当时的学术权威何晏以为圣人无喜怒哀乐。钟会等认为其论甚精，多作引述。但年轻的王弼却有与之不同的独立见解，他以为像孔子这样的圣人茂于人者在于其神明，同于人者则为五情（即喜怒哀乐

---

① 情绪形式当然不只此六种，但现代学界尚未找到更好的区分。参阅 K. T. 斯托曼《情绪心理学》第二章，中国轻工业出版社 2006 年版。

② 请参阅拙著《审美学》第十一节，北京大学出版社 2010 年版。

怒）。由于其神明高于普通人，所以能体道；由于其五情无异于常人，所以也以情应物。如孔子因遇颜渊而乐，因丧颜渊而哀。圣人用情的可贵之处在于，应物而无累于物（见于何劭《王弼传》）。王弼的这种看法甚是公允。

道家中的庄子提倡无情，与他向慕吸风饮露的生活方式有关，不免脱离现实社会生活；佛家参禅的最后阶段也灭情，那是完全退出此岸世界了。颜元对于人的情感表达了较好的看法，是其生活经验的结晶。他认为："当忧不忧，当怒不怒，佛氏之空寂也；儒者而无忧怒也，何以别于异端乎？忧则过忧，怒则过怒，常人之无养也；学者而为忧怒役也，何以别于常人乎？惟平易以度艰辛，谦和以化凶暴，自不为忧怒累。"（《颜习斋先生言行录》）一个儒学学者，如果没有喜怒哀乐，就等于遁入空门；但若为情所役使，则只是普通人而已；如果他真正具有深厚的修养，就应该既有情而又不为其所累，保持一种平静和悦的心态对待人生历程中的各种挑战。

情与性的关系是先哲经常讨论的问题，荀子最先将二者并提，但如前所述，他实质上将性同情、欲给混淆了。董仲舒试图调解孟子与荀子关于人性善恶的对立观点，提出"性仁情贪"说，由人之有情与性，比附为天之有阴与阳，而阴者贪，阳者仁（《春秋繁露·深察名号》）。董子将情置于十恶不赦的位置，这种看法不免僵化之嫌。唐代李翱也表达了相似的观点。宋明时期学界对情的认识和评价较为持平，提出较多可取的见解。王安石有段论述值得注意："喜怒哀乐好恶欲未发于外而存于心，性也；喜怒哀乐好恶欲发于外而见于行，情也。性者情之本，情者性之用。故吾曰：性情一也。"（《临川文集》卷六十七）当然，存于心的情绪形式并非严格意义上的性，仅只是自然界授予人的一部分本能罢了。程颐将性比喻为水，将情比喻为波（《二程遗书》卷十八）。朱熹认为："性安然不动，情则因物而感。性是理，情是用。性静而情动。"（《朱子语类》卷九八）王夫之进一步指出：喜怒哀乐，只是人心，不是人欲；仁义礼智，必须通过喜怒哀乐显现出来；因此，"惟性生情，情以显性，故人心原以资道心之用"（《读四书大全说》卷二）。情与性乃表里关系，二者并无必然的冲突。

宋明学界情观念的转变，或与他们普遍推崇《中庸》相关。《中庸》写道："喜怒哀乐之未发，谓之中；发而皆中节，谓之和。中也者，天下之大本也；和也者，天下之达道也。"喜怒哀乐未发，心灵处于平衡态，合乎天道之体。发而皆中节，合乎理义而无所乖戾，则谓之和，合乎天道之用。在这两种情况下，情都无可厚非。依据上述关于情绪与情感的区分，我们还可以说，人类的情绪在未表现出来时是中，无所谓善恶；表现出来通常携载着具体的观念，于是成为情感，它可以是善的，也可以是恶的；怎样辨别其善恶呢？基本的标准应当是好善而恶恶——情感的好、恶两极应当与道德的善、恶两极相对应。具体一些说，若既能见贤思齐（好），又能嫉恶如仇（恶），那么就合乎尺度，就是中节。

前人有性水情波说，是从体与用、静与动角度看待二者的分别；若仅就情绪形式而言，不如说气犹水，情似波。情的波动通常以气的运行为基础，或者说，情的波动必然影响气的运行。中国古代医书记载了大量这样的经验。《黄帝内经·素问》卷十一写道："怒则气上，喜则气缓，悲则气消，恐则气下。"医界还提出有"七情之病"，列举了情对身心之气的负面影响。情与气的密切关联无疑是客观的，但是很难准确描述。董仲舒联系孟子的养气说解释人的心灵状态，就有与医书相似却不相同的形容："怒则气高，喜则气散，忧则气狂，惧则气慑。"（《春秋繁露·循天之道》）不过，在艺术活动中，由于特定情绪通过影响气力运行的状态，体现在符号操作之中且凝结为作品的外在风貌，其客观性与准确性都得到加强。明代祝允明总结道："喜则气和而字舒，怒则气粗而字险，哀则气郁而字敛，乐则气平而字丽。"（《书法离钩》卷二）书法作品是心理力的活的图解，其审美风貌便是情、气、象的自然合成。

就日常生活而言，情与利、欲的联系最为密切。人之常情是：得利而喜，失利而悲；欲望不能达到满足就痛苦，达到满足则欢乐。由于利与欲通常直接表现为一己之需要，甚至具有排他性，所以若从群体乃至全人类的角度衡量，往往会予以贬抑，情也因之受到牵累。贪婪、嫉妒等就是情与私利、私欲相混合的产物，无论从社会价值系统还是个体身心健康角度看，都应当摒弃这类鄙俗的情感，尽管它在功利活动中也充当动力源泉之一。

情感又可能是高洁的。高洁的情感必然蕴涵有气（动力）、义（观念），并且还可能有更深层的德性根据。一般说来，以志为基础滋生英雄激情，以仁为基础则滋生爱恋激情。① 黑格尔指出，激情"是活跃在人心中，使人的心情在最深刻处受到感动的普遍力量"，"是理性和自由意志的基本内容"。② 他还注意到，激情的种类并不多，例如我们在歌剧中所看到的，总是在重复着一套老调，诸如恋爱、母爱、子爱、友谊、荣誉、英雄气质之类的成败所引起的哀乐反复地出现。依据黑格尔的观点，肯定性的激情也当归纳为爱恋的与英雄的两种。激情才是性（天地之性）的直接表现，构成人类在历史进程中奋发有为的不竭的动力源泉。由此我们进一步领会了《中庸》之所以将情之中和与天地之道联系在一起，当包含着先哲的切身体验和深刻理解，因为志与仁恰恰是乾道与坤道在人的心性中的体现！

二　天理与人欲辨

汉语中的"欲"字，既是形声，又属会意，从欠谷声，谷也表意。之所以从欠，取慕液（涎）之意，即表示有所不足而产生欲望；之所以从谷，取其虚受之意。《说文解字》释为"贪欲"，偏狭了一些。《孟子》中称"可欲之为善"（《尽心下》），且有欲生与欲义之辨，显然不能如此解释。"欲"通常为动词，即意欲、想要的意思，是人应物（对象）而生的需求，如《老子》中"不见可欲，使心不乱"；用做名词，表示欲望、嗜欲。作为欲望，它表示心灵的意向性系列，跨越三层面：既指人的感性需求，如饮食男女等；又指称群体的道德需求，如以礼义为所欲；还可指称代表全人类利益的需求，志与仁就是个体之大欲、天下之公欲。作为嗜欲，一般仅指个体的生理需求，它以声色等感性之物为追求对象，如"七情六欲"之谓，于是欲常与贪联系在一起。先哲讨论"人欲"，大多就后者即"欲"之狭义立论。

由于广义的欲属于心灵的意向性系列，而狭义的欲更属形体的声色嗅味逸之需，所以倡导心灵内敛合天的道家提倡无欲，以现实世界为空寂的佛家更是要求灭欲。这类极端之论同人类的历史创造和社会进步几乎背道而驰，仅在个体精神生活中具有一定的积极意义。儒家的持论则较为公

---

① 此处所讲的"激情"（源于希腊文 $\pi'\alpha\theta o\delta$），是指发自心灵深层而表现于外的强烈、高洁、深刻且有普遍意义的情感。朱光潜先生将黑格尔《美学》中此词译为"情致"；王元化先生译为"情志"。

② 黑格尔：《美学》第一卷，朱光潜译，商务印书馆 1979 年版，第 295—296 页。

允，总体上态度在勿纵与勿灭的两极之间摆动，观点异彩纷呈。大致说来，先秦儒家的观点较为中正，宋代理学家偏于去人欲一端，明清之际的学界予以反拨而明确肯定人的欲望的合法性。

孔子对富贵声色其实都持肯定态度，只是强调要行之以义，约之以礼，持之以德。孟子和荀子都认为耳目口鼻身之欲与生俱来，不可摒除。二者的不同在于：孟子认为这类欲求虽为人的天性，但宜于称之为命，以便同天然具备的仁义之性区分开来，荀子则否定人天然具有仁义之性，以为欲便是人之性；孟子主张仁政，以为当政者"好乐""好勇""好色"无可厚非，但应"与百姓同之"（《梁惠王下》），荀子崇尚王霸，认为有条件的天子可以尽可能满足其嗜欲，没有条件的守门人当安于节制自己的嗜欲（《正名》）；孟子关注内圣，主张寡欲以养心，在欲生与欲义之间需要取舍时，当舍生以取义，荀子醉心外王，认识到人有利欲正好是让赏罚发挥效力的杠杆。

天理与人欲之辨发端于《礼记》中的《乐记》，其中写道："人生而静，天之性也。感于物而动，性之欲也。……夫物之感人无穷，而人之好恶无节，则是物至而人化物也。人化物也者，灭天理而穷人欲者也。"绝大多数的儒者（陆九渊等极少人除外）认为此论精辟。所谓人化物其实就是庄子所谓的人为物役，不过《乐记》主张的只是节欲而不是无欲或灭欲。节欲是要求不纵欲，因为若人欲横流，天理便荡然无存，于是强者胁弱，众者暴寡，智者诈愚，勇者欺怯，疾病不养，老幼孤独不得其所，是此天下将大乱。

至宋代，对于"灭天理而穷人欲"现象的批判演变为对"存天理而去人欲"的提倡①，观念转向偏激而显得僵化。一些理学家赋予"人欲"以最狭窄的含义，大略是指私欲，更确切一些说是指自私（质）、过度（量）的情欲和利欲。如此加以限制，人欲就被妖魔化，变成一无是处、十恶不赦的了。运用于社会生活，程颐甚至宣称"饿死事极小，失节事极大"（《二程遗书》卷二十二）。形成如此偏颇的观念，的确如戴震所说，是"以理杀人"（《与某书》）。为何形成这样的极端之论呢？可能与道、释的影响有关。李翱受佛学影响主张复性灭情，周敦颐受道家影响倡导无欲，程颐和朱熹正是在这样的思想背景中提出"尽去人欲"的主张。

①　《朱子语类》中有"灭人欲"的提法，但仅一见，或为朱子门徒误记。

当然，他们赋予了"人欲"以特定的含义，但即使如此，在逻辑解说上也异常困难。如朱熹曾举例解释："饮食者，天理也；要求美味，人欲也。"（《朱子语类》卷十三）这简直无异于脱离社会生活的苦行僧之论！

尽管王阳明也主张尽去人欲以复天理，但由他的学说发展而出的泰州学派出现接近纵欲的思想倾向，何心隐主张率性而行，李贽赞美好货好色，可谓是对宋代道学的矫枉过正。清代学界大多采取现实的立场，主张理欲统一，观念较为持平。王夫之指出，大欲通乎志（《诗广传》卷一）；现实生活中，人有形色嗅味以"厚其生"，有仁义礼智以"正其德"（《张子正蒙注·诚明篇》），于是身心才健全发展。戴震认为，理就存在于欲中，所谓天理只是要求"节其欲而不穷人欲"（《孟子字义疏证》）而已。

天理与人欲之辨其实是孔子"克己复礼"说的延伸。反对穷人欲是克己，要求存天理主要指复礼。程颐说："视听言动，非理不为，即是礼。礼即是理也。不是天理，便是私欲。……无人欲即皆天理。"（《二程遗书》卷十五）朱熹也写道："己者，一身之私欲也。礼者，天理之节文也。盖人心之全德，莫非天理之所为。然既有是身，则亦不能无人欲之私以害焉。故为仁者，必有以胜其私欲而复于礼，则事皆天理而本心之德复全于我矣。……日日克之不以为难，则私欲净尽、天理流行，而仁不可胜用矣。"（《谓仁者本心之全体》）他们将礼理解为天理，无疑是以偏赅全。在这种意义上，有没有亘古不变的天理？大可值得存疑。例如一个男子占有三妻四妾，在中国古代合乎礼义，在中国当代则违背礼义；在西欧几乎历来都不合礼义，而在非洲，迄今为止仍然合乎礼义。由于礼义属于知性层面，就不免时代和地域的局限性。它其实只是"时义"，即因时合宜的伦理准则。

个体性之欲与社会性之礼的矛盾会持久存在。前者要求自由，后者则施加约束，形成人生历程的张力，伴随人的一生。宋代胡瑗说得好："民之于礼也，如兽之于圈也，禽之于绁也，鱼之于沼也，岂其所乐哉？勉强而制尔。民之于侈纵奔放也，如兽之于山薮也，禽之于飞翔也，鱼之于江湖也，岂有所使哉？情之自然尔。"（见于李觏《与胡先生书》）礼是特定时代或地域的伦理规范，"侈纵奔放"是个体情欲的冲动。依照弗洛伊德的观点，情欲的冲动是本我，遵循的是快乐原则；伦理的规范是自我，遵循的是现实原则。二者必然存在冲突。

人欲的一个基本方面是情欲。柏拉图的"马车"喻对于理解情欲的两面性很有参考价值。他将个体人格比喻为一架马车，车夫是理智，驾驭着两匹马。其中一匹潇洒的白马是激情①，它是车夫的天然盟友；另一匹邋遢的黑马就是情欲，它既有一身力气，又喜欢往路边拈花惹草，随时可能导致马车倾覆。要让这架人格马车顺利行进，就必须依靠车夫与白马的协作，并使黑马就范同时又提供动力。这一比喻提供了对于情欲既要节制又须诱导的重要启示。

我国先哲强调节欲的论述很多，基本的观点是要求满足欲望当适度，不可放纵。食、色是人的天性，其正常的需要应当予以满足。可是若过度了，就有可能害己甚至害人。据传，具有雄才大略的亚历山大大帝很可能是因为饮酒过量而英年早逝，未能成就其千秋大业。有案可稽的是，造就开元盛世的唐玄宗疏于朝政而导致安史之乱，与宠幸杨贵妃不无关系。就当代生活而言，提高社会生产力以满足人类不断增长的物质和文化生活需要是合理的，但是也有必要同时进行节欲的教育，以维护地球的生态，造福子孙后代。19世纪的思想界如圣西门等鉴于工业革命所展现的曙光，以为物质财富的大幅提高有可能达到让人各取所需，从而消除人们的利益冲突，实现世界大同。近一个多世纪以来的历史发展逐渐证明这种理想不切实际，一是没有充分估计到人的欲壑难填，二是没有考虑到地球的资源有限。基于这种情况，通过内圣的催化适当节制欲望、提升精神境界，也许是世界走向大同更为必需的途径。

疏导欲望可以分为两个方面：一是在艺术活动中宣泄情欲，一是在社会实践中满足利欲。中国古代哲人普遍重视艺术的宣泄、教化和升华的功能。孔子指出诗"可以兴、可以观、可以群、可以怨"（《论语·阳货》），倡导"志于道，据于德，依于仁，游于艺"（《述而》）。荀子曾坚决地为礼乐文化辩护，指出"君子以钟鼓导志，以琴瑟乐心，动其干戚，饰以羽旄，从以磬管。故其清明象天，其广大象地，其俯仰周旋有似于四时，故乐行而志清，礼修而行成"（《乐论》）。艺术是一个审美乌托邦，情欲在这里得到净化，与心灵深层之性乃至天地之道相联通，成为艺术的激情。此外，也有先哲意识到，利欲是人有所作为的强大杠杆。先秦法家对此多有论述。明清之际学界普遍关注事功，于是这样的观点得以复活。

---

① 柏拉图马车喻中的白马既可以理解为激情，又可以解读为意志。中译本有不同的翻译。

如戴震写道："凡事，为皆有于欲，无欲则无为矣。有欲而后有为，有为而归于至当之理。"（《孟子字义疏证·权》）其实我们还可以补充说，无论是个体还是群体，如果能将兴趣集中于寻真、持善、求美，那么就会自然而然地让基于生理的欲求得以适度的抑制或宣泄和升华。

最后还需要辨析一下天理。程朱以礼为天理的本然表现，无疑失之狭隘。宽泛地说，宋儒所讲的天理即天地之道，体现在人身上当包括性命与性理，更具体的体现是志与仁。若只就性理而言，其根本者当是仁，而礼必须以仁为根据，且不能忽视它常有脱离仁甚至违背仁的情形。即使合乎仁之礼，由于它具有时代和地域的局限性，也不能与天理等同视之。如前所述，张载界定"天理"为"能悦诸心，能通天下之志之理"，则显得较为审慎通脱。

三　义利之辨

义利之辨与天理人欲之辨密切相关，朱熹曾写道："义者，天理之所宜；利者，人情之所欲。"（《论语集注·里仁》）在他看来，义出于"天理之公"，利生于"物我之相形"，义与利的选择关联着循天理还是徇人欲。不过二者的涵义还是有所不同：天理与人欲的矛盾被夸大到势不两立，义与利则只是孰轻孰重的问题，儒家中鲜见完全排斥利者。基本原因在于，人欲往往被界定为私欲，而利则并未被限定于私利。

甲骨文中已见"利"字。它是会意字，从刀，从禾，表示以刀刈禾之意。其本义当是指农业生产工具（刀及犁等）的锋利。由于这种锋利的工具在收获庄稼时使用，因而易于引申出经济学意义上的财货之利，进而再引申，便是普遍意义上的利益（益的本义是饶）、吉利、利害等义项的出现。鉴于《易经》中多有"利"字表示吉利的意思，因而可以推定，这一从具体到抽象的字义演化过程至少在殷商末年已经完成。

在先秦诸子之前，义与利的关系就作为社会伦理问题被提出讨论。《左传》记载成公十六年（即公元前575年）申叔时曾说："义以建利，礼以顺时，信以守物。民生厚而德正，用利而事节，时顺而物成。"早期人们对义利关系的认识，更重视其统一的方面，尤其强调义与利互为因果：厚生为利，正德为义，财货丰厚则民之德淳，裁制合宜则民之利足。

孔子与学生谈及义与利，一般是就个体临事的抉择而言，义与利于是成为对立的概念。中国思想史上的义利之辨，当自孔子始，虽然细密的义利之辨出现于宋代。

追溯历时几千年的论争，很难找到观念演变的脉络。原因在于，几乎任何一个时代都有对立的观念存在，而这种观念的对立往往源于论者所讲的"利"概念不同一。公说公有理，婆说婆有理，确实各有道理，只是立论的角度或层面不同罢了。既然是义、利之辨，那么从逻辑上看，可以将基本观点归纳为三种：一种是重义而轻利；另一种反之，重利而轻义；第三种兼之，主张义利合一。其中看似蕴涵正——反——合的逻辑，只是与历史的发展并不统一：先秦便有义利合一的观念，现代仍有重义轻利或重利轻义之偏。

表面上看，孔孟是重义轻利的早期代表。孔子平常很少讲"利"，他倡导"见利思义"（《论语·宪问》），即见到自己所需要的东西，必须考虑该不该取得，心中要有道德尺度。由于以利为感性欲求的满足，以义为心中道德的准绳，他划分两种人格类型："君子喻于义，小人喻于利。"（《论语·里仁》）在他看来，只知道谋利、逐利，唯利是图的是小人，明白道义、以道义为人生的价值依据的则是君子。基于当时道德沉沦的现实，他希冀手持木铎唤醒世人，曾鼓励学生说：君子谋道不谋食，忧道不忧贫（《论语·卫灵公》）。孟子所处的时代比孔子时更糟，如果说春秋无义战，那么战国时代简直是率兽食人了，所以当梁惠王讨要利其国的方略时，孟子对曰："王何必曰利？亦有仁义而已矣！王曰'何以利吾国'，大夫曰'何以利吾家'，士庶人曰'何以利吾身'，上下交征利而国危矣。……苟为后义而先利，不夺不餍。"（《梁惠王上》）孟子认为，应该先谈义而后再谈利，反之就会导致天下大乱。因为人们的利害关系往往是相冲突的，若唯利是图，国与国、国与家、家与个人之间都将明争暗斗，甚至篡夺杀戮而无有止境。因此必须首先讲仁义，才能达成社会的安定与和谐。

应该说，孔孟的义利思想都无可挑剔，遗憾的是被后学推向极端。如董仲舒虽然意识到义、利分别为人的心、身之需，却提出仁人"正其谊不谋其利，明其道不计其功"（《汉书·董仲舒传》），观点显见偏颇。道德固然重视动机，但也不能无视效果。陈淳撰《北溪字义》，将义与利的关系等同于天理与人欲的关系，从有所为而为、计较之私、取己便宜、求名之私、徇己自私、徇人情、觊效、外慕等方面区分义与利，不无僵化之嫌，与孔孟的思想相去甚远。

　　另一方面，几乎各个时代都有重利而轻义的思想家。他们也是在关注人类社会的治理与发展问题，不当归于小人之列。先秦的法家是典型代表。从道德角度看，普天之下小人多而君子少；法家求治天下，更多着眼于小人，基本方式是诱之以利、罚之以暴（制暴）。韩非认为，儒家"去求利之心，出相爱之道"（《韩非子·六反》）的主张是一种迂腐之见；照他看来，人与人之间是赤裸裸的利益关系，例如造车子的人希望人们富贵，做棺材的人希望人早死，这并不意味着前者有德而后者缺德，而是利益驱使所致（《韩非子·备内》）。后世虽然明确赞同这种观念的人甚少，但崇尚事功者对于重义轻利的汉儒和宋儒进行了猛烈的批判。叶适曾指出："'正谊不谋利，明道不计功'。此语初看极好，细看全疏阔。古人以利与人，而不自居其功，故道义光明。后世儒者行仲舒之论，既无功利，则道义者乃无用之虚语尔。"（《习学记言》）

　　合义利为一的观点早在春秋时代就已经很普遍，战国时代的墨子学派更有理论的阐述。在墨子看来，"万事莫贵于义"（《贵义》），义为"天下之良宝"，在于它"可以利民"（《耕柱》）。墨家所撰的《经上》甚至直截地断言："义，利也。"这一学派以"兼相爱，交相利"为最高的道德准则，认为行义的实质就是爱人、利人，因而大力鼓吹兴天下之利。明清之际，学界趋向于务实，功利被提到重要地位，颜元主张将董仲舒的观念改为："正其谊而谋其利，明其道而计其功"（《四书正误》），应该说甚为公允。义为应然的原则，利为现实的事功，前者须表现于后者，后者当以前者为准绳。

　　我们作这样的梳理其实主要考虑的是字面意义，应该说，除了韩非等法家和程颐等部分理学家之外，绝大多数先哲是兼重义利的。他们表述的观念不同，首先在于所处的时代境况不同，希望能够救社会之弊，如孔孟就是如此。义与利是社会发展中永远存在的矛盾方面，一个历史时段出现偏移是事物发展的辩证法，哲人觉察到社会偏离了正轨，于是因时因地表达对另一端的呼唤。例如改革开放之初，我们应该肯定争利观念以唤醒吃惯了"大锅饭"的人们；而经历几十年的蓬勃发展后也许应该更强调义，以制衡一些人对财货的贪婪而至于不择手段的卑劣行径。其次与他们所讲的概念并不同一有关。"利"就范围而言有三重含义：一己之私，群体之共，天下之公；简言之，即利己、利群、利天下。孔子称小人喻于利是就前者而言，墨子讲义即利是就后者而言，梁惠王讨要利国之方是就特定群体而言。如果仅以利为一己之欲的满足，墨子肯定会贬斥；如果以利为天下之公益，孔、孟必定也赞赏。

　　一般而论，利与义都为人的生存所需。利以养身，义以养心，处在社会中生活的人，缺一不可。对于社会集团来说，义以正德，利以厚生，二者兼之才能健全发展。

　　事实上，趋利避害是动物界的天性，因为它是维护生命的必需。人类也不例外，必须首先解决吃喝住穿之类基本的生活问题，然后才有余力从事其他活动，包括文化的创造等。我们完全可以说，谋利是个体生活的强大动力，是社会发展的巨大杠杆。从政治经济学的观点看，天下熙熙，皆为利来，天下攘攘，皆为利往，必须重视功利，因势利导，才能从基础层次上促进社会的发展进步。任何鄙视功利的社会学说，都是不切实际的空谈。

　　然而不同的文化领域毕竟存在分工，道德哲学虽然不应鄙薄功利，却必须更为强调道义，因为人们在社会生活中充满利害冲突，需要道义予以制衡。义代表着公益和公平、责任和义务，它并不是谋利的克星，而是获利正当与否的准绳。简言之，义公天下之利。如果仅着眼于利，社会的现实就往往是穷在闹市无人问，富在深山有远亲；只有同时强调义，社会的弱势群体才能得到必要的扶助，形成老吾老以及人之老、幼吾幼以及人之幼的和谐社会。

　　就个体而言，有利己之心其实无可厚非，但是应该有一个限度。俗谚说"人为财死，鸟为食亡"，由于对利的贪求常常驱使一些人如同飞蛾扑火，忽视了生命的价值，最终害了自己。[1] 利己更不能以损人、害人为代价，这就需要见利思义而不是见利忘义。遗憾的是，当代社会生活中，见利忘义的情况比比皆是，诸如大陆的奶粉含三聚氰胺事件、台湾的塑化剂风波，等等。能否跳出"为富不仁"的怪圈？"日本实业之父"涩泽荣一坚持义利合一的成功经验值得借鉴。

---

　　[1]　武则天深谙人心的这一弱点，为了加强统治，她利用周兴、来俊臣等酷吏经常杀戮官员。有位大臣见她如此冷酷无情，谏言道："您这样杀人，谁还敢当官为朝廷效力呀？"武则天听后不急不恼，只是让那个大臣晚上再来一次。当天晚上，武则天让人在庭院里点了一把火，黑暗中的飞蛾见到火光便纷纷扑来，结果飞来多少，就烧死多少，可是飞蛾却仍前仆后继。武则天笑着对那位大臣说："飞蛾扑火，自取灭亡。这叫本性难移吧！只要有高官厚禄，要当的人会源源不断，哪里会杀得尽呢？"

　　涩泽荣一（1840—1931）一生的业绩非凡，参与创办的企业多达五百余家，包括银行、保险、矿山、铁路、机械、印刷、纺织、酿酒、化工等日本当时最重要的产业部门。他把来自中国的儒家精神与效仿欧美的经济伦理合为一体，奠定了日本经营思想的基础。在他70岁寿辰时，有位画家送上一幅画以示敬意：画面上有一把刀、一顶礼帽、一个算盘和一本《论语》。其中刀象征武士，礼帽象征商人，算盘代表经济，《论语》则代表道德。涩泽因之将自己论述经营思想的著作题名为《〈论语〉与算盘》。

"《论语》加算盘"其实是"义利合一"的代名词，也成为涩泽荣一现代经营思想的象征。他提倡以儒家思想和道德伦理作为自己的立足点，吸收了西方资本主义经营之道，成功地实现了经济思想由传统向现代的转化，被看做"儒家资本主义"的代表。

　　由于层次不同，义与利的关系往往犬牙交错。相对于利己，利群是义，社会伦理中强调个人要服从集体利益。相对于利群，利天下才是义。发展核武器，对于维护一个国家在世界舞台上的地位是有利的，在某些场合有威慑战争狂人的作用，但是对于全人类来说，全面禁用和销毁乃义之所在。事实上，无节制地扩大研究和试验这样的杀人武器，使一些有良知的科学家深感不义，甚至拍案而起。① 发展社会生产力，满足当代人不断增长的物质和文化生活需要既是利也是义，然而若严重破坏自然环境，不利于人类可持续发展则为不义。著名科学家霍金不久前曾悲观地谈到，由于人类贪得无厌地掠夺自然资源，严重地破坏了环境，地球只能供人类生存两百年，人类必须考虑迁徙到其他星球去。尽管这样的预言过分悲观，未必准确，但是自然环境的恶化不能不引起人们的警觉，当代人应当为子孙后代保护环境。

　　总之，义利之辨联系着前述的善恶之辨，不应抽象地判断孰好孰坏，必须区分不同的层次或场合进行考察。在一定意义上说，利本身就是善，

_____

　　① 美国的"原子弹之父"奥本海默在第一次原子弹爆炸成功后，欣慰之余又为其杀伤力感到恐惧，为人类命运而忧虑，呼吁人们警惕核战争的风险，坚决反对研究威力更大的氢弹，结果被剥夺接触核机密的权利，抑郁而终。无独有偶，苏联的"氢弹之父"萨哈罗夫由于其杰出成就30多岁就当选为科学院院士，获得一系列荣誉，但他逐渐关注核试验所带来的严重后果，认为持续进行下去是不明智的，与当局对抗的言行招致他最后被流放七年之久。

利吾身是善，利吾国更是善，利天下乃至万代则是毋庸置疑的善。我们不能片面地斥责利己，人的族类是由众多的一己组成的；历来的国际关系中，不知或不能利己（国）的便是不称职的领导人。重要的问题是利己与利他尽可能达成协调：己欲立而立人，己欲达而达人；己所不欲，勿施于人。由于迄今为止社会生活中充满利害的冲突，因此必须提倡义的裁制。通常人们讲的义带有特定群体的局限，在义利之辨中需要提升到全人类的层次，是此则义公天下之利——不仅是当今的天下，还应该是千秋万代。由人类趋利避害而认定人性恶，显而易见是荒谬之论，而据此断定人性善更是难以成立。一般说来，只有争利而视他者为敌，害人、害群才是恶。

义利之辨在当代社会生活中仍有很强的现实意义。如果物欲横流，人们为求一己之利而不择手段，无视道义的神圣性，这样的社会尽管可能有发展，但毕竟是畸形的，必然会出现坑蒙拐骗的肆虐，成为缺德者和冒险家的乐园。有鉴于此，我们应该突出强调义的地位。

第十七节 事、象

如果说情与利构成心灵的欲求方面，那么事与象则主要属于心灵的认识方面。由于中国哲学偏重于认识人自身，对于相对外在的事与象的研究是其薄弱环节。事与象无穷繁复与多样，形成人的现实生存环境，人对生存环境必然有所感受和予以应对。象是外在的事物映入主体心灵的表象，事是人参与其间的活动，因而都可以、也应该放在心性领域加以把握。

一 事与理

"事"，《说文解字》释为"职也，从史"，本义当是指记微的官职。在甲骨文、金文中，"事"与"吏"、"使"是一个字。古时"事"可假借为"士"，如《诗经·褰裳》中曰："子不我思，岂无他事？"毛传注："事，士也。"（据段玉裁《说文解字注》）"仕宦"又可作"事宦"。事务当是后起的引申义，《康熙字典》称："大曰政，小曰事。"总之，"事"离不开人，有从事某种事情或从事该事的人的意思，凡是人所作所为所遭遇的都叫事。

古往今来，注重于践行者一般都重视事。《墨子》一书的各篇大都与事功相联系，且构成一个较为完整的系统。《鲁问》阐述道："凡入国，必择务而从事焉。国家昏乱，则语之尚贤、尚同。国家贫，则语之节用、节葬。国家熹音湛湎，则语之非乐、非命。国家淫僻无礼，则语之尊天、事鬼。国家务夺侵凌，则语之兼爱、非攻。故曰：择务而从事焉。"这是说，因各国的不同情况而对症下药，从不同的方面予以劝诫和施救，是《墨子》一书的主旨。的确，其中的篇章大都是有为而发。

清初颜元力主事功，强调实用，认为正德、利用、厚生是社会和人生的三件大事。依此胸臆解读《孟子》，他将其中所讲的"必有事焉"（《公孙丑上》）推崇为"圣贤宗旨"："心有事则存，身有事则修，至于家之齐、国之治、天下之平，皆有事也。无事则道统、治统俱废。"（《言行录》）在他看来，事具有现实性，有事则寻求在现实中有为，无论是内在的修身还是外在的治平，都当围绕着应对现实的实际情况。也就是说，无论内圣还是外王，都需要讲求事功。这种观念尽管不免偏颇，但对于矫正坐而论道的空谈是有益的。

事与理密切相关。事杂而有宗，其中存理；统之有宗，则杂而不乱。事依理而行，理于事而显。处事需要统筹兼顾，认识其内在关系，设计出操作过程，包括分清主次、轻重、缓急等，方为周全。这就要求智力的参与，如前所述，穷理是智之能事。由此可见，获得事功当关注两个方面的理，一为事物本身之理，二为主体的思维之理。墨子学派正是如此，他们一方面相对重视事物之理，如《非攻》中通过器具与鲁班进行工程技术上的切磋推演，另一方面又重视思维之理，如《墨经》的逻辑研究。

在处理人际关系时，事与理的关系更多表现于事与礼。《论语·雍也》记述孔子有言："君子博学于文，约之以礼，亦可以弗畔矣。"明末刘宗周解释为这是"孔门教人定本"。在他看来，君子之学旨在求道，但开始不能不借途于耳目之广，这是博学于文；继而则归宿于身心之近而造其礼者精，礼为文之约或文之体。"博、约无先后，即所博而约之也。博约合一，即事即理，即理即心，道在是矣。"（《论语学案》卷三）文之表现形式很多，所以需要博学；礼为其中的规矩，循礼而能要约。博学关涉事，要约关涉理。

依据事之理，就有可能预期事物的发展进程，因势利导，事半而功倍。《中庸》写道："凡为天下国家有九经，所以行之者一也。凡事豫则立，不豫则废。言前定则不跆，事前定则不困，行前定则不疚，道前定则不穷。""九经"指修身、尊贤、亲亲、敬大臣、体群臣、子庶民、来百工、柔远人、怀诸侯，是古代政治统治者的九件大事。在《中庸》的作者看来，从事这些事情，均须立乎诚。"豫"通预，即预备、前定之意。"凡事豫则立"，是一个很好的处事命题，《中庸》主要从个体的品德、态度方面立论，其实还当兼及方法问题，如事前的筹划和安排等。"前定"不仅需要以德定，而且还须以谋定。也就是说，处事不仅需要德，而且需要智；不仅需要态度之诚，而且需要洞察其理。是此则先事而劳，事至而逸，从容应对而不惑不忧。

美联储前主席格林斯潘青年时代因豫而崭露头角。1950 年，朝鲜战争爆发，美国国家工业委员会非常需要政府对原材料的需求量，可是五角大楼把军用物资的采购计划列入保密范围，外人无从知晓。格林斯潘当时只有 24 岁，在纽约大学还未毕业，为了支付高昂的学费，他自告奋勇来到这家机构做兼职调查员。通过比较分析战前和战后各种可公开的材料，写出《空军经济学》等两篇很长的调查报告，其中计算出的数字与政府保密计划非常接近。格林斯潘的这次成功，引起许多人的关注，为他以后的事业打下了坚实基础。1987 年，他担任了美联储主席，四次连任，在美国历史上所罕见。

获得事功，不只是取决于明理。生活中人们通常用已经做完的事来衡量一个人的能力，用他不肯做什么事来衡量一个人的道德底线。做什么和怎么做，既涉及道德，又涉及智慧。中国古代所谓的"三达德"，也可以看做是主体建功立业所应该具备的三要素。《论语·子罕》记述孔子说过："知者不惑，仁者不忧，勇者不惧。"《中庸》直称知、仁、勇为三达德。它约略相当于西方传统哲学中知、情、意之分：智者以知见长，勇者以意（志）凸显，仁者富有博爱之情。临事不惑、不忧、不惧是成功的重要条件。现代应用心理学将知、情、意量化而有"智商、情商、胆商"之谓。处事须有睿智，依靠智商（IQ），方可不为偶然所蔽，假象所惑，按规律办事，讲究方式方法；须有浓厚兴趣、热爱之情，依靠情商（EQ），从而灵活应对，协调处置；还当有强毅的意志，过人的胆略，即胆商（DQ）。实践证明，智商高的人适宜当高级参谋，情商高的人通常是社交高手，胆商高的人则具有将帅之质。如果三者均达到一定高度，其事业的成功几率就会很高。今天人们已普遍意识到必须智商与情商兼举，其实胆商也很重要，不可轻忽。

　　1940 年，第一家 Dairy Queen 冰淇淋店在美国开业，后来连锁店遍布世界各地。它最具噱头的产品是号称"倒杯不洒的暴风雪"，店员将该冰淇淋送到顾客手上之前，会将它整个地翻转过来。其实很多种冰淇淋都可以做到这一点，但是没有第二家如此有胆量演示给你看。Dairy Queen 有如此的胆量，使它发展为冰淇淋业的巨头。有趣的是，这家企业的英文缩写正好也是"胆商"的缩写。

　　应该承认，事业的成功也并不完全取决于个体的素质，人们称"谋事在人，成事在天"，确有其道理。谋事应该循理（法则、规律），也就是尽可能掌握事物存在和发展的必然性；但是事物发展变化有很多偶然性，创造了必要条件并不等于占有了充分条件。成事需要充分而必要的条件，其中有些条件是不能为主体所掌控的，人们常归之于命运或天命。这固然表现出某种无奈，不过又可以转化为一种积极、洒脱的处事态度：努力奋斗，热心进取，同时有失败的准备，不至于为坏的结果所击倒。《淮南子》崇尚无为，但也注重事功，其中写道："若吾所谓无为者，私志不得入公道，嗜欲不得枉正术，循理而举事，因资而立［功］。权自然之势，而曲故（即巧诈——引者注）不得容者。事成而身弗伐，功立而名弗有。"（《修务训》）应该说，这是一种很高的境界。

　　佛家也讲事，尤其是华严宗，将事与理作为基本范畴研究。然而他们的理论主要就精神活动而言，缺少现实的实践的品格，我们将在后面的境界论中讨论。

　　事外在地看是人的实践活动，内在地看是主体对行为的筹划，因此它一端联系着合目的性，一端联系着合规律性。处事的过程贯穿着"是什么"和"怎么办"的矛盾，后者涉及义利的选择和事理的遵循，前者则涉及现象的认知和事理的把握。

二　象与知

　　俄罗斯有句谚语："看衣接客，量才陪客。"虽然格调不高，但很务实，其中揭示了待人接物之事需要观察对象从而采取相应的态度。观察对象便涉及现象的认知。

中国传统哲学以"象"称谓事物的现象。"象"本为一种大兽之名，是象形字，像盛产于东南亚一带的大象之形：长鼻长牙，有四足和尾巴。后来普遍用于指称天象、卦象、相貌等事物或人物所呈现的外部样态，如《尚书·尧典》记述尧帝评价共工说："象恭滔天"（貌似恭敬而生性高傲）。为何有这样的转化，可能与人们的想象能力有关。《韩非子·解老》写道："人希见生象也，而得死象之骨，案其图以想其生也，故诸人之所以意想者，皆谓之象也。"若果真是这样，中国文化重视心灵世界的特点，于此也可见一斑。"像"当是"象"的衍生词，表示相似之意。二者互通且可以互训，如《周易·系辞传》曰："象也者，像也。"

狭义的象是指人的视觉所感受到的对象的外观，诸如形状、色彩等；广义的象则是在此基础上还包括听觉、触觉、嗅觉甚至味觉诸元素的集合而形成的形象。俗话说，"耳听为虚，眼见是实"，可见狭义的视觉之象的基础和核心地位。唯其如此，"象"才可以担负起指称事物整体的感性形态的功用。

在《老子》中，实际上默认象是可以认知的视觉形象，而以"大象"指称超越视觉的形象，亦即道。大象无形，在于其"大"，即无限。该书还指出，道具有无声、无味诸性质，也就是强调道超越人类感官所能把握的范围。

孔子讲博学于文，文通常与象一样呈现于视觉，且与理更为接近。只是孔子所看重的主要是学习社会知识而不是获得自然知识。

墨子及其学派对认识论很有研究，意识到人的认识是基于自身的能力"遇物而能貌之"（《经说上》）。"貌"主要指视觉形象，亦即狭义之象；不过也包括其他感觉元素："知，以目见，而目以火见；而火不见，惟以五路知。"（《经说上》）"五路"是指五官，目是其中最重要的一路。知识大多来自于视觉，但视觉的发挥依赖光明；而仅有光明没有人的相应能力并不能知，可见五官是获得知识的门户。

公孙龙对此也很有见地。他曾写道："且犹白，以目〔见，而目不见〕；以火见，而火不见；则火与目不见，而神见；神不见，而见离。"（《公孙龙子·坚白论》）其意是说，人们都认为目能见物，而目因火（即光）才得见，表明目不能独见；然而火并没有见白之能力，因而可以说目与火俱不见。那么是什么让人见物的呢？是精神；但精神之见物，又必因火、以目乃得见。见的活动于是而被解构。

《礼记》所讲的"格物致知"无疑是一个很好的认识论命题，但由于作者的阐释文字亡佚，导致后世的理解多有歧异。从道德哲学角度看，与其说是描述认知（对象），不如说是描述体知（自身），我们将在知行论部分讨论。《易传》重视象的把握，如称"法象莫大乎天地，变通莫大乎四时，县（悬）象著明莫大乎日月"等，但它主要着眼于卦象，因而直接联系着数，结果形成象数学。或许是因为本于这样的典籍，秦汉以后的儒者鲜见探究由现象（象）认知本质（理）的一系列问题，往往直接以理的感悟为旨趣。

直到宋代，"象"才取得指称事物现象的认识论意义，尽管未能形成大的气候。张载在《正蒙》中写道："凡可状皆有也，凡有皆象也，凡象皆气也。"（《乾称篇》）"所谓气也者，非待其蒸郁凝聚，接于目而后知之；苟健顺、动止、浩然、湛然之得言，皆可名之象尔。然则象若非气，指何为象？"（《神化篇》）这些观点主要是针对佛家一味言空而发。难能可贵的是，张载明确将物之象作为认识的对象，他指出："由象识心，徇象丧心，知象者心。存象之心，亦象而已，谓之心，可乎？"（《大心篇》）象为耳目所受，由心而可认识物之象，破解其中之理，于是而获得见闻之知："人谓己有知，由耳目有受也；人之有受，由内外之合也。知合内外于耳目之外，则其知也过人远矣。"（《大心篇》）由耳目所获得的只是象，是外在的；须赖内在的心神之参与和主导，方有知。如果说见闻之所得相当于感性认识，那么心神的主导之所得则相当于理性认识。

在此基础上，王夫之作了进一步的发挥。他指出："多闻而择，多见而识，乃以启发其心思而令归于一，又非徒恃存神而置格物穷理之学也。"将对象的认知与格物穷理联系起来，肯定了认识外物是学问的重要方面，不应弃之不顾。"耳与声合，目与色合，皆心所翕辟之牖也。合，故相知；乃其所以合之故，则岂耳目声色之力哉！故舆薪过前，群言杂至，而非意所属，则见如不见，闻如不闻，其非耳目之受而即合，明矣。"（《张子正蒙注》卷四）这是强调心神在认知外物中的主导地位，其功能主要表现为奠定了选择与综合的基础。应该说，这一观点达到了认识论的相当高度。

然而，我们还当看到，由象知理只是见闻之知，具有相对性和局限性。张载和王夫之虽然给予了关注，但他们毕竟更为重视的是德性所知或天德良知。就精神活动的路向而言，前者可走向科学思维，后者则近于宗教思维。诚如王夫之所说，"物之有象，理即在焉"（《张子正蒙注》卷四），但此理仅为部分事物之分理，先哲更为强调的是知必周知、体天下之物而无不遗的至理，它源于心灵深层的敞亮而非外向求索的结果。所以他们普遍不愿用智于由象穷理，而更倾慕超以象外，得其环中，便是由于孜孜以期返本归根所致。

尽管中国哲学在认识论领域的研究甚为薄弱，留下一些遗憾，但这无损于先哲在伦理道德领域树言立说，展现风流。他们关注于认识人自身，往往将象作为品鉴的对象，让这一范畴既具有道德意味，又具有审美意味。

孔子指出："质胜文则野，文胜质则史。文质彬彬，然后君子。"（《论语·雍也》）所谓野是指失之粗朴，所谓史是指泥于修饰，二者各有所偏；只有将内在的善良品质与外在的完美文饰融合为一体，即文质彬彬，才是君子应有的样态。孟子描述经验道："存乎人者，莫良于眸子。眸子不能掩其恶。胸中正，则眸子瞭焉；胸中不正，则眸子眊焉。听其言也，观其眸子，人焉廋哉？"（《离娄上》）观察人最重要的是观察其眼睛，因为眼睛是心灵的窗户，心灵的律动通过眼睛而自然流露。对一个人如果只是听其言，他可以加以伪饰，藏匿真实；若是盯住他的眼珠，就易于发现其真实面目：胸中磊落，其瞳子之光聚而明；胸有邪僻，则其瞳子之光散而昏。孔孟之说，奠定了中国绘画艺术以形写神传统的思想基础。孟子以形色为人之天性，还提出道德修养的"践形"说，我们将在"知行观"部分阐述。

另一方面，就道德哲学而言，又要求人们不徇于物、不惑于象。尤其是佛、道两家，对沉湎于感性事物的形色持尖锐的批判态度。孔子虽然曾喟叹世人好色甚于好德，并未直接贬斥人之好色，老子则认为五色令人目盲，佛家更以为色即是空。孔子只是就女色而言，老子则泛论万物的外观，佛家更以色为万物本身。的确，包括女色在内，现实生活中人们若竞相追逐富贵荣华之象，往往会导致自我的丧失，出现毛毛虫似的悲哀。

法国科学家法伯发现，毛毛虫有一种"跟随者"的习性，总是盲目地跟随前面的毛毛虫行走。他将若干条毛毛虫放在一个花盆的边缘上，首尾相接地围成一圈，并在花盆周围不到 6 英寸的地方撒了一些毛毛虫爱吃的松针。只见毛毛虫一个跟着一个，绕着花盆一圈又一圈地转，一连几天几夜，它们终于因为饥饿和精疲力竭而死去。

对于这种丧失自我的情况，《庄子》称之为人生的倒悬，《乐记》谓之人化物，都是痛感徇物丧心现象的普遍存在，企求有所扭转，告诫人们不要随波逐流、与俗沉浮，应当明了人生的精神价值。在这种意义上，格物致知不宜指由象获知，而应该理解为摒象致知。[①] 因为人若惑于象甚至溺于象就几无自知之暇，无自知之暇又何谈自知之明?!

三 事、象与情、利之间的关系

事为人之行，总是涉及实践领域；象为物之表，一般只属于认识领域。二者存在明显的区分，但又具有密切的关联。实际上，事不能脱离象，即使限制于人伦之事，仍然要表现为诉诸感官的形色声味等。因此，处理任何事务一方面需要通过象以认知事情的本质和规律，另一方面还往往通过对于相关之象的褒贬评价以体现其价值取向。例如亲贤能、远小人是人们行事常常遇到的问题，区分贤能与小人涉及认知对象，而任用贤能或小人则涉及价值取向。当然，如果是纯粹的认识和改造自然的活动，价值属性相对要薄弱一些，但也有区分和选择良莠之类因素存在于其中。

应该承认，专注于内圣者大多不太关注实际事务的处理和外部物象的认知。这从社会的分工方面看未尝不可，但就历史发展的整体进程而言，则必须以外王的追求予以补充。历史上确有"平居袖手谈心性，临难一死报君王"式的人物。清人李恕谷曾批判宋明理学家说："纸上之阅历多，则世事之阅历少；笔墨之精神多，则经济之精神少。宋明之亡以此。"（《恕谷年谱》）着眼于社会的全面进步，必须崇德广业，内外兼顾。即使在现代，这也是可能的。舒尔茨经营星巴克咖啡厅的理念和实践就体现了德、业并举的取向。

1987 年，年轻的美国小伙子霍华德·舒尔茨在西雅图开办了星

---

① 由此可见，中国哲学对由象穷理的探讨甚少既是其局限性，也有其合理性。合理性与局限性是任何一种理论学说的一体之两面，因此不应以此苛责先哲。关于格物致知的讨论详见下一章。

巴克咖啡厅。由于采用优质材料和先进工艺，颇受顾客欢迎，短短五年间便成功上市。然而在 1994 年，星巴克却亏损了 800 万美元，不得不靠银行贷款维持经营。此时助理建议换成廉价咖啡豆、降低员工工资，舒尔茨没有采纳这种不道德或不人道的做法。经过深入调查，他发现员工由于没有安全感、归属感而缺少责任感是基本原因，于是决定给每位员工购买保险，同时将员工变为拥有公司股份的合伙人。这一"德治"举措让员工们的积极性大大提高，尽力做好服务以争取顾客，促进企业迅速扩展。目前，星巴克在全世界 50 个国家拥有超过 16500 家分店，每天约有 5800 万客人光顾。他将自己的经营心得写成一本书，题目是《将心注入》。其中写道："作为一个企业主，我们要对员工所做的不应该是剥削和处罚，而是给予关怀和爱，以及最大限度的利益。"

这一事例其实又涉及情与利的关系，现实生活中，人们总是得利则喜，情绪积极；失利则忧，情绪消极。化消极因素为积极因素，是发展社会生产力的重要条件。从中我们还能看到，事与利的联系也极其紧密。从事经济活动，基本目的是为了满足物质生活的需求，谋利是做事的主要动力。俗话说，"无利不早起"，正是此之谓。另一方面，利需要通过事而获得，无所事事，天上不可能掉馅饼。重要的问题不是利的获取与舍弃的选择，而在于私利与公利、利己与利众如何达到平衡。如果舒尔茨面临挑战时舍弃利，就意味着其企业要关闭；如果他换成廉价原料以劣充优，或靠降低员工工资以获取更多剩余价值，则是不义的行径；而他通过提高员工福利从而提高其积极性促成事业迅速扩大，正好达到企业主利益与员工利益乃至广大消费者利益的同步满足，是包含着智慧的善举。

事与利关系密切，象与情也是一对伴侣。象是心灵对外在物象的反映，情则是相伴随的体验，二者均基于生理本能，所以常常结合在一起。人们自然而然发生的想象活动，往往是"情瞳昽而弥鲜，物昭晰而互进"（陆机《文赋》）。在原始人的心灵世界中，万物有灵，也意味着万物有情，象与情形影不离。进入文明时期的人类，情分化为情欲与激情（或情致），于是呈现复杂的情形。一般说来，象与情欲结合，就企求直接占有（或逃避）对象，满足一己之需，因而容易导致社会秩序的破坏或事业的损害。例如有些男人一见到美女就弱智，即使是君临天下的皇帝，也常为美色弄得晕头转向。我国历史上甚至曾有千金一笑的典故。

> 周幽王有个爱妃名叫褒姒，长得非常漂亮，但是难得一见她的笑靥。为讨褒姒欢心，一天傍晚，幽王带着她登上城楼，命令手下点起烽火。临近的诸侯看到警讯，领兵赶到城下救援，但见灯火辉煌，鼓乐喧天。一打听才知是周幽王为了取悦于嫔妃而干的荒唐事，于是悻悻而归。褒姒见众人虚惊一场，果然开怀大笑。只是事隔不久，西戎真的来犯，虽然点起了烽火，却无援兵到来，因为各路诸侯以为周幽王又是在故伎重演。结果西戎攻下城池，周幽王被杀。至此西周灭亡。

象与激情结合，主体寓意于物而不留意于物，与对象保持审美距离，形成审美意象。它能让人达到替代性的满足，从而在心理上弥补现实生活的缺失，并且因理想之光的照耀，可以提升人的精神境界。艺术创作或欣赏的过程就是如此。如罗丹在美神维纳斯的雕像前获得的是超越肉欲的感受："抚摸这雕像的时候，几乎会觉得是温暖的"；"你瞧这些金光，像云雾一般的，在神圣的身躯最细致部分上颤动的微光；这些明暗交接线，处理得如此精微，好像要溶化在空气中。……这难道不是黑与白的卓越的交响曲吗？"[①] 在美的欣赏中，人有可能摆脱情欲的羁绊，精神升华于纯洁无暇的境界之中。

以上我们将感性层面的四要素分成两组讨论，事、象通常构成主体认识的对象（事同时还具有实践的品质），而情、利则是主体基于自身的需求对事物的评价。前二者要求主体充分尊重客观的情况，涉及合规律性；后二者则希求外物满足于主体的需要，涉及合目的性。这正好体现了心灵两个系列的对立趋向。四者的排列还存在某种逻辑秩序：按照情—利—事—象的顺序，客观性逐渐增强；反之，则主观性渐次强化。它们刚好与知性层面的四要素相对应：情与其说是性之动不如说更直接地是气之动，利与义是既对立又统一的一对范畴，从事人伦之事需要履礼，把握事物之象则须用智。

在四者中，情与象居于两端，基于人的生理，本身其实无所谓善恶之

---

① 《罗丹艺术论》，沈琪译，人民美术出版社1987年版，第28—31页。

分；利与事则直接涉及人的社会化生存，具有鲜明的价值属性。我们甚至可以说，利与事构成个体与社会、心灵与外界相互作用的拱门：虔诚入门庭可以走向内圣，昂首出门庭可以走向外王。门庭之内需要德的自律，从而制导人的心灵向善；门庭之外需要法的他律，从而惩戒人的行为作恶。德之底线就是法之上线。① 一个和谐的社会，应该以德的自律为基础，同时还须以法的他律为辅助；反之，若人们普遍缺德而只能依靠法律维持，就显然不是文明的社会。由此可见，精神文明是社会文明的基础。

第十八节　显微与经权

本章已经阐述的情、利、事、象四者，涉及主体对外物的认识和评价。认识的对象是外显的，需要透视其内在的实质，构成显与微两个对立方面；事物的评价或事情的处理包含情与理、利与义的矛盾，需要既有原则性又有灵活性，也就是存在经与权的选择冲突。人们追求在认识上能显微无间、在实践中能经权相济，真正实现这二者其实很难。

一　认识：显与微

显与微是事物的两个层面。显为显现，微为幽微；显现者为象，幽微者为理。依象而察理，便能把握事物的性质和发展变化的规律。因此，致力于阐释乾坤推衍而成变的《周易·系辞传》提出了显微说。其中写道："夫易，彰往而察来，而微显阐幽。"其意是说，《易》在时间上能够明察过去和未来，在空间上能够显明事物的幽微。"微显阐幽"可表述为"显微而阐幽"，"阐"是明之意。

---

① 清晰区分德与法的边界是现代社会的进步。新西兰房屋部长希特利是一位资深的内阁官员，多年来致力于住房改革，作风果敢，政绩斐然，被认为是下届总理的热门人选。可是在2010年2月5日之后，一切都改变了。这天他约几个同事与朋友到自己家里共进晚餐，下班后路过一家超市，想起应该顺道带两瓶酒回去。可是身上没带钱，只有一张政府发的用于公务招待的信用卡。他犹豫了一会，有些心虚地刷了约1000新元，拿走了两瓶酒。第二天，希特利回到部里报销了账单。一个星期后，政府的审计员发现这张账单有些蹊跷，于是报告审计长。审计长感到事情关涉公款私用，不仅是道德问题，还触犯了法律，于是立案调查，很快弄清了事情的来龙去脉。不久媒体获知此事，连篇累牍地进行了报道，更引起轩然大波，民众举行示威游行，抗议政府官员的腐败。尽管希特利早就退还了酒钱，并向公众做了诚挚的道歉，但他仍然不得不辞职，并且要承担法律责任。

　　这一观点出现于《系辞下传》，与《系辞上传》的相关论述文字在逻辑上一脉相通："圣人有以见天下之赜，而拟诸其形容，象其物宜，是故谓之象"；"寂然不动，感而遂通天下之故"；"通其变，遂成天地之文；极其数，遂定天下之象"；"夫易，圣人之所以极深而研几也。唯深也，故能通天下之志；唯几也，故能成天下之务。"贯穿于这些论述中的逻辑关系可以概括地表述如下：

显——象——感——文——几——务……
微——赜——通——数——深——志……

　　其中"赜"为幽微之意①，"务"也就是事。在《系辞传》的作者看来，外在的事、象之中蕴涵着深刻的精微之理，认识它的方法是感通，揭示它的方法是显微。"显"与"微"是相对的形容词，在哲学中也常用做名词；"显"又可用如动词，表示使之显。

　　程颐解读《易传》，对此有很好的发挥。其《〈易传〉序》中写道："至微者，理也；至著者，象也。体用一源，显微无间。"在另外的场合他还谈到："至显者莫如事，至微者莫如理，而事理一致，微显一源。"（《语录》二五）可见他所理解的"显"是象与事，而"微"则是理，显微无间也就是事理一致。体用关系与之相通，理为事之体，事为理之用，二者相互涵摄，故可谓一源。其门人和静夸赞"体用一源，显微无间"两句说得太露，泄漏了天机，不免恭维过甚。虽然如此表述极其凝练，但类似的观念在魏晋玄学和隋唐佛学中早已有了，华严宗的分析还要细密得多。

　　程颐本于《易传》的既有思想，吸收玄学和佛学而提炼出的这一命题影响甚大，常为后世学者所谈及。朱熹解释说："体用一源者，自理而观，则理为体、象为用，而理中有象，是一源也。显微无间者，自象而观，则象为显、理为微，而象中有理，是无间也。……且既曰有理而后有象，则理象便非一物，故伊川但言其一源与无间耳，其实体用、显微之分则不能无也。今曰理象一物，不必分别，恐陷于近日含糊之弊，不可不察。"（《答何叔京》）在他看来，"体用一源"与"显微无间"讲的是一

———————
　　①　赜通常指精微、深奥，《系辞上传》另有"探赜索隐，钩深致远"之语。朱熹训为杂乱冗闹，此不采。

个意思，只是观察点有所不同：前者是从内在之理考察，由体及用；后者是从外在的象着眼，由显及微；两句话都是强调本体与现象互不相离，不能截然划界，分割开来。不过毕竟需要有体与用、显与微的观念之分，若将它们看做是一物，便会造成思想含混、模糊的弊端。

朱子之释，总体上甚为允当。但程子言"体用"与"显微"似乎并没有考察角度的分别，当是朱子的创造性发挥。且看程子的后一段话，它分别以"事理"取代"体用"，将"显微"表述为"微显"。如果再注意到他用"一致"代替"一源"，同时又用"一源"取代"无间"，那么我们可以说，在程子看来，两个命题其实含义相同，只是言词表达有异。程子重在将现象与本体和合，朱子则强调在观念上当有所分别，确有补弊之功。顺此我们还可以延伸一层说，显、微的对立统一应当偏重于从心知方面把握，体用则更应该考虑人的践履：用不能只是心之用，还当付诸行动。

通俗一些阐释，我们可以从三个方面界定这两个命题。就心灵的结构而言，感性层面的象是显，是用；志性层面的理是微，是体。前者是个别，后者是一般；个别中蕴涵一般，一般总是呈现于个别。就心灵对于事物的认知而言，其象是个别、有限的，直接诉诸人的感官，是显；其蕴涵之理是一般、无限的，必须心灵予以体认，是微；将有限与无限叠合为一的是感而遂通的直觉工夫。如果延伸于人的实践活动，则要求尽管从事的是日常事务，当能体现通天下之志；通天下之志是体，日常事务是用，人们当追求体用一如（第九章将予论述）。

无论是《易传》作者强调的感而遂通还是程颐所强调的即事即理，其实都是指主体的一种直觉工夫。直觉有三种形式：一是感性层面的"直观"及体验，克罗齐认为审美或艺术的直觉就属于这一类；二是知性层面的"觉察"，即接触某一事物的现象直捷把握其本质和内在联系，这是科学活动所珍贵的，但它所抵达的是局部、有限的领域；三是志性层面的"觉悟"，一般说来尤为宗教家或哲学家们所重视，柏格森所讲的直觉就是如此，他要求穿透有限之事象，直接与蕴涵于其中的"独一无二的东西"相契合。中国古代哲人倡导感而遂通或即事即理当属第三种，它旨在把握事物之本体，呈现天下万物之至理。关于先哲的直觉或感悟的工夫，我们在下一章将要详加探讨。

对于能否达到即事即理，人们完全有理由抱怀疑态度，因为从个别到一般、从有限到无限的认识飞跃实际上很难达到。即使如此，作为一种理想定向，提出显微无间说仍有其重要的价值，因为它倡导人们在观照日常的事象时，积极地寻求超越，将有限的现实对象与无限的精神追求统一起来，目击道存，呈现神圣。

二 实践：经与权

现实生活复杂多样，按照某些训条往往难于正确取舍。而既有训条本身也可能相互矛盾，例如称"狭路相逢勇者胜"固然有理，但"退一步海阔天空"之说也能成立；"宁为玉碎，不为瓦全"的气节受到人们的赞赏，"留得青山在，不怕没柴烧"的明智也值得肯定；等等。临事的取舍贯穿着经与权的矛盾。

所谓经，本义是纺织品的经线，此指社会生活中的伦理纲常，构成原则性的方面；所谓权，本义是秤锤，此指临事所需的掂量和权变，构成灵活性的方面。譬如按照我国的传统，男女授受不亲，要求保持一定的距离，尤其是叔嫂之间。这被人们看做是日常之礼，也就是经，但是当遇到嫂子溺水这样的特殊情况时，小叔是否应该伸手相救？若还顾忌授受不亲的训条而袖手旁观，则犯了既不仁又不智的错误，所以此时应该舍经从权。孟子在《离娄上》中分析了这一事例，看似简单却很典型。

然而，分辨经与权之间的界限其实并不是一件容易的事情。由于处世的原则存在不同的层级，因而形成问题的复杂性，对于经与权常常出现不同的判断。孔子曾告诫说，"危邦不入，乱邦不居。天下有道则见，无道则隐。"（《论语·泰伯》）宋儒认为这是经，而他在佛肸召请时又打算前往，与其前述主张相冲突，是因时而变，故为权。从张敬夫、朱熹到陈淳，都持这种看法。应该说，另一种阐释也是可以成立的：像印度的圣雄甘地那样①，居危乱之邦以淑世救民才是经，是常理之所在，道义之应然；危邦不入、乱邦不居只是明哲保身，应属于权——当然，避免置身危险境地以便为社会作出更大贡献，虽为舍经从权，但也合道；应佛肸召请则是更大幅度之权。程颐认为"权只是经"（《二程遗书》卷十八），观念甚为保守，只能说说而已，很难付诸实践。例如依经寡妇不能再嫁，但是当他一个侄女成了寡妇，其父考虑到女儿年轻且日后生活没有保障，积

---

① 耶稣更是如此。只是他是否为真实的历史人物，难于查考。甘地的相关事迹见本书第十节。

极帮助女儿再嫁。程颐不仅没有责备此事，反而在为她父亲写行状时予以称赞，这种行为本身正好否定了他自己的上述论断。

事实上，经权相济是社会实践活动中一种很高的境界，尤其在集体行为上难以达到步调一致。孔子曾指出："可与共学，未可与适道；可与适道，未可与立；可与立，未可与权。"（《论语·子罕》）这段话区分了四个层次：有些人可以和他们一起学习，在学习中各有所得，互不妨碍；但是可以共学的人未必志同道合，奔向同一崇高目标，即适道；在志同道合者中间，又有一些人未必能一起走到底，只有信念坚定、意志强毅者才能一起坚守其道，力图立德立功；在这些择善固执、力图立德立功的人中间，又有一部分不能因时制宜，与时俱进，在权变上达成一致，从而出现分化。联系中国的现代革命史，孔子所讲的共学、适道、与立、与权四个层级能够找到很多例证，可见其很有道理。

固执于经会妨碍事功，迷恋于权又可能流于油滑乃至奸滑。在生活实践中需要把握好其度量的关节点，守经而不至于固执死板，从权而不至于丧失原则。

由于心中道义观念的充盈，在应对社会生活的复杂性时，总体上看孔子之后的一些醇儒在舍经从权方面做得不够，因此常被时人视为迂阔。孟子的时代，秦用商鞅富国强兵，楚、魏用吴起战胜弱敌，齐威王、宣王用孙子、田忌之徒而诸侯东面朝齐，天下正务于合纵、连衡以攻伐，而孟子到处宣传唐虞三代之德，从内圣方面看是完全必要的，可以对社会发挥一定的制衡作用，但要求一些政治统治者以之为外王之道，则不免"迂远而阔于事情"（《史记·孟荀列传》）。南宋孝宗时，国家的当务之急是北伐，收复两京，但朱熹只知道对孝宗讲"正心、诚意"的道理，不切社会的实际需求，让孝宗感到厌烦，告诉他别再啰嗦了。而朱子却说："吾生平所学，惟此四字，岂可隐默以欺吾君乎？"（《宋元学案·晦翁学案》）刘宗周认为经是权之体，权是经之用，合而言之就是道，观点与程颐接近；当皇上问及兵事时，他回答说："臣闻御外亦以治内为本，此干羽所以格有苗也。皇上亦法尧舜而已矣。"皇帝回头对身边大臣说："迂哉，刘某之言也！"（《明儒学案·蕺山学案》）道德哲学中的经权之论往往偏重于经，讲求道义原则的坚持；政治实践的经权选择更偏重于权，关注获得事功的各种手段。道德需要弘扬理想，政治更要正视现实，处理经与权的矛盾，必须兼顾理想与现实。

徐干回顾春秋战国的历史，认为政治统治者守经而不知权者往往导致亡国杀身的结局。例如，"徐偃王知修仁义而不知用武，终以亡国；鲁隐公怀让心而不知伪诈，终以致杀；宋襄公守节而不知权，终以见执；晋伯宗好直而不知时变，终以陨身"。鉴于这些史实，他归结道："仲尼曰'可与立未可与权'，孟轲曰'子莫执中。执中无权，犹执一也'。仲尼、孟轲，可谓达于权智之实者也。"（《中论·智行》）经权之辨追溯于孔孟是有根据的，将权与智紧紧联系在一起也不无道理。徐干生活于三国时期，深切地体会到权智的重要性。

汉儒中的春秋公羊派最先明确地将权与经对举，主张返经合道为权，为后世学者广泛认同。程颐企求维护至淳之道，认为汉儒都没有理解"权"之正义，有肯定变诈、权术之偏。程子关于经与权的观点虽然不免僵化，但这一担心并不多余。按照某些论者的看法，三国时代的人士才最为知权，普遍懂得从权；然而众所周知，三国时代的杰出人物多是军事家，兵不厌诈是军事上的原则，克敌制胜之权几乎无道德界限可言，因而是用权的极端情形。一般而论，经、权之辨与义、利之辨密切相关，虽然从权并不等于谋利，但过分看重权变、权术，有可能导致人们热衷于因利（包括避害）而舍义，从而越出道德的底线。

在日常生活中，处理经、权矛盾的原则一般是：权衡利弊之轻重，两利相权取其重，两害相权取其轻。墨子学派早就认识到这一点，《大取》写道："权轻重之谓权。……利之中取大，害之中取小。"其中还举例说，遇到强盗，有可能丧身，是大害；能断指以免身，则只是小害，相对而言也可谓之利。若就近取例，现实常有这类情况，一个向来循规蹈矩的司机，有一天突然不断闯红灯，直奔医院。他清楚地知道，不能闯红灯是交通的规则，也就是所谓的经，但是他的车里有一个孕妇即将临产或有一个病人需要急救，为了乘客的生命，他宁可自己受交通处罚也要争速度，这是权。在这种场合，权的确是经的延伸，因为交通规则的制订主要是为了保护人们的生命安全，而这位司机所做的同样是为了乘客的生命安全，交通警察应当免予处罚才是。两利相权取其重，并非出于别无选择，道德哲学一般不予关注，政治哲学则不然；两害相权取其轻则是出于不得已，道德哲学与政治哲学于此达成一致。

然而，掂量事情的利害轻重也并不容易，因而给人的选择带来诸多困难。且看不久前发生的一个事例：

2010 年 8 月 20 日下午，在武汉长江大桥武昌桥头，一个 20 多岁的男子不慎滑入长江被水冲走。正在旁边玩耍的 13 岁少年陈清旭见状跳入江中相救，不料就在他准备拉住落水青年时，竟被对方拽住了腿，两人于是一起沉入水中。后来有一些成年人陆续前往施救，已找不着他们的身影……

这位英雄少年是个初中学生，他的行动雄辩地证明了个体心中的确有良知良能，因而让人们肃然起敬。按照其水性，在没有干扰的情况下的确有能力救出落水者。如果他没有及时施救，似乎是不道德的，违背了经；但他对于落水者的干扰缺少准备，结果一起沉没，不曾用权。人们事后普遍惋惜他当时没有掂量一下自己的能力，为何不转而向大人求助。须知在千钧一发之际作出选择，远比人们想象的要困难得多！

三 理想：从心所欲不逾矩

前面比喻说，事与利二者构成个体同外界互相作用的拱门，认为虔诚入门庭有可能达到内圣，昂首出门庭有可能达到外王，都只是就"可能"而言。在肯定某种可能的时候，其实并不排除其他许多可能，最好的可能属于理想一端，而现实一端则存在许多坏的可能。

内圣与外王正好关涉理想与现实的矛盾。诚然，二者都体现了理想，内圣是要造就理想的人格，外王是期造就理想的社会。但是，内圣属于精神领域，是个体可以独立完成的；外王则属于现实的实践领域，需要在群体中实现。因此，专注于达到内圣，只要个人紧紧抓住"应然"即高扬理想的旗帜就可以了，而专注于实现外王，除了最好有个体人格达到内圣的条件之外，还需要充分关注群体的"实然"，甚至不排斥有时与狼共舞、与魔鬼周旋，所以必须有现实主义的态度。

如果说显微无间主要关涉的是内圣，在精神领域就可以完成，那么，经权的矛盾更多关涉于外王，必须在现实实践领域予以处置。由此可见，经与权的矛盾实际上越出了道德哲学的范围。道德通过精神的领悟和传播调节民众内部的关系，固然奠定处理经权矛盾的基础，但是还必须考虑罪恶势力的现实存在，因而必须有兵家的策略和手段。用权的限度当是滑动于道德与兵法之间，前者构成处事的原则性，后者体现处事的灵活性。既有原则又很灵活，既能坚持道义又能达成目标，实为内圣与外王的结合，因此是很高的境界。如果说，摩西领以色列人出埃及时在西奈山上的愤怒是基于道德考虑，那么，孔子作为鲁国大司寇摄相事不久就诛杀了政敌少正卯，则接近于兵家之所为。

超出了道德领域，就不宜以道德处之，否则就流于迂腐。由于人是一种具体的感性存在，感性欲求力量之强大，决不能被低估。休谟说得好，大苏丹从不把他的嫔妃托付给他的卫士们的德行，而是托付给他们的无能。中国古代宫廷收养阉宦，也是正视现实的举措。在道德难以完全制约的地方，需要法律予以限制和制裁。当代有些国家对奸淫未成年少女的罪犯采用"化学阉割"的办法，也是不得已的舍经从权。情色之外，对于财富的贪婪更让一些人丧失本心，堕落到连禽兽都不如的地步，哪里还能以父子之仁、兄弟之义度量？

　　　　2010年安徽淮北市发生一起骇人听闻的事件，从事建筑工程的千万富翁遭到亲弟弟的一再谋害。这位富翁和父亲一起打拼建立了家业，但是有一个不争气的弟弟从小娇生惯养，长大后好逸恶劳，吃喝嫖赌，不愿劳作而只知挥霍。在父亲患癌症住院期间，他的心思居然集中于如何去掉哥哥，以便继承全部家产。先是高价雇用杀手在家门口伏击哥哥，致其昏迷却未丧命，没有达到目的。既而买通患有艾滋病的按摩女抽出身上的血液，让她趁哥哥在病床上昏昏欲睡时注入他的体内，只是由于血液离开人体时间长了一些，未能生效。随着按摩女被抓获，这一为了财产继承而谋害亲兄弟案才真相大白。

由此可见，教育、防范、惩罚都是处人伦之事的必备手段。孔子致力于道德教育，但不排除法律的惩治，与儒家的后继者孟子与荀子相比较，也可谓是金声而玉振。

关于德与法，《淮南子》有一段论述代表了上古时期人们的看法："故圣人所由曰道，所为曰事。道犹金石，一调不更；事犹琴瑟，每弦改调。故法制礼义者，治人之具也，而非所以为治也。故仁以为经，义以为纪，此万世不更者也。"（《氾论训》）这段论述显然吸收了儒家的观点，强调德治是基础，法制是手段。在作者看来，德本于道，万世不变，是经；法依于事，常有变更，是权（该篇后文还有天下无常法的表述）。的确，理想的社会治理，应该是以德治为主，法治为辅。

儒家倡导仁且智的品格，涉及内以修德，外以修治。仁为人之德，智为人之才，只有德、才双高，处事才能较好地达成动机与效果的统一。据传，韩国前外长潘基文从小就显露了这样的优良品格。

> 潘基文有兄弟三人。在他很小的时候，亲戚送给他家两筐桃子，一筐熟透了，一筐刚成熟。父亲问孩子选择怎样的吃法。大儿子主张先吃熟透了的，能减少浪费；二儿子主张拣好的吃，剩下的烂掉也不后悔；老幺潘基文提出了不同的想法：将两筐桃子混合，然后分给邻居一些，这样就不会烂掉一个桃子了。父亲认为这是一个既智慧又仁厚的办法，予以赞许并采纳。成人后的潘基文能在政治舞台上较为得心应手，直到担任联合国秘书长，这当是其基础条件之一。

就内圣外王的追求而言，德与才相结合的最高境界当是《周易》所讲的既能通天下之志，又能与时偕行。我们可以说，天下之志是体，是微，与时偕行是用，是显；时时处处能省察或体现通天下之志，就是体用一源，显微无间。通天下之志意味着循道立德，可谓之经，而与时偕行则意味着因时因地而调适改变，可谓之权。在生活中真正能够时时处处将二者完美结合在一起的，唯厚德而睿智的圣人而已。①

应该说，历史上从来就没有出现过毫无瑕疵的圣人，因为这样的圣人其实是神人，只存在于人的理想中。孔子在世时，自己就不敢接受这一桂冠，而以尧、舜、周公为圣人。他自述七十而从心所欲，不逾矩，固然不会是虚言，但可能与他已退居书斋，从事教学和整理典籍有关；若是继续仕鲁或奔波于列国，就很难达到从心所欲的境界了。后人奉孔子为圣人，是基于心灵的志性需求而加以神化的结果。由于社会生活的复杂性，完全达到显微无间、经权统一几乎是不可能的。这只是一种理想，人们在从事实际事务时应该尽可能努力趋近，臻于至善而非真正达到至善，因为人不是神。何况即使是较为人性化的奥林匹斯山上的众神如宙斯、阿波罗等，在某些场合也很难把持住自己。

内通天下之志，就要求外谋天下之利。从理论上说，如果民族的、国

---

① 《周易·系辞上传》："圣人以通天下之志，以定天下之业，以断天下之疑。"

家的或教派的利益与之冲突，就应该予以修正，这样那些纳粹分子之流就没有了市场；如果个人的作为与之不符，就应该予以放弃，这样就会少一些害群之马。问题在于现实生活中充斥着个体与群体、群体与群体之间的利害冲突，人们往往都自以为善——或善待自己，或利于某一群体，遮蔽了利天下的标准，的确如庄子所说，是非观念樊然殽乱，让人难以辨别。诸如此类，要达成个体、群体和全人类的利益协调一致，何其难哉！

情、利、事、象诸因素的结合让人产生各种各样的意念，既营造了精神生活的丰富多彩，又可能带来意志的他律，让心灵为外物所羁绊。王夫之或许注意到这种情况，他依据个体心性中意、志的构成比例区分出四种人格类型："小人有意而无志，中人志立而意乱之，君子持其志而慎其意，圣人纯乎志以成德而无意。"（《张子正蒙注·有德篇》）显而易见，这种意义的圣人其实就是神，虽然在现实生活中未必存在，但是可以为人类生存树立一个典范，成为召唤人们努力趋近的目标。

耐人寻味的是，认知本来是一种服从外物的活动，先哲却要求与内在的体道相联系，强调显微无间；实践是实现自身意愿的活动，先哲又意识到不必拘泥于常规常理，临事可灵活对待，强调经权相济。在观念和实践中追求二者的完美结合，可谓是极高明而道中庸。道不远人，任何个体在某些场合达成二者的较好结合，在宽泛意义上他就是已经成圣——援释家的"立地成佛"之例。

本章小结：本章阐述情、利、事、象四者的涵义及其与其他心性因素的关系。四者的排列存在某种秩序。情与象居于两端，基于人的生理；情由身心而起，象由感觉而得，从西文的词源上，"感性"具有情感与感觉两重涵义。利与事则直接涉及人的社会化生存；利为满足人的生活需求，事为生活中的各种所务，二者构成出入于内圣与外王的拱门，又可以是导致人堕落的沟坎。它们刚好与知性层面的四要素相对应。

毋庸置疑，感性需求在个体日常生活中具有基础地位。《管子》之言不无道理，仓廪实而知礼节，衣食足而知荣辱。衣食住行等基本生活条件没有保障，必定成为人的当务之急。另一方面，听凭感性欲求的恣肆就会导致个体心灵乃至社会秩序的动荡和混乱，因而道德修养更为强调志性与知性层面对于感性因素的制约。情绪形式与气、志的结合成为英雄激情，与气、仁结合成为爱恋激情，是个体之情向全人类性升华；礼对欲的约束是保持社会秩序的必需，欲的放纵遵循快乐原则，礼的约束遵循现实原则，二者构成个体在社会生活中经常感受到的张力；趋利避害本来无可厚非，但是当有义为基础，义的裁制代表群体乃至全人类的要求；人伦之事当依礼而行，所有的事都宜以理为据；对物象（在心灵中是表象）的把握依赖于智，重在透视其中之理。反过来看，在社会生活中，心灵的深层因素一般都要通过感性层面得以显现。

至此，我们已经大致勾勒出中国传统哲学潜在地揭示的心性系统。古代普遍流行的人格区分恰好吻合心灵三层次的逻辑区分：感性欲求主导日常生活的是小人，知性观念支配日常生活的是君子，志性追求渗透于日常生活的是圣人。① 感性具有个别性、个体性，知性把握特殊性，但有特定群体性的局限，志性则达到一般性，亦即全人类性。

个体一旦进入社会化生存，由于生存的压力及欲壑难填的天性，经常遭遇各种利害冲突。假如只是为情欲与利欲所驱使，可以说人之异于禽兽者几希，人类社会就成为一个动物世界。因此需要将日常的事、象联系于存在的本体，追求显微无间的把握；在社会实践中既要有原则性，又要有灵活性，也就是坚持经权相济。理想的人生境地是既有通天下之志，又能与时偕行，从心所欲不逾矩。如果从可操作的层面看，即是要求以利天下为根本标准，尽可能臻于利己、利群与利天下的协调。②

鉴于上述情形，追寻生存的本体、构建精神的家园是完全必要的。但它并非如荀子所说，是化性起伪的结果，而是出自人类心灵的自觉。如何达到这样的自觉？是我们随后将要研究的问题。

[问题讨论] 当代人的感性欲求异常强烈，有利于社会生产力的快速提高，但也易于造成精神系统失衡甚至崩塌的危险。中国传统哲学中的轻利贬欲倾向有何利弊？柏拉图的人格马车的比喻中对白马与黑马的描述让

---

① 人格的品值（张岱年先生认为迻译的"价值"一词，当为"品值"更佳）问题，在西方也受到重视。据传，哲学家第欧根尼在一次航海中于克里特岛被劫持，并按当时当地的习俗作为奴隶公开拍卖。哲学家竟告诉经纪人："你给我找一位需要一个主人的买主。"一位商人惊诧于这种出乎寻常的非分要求之后，决定将自己的儿子交给第欧根尼教育，任凭他将儿子造就成什么样子，自己则去亚洲经商数年，不予过问。后来，他那原先粗野不堪的儿子回到他身边，居然已成为一个精明、懂礼貌、有道德的翩翩君子！

② 如前所述，道德活动的真正秘密在于精神回归至人生或心灵的根部，然后向枝叶处浸润。

我们领悟人类情感具有怎样的两面性?《周易》倡导通天下之志和与时偕行,能否以之统领显微无间和经权相济?人们常说中国文化饱含着"忧患意识",这究竟是华夏民族的性格特点还是道德文化的一般特点?我们知道,在基督教文化中,耶稣也总是一副忧戚的面孔,为何如此?基督教的《新约·保罗致罗马人书》中谈到良心与情欲的冲突,内心顺服神的律,肉体却顺服罪的律;西方哲人常常描述心灵中天使与魔鬼的交战体验——能否依据心灵的层面之分予以解释?的确,人的口好味、目好色、耳好声、体好逸,但肉体之需难道只能是魔鬼、只能是罪吗?我们依据中国传统哲学,认为命、志、气、义、情、利诸范畴构成心灵的要求自我实现系列,理、仁、智、礼、象、事诸范畴构成心灵的要求和谐整一系列。两个系列蕴涵着动与静、阴与阳、乾与坤、合规律性与合目的性的对立,你能够予以分辨吗?

第三编　知行论

　　从大化论过渡到心性论，简而言之是天生人；现在从心性论过渡到知行论，则可谓之人则天，于是构成一个反馈系统。需要注意的是，由于中国传统哲学主要是道德哲学，其所谓的知多是指心灵深层的天德良知或德性所知的呈现，与着眼于认识外部世界的从感性到知性的路径完全不同。因此，在阐述中国哲学特定的知行观之前，我们有必要探讨其方法论。知行当落实于人格修养和社会实践，因而又联系着人生境界论。方法论是从心性论向知行论过渡，着重论述先哲如何敞亮心灵的第三层面，简言之属于致知。致知当力行，于是成就人生境界。由此可见，知行问题的探讨是本编的主旨。就道德哲学而言，知行论是心性论的落实，同时也是向大化论回归。个体若能与天地合其德，与日月合其明，与四时合其序，就意味着迈向生命的圆满，成为众所仰慕的圣人。

第七章　方法论

方法论涉及认识世界和改良世界的各种活动。它研究思维的方式、方法（知），达成目标的形式、路径（行），因此放在知行论部分是合适的。

在黑格尔的哲学体系中，逻辑学同时又是方法论，亦即辩证法，它包括对立统一、质量互变、肯定否定三大规律，以及现象与本质、形式与内容、原因与结果、偶然与必然、可能与现实诸范畴。在《老子》一书中，较多体现了辩证法的观念。由于中国哲学的主干是道德哲学，我们这里所谓的方法论，主要指致力于体认宇宙特别是心灵的本根，从而获得信仰柱石和精神家园的方法，简言之，即返本归根的途径和工夫。

第十九节　致虚守静

致虚守静主要是道家倡导的方法，但不限于道家。虚与静均是就心灵世界而言，可见其并非向外求取；但二者并无实体性的内容，只是描述心灵的某种状态，致之守之，以期呈现道或太极。

一　老子的体道方法

在《老子》中，体道可表述为"归根"。归根意味着将整个宇宙包括人类社会看做是一棵大树，客观世界演化的进程是由本根生长出主干和枝叶，体道的过程正好是逆向的，须摒弃枝叶而回归本根。王弼解《老》，用"崇本以息末"（《老子注》）概括其精神，甚为精切。

普通人所关注的多是末端，如五色、五音、五味、驰骋田猎、难得之货等，而在老子看来，若沉溺于此，人便发生异化，"五色令人目盲，五音令人耳聋，五味令人口爽，驰骋田猎令人心发狂，难得之货令人行妨。"（第十二章）舍本而逐末，让人们增加了知识，发明了机巧，提高了智慧；相应地，人类建立起自己的价值世界，仁、义、礼等观念鱼贯而出；结果逐渐远离自然的质朴，远离宇宙和人生的本根。"大道废，有仁义；智慧出，有大伪"（第十八章）；尤其是礼，可谓是忠信之薄而乱之首。人们往往孜孜不倦地积累这类观念和技能，即所谓的"为学日益"。

为道者正好相反，他关注的是本根，所以不求日益，但求日损，"损之又损，以至于无为"（第四十八章）。无为便是复朴，能复朴者大智若愚："俗人昭昭，我独若昏；俗人察察，我独闷闷。忽兮若晦，寂兮似无所止。众人皆有以，而我独顽似鄙。我独异于人，而贵食母。"（第二十章）本、末的关系在《老子》中常表述为母与子，"天下有始，以为天下母。既得其母，以知其子。既知其子，复守其母。没身不殆。"（第五十二章）俗人在末端上多能明察，争相为功，体道者则不为所动，看似顽且鄙，但他专心侍奉的是天下之始、万物之母，即与道相守，因而终身不会陷于危殆。

道是一，圣人抱一，为天下式。抱一则心灵至真、至纯、至净：

　　　载营魄抱一，能无离乎？专气致柔，能婴儿乎？涤除玄览，能无疵乎？"（第十章）

"营魄"即魂魄，人持之而抱一，就如同赤子一样纯真。何谓"涤除玄览"？"玄览"亦即览玄（马王堆帛书作"玄鉴"，亦通），更明确一些说是观道。"涤除"可视为"日损"的换一种说法，所要减少的东西正是需要涤除的东西。联系《老子》全书的相关论述，"涤除"当包含两个层次：一是感性的欲望，即贪恋五声、五色、五味及财货等；二是知性的观念，诸如有关仁义的说教，用于机巧的智慧等。通过对感性和知性相关内容的两重摒弃，心胸便至虚至静，犹如一面明净的镜子，映照万物而无隐，那存在于万物生灭之中不息运行的道就能获得呈现。这又可谓是"微妙玄通"（第十五章）。

道既存在于天地中，又存在于人的心灵里。从天地间寻找，无方可执；于心灵中呈现，有法可循。牟宗三先生认为老子的学说是"境界形态的形而上学"①，虽然不免援庄入老之嫌，但对于学术界大多以老子哲学为客观唯心主义的习见的确有矫枉作用。老子是一个在踽踽独行中沉浸

---

① 牟宗三：《中国哲学十九讲》，吉林出版集团有限责任公司 2010 年版，第 95 页。

于冥思的人，他阐述的切身经验是："不出户，知天下；不窥牖，见天道。其出弥远，其知弥少。"（第四十七章）足不出户者是为道，其出弥远者是为学。后者向外求索，其实博而不知（道）；前者则是向心探寻，知而无须博。

心灵是一个小宇宙，归根其实是通过反身叩问而实现的。《老子》中另有一段话清楚地描述了作者通过观照小宇宙而领悟大宇宙的过程：

> 致虚极，守静笃。万物并作，吾以观其复。夫物芸芸，各复归其根。归根曰静，是谓复命。复命曰常，知常曰明。（第十六章）

"致虚"的途径就是涤除，清空所有既藏的东西，包括感性的欲念和知性的观念，心灵就成为一片虚空的区宇；"守静"方能抱一，静为躁君，归根则静，静则复命，复命则得性命之常。当然，其中还隐含着这样的心理过程：有起于虚，动起于静，心灵在至虚至静的时刻，万物以其自然样态一并呈现，周而复始的过程中显露出变化的轨迹；尽管有着千姿百态，其实都要回归其初始；静观其变化和所趋，就能发现其中恒存恒持的东西，此即常。常也就是道，也就是一。观复则"知常"，知常便是大清明。必须注意的是，"万物并作"与"夫物芸芸"都是就浮现于心灵中的意象而言，并非是对外在现实的观察和描述。

由此可见，老子体道的过程其实是精神向内收敛、息末以崇本的过程。其所倡导的日损、涤除、致虚讲的是息末过程本身，而至于无为、玄览、知常则是描述崇本目标的达成。体道而守之勿失，念兹在兹，便是食母、抱一。贯穿于这些观念中的基本理路可展示如下：

息末　日损　涤除　致虚……精神内敛
崇本　无为　玄览　知常……食母、抱一

《老子》五千言，围绕着"观道"与"行道"两个基本问题展开。"行道"是"观道"的延伸，是以觉悟到的天道应用于人事，所以相关论述一般是演绎的，明显带有推论性质。例如，"道常无为而无不为。侯王若能守，万物将自化。"（第三十七章）水近于道，居静而就下，能以"天下之至柔，驰骋天下之至坚"（第四十三章）。于是形成一种奇特的现象，他所宣扬的外王之道不是积极地寻求在社会生活中自我实现，而照样是内敛的，居静、守弱而尚牝，充分地体现了《周易》所描述的坤德。这对于东方民族形成以柔克刚的性格或许有重大而持久的影响。

二　庄子的体道方法

比较而言，《庄子》对于方法的阐述比《老子》更为明确而具体。庄子没有老子那样执着的外王关切，而更为向往个体的精神逍遥，其整体学说的确是"境界形态的形而上学"。我们容易看到，老学偏于宇宙学，庄学则偏于人类学；老学多含政治哲学，庄学则基本属于生存哲学；老子处在社会上层立论，庄子则站在社会下层发声；老子注重处世策略，庄子则要求处世率真；等等。尽管有这些不同，其体道的过程却惊人地相似，都是遵循致虚守静的进路。《庄子》一书多次谈到其方法，最为值得品味的是所谓的"心斋"与"坐忘"。

《人间世》假托仲尼教导颜回说："若一志，无听之以耳而听之以心；无听之以心而听之以气。耳止于听（从俞樾校改），心止于符。气也者，虚而待物者也。唯道集虚。虚者，心斋也。"何谓"心斋"？简言之即心灵达到虚静而让道得以呈现。王夫之的解释较为中肯："心斋之要无他，虚而已矣。气者生气也，即皓天之和气也。……心含气以善吾生，而不与天下相构，则长葆其天光，而至虚者至一也。心之有是非而争人以名，知所以成也。而知所自生，视听导之耳。"（《庄子解》卷四）我们可以更明晰一点说，"耳"是感官的代表，感官一方面与无休止的欲望相关联，另一方面又让外部信息纷至沓来，常常会扰乱人的心灵的宁静；知解之"心"固然能认识事物，但局限于有限的领域，且往往服务于感性欲求，钻砺于功利机巧；因此，只有超越感性之"耳"和知性的"心"，才能达到无限的、个体与宇宙相通相洽的逍遥游的境界。这便是游于天地之一气，便是听气体道。其精神活动的理路如下所示：

1. 耳——听——感性……必须超越（郭象称为遗耳目）
2. 心——符——知性……必须超越（郭象称为去心意）
3. 气——虚——道之所在；达到游乎天地之一气的境界

耳目是人的社会化的感官，庄子为何重视听觉甚于视觉？可能是因为听觉是时间性、流动性、内向性的体验，更能接近生命的真实；而视觉则是空间性质的，在认知外部事物时较多发挥作用。一般说来，注重心灵体验的思想家大多更为重视时间而不是空间，如柏格森、海德格尔等都是如此。

类似的理路在其他篇目也有展现。《达生》篇描写梓庆削木为鐻，有鬼斧神工之妙。鲁侯问其所持何术，梓庆回答说："臣将为鐻，未尝敢以耗气也，必斋以静心。斋三日而不敢怀庆赏爵禄，斋五日不敢怀非誉巧拙，斋七日辄然忘吾有四肢形体也。……然后入山林，观天性；形躯至矣，然后成见鐻，然后加手焉。不然则已，[然]则以天合天。"梓庆是鲁国的大匠，他制作乐器之神妙已进乎道，其秘密主要是"忘"。忘非誉巧拙无疑比忘庆赏爵禄内在，而忘四肢形体则更进一层。连自己的肢体都可忘却，就没有任何人为的滞碍，只剩下精神之天以合自然之天了。

"坐忘"与"心斋"其实展现的是同一心理过程。《大宗师》编了一个故事，讲述颜回多次向孔子汇报自己的修养心得，第一阶段是"忘仁义"，第二阶段进而"忘礼乐"，第三阶段终于达到"坐忘"。何谓"坐忘"？应孔子的要求，颜回解释说："堕肢体，黜聪明，离形去知，同于大通，此谓坐忘。"孔子听后不禁感慨："同则无好也，化则无常也。而果其贤乎！丘也请从而后也。"这段看似无端崖的叙述其实蕴涵着严密的逻辑，剥露开来，庄子及其学派的思维模式清晰可见。为了直观，我们不妨又列如下图表（其中"忘礼乐"与"忘仁义"的先后顺序作了调整）：

1. 忘礼乐　堕肢体　离形（超越感性）无好
2. 忘仁义　黜聪明　去知（超越知性）无常
3. 同于大通（大道、大化）

由于孜孜以求达到自由的精神境界，所以庄子主张必须"离形"，摒弃欲念，使喜怒哀乐不入于胸次（无好）；并且必须"去知"，关闭引发知虑的见闻渠道，排除儒家宣讲的仁义之类滞理（无常）；通过这两重去蔽，心灵便外生死而离是非，于是融入大化，呈现大道。为什么忘仁义在忘礼乐之前呢？因为在庄子看来，仁义是儒家的观念灌输，礼乐则化为人们的生活习惯，所以前者更容易忘却和摒弃。并且，我们不能排除这是基于其切身经验的描述，因为这一向内收敛的过程恰好合乎人脑的生理结构。①

《大宗师》还有一则寓言，讲的是同样的道理。有位女偊年纪很大，面色却像孩童，南伯子葵见了很惊异，问其奥秘，她说是闻道的缘故。南伯子葵于是请教闻道之法。女偊告诉他，有圣人之才未必有圣人之道。若有圣人之才，教之以圣人之道是较容易的事情。依圣人之道而行，三日而后能外天下；已外天下后又守之，七日而后外物；已外物后又守之，九日而后能外生；外生而后能朝彻，朝彻而后能见独。——通常人们以天下为自己之所居，万物为生命之所需，从超脱所居到超脱所需，以至超脱生死，也是一个由外而内逐层深入的过程。这一过程的结果是豁然开朗，仿佛由暗夜转变为黎明（朝彻），感悟那独一无二、莫得其偶的道（见独）。见独则超越时间与空间，个体融于大千，须臾即是永恒。

有理由认为，这是领会《庄子》全书的钥匙。由于相似的逻辑存在于众多篇目中，我们不妨称之为庄子及其学派考察问题的范式。这一范式在中国古代心学中举足轻重，但唯独在《庄子》中表达最为集中、明确和具体。为节省篇幅，且归纳为一简表②：

心灵层面	齐物论	应帝王	骈拇	马蹄	秋水	知北游	过程评点
感性领域	形如槁木	无为事任	骈于聪明	同乎无欲	物之粗	形若槁骸	超越个别
知性领域	心如死灰	无为知主	骈于言辩	同乎无知	物之精	心若死灰	超越特殊
志性领域	吾丧我	体尽无穷	性命之情	其德素朴	不期精粗	真其实知	达到一般

以上三表揭显了《庄子》一书展开论述的基本理路，从中可见庄子体道的方法和路径的一贯性。所谓游心于物之初、得至美至乐等都能依此而得到中肯的解释。

三　儒家中的共鸣者

老庄的体道方法，后世儒家多有继承和发扬。当然，也不能排除是求

---

① 仁义观念形成于新皮层，礼乐习惯联结着缘脑，同于大通则达到人脑最原始的部分。

② 图表所列为简单枚举，不免遗珠。所谓"超越"表现为贬抑或摒除，而"达到"一栏是旨归之所。《骈拇》中的"聪"、"明"联系着声、色，《大宗师》中的"聪明"联系着知，故此表与上表有排位的区别。

索过程中的不谋而合。此处我们仅择要列举，略作评述。

荀子的"虚一而静"法。《解蔽》篇写道："人何以知道？曰心。心何以知？曰虚一而静。心未尝不臧（藏）也，然而有所谓虚；心未尝不满也，然而有所谓一；心未尝不动也，然而有所谓静。人生而有知，知而有志，志也者臧也，然而有所谓虚；不以所已臧害所将受谓之虚。心生而有知，知而有异，异也者同时兼知之，同时兼知之，两也，然而有所谓一；不以夫一害此一谓之一。心卧则梦，偷则自行，使之则谋，故心未尝不动也，然而有所谓静；不以梦剧乱知谓之静。未得道而求道者，谓之虚一而静。……虚一而静，谓之大清明。万物莫形而不见，莫见而不论，莫论而失位。坐于室而见四海，处于今而论久远。疏观万物而知其情，参稽治乱而通其度。经纬天地而材官万物、制割大理，而宇宙里（理）矣。"显而易见，这与《老子》"致虚守静"、"不出户，知天下"的观点相通。荀子倡导将心灵中已贮藏的知识暂时悬搁，避免它对所将受的形成遮蔽和干扰，此即虚一而静；其结果是大清明，精神超越当时当地的局限，认识和实践都切合万物之实际情况。①

邵雍的"以物观物"法。《观物内篇》写道："所以谓之观物者，非以目观之也；非观之以目，而观之以心也；非观之以心，而观之以理也。"这简直是庄子"心斋"之说的翻版，稍有不同的是，庄子讲耳听，通过听气而体道，邵雍则称目观，要求直接观之以理。他又说："圣人之所以能一万物之情者，谓其圣人之能反观也。所以谓之反观者，不以我观物也。不以我观物者，以物观物之谓也。既能以物观物，又安有我于其间哉？"邵雍倡导观物排除"我"在其间，庄子称之为"吾丧我"，二者均旨归于一万物之情（实）。

陆九渊的"剥落"法。陆九渊曾对弟子说："道在宇宙间，何尝有病？但人自有病。千古圣贤，只去人病，如何增损得道？……学苟知本，六经皆我注脚。"（《象山语录》卷一）由于是语录，即他所谓的无头柄底说话，我们无从推断此说是否与老子所讲的"为道日损"有关，但受到道家思想的影响是明显的。"今之论学者只务添人底，自家只是减他底，此所以不同。"（《象山语录》卷一）由这段话可以清楚看出，他认为朱熹之辈教人是为学日益，而他自己教人则是为道日损。这种方法被称为

---

① 荀子有浓重的经验主义倾向，他所讲的虚静远不及老子那样深刻和彻底。

"减担"，又可谓之"剥落"，"人心有病，须是剥落。剥落得一番即一番清明。后随起来，又剥落，又清明。须是剥落得净尽方是。"（《象山语录》卷四）剥落也就是减损，与增益相对，这是他所自诩的简易工夫之一。

王阳明的日减法。另一位心学大师王阳明也说道："吾辈用功，只求日减，不求日增。减得一分人欲，便是复得一分天理。何等轻快脱洒，何等简易！"（《传习录》上）在他看来，人欲不得满足就带来烦恼和负担，若能日减，便是心灵的解放。这又可谓是致良知的基本方法。致良知的"致"，有的解释为推致，其实也可释为使之呈现。去掉物欲的遮蔽，良知便可能自然而然地显现："良知即是未发之中，即是廓然大公、寂然不动之本体，人之所同具者也。但不能不昏蔽于物欲，故须学以去其昏蔽。然于良知之本体，初不能有加损于毫末也。"（《传习录》中）如前所述，遮蔽心灵深层的其实不只是物欲，仅限于去此之蔽还不够全面。王阳明与陆九渊一样，心路的取向是对的，只是分析尚欠具体。

日损法有其逻辑的合理性。正如王夫之曾谈到的，抓住了孙子而问其祖考，则本支不乱（《周易外传》二）。道为母，世间万物犹如其子孙，日渐繁多，若由其玄孙辈寻其曾孙辈，再由曾孙辈追溯孙辈和儿辈，直至达到对道的体认，正是一个不断扬弃个别性乃至特殊性，最后达到一般性的过程。从理论上说它是渐进性的沿流而溯源，由博而返约，而实际运作往往是突变性的息末以返本。这种方法看似神秘，其实先哲都有亲证，它能让人便捷地达到生命的本原，而生命的底蕴可能显现宇宙演变的真实。

第二十节　反身而诚

反身而诚是思孟学派倡导的方法。这种方法也跨越心灵的三个层面：它要求寡欲，注意到智有凿[1]，通过反身观照而呈现良知良能，从而支配主体理直气壮地付诸行动以推动社会的改良。由于它伴随有强烈的要求自我实现的倾向，虽然在理路上与老庄的致虚守静方法不无吻合之处，但另成一家之言；并且，没有任何证据表明两说存在相互借鉴的关系，从发生学角度看，可以肯定二者构成两个思想源头。不过，孟子并没有像庄子那

---

[1] 《孟子·离娄下》："所恶于智者，为其凿也。"

样有明晰的三层面的观念，关于智有凿的讨论甚少，而他对求放心的阐述却可备一说，我们将予以探讨。在《孟子》中，寡欲与求放心主要是从消极方面立论，尽心与诚明则是从积极方面倡导。

一　寡欲

这里所讲的欲，是指人的感性欲求，它既联系着人的认知，也联系着人的实践。仅就认知方面说，它的积极方面是为人们提供了解不同事物的驱动力，科学技术的产生与发展无疑与之密切相关；不过先哲的主要兴趣集中在洞察整个世界的根本道理，并且最为关注的是为人自身立法，与宗教文化极其相似，因而对欲的正面作用往往视而不见，普遍注意于它造成心灵动荡不宁的负面影响。

于是我们看到，无欲与去欲说时有流行。《老子》倡导致虚守静，主张无欲与之具有逻辑的一致性："不见可欲，使心不乱。……常使民无知无欲，使夫知者不敢为也。"（第三章）庄子追求游心，认为嗜欲不仅遮蔽心灵深层的敞亮，而且束缚心灵的自由活动，因而必须予以抑制："真人之息以踵，众人之息以喉。……其耆欲深者，其天机浅。"（《大宗师》）在他看来，"同乎无欲，是谓素朴"（《马蹄》）。宋明时期一些哲人主张存天理而去人欲，从认知角度看，是认为人欲愈减则天理愈明。邵雍就情、性的关系立论，也得出相似的观点："任我则情，情则蔽，蔽则昏矣。因物则性，性则神，神则明矣。……性公而明，情偏而暗。"（《观物外篇》）此处所讲的情，其实是指人的情欲。

比较而言，孟子提出"寡欲"的观点较多具有现实的和实践的品格，为普通人在日常生活中所当行和所能行，这是孟子整体思想的必然延伸。《尽心下》写道：

> 养心莫善于寡欲。其为人也寡欲，虽有不存焉者寡矣。其为人也多欲，虽有存焉者寡矣。

孟子认为，人生来就有恻隐之心、羞恶之心、辞让之心和是非之心，恻隐为仁之端，羞恶为义之端，辞让为礼之端，是非为智之端，因而仁义礼智四德并不是来自外部力量的陶铸，而是天所赋予人的德性，也就是人的本心。养心可以理解为存此本心，使之扩而充之甚至放光辉，充实之谓美，充实而有光辉之谓大，大而化之之谓圣，展现出一条顺进之路。与之相对的还有逆反的情形，如果为人而多欲，那么他就很容易被外在的诱惑所牵制，从而损害甚至丧失其本心。所以从反面着眼，又可以说养心莫善于寡欲。

养心主要关系到内圣，同时也涉及外王。孟子所讲的寡欲虽然看似就每一个体而言，但其针对的现实对象主要是士人和政治统治者。在他看来，士人虽无恒产但可以有恒心，所以任何时候都存在养心和尽心的问题；统治者庖有肥肉，厩有肥马，蓄养禽兽夺人之食，可谓是率兽食人，在其治下民有饥色，野有饿莩，即一面是朱门酒肉臭，一面是路有饿死骨，因此极有必要节制其欲。至于广大的劳苦大众，则几乎不存在寡欲问题，因为他们连温饱都难以达到，正当的欲求都得不到满足，哪有多欲可言？

寡欲说承认人的基本生理需求是合理的，只是要求保持在适当的限度之内。超过这一限度而听凭欲望恣肆，就会丧失本心。另一方面，如果低于这一限度，连基本的生理需求都得不到满足，除了注重思想修养的士人之外，也会迫使人失去本心。孟子注意到，对于劳苦民众而言，他们因无恒产而无恒心，"苟无恒心，放辟邪侈无不为已。"（《梁惠王上》）恒心即常心，在应然的意义上，常心当是本心的现实体现，可是若一个人没有必要的生活资料，过着朝不保夕的日子，哪能期望他有高尚的德行呢？这种看法近乎《管子·牧民》中"仓廪实则知礼节，衣食足则知荣辱"的观点，表明孟子并非脱离物质生活条件而空谈道德修养。

值得提及的是，周敦颐曾批评孟子的"寡欲"说不够彻底。他在任职合州期间，其从学者张宗范在山麓修建了一座亭，周敦颐见而爱之，题名"养心"，并写下《养心亭说》，其中有言："孟子曰：养心莫善于寡欲……予谓：养心不止于寡焉而存耳。盖寡焉以至于无，无则诚立、明通。诚立，贤也；明通，圣也。是圣贤非性生，必养心而致之。"周子此说，既借鉴了孟子的思想，又吸收道家的观点而有所修正，与他在《通书》中的观点是一致的："圣可学乎？曰：可。曰：有要乎？曰：有。请闻焉。曰：一为要。一者，无欲也。无欲则静虚、动直。静虚则明，明则通；动直则公，公则溥。明通、公溥，庶矣乎！"（《圣学》）在他看来，学圣的关键是心灵要一而不乱，即无欲。是此静则明察万物，动则泽及天下。

纯粹就精神的反本归根而言，无欲说比寡欲说的确更为彻底，沉浸在冥思中的哲人，应该、也可以做到什么欲念都没有。然而，就人的现实生存而言，寡欲说更为合乎情理，因为任何人在日常生活中几乎不可能没有欲求，包括老子与周子本人在内；特别是着眼于提高普通人的道德境界，还是以提倡少私寡欲较为现实。

二　求放心

与提倡寡欲相一致，孟子还倡导求放心。如前所述，多欲容易造成人丧失本心，因此，道德修养的一个重要问题是如何恢复本心。孟子撰《告子上》集中讨论了求放心的问题，我们将主要依据此篇进行阐述。

在严格意义上，"丧失"一词其实不够确切，称之为"放失"更为适当。因为依孟子之思，本心即良心，良心即仁义之心；它是人与生俱有的，即使后天遭到损害而游离事外，但仍然存在着，关键是要将它寻找回来，使之呈现，也就是"求"。令孟子感到悲哀的是，人养有鸡犬，如果放失了就知道去找，可是自己的良心放失了，却没有迫切要求将它寻找回来，殊不知"学问之道无他，求其放心而已矣"（《告子上》）。在孟子看来，道德领域的学问不是向外求取，而是发扬和光大人自身本有的善端。

毋庸讳言，现实生活中昧于良心的事例比比皆是，这对人性善的论断形成严峻的挑战。如何解释这种普遍现象呢？孟子以牛山之木为例进行辨析：该树木本来是美的，但由于处在大国的郊外，免不了经常遭到人们的刀砍斧劈，这样还怎么能保持它本有的美？即使以后得到雨露的浸润而长出新鲜的枝叶，却又要供放牧的牛羊享用，所以只能异化成光秃秃的模样。"虽存乎人者，岂无仁义之心哉？其所以放其良心者，亦犹斧斤之于木也，旦旦而伐之，可以为美乎？"（《告子上》）

何以见得人性之美？只要看人有比生死更为重要的价值就知道了。在鱼与熊掌不可得兼的情况下，人甚至能舍生而取义。这并不是唯独贤者所能为，普通人也一样可以做到，贤者只是守之勿失而已。例如，现有一些食物，人得之则生，不得则死。如果像吆喝牲口那样毫无礼貌地施舍，普通的路人都不会接受；如果还践踏这些食物一脚，侮辱性地给予，连乞丐都可能会拒绝。这就证明，任何人其实都有礼义廉耻之心。

现在的问题是，本心是怎么被放失的？孟子于此并没有太多的分析，不过还是提出了一些富有启发性的观点。他特别举例说明财富的诱惑而让人不辨礼义的情形。人的心里本来具有道义的界限，可有些人在面临巨额财富的诱惑时，或是为了宫室之美，或是为了妻妾之奉，或是为了所认识的穷乏者得我之惠，于是导致其本心放失，不能坚守道义原则而受之。提升一些看，感官不能有理性判断，往往为物所蔽，如目好色、口好味等，遇上相关物的诱惑，就被吸引而去，实际上是人为物役。遗憾的是，这些论述可以解释为富不仁，但不能很好地解释春秋无义战。依据孟子的思想我们还应当补充说，观念的蒙蔽和诱惑也是本心放失的基本原因之一，试看春秋间哪一场战争，发动者不曾考虑师出有名？正是一些冠冕堂皇的理由蒙蔽了很多人，甘愿为之抛颅洒血。如果将智有凿的观点延展于此，问题的揭示将更为全面。

怎样找回这放失的本心呢？孟子谈及两点尤为值得注意。一是存夜气。它与养浩然之气应该有关，但孟子并没有明确交代。我们可以肯定的是，存夜气有助于恢复心灵的本来样态，与庄子倡导的听气得道不无相似。白天忙于各种应对的人们，更深人静时不与物接，气息清和，便于回归本心，亦即本真的自己，"夜气不足以存，则其违禽兽不远矣"（《告子上》）。二是充分发挥心的功能。不同于耳目之官，"心之官则思，思则得之，不思则不得也"（同上）。如果说耳目之官表现的是物欲，那么心之官则以理义为取向，理义之悦心，犹刍豢之悦口。在孟子看来，只有确立心为主宰，才能克服感官之欲所导致的昏昧放逸。

正如杨时曾指出的，《孟子》一书的主旨在于"正人心"（《滕文公下》）。形象一点说，就是力图唤回人人心中潜藏的天使。它最为关注的是个体心灵的觉悟，启发人们将内心本有的善端发扬光大。如果说墨子学派祈求通过树立外在的"天志"来为人世立法，那么孟子则肯定立法者就在每一个人的心中，即心灵深层的自由意志，所以孟子最为"尚志"。尚志而评判并祈求改良社会现实，需要广阔的心胸和坚韧的毅力，因而必须有"浩然之气"。尚志与养气是孟子对于儒家内圣学说的突出贡献。尚志意味着居仁由义，仁为人之安宅，义为人之正路。尚志与养气相结合，成就富贵不能淫、贫贱不能移、威武不能屈的大人或大丈夫。

尚志与养气其实都是养心。养心是养体最为重要的部分："体有贵贱，有小大。无以小害大，无以贱害贵。养其小者为小人，养其大者为大人。"（《告子上》）小体指感官欲求，大体则指理义之心。在孟子看来，无论是小体还是大体，都是人的天赋，前者可称之为"命"，后者则是"性"，关键在于个体注重哪一端：一味听任"小体"驱使的是小人，在精神上蓄养、在实践中发扬"大体"者才是真正意义上的大人。如果说，对于普通人而言，道德修养的基本任务是求其放失的良心，那么，现在可以更进一层说，求放心的根本是"先立乎其大者，则其小者不能夺也"（《告子上》）。

孟子讨论求放心的一系列观念中蕴涵的理路大致可表示如下：

感官之欲	不思而蔽于物	放失本心	小体	小人	其小不能夺
理义之心	思之则得理义	回归本心	大体	大人	先立其大者

我们不妨采用《西游记》的故事比喻说明。外物的诱惑犹如铁扇公主的芭蕉扇，现实生活中从其小体者经不住一扇，由于不能自持而随风飘去；从其大体者则犹如腹中藏有定风珠，只管扇你的，我自岿然不动。正因为如此，人们应该珍视"不动心"。

对失掉本心或本性的忧虑在先秦思想界甚为普遍。孔子曾言："君子上达，小人下达。"（《论语·宪问》）上达者明天理、喻于义，下达者徇物欲、唯图利。管子学派指出："无以物乱官，毋以官乱心，此之谓内德。"（《心术下》）由物乱官、由官乱心，正是本心放失的过程。孟子的论述较之前人更为具体。尤其是他开出"先立其大者"的对治方法，意义非常重大。陆九渊自述读《孟子》而醒悟，尤其在于此。当朱子之门批评他"除了'先立乎其大者'一句，全无伎俩"时，陆九渊竟自信而大度地回答："诚然。"（《陆九渊集》卷三十四）

三　尽心与诚明

应该承认，无论是寡欲还是求放心，虽然也表现出反本复初的趋向，但不及老庄那么纯粹和高远。寡欲与求放心是要求多欲与放心者迷途知返，回归道德境界，而老庄的旨趣则是要达到天地境界。不过比较而言，孟子更能直面现实人生，更为积极地寻求克服社会生活中种种弊端的切实易行之策，因此同样难能可贵。

事实上，从独善其身方面立论，孟子所追寻的境界与老庄一样高远，且其旨趣和方法与之有异曲同工之妙。当然他们又各有自身的特点：如果说，老子之学是冥思以为道，庄子之学是游心以合天，那么孟子之学则是尽心以知天且事天。《尽心上》开首就写道：

　　尽其心者，知其性也，知其性则知天矣。存其心，养其性，所以事天也。

　　"心"是人的神明之所在，精神系统的总称；"性"是心灵中的太极，构成心灵最深层的底蕴；"天"泛指整个宇宙，尤其是其中崇高庄严的运行法则；"尽"为极尽其能事，回归其尽头；"其"指代任何一个个体人；"存"为持而不失；"养"为顺而不害。前一句旨在如何"知天"（虽然在语法结构上看似解释"尽心"），后一句旨在怎样"事天"。两句对举，立论精辟。在孟子看来，人与天相通的通道在于心，而天所赋予人的且能充分体现天之运行法则的叫做性，所以"尽其心"也就能"知其性"，如果知"性"也便是知"天"了。既知天就应该努力事天，人事天的根本在于存心养性，即不放失本心，养其大体。

　　张载倾向于将孟子所讲的"尽其心"理解为"大其心"。他写道："大其心，则能体天下之物。物有未体，则心为有外。世人之心，止于闻见之狭；圣人尽性，不以见闻梏其心，其视天下无一物非我。孟子谓尽心则知性知天，以此。天大无外，故有外之心，不足以合天心。"（《正蒙·大心篇》）如此把握很有道理，但什么是"天心"呢？按照儒家的观点，应该是乾健不息和坤厚载物。人心中合于天心的是性，性所自含的二元同天心之二元相对应的当是志与仁。由此可见，所谓知性而知天、养性以事天，其根本在于体认和发扬志与仁之德而已。孟子固然以仁义礼智为四德，但其高明之处还特别体现在尚志而崇仁。正如二程曾指出的，孔子只说一个"仁"，孟子开口便说"仁义"；孔子只说一个"志"，孟子更说到"养气"。孟子通过义与气的延展讨论，大大地强固了仁与志的根基地位，功莫大焉。孟子潜在地达到这样的觉悟，已非老庄以及后来的佛家所能及。

　　尽心其实是反身观照，而知天是此心与宇宙合为一体。所以孟子又说到：

　　万物皆备于我。反身而诚，乐莫大焉。（《尽心上》）
　　夫君子所过者化，所存者神，上下与天地同流，岂曰小补之哉！（《尽心上》）

这两段话刚好与前面那段话相呼应，分别涉及知天与事天，更明确一些说是内圣与外王。

学界（从赵歧到朱熹等）通常将"万物皆备于我"解释为万理存于一心，过于质实，且丧失了原话的浓郁生意。天地万物生生不息，浮现于个体心中，虽然含有理，但并非一个"理"字所能概括，理只是其中的形式因而已。孟子所描述的是心灵体验，它与《老子》所描述的"万物并作，吾以观其复"不谋而合。陆九渊曾谈及"万物森然于方寸之间，满心而发，充塞宇宙"（《象山语录》卷二），迹近于孟子的体验。

"反身而诚"可以看做是尽心的另一种表达，其结果是知性乃至知天，即自诚明。不过中间还存在一个过渡环节，即包含有性为万物之一源的判断。如前所述，孟子对诚明的理解与《中庸》基本是一致的，《中庸》认为，"唯天下至诚，为能尽其性；能尽其性，则能尽人之性；能尽人之性，则能尽物之性①；能尽物之性，则可以赞天地之化育；可以赞天地之化育，则可以与天地参矣。"诚明类似于老子所谓的知常曰明，是一种大清明。

与天地参的自由境界也可以描述为"上下与天地同流"。作为一个德性充实的"君子"（这里其实主要指"圣人"），在外部生活中身之所历，人们无不被感召和感化；在内心生活中心有存主，自在自为，神妙不测，不知然而然。能兼此二者，俯仰动静之间与天地的运行相吻合，这是自由而圆满的理想生存，其德与业远非崇尚霸道者那种小补于世的作为所可比拟，所以尤为值得赞赏。庄子也追求"独与天地精神往来"（《天下》），但是没能像孟子这样要求泽及社会群体。

由此我们容易理解，孟子何以称"乐莫大焉"。乐是一种情绪形式，与心灵三个层面的内容分别结合而有三种乐的情感。最表层的是感官之乐。如身处鸿雁、麋鹿自由活动的台池中，声色气味都让人的机体怡悦；孟子对此并不持完全否定的态度，只是要求统治者与民同乐。其次是伦理道德之乐。如君子有三乐：父母俱存、兄弟无故，仰不愧于天、俯不怍于于人，得天下英才而教之——前者系于天（命运），后者系于人（他者），唯独"不愧"、"不怍"完全取决于个体的修养，操之者在我，所以当勉力为之。最深也是最高层次的是一天人之乐。由反身而诚实现小宇宙与大

---

①　对应于乾坤二元，生物界普遍存在发展和亲合两种基本需要或倾向。

宇宙的贯通，万象涌现于心灵世界，精神上下与天地同流，物我不二，天人为一，还有什么能比这更快乐的呢？

尽心与诚明都是"反求诸己"（《离娄上》），是向内体认而非向外驰求。借鉴康德的划分，这是自由领域与必然领域的基本区别。程颢曾谈到："只心便是天。尽之便知性，知性便知天。当处便认取，更不可外求。"（《二程遗书》卷二上）刘宗周更撰专文讨论，认为道体本无内外，而学者自以所向分内外：所向在内，愈寻求愈归宿，亦愈发皇；所向在外，愈寻求愈决裂，亦愈消亡。他倡导"体认亲切"："学者须发真实为我心，每日孜孜汲汲，只辨在我家当：身是我身，非关躯壳；心是我心，非关口耳；性命是我性命，非关名物象数。"（《向外驰求说》）程、刘所言，当是直承孟子的思想。

《孟子·尽心》上下章可能是学生所记的孟子言论的辑录，内容庞杂。孟子对于尽心问题没有来得及写成较为系统的论述文字，实在可惜。应该承认，对于反本复初的心路历程，孟子不及庄子描述的那么明确具体，但我们用一节的篇幅加以述评，是因为孟子之学对于道德立法的心理揭示产生了广泛而深远的影响；且在儒、道、释"三教合流"中，孟子的地位举足轻重，没有他，儒家的精神与道、释精神很难相切，更不用说融会了。儒、道、释合流的核心可谓是孟、庄、禅的合流。

第二十一节　寂然感通

《周易》倡导寂然感通，也是一种很值得注意的方法，其趋向与路径同老庄和思孟学派的方法颇为接近。并且，由于"寂然感通"一语概括凝练，甚至可以作为中国传统哲学包括儒、道、佛三家寻根返本方法的总称。或者说，中国传统哲学追寻心灵境界、确立生存柱石的基本方法一言以蔽之就是寂然感通。所以本节在逻辑上可以看做是前二节的综合：寂然蕴涵致虚守静，感通蕴涵尽心与诚明。此外，佛家的妙悟也可纳入其中。①

---

①　我们没有将佛家的渐修与顿悟等列为专节讨论，是因为来自西土的佛学本身就有一个复杂的方法系统，并不属于华夏文化所特创。本节只考虑中国化的佛教所派生的一些旨在明心见性的方法。

一　寂然感通的涵义

《易经》本为卜筮之书，但其中蕴涵着宇宙与人生的普遍性的道理，能让仁者见仁，智者见智。《易传》的作者将占卜之学提升为天人之学，认为圣人作《易》正是要表达形而上的玄妙之旨，范围天地之化而不过，曲成万物而不遗，简言之即弥纶天地之道。圣人何以能达到这样的洞察？《系辞上》以赞叹的口吻描述说：

> 易无思也，无为也，寂然不动，感而遂通天下之故。非天下之至神，其孰能与于此？夫《易》，圣人之所以极深而研几也。唯深也，故能通天下之志；唯几也，故能成天下之务；唯神也，故不疾而速，不行而至。

《易经》是圣人极深而研几的结晶。由于极深，所以能通达天下人的心之所期；由于研几，所以能成就天下的各种事务。将极深与研几合为一体而不露痕迹，既玄奥微妙又自然而然，可见其至神。推想《易经》之创作，当是圣人之心与易道相合，没有刻意地思虑，没有人为地造作，在寂然不动的状态中感而遂通天下之道。

何谓"寂然"？从宇宙学哲学角度看，可以说本根寂然，如《易纬·乾凿度》称最原始的存在为"太易"，其性质就是"寂然无物"。但本节文字是就圣人之心而言，由于它无思、无为且不动，因而是寂然的状态。所谓"感而遂通"可以简称"感通"。就上下文看，"感"联系着"研几"，包括对几微之象、几微之念的审察；"通"联系着"极深"，深刻的往往是普遍的，极深之泉通于昆仑之雪，极深之悟通于天下之志；感、通叠合，是有限中呈现无限，几通于志，志见于几。必须注意的是，感主要指收视反听的内感，只有在宽泛的意义上才包括感外物而起念。[①] 由寂然而感通，其过程神妙莫测。

长期以来，学界广泛流行一种观念，即认为寂然与感通是体与用的关

---

① 程颢曾指出："寂然不动，万物森然已具在；感而遂通，感则只是自内感，不是外面将一件物来感于此也。"（《二程遗书》卷十五）此说甚是。不过，程颐、朱熹等未必完全赞同这一观点。

系，严格说来并不确切。诚然，如果表述为"其体寂然，其用感通"，应该说并无纰漏；但若表述为"寂然是体，感通是用"则暴露出明显的破绽：寂然是形容词，描述的是一种状态，怎么能充当本体？本体当是圣人之心。寂然与其说是心之体，不如说是心之相，可理解为心灵虚一而静；感通是心之用，即感触浮现于心中的物事而直捷领悟宇宙人生的大道理。

陈、隋年间，智𫖮提出"止观双修"，后来成为中国佛教普遍接受的修养方法，当是受到《周易》所讲的寂然感通命题的影响。这位天台大师在《摩诃止观》中写道："法理寂然名止，寂而常照名观。虽言初后，无二无别，是名圆顿止观。"若依据《大乘起信论》中"体、相、用"之分，常照固然是用，但法理才是体，寂然则只是相。照此看来，禅宗以"定为慧之体、慧为定之用"的表述也欠严密。

寂然而感通，精神活动不疾而速，不行而至，又可谓之"神"。《系辞传》称"穷神知化"，"易无方而神无体"。张载发挥说："神，天德；化，天道。德，其体；道，其用"；"虚静照鉴，神之明也，无远近幽深，利用出入，神之充塞无间也。"（《正蒙·神化篇》）如此理解，可备一家之言。易无方所可执，神无体形可拟，无论在自然万物之中还是在人的精神领域，均尽显造化之妙。

《易传》中的"神"字，主要有四种含义。一是鬼神之神。这是形而下的，决定着事情的吉凶。如"精气为物，游魂为变，是故知鬼神之情状"（《系辞上》）。二是神明之神。它具有形而上的性质，与天道相通。如"以体天地之撰，以通神明之德"（《系辞下》）。三是心神之神。借用庄子的话说，灵台一而不桎就是神。如"神以知来，知以藏往"（《系辞上》）。四是神妙之神。这是神明或心神的活动状态，如"阴阳不测之谓神"（《系辞上》）。如果说前三者为体，是名词，那么最后一义为用，是形容词。不过后者又反制前三者，即唯有妙用不测、无有体形、周遍无间者才可称之为神。

若只着眼于三、四两义，即从心性领域考量，《易传》的"神"实与《中庸》的"诚"相仿佛。李翱在《复性书》中已将寂然感通与诚明相联系。程颢更谈到："盖上天之载，无声无臭，其体则谓之易，其理则谓之道，其用则谓之神，其命于人则谓之性。"（《二程遗书》卷一）"《中庸》言'诚'便是'神'。"（同上卷十一）牟宗三先生指出：《易传》"凡言神字，或直指天道生化之不测言，或落于蓍卦卜筮之知几言，或自

'圣人以此洗心退藏于密'，'以此斋戒以神明其德'言，要之，类而通之，其义一也。要皆极深研几，直凑事物之里，洞开生化之源者也。亦皆提醒人之德性之真生命而直证宇宙之真生命者也"。① 如前所述，至诚是深入于性与天道相接处，现在称之为神，则是指其过程不劳刻意营为而达成以天合天。

据此我们又可以说，所谓寂然感通，就是在静默之中，凭借心灵之妙用而领悟宇宙与人生之玄妙，于是个体之小我冥合宇宙之大我。所谓尽心、诚明、微妙玄通等皆可为其蕴涵。

二　寂然感通的可能

个体作为此在怎样才能通达生命的本原？在熙熙攘攘的社会生活中如何实现存在的澄明？西方传统哲学从柏拉图的"回忆"说到康德的"公设"说，不断尝试予以解释，虽然观点很有启发性，但都未能提供切实可行的路径；现代存在主义哲学家如海德格尔等依据现象学的方法，将"最尖锐"的个别化与"最普遍最空泛"的存在观念合为一体②，企求在此在中突入领悟存在的境域，其哲学思考颇为另类，不过的确有值得借鉴之处。

由个别体认一般，可以称之为直觉。如前所述，着眼于层次的深浅，直觉包含感性直观、知性觉察和志性觉悟三重涵义。中国哲学中儒、道、释三家对直观而获的见闻之知和由觉察而获的客观知识均不太重视甚至予以贬抑，而孜孜以求人生本原问题的觉悟。由于其求索的理路与方法多有相似点，因而可以放在一起加以把握。牟宗三先生用"智的直觉"（intellectual intuition，与经验世界相对的智思物范围内的直觉）统括华夏先哲的相关论述，认为这些论述清楚而确定，是中国传统哲学的一大优势。

如果限定直觉起于感性直观，那么将寂然感通称之为体认或觉悟也许更为合适；因为在多数情况下它无须现实对象而完成，大致属于钱学森先生所谓的灵感（顿悟）思维。钱先生倡导建立"思维学"，提出人类思维存在抽象（逻辑）思维、形象（直感）思维和灵感（顿悟）思维三种形

---

① 牟宗三：《心体与性体》上卷，上海古籍出版社 1999 年版，第 257 页。

② 海德格尔：《存在与时间》，陈嘉映等译，读书·生活·新知三联书店 1987 年版，第 48 页。

式，而迄今为止，"思维学中只有抽象思维研究得比较深，已经有比较成熟的逻辑学，而形象思维和灵感思维还没有认真研究，提不出什么科学的学问"。① 事实确是如此。先哲之所以探索和倡导现代人普遍不懂甚至不屑领会（多称之为神秘主义）的方法，是因为道德立法需要根基，人类精神需要柱石，于是沉潜于精神海洋的深处，这种精神的沉潜蕴涵着特定的方法。现代人普遍习惯于在陆地上滑行乃至在空气中漂浮，当然不能理解潜水者的经验。理解寂然感通的方法需要向心灵深层叩问。②

首先是要有一种信念为基础，即道不远人，心具众理。程颢指出："寂然不动、感而遂通者，天理具备，元无欠少，不为尧存，不为桀亡。"（《二程遗书》卷二上）既然如此，古往今来，任何人都有体认天理的可能。他还解释说："老子曰'无为'，又曰'无为而无不为'。……圣人作《易》未尝言无为，惟曰'无思也，无为也'，此戒夫作为也。然下即曰'寂然不动，感而遂通天下之故'，是动静之理，未尝为一偏之说矣。"（《二程遗书》卷五）在他看来，老子专注于致虚守静，《周易》则兼顾动静，更为合乎天理。人类心灵中是否存在周遍的天道或天理，这是科学所不能予以证实的问题，但是在哲学和宗教中却是立论的前提。

科学研究注重实证，宗教和人本主义哲学则注重亲证。据梁漱溟先生记述，他所敬仰的伍庸伯先生讲《大学》不同于朱熹和王阳明，其特点是通过自己切实做工夫，亲证诚意、正心诸阶段，立论让人信服。③ 我们还知道，熊十力与冯友兰的一次谈话深深地影响了牟宗三一生的治学路向。冯友兰沿用西哲的观点，认为中国哲学称人有良知其实是一种假定，熊十力当时正色告诫道："怎么可以说是假定？良知是真真实实的，而且是个呈现！"④ 按照科学方法无从证实良知的存在，只能说是假定，但是中国哲学家通过亲证很容易予以确认。

其次，从过程方面看，寂然是感通的必要条件。如果以寂然为体，那

① 钱学森主编：《关于思维科学》，上海人民出版社1986年版，第16页。

② 陈淳在《北溪字义》中对韩愈的批评值得注意："韩公学无原头处。如《原道》一篇，铺叙许多节目，亦可谓见得道之大用流行于天下底分晓，但不知其体本具于吾身，故于反身内省处，殊无细密工夫。只是与张籍辈吟诗饮酒度日，其中自无所执守；致得后来潮阳之贬，寂寞无聊中遂不觉为大颠说道理动了，故俯首与之同游，而忘其平昔排佛老之说。"

③ 梁漱溟：《〈礼记·大学篇〉伍氏学说综述》，载《梁漱溟先生论儒释道》，广西师范大学出版社2004年版。

④ 牟宗三：《我与熊十力先生》，载《五十自述》，台湾鹅湖出版社1989年版。

么它应该是感通的旨归，其因果关系可用"感通寂然"的动宾结构称谓，这显然不能成立。我们以寂然为心体之相，它不仅表现为寂静，而且意味着纯净，意味着无拘，着实一点说就是虚一而静。的确，心灵若为外物所役而动荡不宁，或为成见所蔽而执迷不悟，就不可能有感通之效。据《论语·子罕》记述，孔子主张戒绝四种情况：主观臆测（毋意）、武断推定（毋必）、固执成见（毋固）、以我为衡（毋我）。若能杜绝这四端，心体就接近寂然了。后世哲人提倡坐如尸，立于斋，也是要求在精神乃至形体上保持寂然不动的状态。我们可以分辨说儒家主敬、道家主静、佛家主定，但合而言之，其实三家的修养工夫都有寂然不动的要求。

寂然让灵台一而不桎，精神便可以自由驰骋，乃至入于寥天一。刘勰借鉴《周易》的思想而提出"神思"概念，以指称文学的想象活动。他的描述对理解中国哲学的感通工夫有一定的参考价值："寂然凝虑，思接千载；悄焉动容，视通万里。"（《文心雕龙·神思》）这是寂然之后的万物并作，或万物皆备于我。此前陆机在《文赋》中称"观古今于须臾，抚四海于一瞬"，庶几近之。在对想象活动的描述中，陆机讲到道家的"玄览"，刘勰谈及佛家的"穷照"，表明其中包含有形而上的体认。他们都是验己而作，决非虚言，只是因为着眼于文学创作，没有旨归于哲理的感悟而已。比较而言，罗念庵对寂然感通的过程描述更为完整：

> 当极静时，恍然觉吾此心中虚无物，旁通无穷，有如长空，云气流行，无有止极；有如大海，鱼龙变化，无有间隔。无内外可指，无动静可分；上下四方，往古来今，浑成一片，所谓无在而无不在。吾之一身，乃其发窍，固非形质所能限也。是故纵吾之目而天地不满于吾视，倾吾之耳而天地不出于吾听，冥吾之心而天地不逃于吾思。古人往矣，其精神所极，即吾之精神，未尝往也。……"仁者浑然与物同体。"同体也者，谓在我者亦即在物，合吾与物而同为一体，则前所谓虚寂而能贯通，浑上下四方、往古来今、内外动静而一之者也。（《明儒学案》卷十八）

最后，我们还应该承认，感通并非生而知之，而是长期积累、偶然得之。此时的感通总是以此前的学与思为基础，没有积累就没有飞跃。刘勰对神思的研究于此也有启发性，他一方面强调"陶钧文思，贵在虚静，疏瀹五脏，澡雪精神"，一方面要求"积学以储宝，酌理以富才，研阅以穷照"，持论甚为公允。佛家探讨证悟成佛的步骤和方法，形成渐悟与顿悟两种理论，其中顿悟基本属于寂然感通范畴。应该说，顿悟之获得，当离不开渐修的准备。就是慧能般极其聪颖之人，如果连《金刚经》都没有学习领会，哪能有《坛经》中的自由表达？当然，即使有长期渐修，也并不一定能达到顿悟，因为它还需要颖悟的天资、寂然的工夫和某些偶然的机缘。

三　寂然感通的体现

关于灵感（顿悟）思维，迄今仍然是研究领域的一个黑箱，尽管几千年来东西方哲人普遍承认它的存在。基于中国哲学的理论，我们不妨冒昧地管窥蠡测其发生机制：宇宙中乾辟、坤翕两种势用在心灵中体现为发散式思维和收敛式思维，决定了精神之光既能自由选择又有原型规范，两道光束在不同时境中恰到好处的结合便迸发出以天（性）合天（道）的创造性火花。当然，由于它源于心灵深层的无意识领域，一般需要排除意识层次的屏蔽（包括感性欲念和知性观念）才有可能发生，因此须得心体寂然或虚静。

程颢是中国思想史上立论最为圆融的哲人之一，年轻时即已开悟，《答横渠先生定性书》可以看做他早年对寂然感通工夫的体会：

> 所谓定者，动亦定，静亦定，无将迎，无内外。苟以外物为外，牵己而从之，是以己性为有内外也。……既以内外为二本，则又乌可遽语定哉！夫天地之常，以其心普万物而无心；圣人之常，以其情顺万事而无情。故君子之学，莫若廓然而大公，物来而顺应。……人之情各有所蔽，故不能适道。大率患在于自私而用智。自私则不能以有为为应迹，用智则不能以明觉为自然。……孟氏亦曰，所恶于智者，为其凿也。与其非外而是内，不若内外之两忘也。两忘则澄然无事矣。无事则定，定则明，明则尚何应物之为累哉！

"定"是寂然不动的状态，无将迎，无内外，无成心，无私情，心体因而廓然而大公。常人之蔽在于自私而用智，自私则为感性的利欲所蔽，用智则可能为知性的穿凿所蔽，内徇于欲又外徇于物。因此应该内外两忘，两忘则心胸澄然无事，此为定；由定而明则与天地万物为一体，是为感通。"定"常为释家语（虽然《大学》也讲定，但张载与程颢受其影响较小），"两忘"近于庄子所讲的心斋，这段论述集中体现了儒、道、释思想的兼容。

更广阔一些考察，寂然感通尤其表现于艺术、宗教、哲学三种文化活动中。黑格尔将艺术、宗教和哲学看做是前后相续地体现绝对精神的文化形式，从文化发展史的角度难以证实，但三者都有追求无限的旨趣则是显而易见的。个体从有限达到无限依靠感通，要实现感通往往先需要寂然（潜在地还需要天资的颖悟、平时的执着和偶然的机缘）。且看以下几例。

> 人静帘垂，灯昏香直。窗外芙蓉残叶飒飒作秋声，与砌虫相和答。据梧冥坐，湛怀息机。每一念起，辄设理想排遣之，乃至万缘俱寂。吾心忽莹然开朗如满月，肌骨清凉，不知斯世何世也。斯时若有无端哀怨根触于万不得已，即而察之，一切境象全失；唯有小窗虚幌、笔床砚匣，一一在吾目前。此词境［显、隐之历程］也。三十年前，或月一至焉。今不可复得矣。（况周颐：《蕙风词话》）①

这是清代诗人和诗论家况周颐对于获得"词境"的经验描述，其中的主要工夫是先做到"万缘俱寂"，而后便有可能呈现心如满月、身入永恒的精神境界。"今不可复得"或许是颖悟不及以前。

> 惠能辞违祖已，发足南行。两月中间，至大庾岭。逐后数百人来，欲夺衣钵。一僧俗姓陈，名惠明，先是四品将军，性行粗燥，极意参寻，为众人先，趋及惠能。……乃唤云："行者！行者！我为法来，不为衣来。"惠能遂出，坐盘石上。惠明作礼云："望行者为我说法。"惠能曰："汝既为法而来，可屏息诸缘，勿生一念，吾为汝说。"明良久。惠能曰："不思善，不思恶，正与么时，那个是明上座本来面目？"惠明言下大悟。复问云："上来密语密意外，还更有密意否？"惠能云："与汝说者，即非密也。汝若返照，密在汝边。"

---

① 这段文字的句读与补充请参阅拙作《况周颐所谓的"词境"辨识》，载《文学遗产》2005 年第 2 期。

（《坛经·自序品第一》）

这是慧能得衣钵后第一次传教说法。其中要求屏息诸缘、不思善恶，正好与庄子所讲的心斋相似。惠明通过返照而悟自己的本来面目，就是其秘密所在；他"极意参寻"也是必要条件。

> （王阳明）至龙场，始至，无屋可居，芰于丛棘间。……公于一切得失荣辱皆能超脱，惟生死一念尚不能遣于心，乃为石椁，自誓曰：吾今惟俟死而已，他复何计？日夜端居默坐，澄心精虑，以求诸静一之中。一夕忽大悟，踊跃若狂者，以所记忆《五经》之言证之，一一相契。（黄绾：《阳明先生行状》）

这是著名的"龙场之悟"。王阳明被贬谪于贵州荒僻山野，命悬一线，先是超脱得失荣辱，继而超脱生死之虑，在心境静一之中终得大悟。苦难之旅成就了他在思想史上的崇高地位。

上述几例在路径和方法上无疑具有相通之处，于此可见其普遍意义。当然我们也不能忽视它们所达到的境地存在差异，从中可见，顿悟的结果与渐修的积累密切相关。即使同是趋向于无限的境地，也可能在动静、有无等方面有不同的偏重，这正好表明个体平素的旨趣以及学与思的积累具有奠定基础的作用。

仅就儒家所讲的寂然感通而言，其意旨大致如明代澹南子的诗作之所述："两端妙阖辟，五运无留停。藐然覆载内，真精谅斯凝。鸡犬一驰放，散失随飘零。惺惺日收敛，致曲乃明诚。"（见于王阳明《澹南子序》）依据心灵活动过程应有的逻辑顺序，我们可以简约地表述为：收回放心，敛归诚明；融于宇宙，妙合乾坤。

本章小结：我们从《老》、《孟》、《易》三家提出的命题入手，探讨先哲寻求反本归根的方法，它们的确存在差异，如老学主静，易学主动，孟学尚为。不过其一致性尤其需要关注，因为它更具有普遍意义。这些方法都包含两重超越，即既超越感性的欲念，又超越知性的观念——庄子称之为离形、去知，佛家要求摒除"见惑"（迷于外境而心起烦恼）、"思惑"（迷于内境而系缚不脱）；即使是儒家，也认识到智有凿，批判自私而用智。是此方能进入心灵第三层面，即抵达天人之际。志性确立信仰领域，是哲学与宗教文化的主旨之所在。

就方法表述的明晰性与一贯性而言，以《庄子》一书为优。它明确意识到人类心灵存在三个层面，主张通过"心斋"或"坐忘"而达成心灵深层的敞亮和存在的澄明。就方法的现实的和实践的品格而言，《孟子》一书的特色很鲜明，它要求"寡欲"和"求放心"，为普通人在日常生活中所当行而又能行。《庄子》的方法引导人们游于"方（社会规约）外"，《孟子》的方法则引导人们奋于"方内"，二者各有千秋。《老子》倡导的"致虚守静"与《孟子》倡导的"反身而诚"看似不同其实并不相斥，都是反求诸己；《周易》宣讲的"寂然感通"可以兼容二者。佛家中天台宗的"止观"和禅宗的"定慧"也是讲求这种工夫。

当然，并非只要做到寂然就能实现感通。我们可以肯定，为道必须以为学做先导，日损必须以日益为前奏，不弃下学才有可能上达。没有丰富的积累，就谈不上精神的超越。采用现象学的语词，在哲学玄思中，寂然只是要求暂时将相关观念予以"悬搁"或放进括号里，以排除"直面事物本身"的屏障。并且，感通还需要个体天资的颖悟和某些偶然的机缘。冯友兰先生曾谈到，西方哲学主要用"正的"即逻辑分析的方法，中国哲学主要用"负的""超越理性"的方法；治哲学者应当始于正的方法，而终于负的方法。[①] 此说甚是。

先哲的上述方法大致属于灵感（顿悟）思维研究的成果。如果说艺术文化主要运用形象（直感）思维，科学文化主要依靠抽象（逻辑）思维，那么宗教与哲学尤其需要借助于灵感（顿悟）思维。[②] 迄今为止，人类对灵感（顿悟）思维的研究甚为薄弱，先哲的切身经验总结，无疑是一笔宝贵的精神财富。如果视之为神秘主义而加以拒斥，必定妨碍人文文化的建设。

［问题讨论］宗教与哲学往往需要求助于玄思，以深入于玄冥之境。相传释迦牟尼静坐于菩提树下几天几夜而悟道，康德的很多深刻思想产生于他经常散步的"康德小道"中。大思想家往往是些踽踽独行的人，他

---

① 冯友兰：《中国哲学简史》，北京大学出版社 1985 年版，第 393—395 页。
② 任何文化创造活动对于三种思维形式都需要，这里只是就其主导方面而言。

们的玄思深入于心灵的哪一层面？老子、庄子和孟子都赞赏赤子之心，是否可以从方法论角度予以解释？现实生活中，常常见到某些人的"良知"似乎在金钱和美色面前不堪一击，我们在第二十节用到"定风珠"的比喻，内在神圣性的确立有可能发挥制衡作用吗？对于认识世界的本来面目，既有文化是财富又是包袱——你同意这一观点吗？人们常以三句诗形容参禅的三个阶段：一是"落叶满空山，何处寻行迹"（韦应物），二是"空山无人，水流花开"（苏轼），三是"万古长空，一朝风月"（崇慧禅师）；从"寻"、"无"到"万古"与"一朝"的叠合，提示了怎样的方法和路径？

第八章　知行观

中国传统哲学有其特定的知行观。它注意到人类的认识与实践两个矛盾方面，但是作了较为特殊的阐释。由于其行主要考虑的是道德实践，因而其知首先是指良知，其次是指对人伦纲常之知，再次则涉及自然万物的认知。即使局限于道德领域，知与行仍展现一种双向的心理过程：知通常要求有对事象认知的积累，然后通过尽心而觉悟性体，进而亲证道体；行则反之，要求先立其大者，在体认道体和性体之后，心体就有了统帅，以志帅气、居仁由义，以期在日常生活中得以实现。

第二十二节　格物致知

按照现代视界，格物致知是一个很好的认识论命题；它与身体力行相对应，刚好体现心灵两系列的活动：既认知外物，又付诸实践。但由于中国传统哲学主要为道德哲学，所关注的是价值问题，因而这一命题近于异类，究竟应该如何把握，聚讼纷纭。据不完全统计，自汉代以后至晚清，已出现七十多种不同的解释。[①] 对于这些争论，我们难以一一列举和分辨，只期寻找问题本身的内在理路，尝试会通不同观点，给予相对合理的统一解释，从而发掘这一命题的应有价值。

一　《大学》中"八目"的秩序

《大学》是《礼记》中的一个片段，写成于何时难以确定。朱熹认为是曾参所作，不过是推测而已。《大学》之撰当晚于《中庸》，其中不少表述来自于《中庸》、《孟子》和《荀子》某些观点的合成。

---

① 《经义丛钞》，见于陈荣捷《中国哲学文献选编》，江苏教育出版社 2006 年版，第 477 页。

中唐时李翱就重视《大学》的内容，其《复性书（中）》写道："物者，万物也。格者，来也，至也。物至之时，其心昭昭然，明辨焉而不应于物者，是致知也，是知之至也。知至故意诚，意诚故心正……"北宋时期的周敦颐、张载重视《中庸》而几乎不谈《大学》，因为二者的理路显然不同，前者要求知性知天，后者则从格物致知入手，落实于修齐治平。最先极其推崇《大学》的可能要算程颐，他与其兄程颢将《大学》和《中庸》从《礼记》中抽出，使之独立成篇。后来朱熹又将二者与《论语》、《孟子》合在一起注释，即《四书集注》，成为儒门的必读书，是朝野公认的儒学权威著作。"四书"之名也由此而来。

"大学"相对于"小学"而言。后者指研究和传授文字、训诂、音韵以及其他属于技艺性质的学问，前者则指有关人生大道理的学问。《大学》所列举的"三纲领"、"八条目"就是关于个人修养和建功立业的大道理。它开篇就写道：

> 大学之道，在明明德，在亲民，在止于至善。知止而后有定，定而后能静，静而后能安，安而后能虑，虑而后能得。物有本末，事有终始，知所先后，则近道矣。古之欲明明德于天下者，先治其国；欲治其国者，先齐其家；欲齐其家者，先修其身；欲修其身者，先正其心；欲正其心者，先诚其意；欲诚其意者，先致其知；致知在格物。物格而后知至，知至而后意诚，意诚而后心正，心正而后身修，身修而后家齐，家齐而后国治，国治而后天下平。自天子以至于庶人，壹是皆以修身为本。其本乱而末治者，否矣。

朱熹认为这些话出自孔子，当称为"经"，其他具体阐释的文字为曾参所写，只是"传"。虽然未必可信，但这段文字的确表达了《大学》的基本思想。

大致说来，明德是成己，亲民延展于成人，而至善则是合成己与成人而至于极。八目与三纲相关而更为细化：从格物到修身是成己，从齐家到平天下则是成人，内圣而外王，便臻于至善。其中蕴涵两个看似简单而实则容易引起误解的问题：应当从何处入手做工夫？重点应该放在哪里？这就要求必须明了物之本末、事之终始。从上文看，相对于齐家、治国、平天下而言，修身是本，几无异议；但是能否说，格物更是修身之本呢？未必然。物有无穷，包括身、家、国、天下等，格之无尽，如何能充当根本？格物当是修身的条件之一，只能说为事之始而非事物之本。辨析这一点非常重要，程颐和朱熹之所以将格物等同于穷理，甚至提高到穷神知化、超凡入圣才可能实现的地位，就在于他们认为格物不仅为八目之始，而且为八目之本。^① 结果让入手处成为至极处，且直接让致知一目成为多余，视"格物便是致知"（《二程遗书》卷十五）。遗憾的是，学界对程朱这一关键性的错误少有察觉。

从格物、致知到诚意、正心，心灵在不断丰富的同时逐渐定于一。"正心"即止于一心，"正"的本义为从一从止，得其所是（《说文解字》）。如果说修身为齐、治、平之本，那么正心则为格、致、诚所归。孔子讲过，"不能正其身，如正人何？"（《论语·子路》）孟子在《离娄上》中明确指出"天下之本在国，国之本在家，家之本在身"，同时又强调国君心正则一国定；荀子《劝学》篇要求"学也者，固学一之也"，《修身》篇大谈治气养心之术，称圣人"齐明而不竭"，所谓"齐"就是正而全。《大学》将"正心"与"修身"合并解释，并突出前者的基础地位："身有所忿懥，则不得其正；有所恐惧，则不得其正；有所好乐，则不得其正；有所忧患，则不得其正。心不在焉，视而不见，听而不闻，食而不知其味。此谓修身在正其心。"这些论述表明，心为身之所主，正心与修身不可分割。

有鉴于此，我们可以将八条目分为内与外两组：从格物、致知、诚意到正心，是一个由多归一、逐渐凝聚的治内过程；从修身到齐家、治国、平天下，是一个由一到多、逐渐扩展的治外过程。一者为本，多者为末，正心、修身合而为本；由格、致逐渐发展到治、平，是事之始终；依照这样的本末、始终做工夫，则近道矣。其关系大致如后图所示。^②

需要说明的是，《大学》之"诚"远不及《中庸》之"诚"深刻，从致知到诚意只是自明诚而非自诚明。虽然其中以"慎独"解释诚意的修养工夫，且被后世学者（如刘宗周）推崇至极，其实它与荀子《不苟》篇所讲的"慎其独"基本同义。如果说《中庸》注重的是"天命之谓性、

---

①　程颐："致知在格物，则所谓本也、始也；治天下、国家，则所谓末也、终也。"（《二程遗书》卷二十五）

②　图中用两条对角线正好描画出心灵两系列的收敛与发散，切合人类认知（包括体认）与实践的情状。

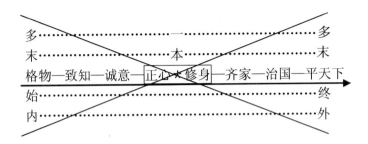

率性之谓道"，那么《大学》所注重的是"修道之谓教"；也就是说，前者是要达到性明，后者则注目于教明。

由于《大学》具有与《荀子》相似的经验主义倾向，所以其中的"格物致知"命题从经验层次把握，更为合乎其本意。它是个体人格修养的入门处，由格物而致知，是下学以上达的初级台阶。由此出发进而达到意诚、心正和身修，则奠定了齐家、治国、平天下的基础。

二　关于格物致知的分歧意见

《大学》对"格物致知"没有更具体的阐发文字，留下把握原意的困难。朱熹在《大学章句》中试作缀补，但仅为一家之言而已，难于令人信服，甚至可以看做其《四书集注》为数不多的败笔之一：

> 所谓致知在格物者，言欲致吾之知，在即物而穷其理也。盖人心之灵莫不有知，而天下之物莫不有理，惟于理有未穷，故其知有不尽也。是以《大学》始教，必使学者即凡天下之物，莫不因其已知之理而益穷之，以求至乎其极。至于用力之久而一旦豁然贯通焉，则众物之表里、精粗无不到，而吾心之全体大用无不明矣。此谓物格，此谓知之至也。

朱子所依据的是程颐的观点，认为所谓格物是即物而穷其理，所谓致知是致我心中之知。如此解释颇为费解且多见破绽。其一，将"格"同时训为即与穷，看似全面但不免歧出；且格物若已是穷理，而穷理又实为致知，则格物与致知同为一事，正如王廷相曾批评的，"重叠不成文义"，有"屋上架屋之烦"（《雅述》上篇）。其二，心灵有知讲的是能力，致知之知则是所能把握之理，前者为能，后者为所，两个"知"字不是同一概念；所致之知当为有内容规定的理而不只是满足于纯形式的能力运用。其三，前训"格"为穷尽，后训"致"为极尽，词义相似，"格物致知"命题于是可以翻译为"穷尽天下之理以极尽心中之知"；本来，称格物为"始教"甚为得当，可是摆出如此之大的架势，远非常人所能胜任，简直当以"终教"称之。其四，所谓"众物"既指自然之物，又指人伦之事，即使达到豁然贯通，也很难达成众物之表里精粗无不到和心之全体大用无不明——人生也有涯，知也无涯，对于个体来说，毕竟总有不到、不明之处。第五，其中最大的问题是，人之性理不能向外驰求，人伦之理也不能完全依据自然物之理类推；性理、伦理和物理三者本身的性质不同，获得的路径也必然有别，因而是不可能"豁然贯通"的。朱子颖悟超人，或能闻一知十，恐怕自己都未曾达到完全把握众物之表里精粗，何能期于众人？

在朱熹之前，有两位大儒的意见也颇为令人费解。一位是郑玄，他训"格"为来、训"物"为事虽然较为贴切，但将格物解为其知于善深，则来善物，其知于恶深，则来恶物，总之是善恶事物之来，缘于人之所好，似非《大学》原意，因为这是以知为格的前提条件。另一位是程颐，他有时训"格"为至（《遗书》卷十八），有时又训为穷，并将"物"训为理，格物即是穷理（《遗书》卷二十五），这些都为朱熹所继承。或许连朱熹也不敢苟同的是，他又认为致知虽在格物，但非由外铄我，乃我所固有；"因物有迁，迷而不知，则天理灭矣，故圣人欲格之。"（同上）这种意义的格物似有去蔽之意，适合解释道德活动，只是与前述的观点不相洽。他还讲到，"随事观理，而天下之理得矣。"此语可看做是对格物致知的直解；但紧接着又说，"君子之学，将以反躬而已矣。反躬在致知，致知在格物。"（同上）已观得天下之理，还何须反躬？反躬与随事有内倾与外倾之分，实在是南辕北辙。由于是语录，表述不免具有随机性；只是要将这些观点统一起来而不自相矛盾，着实不易。

纯粹从道德角度阐释格物致知也大有人在。李翱将这一命题解为物至之时能明辨焉而不应于物，含有不为物役之意，虽然简单却未见不妥。司马光训"格"为扞，格物意即抵御外物的诱惑或压迫。其《格物致知论》写道：

> 人之情，莫不好善而恶恶，慕是而羞非。然善且是者盖寡，恶且非者实多，何哉？皆物诱之也，物迫之也。桀、纣亦知禹、汤之为圣

也，而所为与之反者，不能胜其欲心故也。盗跖亦知颜闵之为贤也，而所为与之反者，不能胜其利心故也。不轨之民，非不知穿窬探囊之可羞也，而冒行之，驱于饥寒故也。失节之臣，亦非不知反君事仇之可愧也，而忍处之，逼于刑祸故也。况于学者，岂不知仁义之美、廉耻之尚哉？斗升之秩、锱铢之利诱于前，则趋之如流水，岂能安展禽之黜、乐颜子之贫乎？……所以然者，物蔽之也。故水，诚清矣，泥沙汩之则俯而不见其影；烛，诚明矣，举掌翳之则咫尺不辨人眉目。况富贵之汩其智、贫贱之翳其心哉！惟好学君子为不然。……依仁以为宅，遵义以为路，诚意以行之，正心以处之，修身以帅之，则天下国家何为而不治哉！《大学》曰："致知在格物"，"格"犹扞也，御也，能扞御外物然后能知至道矣。

这段论述所依据的是孟子的思想，或许并非《大学》之本意，但在义理上甚为畅通。它以"物"为物之诱迫，以"格"为内去欲心、外拒物诱，格物也就是去蔽，致知则是让良知良能得以呈现。无论是说理还是取例，均足以让人信服。① 可惜没有引起后世学者的普遍注意，大约是因为温公于此坚持面向事物本身，而没有取"我注六经"的立场之故。

着眼于先立其大者的心学学派，一般都从否定的意义上解释格物。陆九渊认为当理解为"减担"（《象山语录》卷三），即逐渐减去物欲。杨简明确指出，"格物不可以穷理言"，"格有去义，格去其物耳"（《慈湖遗书》卷十）。王阳明年轻时崇拜朱熹，曾相信他的格物之说，并努力付诸实践，结果以失败告终：

众人只说格物要依晦翁，何曾把他的说去用？我着实曾用来。初年与钱友同论做圣贤要格天下之物，如今安得这等大的力量？因指亭前竹子令去格看。钱子早夜去穷格竹子的道理，竭其心思。至于三日，便致劳神成疾。当初说他这是精力不足，某因自去穷格，早夜不得其理。到七日，亦以劳思致疾。遂相与叹：圣贤是做不得的，无他

---

① 朱熹对司马光的观点曾有过驳难："今日御外物而后可以知至道，则是绝父子而后可以知孝慈，离君臣而后可以知仁敬也。是安有此理哉！"（《四书或问》卷二）这显然是以曲解（屏蔽了"诱迫"诸义）为前提。

大力量去格物了。及在夷中三年，颇见得此意思，乃知天下之物，本
无可格者，其格物之功，只在身心上做，决然以圣人为人人可到，便
自有担当了。(《传习录下》)

经历了这次教训，王阳明的思想发生改变。后来他在著名的"四句教"
中写道："无善无恶是心之体，有善有恶是意之动；知善知恶是良知，为
善去恶是格物。"如此说来，格物是从自家身心中去邪归正，所以他训
"格"为正："盖心之本体，本无不正，自其意念发动而后有不正。""致
者，至也，如云丧致乎哀之。……致知云者，非若后儒所谓充广其知识之
谓也，致吾心之良知焉耳。""格者，正也，正其不正以归于正之谓也。
正其不正者，去恶之谓也；归于正者，为善之谓也。"(《大学问》) 如此
训释应该说可以成立，只是若作为对《大学》中八目的解读，则他所理
解的格物与正心的涵义不免重叠。

从道德文化的特性看，司马光、杨简、王阳明之释更合事理。然而
《大学》之撰，不限于道德，因此还有从其他方面合理训释的可能性。明
清之际，一方面基于民族存亡的忧虑，一方面受到西方传教士带来的近代
科学技术的影响，学界较为普遍地重视经世致用和面向外部世界的研究，
让"格物致知"命题焕发出新的生机。

王夫之写道："《大学》固以格物为始教，而经文具曰'以修身为
本'，不曰格物为本。……《大学》之格物，亦与权谋术数之所格者，初
无异事。权谋术数之所知，亦未尝与《大学》所致之知，是非得失背道
而驰。"(《读四书大全说》卷四) 他否定了前人(程朱等)认为《大学》
以格物为本的观点，并且卸下了格物、致知的价值论盔甲，可算是对这一
命题的祛魅化，为从认识论角度把握打开了方便之门。在他看来，"大抵
格物之功，心官与耳目均用，学问为主，而思辨辅之，所思所辨者皆其所
学问之事。致知之功则唯在心官，思辨为主，而学问辅之，所学问者乃是
决其思辨之疑。"(《读四书大全说》卷一) 学问向外，思辨在内；学问为
思辨提供材料，思辨有待学问检验；耳目具有感性能力，心官具有知性能
力。格物依赖耳目、学问，大致相当于感性认识；致知依赖心官、思辨，
大致相当于知性认识。当然，这只是逻辑划分，学问与思辨渗透于格、致
两阶段，心官的作用也无处不在。

颜元虽然未能达到王夫之那样的思想高度，但他对格物的理解也甚为

切实："格物之'格'，王门训'正'，朱门训'至'，汉儒训'来'，似皆未稳。……元谓当如史书'手格猛兽'之格，'手格杀之'之格，乃犯手捶行搓弄之义。"（《习斋余记》卷六）他还与人讲到："此格字乃手格猛兽之格。格物谓犯手做其事，即孔门六艺是也。且如讲究礼乐，虽十分透澈，若不身为周旋，手为吹击，终是不知。故曰致知在格物。"（《言行录》）颜元所谓的格物，大致相当于现代所谓的实践，相应地，致知也就是在实践中获得真知。

沿着这一方向继续前行，人们将西方传来的科学称之为格致之学，格物致知已非《大学》的原义，同西方哲学的认识论逐渐接合。

三　格物致知命题的整体把握

把握格物致知命题，难点特别在于理解格物之"格"，它是上古时期的常用词。依据《说文解字》，"格"的本义是"木长貌"。徐铉补充说，树高长枝为格。按照《康熙字典》等所举的义项和例证，我们寻绎其逻辑大致可以分为四组。

第一组：段玉裁《说文解字注》云：树长必有所至，此接于彼曰至，彼接于此则曰来。首训至，如《尚书·尧典》："格于上下"；又训来，如《尧典》另有"格，汝舜"；或至或来，穷之有得，即穷究，《康熙字典》的编纂者认为《大学》的"致知在格物"为此义。第二组：木长即升高，而升、登义近。《尔雅·释诂》云"格，升也"；登，《尚书·吕刑》："皆听朕言，庶有格命"，格命即登寿考者；长而升，蕴涵变革，《尚书·皋陶谟》称，"格则承之庸之"。第三组：由变革可引出斗与敌。《荀子·议兵篇》有"服者不禽，格者不赦"，格者即是不服仍斗者，唐代杨倞注释为"相拒捍者"；《史记·张仪传》称"驱群羊攻猛虎……不格明矣"，不格就是不敌；由斗与敌很容易引申出抵牾、扞格（不相入）。第四组：由变革可引申为正，或去非，事物偏离应然之道，当使之正。由正能分化出度量、法式、标准诸义。正多为使动词，如《孟子·离娄上》中"惟大人为能格君心之非"（此义又可理解为除去）；《广韵》训格为"度也，量也"[①]；法式义见《礼记·缁衣》："言有物而行有格也"；标准义如

---

① 李善为《文选》中鲍照《芜诚赋》"格高五岳，袤广三坟"句作注，引述《仓颉》篇古训："格，量度也。"

《后汉书·傅燮传》："朝廷重其方格"。如果说第三组的字义表现出事物的离心倾向，那么第四组的字义则表现出事物的向心倾向，而正是离心与向心两种趋向的对立与统一，促成事物之发展和变革。可表示如下：

木长貌	1. 至—来—穷之而得	
	2. 升—登—变革	3. 斗—敌—抵牾—扞格
		4. 正（去非）—度量—法式—标准

"致"的含义相对容易把握。《说文解字》称其本义是送诣。由此引伸，于是有召致、招致、获致、达成、至、极等义。致知之"致"可解为获致或达成。

现在需要弄清的是，在观点交锋中，先哲各自所讲的是格何"物"？致何"知"？物是格之所对，知是致之所期，二者确定后，就可在应然的意义上确定何为"格"，何为"致"。至此我们须跳出《大学》的文本，面向实际考量，重点在于发扬这一命题的应有活力。

朱熹、王夫之和颜元似已考虑到自然之物。朱熹提出以心中之知穷物中之理，若在认识论意义上解释致知是可取的，但用于解释《大学》的前两目则很不可取：一是将始教提得太高，错解格致为八目之本；二是变物为理、以穷为格，造成格物与致知的重合，不免鸠占鹊巢之嫌。王夫之以耳目、学问接受外部信息为格、以心官的思辨研究为致，格、致被理解为认知的两个阶段，是难能可贵的阐释与发挥。颜元提出动手做为格，与科学实验庶几近之。

不过我们必须承认，先哲所讲的"物"一般多是指人伦之事，包括身、家乃至天下的事务。上述王夫之、颜元的观点，其实也主要是以这样的事物为对象而立论。当代张岱年先生依据《仓颉》篇的训释，认为量度是《大学》中"格物之格的正解"[①]，可为一家之言。量度人伦之事之所得，均为有限的事理和伦理。不过另有一些学者虽以物为人伦之事，其所致之知却是性理或良知。王阳明训格为正，王艮提出"格如格式之格，即絜矩之谓"（《明儒学案》卷三十二），都是从孟子格君心之非观点而引申，有度量而使之正的含义。

---

① 张岱年：《中国哲学大纲》，中国社会科学出版社 1982 年版，第 604 页。

第三种意见是对所格之"物"持完全否定的态度，以之为物之诱惑或逼迫。司马光训格为扞御、杨简认为格物是去其物，观点看似奇特，其实很有道理，与我们在上一章所讲的方法论一脉相通，它是通过去蔽从而达到性理或良知的澄明。但同明代二王的观点一样，如此致知则无须另添诚意、正心之目了，所以决非《大学》作者之本意。

格物之"物"有三义，致知之"知"（宜解为所知而不只是能知）则有四义：对应于自然之物的是物理，为狭义的知识形态；对应于人伦之事的是事理和伦理，如权谋与纲常；超越三者而源于心灵的性理，表现为良知。前三者基本属于见闻之知，后者则纯粹为德性之知。"致"大体可以训为获致、达成，若细加分辨，对于物理纯粹是认知，对于性理纯粹是体认或觉悟，而对于事理和伦理则介于二者之间。事理近于物理，伦理近于性理，我们且统称为教知，因为二者主要源于教明而非性明。前三者的获取与达成必须依靠道问学，尤其需要心官的思辨，后者的获致则多由反身而诚、寂然感通，表现为熊十力先生等常讲的亲证或呈现。

格自然之物而致物理之知，形成所谓格致之学，即自然科学；格人伦之事而致事理之知，形成经世致用的社会科学；无论是自然科学还是社会科学，都是向外探求，属于"外入之学"（陆九渊语）。格人伦之事而致伦理之知，形成社会伦理学；格人伦之事或去物之蔽而致性理之知，形成道德哲学；伦理学和道德哲学属于人文学科，尤其是后者，需要反身叩问，向内探求，可谓是"内出之学"。

笔者管见，在严格意义上，有必要区分伦理学与道德哲学。伦理学研究的是伦理，道德哲学研究的是性理；前者侧重于人伦关系的纲常，后者则注目于道德立法的机制。比较亚里士多德的《伦理学》和康德的《实践理性批判》就可见一斑。隐遁寺院中的出家人摆脱了世俗的伦理，却受着深刻而浓郁的道德熏陶。社会生活中的伦理纲常取决于自律与他律两重因素，道德则完全是自律的。例如诚可谓之道德，信其实只是伦理，因为有的商人注重信用，往往只是为了获得更多的利润；仁是道德，礼则属于伦理，如参选人有求于选民，多有亲切谦卑的表示。善举由衷是出于道德，善举不由衷也合乎伦理。

此外，事理与伦理在社会生活中常常混合体现。王夫之甚至将权谋也归入致知领域，其实是完全有道理的。且看现实的例证：

乔·吉拉德是美国汽车推销员，几次参加葬礼，分发名片都在250张左右，由此他悟出每个人一生真正有影响的交往人数大约为250人。联系自己的工作，他意识到获得一人好评，意味着获得250名潜在客户，而得罪一位顾客则可能反之。于是他对任何顾客都不敢懈怠，热忱服务，因此人际关系极好，创造了一年卖出1425辆汽车的吉尼斯纪录。

综上所述，格物致知命题有着广泛的普适性。虽然《大学》的本意主要指通过从事人伦之事而致事理与伦理之知，但这一命题本身具有强大活力，其实可以辐射于各个文化领域。关于格物致知的争议，往往是先哲着眼点的不同所致，并非不可兼容。姑且简单梳理如下：

物	格	知	致	文化成果
自然之物	耳目·学问接受（王夫之）、动手做（颜元）	物理—见闻之知、知识	认知—由外而内、心官·思辨研究、获致	自然科学
人伦之事	耳目·学问接受（王夫之）、动手做（颜元）、量度（张岱年）	事理或伦理—见闻之知、权谋与纲常等	教知—心官·思辨研究、获致（兼有认知与体认成分）	社会科学、社会伦理学
物之诱迫	正（王阳明）、絜矩（王艮） 扞御（司马光）、格去（杨简）	性理—德性之知—良知	体认、觉悟—由内而外、反身而诚、寂然感通、亲证、呈现	道德哲学

由于先哲欲致之知一般是指道德意识，在这种意义上，超越《大学》文本，将格物致知理解为去蔽而澄明最为贴切。是此正好与前述的方法论达成一致。

第二十三节　身体力行

身体力行约略相当于现代所谓的实践，但它更为强调个体的亲在性和强毅性，同德国古典哲学在道德领域所讲的实践较为接近。与格物致知一样，身体力行也可以在逻辑上分为两个层次，即身体之，力行之。两个命题既相互对立，又首尾相接，构成一个相互作用的圆圈：格物以致知，致知须身体，身体而力行，力行促格物。

一 身体之

在现代汉语中，"身体"一般只作为名词，指人的躯体，包括头颅、躯干和四肢。在古代，除了这种用法之外，"身体"还是一个形似主谓结构实为偏正结构的词组，"身"为名词，构成介宾结构的宾语，"体"则为动词，合成后指称个体对某一事物以身体验或以身体现。朱熹就常在后一种意义上运用。《论语集注》解释《泰伯》中曾子"任重而道远"一语云："仁者，人心之全德，而必欲以身体而力行之，可谓重矣；一息尚存，此志不容少懈，可谓远矣。"《孟子集注》释《尽心上》的"万物皆备于我"一段："此章言万物之理具于吾身，体之而实，则道在我而乐有余；行之以恕，则私不容而仁可得。"这种意义的"体"字，是指将自己的身心放进那事物里面去感受、验证乃至予以体现。

身体与致知密切相联。道德活动不同于科学活动，它对事物的知是体知，见诸于外的行是躬行。《大学》所讲的八目都含有"身体"的成分。如果说科学研究有相当一部分的工作可以由计算机之类器具去做，那么道德的评价和选择几乎没有这种可能。在这里，主体总是在场，具有亲在性。科学注目于真假的分辨，而道德关注的是善恶的取舍，价值问题离不开主体。具体一些分析，先哲所讲的体察、体认、体悟都属于这一范围。

《尚书·无逸》的末尾记述周公曰："呜呼！嗣王其监于兹！"这是充满情感的收结，前面已讲到历史的经验和教训，希望先王的继承者引以为鉴；而可虑的事实是，后世膏粱子弟已不知稼穑之艰难，平民百姓则不知闾阎之苦乐，二者都没有做到切己体察。"体认"一语常为宋代学者所青睐。张载曾说："某与人论学二三十年，所恨不能到人……若人体认，尽可以发明道理；若不体认，亦是一场闲言长语。"（《学大原下》）体认中蕴涵有体悟，悟也就是觉。王夫之主张区分知与觉："随见别白曰知，触心警悟曰觉。随见别白，则当然者可以名言矣。触心警悟，则所以然者微喻于己，即不能名言而已自了矣。知者，本末具鉴也。觉者，如痛痒之自省也。知或疏而觉则必亲，觉者隐而知则能显。"（《读四书大全说》卷二）借鉴康德哲学的术语，知相当于理论理性的运用，觉则是实践理性的呈现。知为主客判分，可以言词表达，故既疏又显；觉为触心警悟，痛痒自知，难以精确描述，所以既亲且隐。

身体另一端联系着力行。所谓亲身体之，在于它伴随体验且见诸躬行。十多年前，哈佛大学校长来北京大学时，讲了一段自己摆脱了身外之物以后的亲身经历：有一年他向学校请了三个月假，谁也没告诉就去了美国南方的农村。他在田间干活时，背着老板吸了一支烟，或与工友悄悄讲了几句话，都感到很高兴。最后他到一家餐厅刷盘子，只干了四个小时老板就同他结了账，告诉他："老头，你刷盘子太慢，被解雇了！"有了这次生活体验，他更清楚地认识了自己。孟子鉴于历史的事实，提出天将降大任予某人，必先饿其体肤，劳其筋骨；个中原因，在于克服困难的过程不仅可使人强大起来，并且使之能体贴、体恤和体谅他人。

"体贴"一词可用于致知，相当于细心体味，如程颢称"天理"二字是自家体贴出来的；不过更多是指细心忖度别人的处境，给予关切和照顾。清代雍正皇帝在《上谕八旗》中责备有关大臣不能体会自己的施恩之心，将喜丧之事的恩赏银两并不作速发给，任意迟延，造成当受赏者重利借贷，此弊为不能"设身处地体贴度量之所致"。"体恤"和"体谅"都有设身处地为人着想之意，付诸行动，前者强调给予对象以切实的关爱和照顾，后者则强调以宽宏的心胸给予对象以理解和谅解。前者直接体现仁，后者则表现为恕。恕是仁的一种表现形式，曾子认为孔子一以贯之之道就是忠恕，即在于尽己和以己推人；孟子指出，"强恕而行，求仁莫近焉。"（《尽心上》）

我国古代，人们普遍以为理想的人格在社会生活中应当体仁而行，包括父子有亲、君臣有义、夫妇有别、长幼有序、朋友有信等。但如前所述，仁与志不宜孤行，是否需要体志而行？答案应该是肯定的。尤其是人们若希望有所作为，建功立业，更是需要体现作为乾健之性的志。宋代范祖禹编撰《帝学》一书，汇集外王方面的经验以供统治者参考，其中有一则写道："伏惟陛下宪道于三皇，稽德于五帝，轨仪于三代，法象于祖宗，集群圣之所行，体乾健之不息，则四海格于泰和，万年其有永观矣。"所谓宪道、稽德、轨仪、法象都是继往圣之所行，树立效法的榜样（心之所期——志），而其焦点在于"体乾健之不息"，即指向未来的开拓，实际上是要求志居统帅地位（志为乾健之性）；只有这样继往而开来，才能成就政治大业，创造四海泰和，万年永续的理想局面。

《易传》的撰写，贯穿了作者的亲身体验，并要求付诸行动。它讲易道无思无为，讲乾知大始、坤作成物，讲天行健、地势坤等，都是天人一体的表达方式。它要求体天道而行人道，依天德而立人德，由此而促进中国哲学形成无需人格神而显现神圣、确立人生价值的优良传统。根据逻辑，可见其层次的递进：体乾、坤之道而志、仁并举，体志、仁之德而见诸义、礼之行，等等。

二 笃行之

先哲教人，历来重视行。由于普遍以修身为本，而修身不仅需要致知，而且需要力行，所以他们对行的重视尽在必然之中。致知在内而力行在外，因而造就的是表里如一、内外双修的人格。他们普遍地将治国平天下视为末事虽然不无偏颇，但一些汲汲于事功的人藐视道德践履则恰恰是世风颓败的重要原因。关于致知的讨论，我们主要围绕《大学》展开；现在讨论力行，将着重考虑《中庸》的观点。

《中庸》提出"力行"和"笃行"两个概念，表现了道德实践不仅具有亲在性，并且具有强毅性。其中写道："知、仁、勇三者，天下之达德也。所以行之者，一也。或生而知之，或学而知之，或困而知之，及其知之，一也。或安而行之，或利而行之，或勉强而行之，及其成功，一也。"三达德见诸行为，在于诚笃。由于个体禀赋或机缘的不同，知与行都存在不同的等次，闻道有早晚，行道有难易，但都能达成目标，在于其勇于探求和践履，也就是自强不息。诚笃、勇、自强不息，均为道德实践所必需；秉此而行，即为笃行。

笃行基于诚而见于勇，有勇则强，至诚则毅，强毅之士体现刚健的性格特征。《中庸》引孔子的话说："好学近乎知，力行近乎仁，知耻近乎勇。"好学而力行，知耻而奋起，其实均含有勇，且必以志为基，凸显乾健之性。好学能增益知，知耻能激发勇，较容易理解，但力行与仁之间是否存在因果关系，实在难以揭显。朱熹肯定吕本中的看法："好学非知，然足以破愚；力行非仁，然足以忘私；知耻非勇，然足以起懦"（《四书集注·中庸章句》）。如此解释，既有克服又有保留，确见妙处，只是力行为何必定忘私，仍不得而知。王夫之读朱子注，于此也默然跳过，未置可否。我们不妨试解此结：所谓"力行近于仁"，是说力行近于成仁，而"仁"可指代德，因而又可以说力行近于成德。若能知之而又行之，个体则接近于成德之人。且安而行之为上，利而行之为次，勉强行之也当予以肯定。①

笃行又当区分两种情形，一是修习而行，一是率性而行。修习而行为思诚者之事，联系着"修道之谓教"，率性而行为诚者之事，联系着"率性之谓道"，二者存在层次的差别。

《中庸》的作者写道："博学之，审问之，慎思之，明辨之，笃行之。"如前所述，学、问、思、辨相当于格物致知，既知则择善而固执，付诸行动且无可阻挡，便是笃行。由学、问、思、辨而至于行，是一个修习的过程。清代颜元鉴于宋明理学家有空谈心性之弊，提倡"践履之学"，力图强调修习以纠之。他比喻说：古代典籍犹如一本琴谱，学者歌得其调，抚娴其指，弦求中音，徵求中节，只是学琴阶段；手随心，音随手，清浊、徐疾有常功，鼓有常规，可谓之习琴阶段；弦器可手制，音律可耳审，超越于此，心与手忘，手与弦忘，才可称之为能琴境界（《存学篇》卷二）。他认为，孔子教人以六艺即礼乐射御书数就是"实学"。

修习是率性的准备阶段。没有文化的日积月累，个体心灵空虚且不诚，就根本谈不上"率性"，往往不过是"任意"而已。孔子十五而志于学，并注意到三人行，必有我师，方能三十而立，四十而不惑。曾子倡导每日三省自身：为人谋而不忠乎？与朋友交而不信乎？传不习乎？每天对照检查，有则改之，无则加勉。孔子和曾子之所以成为圣贤，与他们曾从事严格的修习密切相关。否则，不学《诗》，无以言；不学礼，无以立。

经过一定的修习，人们有可能达到率性而行。率性之"性"为天命之性，是天德在人身上的体现，故有"性天德"之谓。如果说修习是由教而立，那么率性则是由己而出。由己也就是由自，由自也就是自由。道德恰好是一个自由的领域，无论是尚志还是守仁，都由己出。对于修道以立教的圣贤，一辈子都需要修习，因为他肩负着传道醒世的重任；而在他自己，也许早已达到率性而行，前述"安而行之"即是。对于普通的践行者，修习的工夫虽然不可或缺，但一般说来无须那么深厚。

朱熹和陆九渊正是于此出现分野。朱熹崇尚道问学，强调要有深厚的

① 前述三知当存在等次之分，见《论语·季氏》；三行亦然，如安而行基于仁，最近于成德，利而行基于义，则次之。《中庸》仅就知、行的结果（知晓、成功）而言"一"；朱子以此反训《论语》，未见等次，似不妥。

修习，目的是要学生成为传道者；陆九渊偏重于尊德性，提倡"简易"的点拨工夫，目的只是要让听众成为践行者。朱子曾意识到二者的差异："陆子静专以尊德性诲人，故游其门者多践履之士，然于道问学处欠了。某教人岂不是道问学处多了些子？故游某之门者践履多不及之。"（见于《象山语录》卷一）应该说，尊德性是道德领域的根本，德性即康德所谓的实践理性，陆九渊以自己的学说为正宗，的确有一定道理。尊德性是由内而外的呈现，通常无待于过多的观念灌输，途之人也可为禹。

　　武汉市粮食局有个叫宋先伟的退休职工，老伴病逝，儿子遇车祸丧生，几乎没有了亲人。一些年来，他租房居住，省吃俭用，自发地用自己微薄的退休金收养街头的流浪儿。至 2005 年 5 月，他共收养 31 个之多，并且为大多数孩子找到了着落。2005 年收养来自四川的一个孩子后，在医院检查出自己将不久于人世，于是抓紧时间与四川省公安厅联系，希望找到孩子的原籍。经过地方政府的不懈努力，老人的几次奔波，终于在 2006 年将孩子送回他在达县农村的家。老人的大爱，感动了许多素不相识的人。一些孩子与家人团聚后，仍要回到武汉来为老人养老送终。

　　一般认为，只有神才能普爱众生，其实这种神性每个人与生便有，关键在于自觉并守之勿失。

　　内圣落实于修身，外王达致平天下。孟子写道："故士穷不失义，达不离道。……古之人，得志，泽加于民；不得志，修身见于世。穷则独善其身，达则兼善天下。"（《尽心上》）无论是修身还是治平，都必须笃行道义。治天下当以修身为基础，在民主制国家尤为显然。

　　新西兰前总理克拉克是个女性，休息日也和普通市民一样，乘公交或步行去超市购物，添置家庭日用品。一天她走在熙熙攘攘的街道上，正要超越一个步履蹒跚的老太太时，见老人左脚的鞋带松开了，忽左忽右地甩来甩去，而老人自己没有觉察，很有可能被绊倒。克拉克立刻走近她，问候了一声，就俯下身来将老太太左脚的鞋带系紧，然后向老人做了一个"请前行"的优雅姿势。这时老太太认出了为她系鞋带的人，喃喃说道："克拉克总理，我应该为我的选票没有投错而感到高兴。"随后两人微笑着分开，各走各的路，好像刚才什么事情也没有发生。

克拉克的行为或是基于率性，或是基于修习；或是出自先验的道德律令，或是为了博取民众的好感，也许二者皆有之。人们在社会生活中的行为，不能没有自律因素，不过也难以排除他律成分。就人格的形成过程而言，修习必然是率性的基础；就个体的当下行为而言，则应该以道德的自律为基础。

三　德风德草

有人讲过一件身边的事，虽然我们没有亲历，但它是可能发生的：住宅小区新搬来一家人，邻居都没有怎么注意。第二天早晨，一位女士发现自己的邻居下楼时，顺手把每家门口的垃圾都拿到了楼下。她非常感动，于是自己下楼时看见垃圾袋也随手带下楼。一段时间后，这栋楼形成了一种习惯，根本不用物业公司的清洁员上门来收垃圾了。用现代管理学的观点看，首先这样做的是具有领袖气质的人，他在引领一种风气。依据美国管理学家罗伯特·K.格林里夫的"仆从领导"理论，在追随者服从于领袖之前，领袖应该先问问自己："我能为我的追随者做些什么？"的确，在一些民主制度健全的地方，官员更像是公仆。

榜样的力量是巨大的。季康子曾问政于孔子说："通过杀无道从而让民众就有道，怎么样？"孔子回答说："为政哪里一定要用杀人的方式？统治者若能成为善的表率，则民众自然归于善。为政者之德像风，民众之德像草；经风吹过，草就会顺着风的方向倾倒。"（事见《论语·颜渊》）俗谚称"上梁不正下梁歪"，是从反面肯定了孔子所讲的道理。1796年，在法国军队中流传的一个故事表明德化有着惩戒所不能取代的威力：

　　拿破仑有次夜间查岗，发现站岗的士兵靠着一棵大树睡着了，征服意大利的战斗打得很辛苦。他没有喊醒士兵，而是拿起枪替他站了岗。哨兵从沉睡中醒来，认出是自己的最高统帅，十分惶恐。拿破仑却和蔼地对他说："朋友，这是你的枪。你们艰苦作战，又走了那么长的路，打瞌睡是可以谅解的；但是目前，一时的疏忽就会断送全军。我正好不困，替你站了一会儿，下次你一定要小心。"此事后来传开来，战士们更加爱戴自己的统帅。

其实，季康子的考虑未尝没有道理，孔子之所以否定，并非主张在治理社会中排除惩戒，而是要求更为注重于道德的感化。德化首先需要正己，然后当予普施，所以孟子强调不得志则独善其身，得志则泽及民众。仅从道德的感染力方面看，独善其身有可能含有兼善天下的功效，即促进社会的精神文明建设。个体德性充实可谓之美，充实而有光辉谓之大，大而化之谓之圣，圣人在德行上成为百世师。即使只是贤人，也有可能影响深远。孟子曾举例说，"故闻伯夷之风者，顽夫廉，懦夫有立志。闻柳下惠之风者，薄夫敦，鄙夫宽。奋乎百世之上，百世之下闻者，莫不兴起也。"（《尽心下》）萧统在《文选序》中称赞陶渊明的为人与诗作也具有此功效。

毋庸置疑，独善其身是兼济天下的基础条件，所以先儒普遍认同以修身为本，并期望通过修身而呈现圣贤气象。孟子认为形色乃人之天性，一个道德修养深厚者以仁为安宅、义为正路，高扬自由意志且具有浩然之气，内心的活泼生机显现于外部的形色，表现出特定的风度和神采，这就是"践形"："君子所性，仁义礼智根於心。其生色也，睟然见於面，盎於背，施於四体。四体不言而喻。"（《尽心上》）践形是个体深厚修养的感性显现，亦即人格美的成功造就，即使他默不作声，仍然具有强大的感召力量。

对于普通人来说，形与神也存在某种统一性，内心的思想感情不免流露于外。不过通常的形神相洽并不能称为"践形"，一是在质的方面未必能止于至善，二是在量的方面未能达到体态和举止放"光辉"的程度，即呈现"圣贤气象"。读《论语》与《孟子》，我们似可窥见孔子、颜子和孟子的人格光辉。程颢和程颐曾描述其体会道："仲尼，天地也；颜子，和风庆云也；孟子，泰山岩岩之气象也。观其言，皆可见之矣。"（《二程遗书》卷五）孔子无所不包又元气浑然，仿佛天地，既高明又博厚；颜渊示不违、如愚之学于后世，不言而化，有若无、实若虚；孟子发明孔子之学的底蕴，其迹昭彰（陆九渊称之为"十字打开，更无隐遁"），坚决息邪说、诎诐行、放淫辞，棱角分明。三者都算得上圣希天，其个性特征也许不只是修养问题，还有特定的生理气质和社会氛围等因素的制约。

孔孟的典范鼓舞着后来的学者。宋代的道学家们并非如一些人想象中的那样终日正襟危坐，他们追求与天地合其德，与日月合其明，胸次活泼爽朗，在其诗文中就有生动的表现，如周敦颐的《爱莲说》，程颢的《春日偶成》等；当时人的记述也是可靠的依据。

黄庭坚在其《濂溪诗》的序言中称赞道："周茂叔人品甚高，胸中洒落，如光风霁月。"（《山谷集》卷一）程颢追忆说，周茂叔窗前草不除去，有人问之，他回答道："与自家意思一般。"（《二程遗书》卷三）胸中生意盎然，见草木生气勃勃，正好应目会心，人与自然仿佛一体，乐在其中，又何需多此一举，予以人为的剪除？

程颢自己注重于修身，也呈现出圣贤气象。据他的学生和友人描述，"明道先生坐如泥塑，接人则浑是一团和气。"（《二程外书》卷十二）朱公掞（光庭）师从他一段时间，返回家时对人说："光庭在春风中坐了一个月。"（同上）程颐所撰的《明道先生行状》写道："先生资禀既异，而充养有道。纯粹如精金，温润如良玉。宽而有制，和而不流。忠诚贯于金石，孝弟通于神明。视其色，其接物也如春阳之温；听其言，其入人也如时雨之润。胸怀洞然，彻视无间，测其蕴则浩乎若沧溟之无际。"个体修养达到这样的层次，所存者神，所过者化，充分体现了道德的强大感召作用。[1]

从修身的意义上说，儒家学说历来极为重视践履，重视身体力行，其社会理想是营造众希（仰望而祈求达到）士，士希贤，贤希圣，圣希天的局面。每一个体若都能如此积极地寻求上达，无疑为齐家、治国、平天下奠定坚实的基础。

第二十四节　知行相须

知与行是人生的两个矛盾方面，儒家的传统是知行并重。孔子因材施教，弟子哪一方面欠缺，就对他强调哪一方面以使之完善。例如子路好勇，以力行凸显，往往失之径行直遂，所以特意告诫他求知之道；子贡践履相对较弱，当他询问如何才能成为君子时，孔子则说："先行其言而后

---

[1]　必须承认，道德毕竟只是人类建树的文化系统的一个部分，其感化功用不是无限的。当与法治互补。

从之。"(《论语·为政》)《中庸》倡导道问学和尊德性,就是要求知行兼顾——相对而言,道问学主知,尊德性主行。本节我们再次将视界放宽,不限于考察道德活动。

一 知与行的矛盾关系

知与行的关系扩展一点说是致知与力行的关系,用现代词汇表述即认识与实践的关系。通常人们在两重意义上考察,一是着眼于认知自然界并予以利用乃至改造,一是着眼于体知人伦关系从而按道义原则行事。无论是康德所谓的必然领域还是自由领域,二者都密切关联,于是产生关于知与行的难易、先后、轻重等问题的分歧意见。

迄今所见,明确地以"知"与"行"对举论述的最早文献要算《伪古文尚书·说命中》,其中提出:"非知之艰,行之惟艰。"尽管当时学界普遍将《说命》看做上古之文而奉为经典,程颐仍然提出了保留的意见:"力行先须要知。非特行难,知亦难也。《书》曰,'知之非艰,行之惟艰',此固是也。然知之亦自艰。譬如人欲往京师,必知是出那门,行那路,然后可往;如不知,虽有欲往之心,其将何之?自古非无美材能力行者,然鲜能明道,以此见知之亦难矣。"(《二程遗书》卷十八)程颐本来是就人伦之事(五常)之当然立论,而他所举的却是一个日常生活(出门去京城)中属于必然领域的例子,这种混淆具有代表性;撇开论据不当的问题,他所讲的意见仍然是有道理的。仅就人伦之事而论,心中只有目标,却不知达到目标的途径与方法,结果就会将事情弄糟。

程颐对于知与行的先后问题也表达了看法,他认为,"须是识在所行之先。譬如行路,须得光照。"(《二程遗书》卷三)他还指出:"学者固当勉强。然不致知,怎生行得?勉强行者安能持久?"(《二程遗书》卷十八)据此看来,他的主张是知当在行之先,行应在知之后。但王夫之持先行而后知的观点也不无道理,例如饮食,"饮之食之,而味乃知"(《四书训义》卷二)。我们不能说程颐之论没有道理,但也须承认王夫之所举的事例足以让人信服。

与程颐偏重于知不同,王夫之较为偏重于行。他从目的和结果两方面分析,认为知以行为功,且行可有知之效,反之则不然:"将为格物穷理之学,抑必勉勉孜孜而后择之精语之详,是知必以行为功也。行于君民亲友喜怒哀乐之间,得而信,失而疑,道乃益明,是行可有知之效也。其力行也，得不以为歆，失不以为恤，志壹动气，惟无审虑却顾而后德可据，是行不以知为功也。冥心而思，观物而辨，时未至，理未协，情未感，力未赡，俟之他日，而行乃为功，是知不得有行之效也。行可兼知，而知不可兼行。"（《尚书引义·说命中》）如果说，程颐对《说命》的观点进行了修正，那么，王夫之则予以捍卫和发挥。

上述观点看似矛盾，其实只是适用的场合不同而已。重要的问题不是站在哪一方的取舍选择，而是如何让看似对立的观点得以调解，使之各得其所。

就必然领域而言，自由是对必然的认识和利用。认识是知，利用是行。如果对事物没有一定的认识，如何能加以利用？可见知在先，行在后；求知决非易事，且无止境；当它成为突出的问题，其重要性不言而喻。另一方面，如果对事物没有利用的考虑，或从来不曾触及，认识从何而起？于此又可见行在先，知在后；即使对事物发展变化的规律有所认识，但是一时缺少必要的主观能力或客观条件，仍然不能利用，可见行之难；认识世界一般是为了利用来为人类自身服务，比较而言，知是行的条件，行是知的目的。以水力发电为例，人们认识到水力可以转化为电力，经历了多少岁月？知可谓难也；认识到这一物理以后，需要投入大量人力物力，筑大坝、建厂房，行可谓难也。即使拥有人力物力，且已知水力发电的可能，却没有切实掌握相关的科学技术而无从实施，可见知在先，是关键；反过来，若相关技术人员已有一知半解且必须自力更生，则又转化为行在先，是关键，等等。

道德领域也有需要视场合而定的情形。孟子曾批评说："行之而不著焉，习矣而不察焉，终身由之而不知其道者，众也。"（《尽心上》）这里主要批评常人能行却不知，"不著"是知不明，"不察"是识不审，"习"与"由"都是行。众人平素能行之但不知其道，因此极其需要由自发提升为自觉。清代学者刁蒙吉却认为，近世与先秦时正相反，学者著之而不行，察矣而不习，终身知之而不由其道者众也。（见于颜元《存学篇》）为何正相反？刁氏语焉不详。既然二者都是事实，我们可以这样解释：初民能行之但不知之，更多率性成分；近世多知之却不行之，因为人们通常是由观念的灌输而获知，认识走在实践的前面并与实践脱节于是成为普遍的现象。如此看来，孟子强调知、近代强调行，都有补弊作用。

二　道德观念与实践

前面已经谈到，科学观念是人为自然立法的成果，道德观念是人为自身立法的结晶，道德之知与科学之知虽然都存在于心灵的意识层面，但二者的性质和来由却有本质的区别。

道德之知的根本在于反身而诚，自诚明则知性、知天。因此，率性而发便是道德观念的基础，孟子称为良知良能，张载称之为德性所知。这是无须由通常所谓的格物而致的部分，如果不是将格物解释为去物的话。王夫之将格物理解为感性经验，因此他批评《四书或问》有一小注为"迂诞鄙陋之说"，当是朱门弟子的假托附会。因为其中引朱熹语录"父子本同一气，只是一人之身分成两个"（《御纂朱子全书》卷九），认为通过如此格物，就知道子之所以孝、父之所以慈之理。在王夫之看来，如此解释格致实在太可笑了："天下岂有欲为孝子者，而痴痴呆呆，将我与父所以相亲之故去格、去致，必待晓得当初本一人之身，而后所以当孝乎？即此一事求之，便知吾心之知，有不从格物而得者，而非即格物、即致知审矣。"（《读四书大全说》卷一）众所周知，母亲疼爱孩子是基于本能，无须任何教育培训。当然，本能的善端经过教育和反思可提升为自觉，前述孟子惋惜人们终身由之而不知其道，正是希望大众能在深度和广度上扩充自己的善性。

我们还应该承认，观念的灌输也是必需的，如人际关系中的各种礼节，不同社会群体中的道义原则，等等。这些往往是由教而明，是个体的社会化进程不可缺少的部分。然而不能忽视的是，这类认知总是具有特定时代、特定种族乃至特定阶层的局限性。尽管它也属于人为自身立法，但这样的立法者不是代表人的族类，而是代表特定群体。并且，来自外部灌输的东西很容易为伪，因为它大多没有达到根深蒂固。明清之际，很多儒家学者无愧于正道直行的志士仁人，但也有一些口是心非、言行脱节的利禄之徒。如孙承泽是明朝的一位高官，李自成破北京时投降闯王，满洲人入关再投降清人。他却撰写了许多理学书，摆出一副道貌岸然的面孔。据全祖望在《陈汝咸墓志铭》中叙述，清初排斥陆王学派的人中间，他是第一个领军人物。其言行相悖，实在是不折不扣的"假道学"。究其原因，就在于他只是由教而知，但非德性所知，其心之明并非性明，充其量只是教明。[1]

陆九渊在与朱熹的论战中区分两种治学倾向，他说："孔门唯颜、曾传道，他未有闻。盖颜、曾从里面出来，他人外面入去。今（指朱熹等——引者）所传者，乃子夏、子张之徒外入之学。曾子所传，至孟子不复传矣。"（《象山语录》卷三）应该说，二者都有存在的理由，但必须以前者为本，后者为末，顺序不宜颠倒。道德基于体悟，是从里面出来；从外面入去只能作为启蒙性质的辅助手段，下学必待上达。近千年来，学界普遍信奉朱熹之学，若依据内圣之学考量，的确如牟宗三先生所说，是以"别子为宗"[2]。

在道德领域，知行关系具有特殊性，二者总是相互依存。逻辑认知并不要求随之行动，如公孙龙主张合同异或离坚白，完全停留于冷静的思辨层面。道德之知则具有行为指令的性质，即使没有付诸身体的行动，也必然伴随着心理上的褒贬评价，呈现好善恶恶的追随或拒斥倾向。如果将后者也看做广义的行（王阳明正是如此），那么道德活动中知与行几乎在刹那之间相伴生，不待有意识的推敲。例如父母的护犊倾向就是如此。

　　　　汶川大地震中，有位教师为了保护学生撤离教室而献出了生命。在发掘废墟时发现，他的遗体呈拱形，还有几个学生躺在他的身下。这一姿势让人似曾相识，因为在考古学家发掘毁于泥石流的古城堡遗址中，很多父母就是以这样的姿势在生命的最后一刻保护自己的子女，它将身体的每一块骨骼聚集在一起，试图以血肉之躯阻挡万钧之力。可以说，这种姿势千古如一，却是不学而然。1999年土耳其大地震后的第二天，救援人员在废墟中发现一个母亲屈着身子顶着一堆石块的重压，呼喊着快救她身下护着的7岁女儿，说自己快坚持不住了。保护女儿的生命，是她苦撑几十个小时的唯一希望。

---

[1]　法国著名学者蒙田认定道德源于教育。有一年波尔多市突发鼠疫，作为市长的他竟然抛下全城百姓，脚底抹油逃避了。同僚们一再致信催他回来主事，他都置之不理，直到鼠疫过后才姗姗回城。

[2]　牟宗三：《心体与性体》上卷，上海古籍出版社1999年版，第16页。

道德活动因而既容易又困难。其所以容易，在于按良知的呼唤去做即可。① 其所以困难，在于主体常常因为动机与效果，利己、利人还是利众，现时之利与长远之利等矛盾而难于抉择。② 这种困难与前述的经与权问题相通。

三 知与行的统一关系

先哲关于知行虽然在难易、先后乃至轻重等方面存在观点差异，但那是针对生活的不同场合而各抒己见。一般说来，他们更多着眼于道德活动，所以普遍强调知与行的统一。不过，究竟是何种统一关系，表述又有所不同，其中有代表性的观点主要为三种。

其一是知行相须，即相互依存、相互为用。程颐指出："非明无以照，非动无以行。相须犹形影，相资犹表里。"（《伊川易传》卷四）朱熹继承和发展了这一观点，他说："致知、力行，用功不可偏。偏过一边，则一边受病。""知行常相须。如目无足不行，足无目不见。"（《朱子语类》卷九）"知愈明则行之愈笃，行之愈笃则知之益明。"（同上卷十四）这些观点既全面，又公允，简直无可挑剔。

其二是知行合一，这是王阳明的特殊表述。门人求教其意，他解释说："此须识我立言宗旨。今人学问，只因知行分作两件，故有一念发动虽是不善，然却未曾行，便不去禁止。我今说个知行合一，正要人晓得一念发动处便即是行了。发动处有不善，就将这不善的念克倒了。须要彻根彻底，不使那一念不善潜伏在胸中。此是我立言宗旨。"（《传习录》下）

---

① 1983 年，湖北省阳新县第一中学校长办公室接受附近百姓送来的一面锦旗，感谢正在念初三的一位学生舍己救人的壮举。消息传到初三年级教师办公室，令教师们惊诧不已：一是因为几天来这位学生一切如常，没有向老师或同学透露过；二是因为该生在校一贯调皮捣蛋，成绩很差又不用功，是令大家头疼的学生之一，想不到关键时刻他如此勇敢，而且返校后毫不张扬。后来班主任询问他，他低着头腼腆地回答："一件小事。当时什么都没有想，就跳进水里把他拉起来了。"也许对他而言，入水救人比做一道数学习题容易。

② 1993 年，苏丹全国爆发饥荒，哀鸿遍野。南非记者凯文·卡特拍摄了一张极为传神的特写：一只站在一堆土块上的秃鹰，虎视眈眈一个匍匐在地、骨瘦如柴的女孩。这张照片为众多媒体刊载，荣获多项国际大奖。但时隔不久，传来年仅 33 岁的卡特在寓所中自杀身亡的消息。人们推测他是受到良心的谴责，只顾捕捉摄影的最佳时机，却没有及时救助那可怜的女孩。虽然获得梦寐以求的成功和荣誉，但无法摆脱良知的煎熬。卡特的死令人惋惜，其实他还可以换一个角度思考和评判：他拍摄照片不只是利己，客观上还能利群，它震撼了人们的心灵，可能让众多孩子获得救助。如此着眼或许能无愧于心。

知行合一论只适宜于道德哲学，它将克念也作为行看待，强调从动机上端正，的确是一种彻底的工夫。不过，人们未必赞同赋予"行"以如此宽泛的意义。

其三是知行并进，既各有其功又相资为用。王夫之不赞同王阳明的知行合一说："知行相资以互用，惟其各有致功，而亦各有其效，故相资以互用。则于其相互，益知其必分矣。……不知其各有功效而相资，于是而姚江王氏知行合一之说得藉口以获世。"（《礼记章句·中庸篇》）知与行，不仅相资以互用，而且并进而为功，处在一种动态的过程之中。他又写道："盖云知行者，致知、力行之谓也。唯其为致知、力行，故功可得而分。功可得而分，则可立先后之序。可立先后之序，而先后又互相为成，则由知而知所行，由行而行则知之，亦可云并进而有功。"（《读四书大全说》卷四）

以上三种观点虽然存在相互否定的情形，却并非势不两立，而有着内在的统一性。

王阳明不满于程朱理学将知行分为两件事，觉得有支离之弊，因此强调合一。王夫之之所以批评王阳明的"知行合一"说，缘于它有合而无分，结果销行以归知，不免于混沌。对于知行的统一关系，王夫之继承和发展了程颐和朱熹的思想。这种歧异的造成，一是由于他们讨论知行时概念的内涵和外延显然有别：程朱和王夫之所讲的行兼涉自然和人事领域，所讲的知既含所以然，又含所当然；王阳明则专就人伦之事立论，且注目于所当然，所谓知是指良知，连不善之念也不在其列。二是思维方式存在某些差异：程朱和王夫之都相对注重客观分析，注意揭示对立概念的区别和联系；王阳明更为注重心灵体验，更为注重道德活动的纯粹性，他信奉陆九渊所讲的简易工夫，企求一竿子插到底。

另一方面，无论是王阳明宣讲的"知行合一"，还是王夫之提出的"相资以互用"、"并进而有功"，都可以看做是对程朱"知行相须"命题的充实和发展：前者着眼旨归之处，后者兼及动态过程。实际上，王阳明也持有知行并进观念，他曾称自己的主张是"合一并进之说"（《传习录》中）；而王夫之虽然不满于王氏之说的无分，其实在道理上并不排斥以克念为行，如他曾写道："先儒分致知格物属知，诚意以下属行，是通将《大学》分作两节。大分段处且如此说，若逐项下手工夫，则致知格物亦有行，诚意以下至平天下亦无不有知。"（《读四书大全说》卷一）可见他没有否认诚意、正心为行，而二者就含有克念的意涵。

因此，我们可以说，合知行是中国哲学的突出特色，只是在王阳明的心学中最为凸显而已。之所以如此，在于先哲主要关注的是道德问题。如果是关于自然的认识与利用，即科学技术领域，知与行对于个体而言则未必常相须：我们不能要求一个从事理论物理学研究的科学家如爱因斯坦在他的专业领域知行并举，否则就根本不可能发现相对论。

知行的统一造就千千万万人格的典范。翻阅古代一些纯正的儒学大师的传记，常常会见到某种悲剧的色彩，因为他们坚持道义，择善固执，不向严重异化了的现实妥协，导致命运的坎坷。虽然有的不免迂阔，但其人格不失为世人楷模。晚明的刘宗周就是如此。

> 刘宗周是明代最后一位儒学大师，清初大儒黄宗羲的老师。对于陆九渊和王阳明的心学，"始而疑"、"中而信"、"终而辨"。牟宗三先生认为他属于胡宏一系，与陆、王一系相通而继承了中国传统哲学的正宗。他的核心观念是"慎独"，约略相当于王阳明所谓的致良知。宗周少年丧父，依靠外公抚养。进士后丧母，因而未及时致仕。后来被招徕入朝，坚持正道直行，对奸党不予妥协，曾提出建道撰、贞法守、崇国体、清伏奸、惩官邪、饬吏治等策略。朝廷照会曾赞扬他"千秋间气，一代完人。世曰麒麟凤凰，学者泰山北斗"。弘光元年（1645）六月，杭州失守，潞王降清。刘宗周听到这一消息，决定效法伯夷、叔齐，开始绝食。经历二十多日而后气绝。终其一生，为人清正，可谓是铁骨铮铮，宁折不弯。

明清之际的黄宗羲、顾炎武、王夫之三位大儒，为人为学都堪称典范，在该时代自然也只能是悲剧人物。他们每个人都是孟子所讲的富贵不能淫、贫贱不能移、威武不能屈的大丈夫，其修养不只是停留于口头上，而是一以贯之地体现于其行动中，在家国危难之时，仍积极地寻求自我实现，形成与宋儒判然有别的另一种圣贤气象。其生存方式本身是一种人生境界，值得后学脱帽致敬。

本章小结：格物致知与身体力行是一对矛盾命题，大致相当于现代所谓的认识与实践。但在道德领域，前一矛盾命题较之后者更为切合实际，因为道德意识联系着道德意志，严格说来不是一个认识论的问题；并且，它们首尾相接，构成一个相互作用的逻辑圆圈：格物以致知，致知须身体，身体而力行，力行促格物。相对而言，格物与力行向外，而致知与身体向内；格物是接受客体信息，致知是抽象概括其理，身体是以主体的身心去体验，力行是主体道德意志的客体化。

如何理解格物致知，存在许多争议。程朱以格物为八目之本，作为穷究物理和事理把握，结果不能自圆其说；纯粹就道德活动而言，将格物致知理解为去蔽而澄明最为适宜。身体力行就是按心灵的道德律令行事，要求亲身强力践履，坚毅地按事情的所当然付诸实践。道德领域的知与行甚少矛盾，前人在难易、先后、轻重诸方面或有不同强调，实际上各适用于不同场合；其统一关系则得到普遍认同，或称相须，或称相资、并进乃至合一等。必须注意的是，知行的这种紧密关系不能套用于科学领域。

格物致知与身体力行本为主体后天同外部世界相互作用的两个基本方面，二者正好是人类心灵要求和谐整一与要求自我实现两个系列的体现。更具体一些分析，它们分别由"象—智—理"和"志—气—情"两序列构成。就人类的全部活动而言，对前者的研究是中国哲学的薄弱环节，对后者的探讨则是中国哲学的优长之处。如何达到二者的和谐统一，呼唤中西哲学的会通乃至融合。

[问题讨论] 知与行本来是一对最为常见的矛盾，但是我们的先人将它大大地简化了，是因为他们注目于特定的论域。康德在《实践理性批判》中有一段话或许能给我们以启迪：在实践理性方面，"我们是从原理出发，进向概念，随后再从这里进向感觉……反之，在思辨理性方面，则我们不得不先从感觉出发，而停止在原理上。"实践理性的运用是由内而外的，相当于我国先哲所谓的尊德性；思辨理性的运用则是由外而内，大致相当于道问学。在道德领域，心灵的主要趋向是尊德性还是道问学？康德认为，人的道德行为是基于心灵发出的先天律令，此前卢梭称之为良心的呼声，中国哲学历来谓之良知，这种"知"与科学之知的来源、性质等有何不同？先哲普遍强调知行统一，除了他们惯于从和合方面思维之外，是否基于道德活动本身的要求？中国哲学的知行观对于当代的人格建构有何启迪意义？

第九章　境界论

在西方，从古希腊的哲人到现代思想者，都相信人类的思想与实践就整体而言趋向于至善。亚里士多德的《尼各马科伦理学》开篇即称，"万物都是向善的"；托尔斯泰在《艺术论》中认为，至善是人类的最高追求。中国哲人也历来追求达到至善，这便是人生的最高境界。

人生境界并不等同于心灵境界，它是知与行的合成。广义的境界指人生达到的不同层次。中国传统的小人、君子、圣人之分，可以说各自生活于冯友兰先生所谓的功利境界、道德境界、天地境界。① 人生境界的高低又主要取决于心灵境界，与心灵的层次密切相关。如前所述，小人沉湎于感性欲求，君子受制于知性观念，圣人则达到志性敞亮。现代存在主义的先驱克尔凯郭尔区分审美境界、伦理境界和宗教境界，也正好吻合心灵的三层次。

狭义的人生境界仅就其最高境界而言。由于儒、道、佛三家都以天地境界为指归，所以我们这里取另一种划分法，即在趋向至善过程中，存在入世境界、出世境界和体用一如的分野。与其说人生达到这样的境界是受到某种特定哲学思想的支配，不如说某种哲学所揭示的境界如果是真实的，必定拥有现实的范例，这些范例向我们展示了人生所应该有的样子。

第二十五节　入世境界

在儒、道、佛三家中，儒家一般为积极入世者。所谓积极入世，是指积极介入现实社会生活，孜孜不倦地致力于淑世救民，寻求有所作为。在基督教文化中，耶稣担当了救世主的角色；华夏文化将责任落实于每一个

---

① 冯友兰先生认为较之功利境界更低的是"自然境界"。在很多场合，可以不予考虑：其一，就其字面而言，与"天地境界"近似；其二，就其实指而言，仅限于人类中没有社会化的特殊群体——婴儿与原始人。

觉醒了的个体，使之感到天授予其木铎，降大任于自身，因而责无旁贷。孔子曾对颜渊说："用之则行，舍之则藏，惟我与尔有是夫！"（《论语·述而》）见用则兼济天下，被舍则独善其身，实为华夏民族知识阶层具有普遍性的处世态度。

一　兼济天下

入世境界追求内圣外王。诚然，早期道家也有这样的追求，在《老子》中，如何成就圣人或王侯受到密切的关注，且提出很多有价值的观点；但《老子》的基本思想倾向是反对文明的进程，要求退回到原始社会。孔孟虽然也怀念三代，那是向往其时天下的治平，且他们都要求充分保留不同时代既有的文明成果。事实上，张载有一段文字最能表达儒家的理想祈求："为天地立心，为生民立命。为往圣继绝学，为万世开太平。"（《张子全书》卷十四）依照荣格的集体无意识理论考察，这可谓是个体心中"救世主"原型的显现，与西方文化中的浮士德、查拉图斯特拉等形象不无相似之处。

内体天地之心，外立生民之命，则亲亲而仁民，仁民而爱物，于是可由内圣走向外王。1860年，林肯击败煊赫一时的民主党候选人道格拉斯，当选为美国总统，依靠的是亲亲而仁民的诚意。其竞选演说中有一段话颇为动人："如果大家问我有多少财产，那么我告诉大家：我有一位妻子和三个女儿，都是无价之宝；此外，还有一个租来的办公室，室内有桌子一张，椅子三把，墙角还有大书架一个，架上的书值得每一个人读。我实在没有什么依靠的，我唯一的一个依靠就是你们。"亲亲、仁民、爱物，都是一种凝聚倾向。

孔子期盼天下归仁，志在建设一个"老者安之，朋友信之，少者怀之"（《论语·公冶长》）的社会；孟子也希望统治者能以己推人，"老吾老以及人之老，幼吾幼以及人之幼"（《梁惠王上》），如此才有天下的长治久安。作为社会理想，其真正实现的确遥遥无期，但是就人格造就而言，又确是可以践履的。例如中外一些慈善家便在身体力行。

当代美国出了个历史上最穷的慈善家，叫斯坦·布洛克。他1936年生于英格兰，小时候跟随在政府任职的父亲去了南美洲，混杂在印第安人中间成为一个牛仔。一次在驯服野马时重重摔伤，印第安同伴告诉他，去看离他们最近的一个医生，走路得 26 天。经历这次事故后他萌生了一个想法，要让偏远的穷人能看上病。经过一些周折，布洛克于 1985 年在美国创办了 RAM（偏远地区医疗志愿团），靠募款和专业人员的志愿加入维持活动。他本人没有存款，没有房子，住在用 1 美元租来的一处废弃校舍里，睡在地板上，吃的基本是素食，用一根浇草坪的橡皮水管洗浴，唯一的伴侣是一条收养下来的流浪犬。正是这样一个赤贫者，视医疗救助为自己唯一的事业，没有其他的兴趣爱好。20 多年来，在其操持下，已经为全球 10 多个国家的 40 多万穷人免费看病，提供医疗服务的价值达 4000 多万美元。众多媒体称他为"当代英雄"。

儒家的人格理想是在社会生活中做一个自我实现的人，不只是停留在养心层面。王阳明可谓极其重视养心，但他强调不能脱离社会生活中的事务，认为这是儒家与佛家的本质区别："释氏却要尽绝事物，把心看做幻相，渐入虚寂去了，与世间若无些子交涉，所以不可治天下。"（《传习录》下）儒家崇尚仁爱精神，要求视民众为同胞，主张以民众的利害为取舍的尺度。有人问什么是"异端"，王阳明回答得非常干脆利落："与愚夫愚妇同的，是谓同德；与愚夫愚妇异的，是谓异端。"（同上）如果说佛家声称的普度众生其实只是着眼于灵魂的救赎，那么儒家更落实于同社会大众休戚与共的层面上了。也就是说，佛学或可有助于个体实现内圣，但严格说来不能让人达成外王，而儒家则兼而有之。

毋庸置疑，社会理想与社会现实之间存在巨大的落差。现实情况往往是圣贤之道阻塞，奸巧之徒横行，这就呼唤志士仁人奋勇开拓，披荆斩棘。道家面对这样的现实一般是无可奈何，老子主张弱其志以清静自守，庄子倡导安时处顺以自保，都表现出消极顺世的倾向。儒家则崇尚率性直行，刚正不阿。孔子说："人之生也，直；罔之生也，幸而免。"（《论语·雍也》）人生于世，应该正道直行才真正像一个人；那些看似得意的邪曲诬罔者，不过是侥幸得生之徒罢了，因为他们与人生应有的样子相悖。① 孟子更是明确地提出以志帅气，居仁由义，要求积极进取，建功立

---

① 此处参考马融等之释。将孔子此言与《老子》第 76 章中"人之生也，柔弱；其死也，坚强"的观点比较，可见儒、道两家人生观的鲜明分野。

业，即使葬身沟壑、身首分离也在所不辞。的确，兼济天下还必须具有刚健精神。

　　1998年3月，朱镕基就任中华人民共和国国务院总理，在回答记者的问题时发表感言："不管前面是地雷阵，还是万丈深渊，我都将勇往直前、义无反顾，鞠躬尽瘁、死而后已。"这席话在一般政客嘴里或许只是粉饰门面的豪言壮语，但对于凡事爱"较真"的朱镕基来说，这不啻他的《出师表》。正是他在经济领域锐意进取，不畏风险、为所当为，大刀阔斧地进行一系列改革，促进了中国经济走上持续、高速发展的轨道。虽然曾经骂他、恨他的人不少，但一直念他、敬他的人更多。

　　在儒家的思想中，道义的价值高于个人的生命。孔子指出，志士仁人，无求生以害仁，有杀身以成仁；孟子认为，在二者不能得兼的情况下，当舍生而取义。这种观念武装了无数先烈，他们在国家和人民需要之时，甘愿赴汤蹈火；在生死抉择之际，能够宁折不弯。正如文天祥所言："人生自古谁无死？留取丹心照汉青！"（《过零丁洋》）

　　由于高扬道德理想，对照沉沦的现实，就不能不忧从中来，所以中国传统文化渗透了浓重的忧患意识。一些志士仁人居庙堂之高则忧其民，处江湖之远则忧其君，是进亦忧，退亦忧，先天下之忧而忧。这其实是道德文化的普遍特点，它产生于理想与现实的巨大反差。基督教中的耶稣形象，历来也是一副忧戚的样子。

二　独善其身

　　如果说兼济天下主要指建功立业，泽及民众，那么独善其身则是建构完满的自我，并且既可以立德，也可以立言，同样为不朽之事。

　　仅就独善其身而言，儒家同道家和佛家相毗邻，都致力于内圣的成就。但与二者显然不同的是，先儒多视独善其身为不得已，是由于现实条件的限制而不能遂其志；同时还将独善作为兼济的准备阶段，甚至是在社会生活中寻求自我实现的另一种形式。孟子说："故士穷不失义，达不离道。穷不失义，故士得己焉；达不离道，故民不失望焉。古之人，得志，泽加于民；不得志，修身见于世。"（《孟子·尽心上》）达则兼济天下，尽可能泽及民众，不负民众之所望；穷则独善其身，不丧失自己，保持应有的道德情操，且可以通过修身而挺立于世，促进良好社会风尚的形成。

孟子倡导修身显于世，心目中的范例可能是伯夷和柳下惠。伯夷为孤竹君之子，不愿继位而往投西伯，适逢西伯死，其子（武王）父死不葬，东伐纣。伯夷认为这是以暴易暴，既不孝又不仁，因而以之为耻，义不食周粟，结果与其弟叔齐一起饿死在首阳山。柳下惠，鲁国人，名展禽，《大戴礼记》称其"孝老慈幼，允德禀义，约货去怨"。传说他曾在无人督察之所，将一受冻的青年女子裹于怀中，直到其苏醒却没有发生任何非礼行为，于是有"坐怀不乱"的佳话。伯夷与柳下惠的行为之交集处在于，坚持道德尺度，严于律己，洁身自好。

独善其身更进一层的涵义当是退居而求其道。所谓求其道，是指除了修身之外，还有修道以立教的涵蕴。如孔子周游列国十四载返鲁，晚年便集中精力从事教育，删修《春秋》，整理《诗》、《书》等古代典籍；孟子游说诸侯而不见用，退而与万章、公孙丑等门人序《诗》、《书》，述孔子之意，作《孟子》七篇。前述清初三位大儒黄宗羲、顾炎武、、王夫之也是这样的践行者。

> 黄宗羲，浙江余姚人，是王阳明的同里后学。其父为东林名士，被权奸所害，年少的他常常袖藏长锥，决心为父报仇。崇祯帝让魏宗贤伏诛后，他开始专心向学。又逢清兵南下，他率义军抵抗，多次濒于死地而不怯。直到明朝复辟无望，才奉母乡居，从事著述。著作有《明儒学案》、《宋元学案》等70多种。朝廷多次招请，他均力辞不往。

> 顾炎武，江苏昆山人，性情耿介，不谐于俗。家境富有，又善于理财，却终生不肯过一天安稳日子。清兵南下，他组织同志起义抵抗。失败后浪迹天涯，了解各地的地形地貌和风俗人情，以图光复河山，曾五谒孝陵，六谒思陵。晚年才定居陕西华阴。康熙时开博学鸿词科，派人招请，他放话说："刀绳具在，无速我死！"代表作有《日知录》等。

> 王夫之，湖南衡山人，青年时组织义军抵抗清兵。直至明朝光复无望，才隐居起来。当时清廷严令剃发，他宁死不从，转徙在苗族和瑶族人居住的山洞中，其生存之艰难可以想见。就是在这样的环境

中，他有时只能捡一些破纸或旧账本之类从事著述，撰成著作77种。这些著作在他身后近两百年中没有面世，到道光、咸丰年间才得以搜集和刻印。

现实生活中，有德之人不一定有福。《老子》中曾言："天道无亲，常与善人。"（第七十九章）司马迁对此表示怀疑，他愤懑地写道："若伯夷、叔齐，可谓善人者非耶？积仁洁行如此而饿死！且七十子之徒，仲尼独荐颜渊为好学，然回也屡空，糟糠不厌而卒蚤夭。天之报施善人，其何如哉？盗跖日杀不辜，肝人之肉，暴戾恣睢，聚党数千人横行天下，竟以寿终，是遵何德哉？！"（《史记·伯夷列传》）这类事实，在社会生活中的确比比皆是。

怎样对待这种情况呢？儒家并不主张怨天尤人，而是要求秉德而行，乐天知命。孔子以为，"饭疏食饮水，曲肱而枕之，乐亦在其中矣。"（《论语·述而》）他曾自我描述说："发愤忘食，乐以忘忧，不知老之将至"（同上）。颜回作为他的得意门生也继承了这种安贫乐道的人生态度："贤哉，回也！一箪食，一瓢饮，在陋巷，人不堪其忧，回也不改其乐。"（《论语·雍也》）这便是为后世学者所常常叨念和追慕的"孔颜乐处"。

邵雍是"北宋五子"之一，著名的道学家。他一生布衣，不事科举，屡被推荐都坚辞不受。由于没有俸禄，物质生活资料不免匮乏，他却自号"安乐先生"，并将自己的居所命名为"安乐窝"。在去世的前一年，还写下《安乐吟》，生动地描述了自己的情趣和生活状况：

> 安乐先生，不显姓氏。垂三十年，居洛之涘。风月情怀，江湖性气。色斯其举，翔而后至。无贱无贫，无富无贵。无将无迎，无拘无忌。窘未尝忧，饮不至醉。收天下春，归之肝肺。盆池资吟，瓮牖荐睡。小车赏心，大笔快志。或戴接篱，或着半臂。或坐林间，或行水际。乐见善人，乐闻善事。乐道善言，乐行善意。闻人之恶，若负芒刺。闻人之善，如佩兰蕙。不佞禅伯，不谀方士。不出户庭，直际天地。三军莫凌，万钟莫致。为快活人，六十五岁。

先哲为何如此崇尚乐？个中含有深刻的道理。乐是严格意义上的审美（审优美）感的情绪形式，自由而圆足。它不像喜那样向外膨胀，不像哀那样向内收敛，更不像怒那样导致和谐状态的破裂。乐是获得精神家园的恬静感受，孔子认为从事学问或事业的最高境界表现为乐，他告诫说："知之者不如好之者，好之者不如乐知者。"（《论语·雍也》）乐比好还高出一层，是活动的审美化，或者说是真正自由的劳作。程颢解释道："笃信好学，未如自得之为乐。好之者如游他人之园圃，乐之者则己物尔。"（《二程遗书》卷十一）

乐作为人的基本情绪形式之一，并不完全取决于生存的境遇，个体有可能予以自我调节。启功先生是我国当代著名的学者和书法家，他为人谦和，整天和颜悦色，一副乐呵呵的样子。一位年轻的女同事回忆说，有次在北京师范大学的校园里碰见他，好奇地问他为何老是这么乐，想不到启功先生回答说："不乐那多冤哪！"的确，事业的成败经常由不得自己，但或喜、或怒、或哀、或乐，则有自我选择的自由。哀怨伤身，常乐则有益于身心的健康。

一般说来，乐的情绪与个体追求生存的自由与洒脱相互为用。《论语·公冶长》记述子路、冉有、公西华和曾点侍坐，孔子建议他们各言其志。前三者都说出了建功立业的抱负，唯独曾点在独自抚琴。于是引出孔子与他的一段对话：

> "点，尔何如？"鼓瑟希，铿尔。舍瑟而作，对曰："异乎三子者之撰。"子曰："何伤乎？亦各言其志也。"曰："莫春者，春服既成，冠者五六人，童子六七人，浴乎沂，风乎舞雩，咏而归。"夫子喟然叹曰："吾与点也！"

这一心迹的袒露，更可见出一个真实的孔子。朱熹对此的解释较为中肯："曾点之学，盖有以见人欲尽处，天理流行，随处充满，无少欠阙，故其动静之际，从容如此。而其言志，则又不过即其所居之位，乐其日用之常，初无舍己为人之意。而其胸次悠然，其与天地万物上下同流、各得其所之妙，隐然自见于言外。视三子之规规于为事之末者，其气象不侔矣，故夫子叹息而深许之。"（《论语集注·先进》）将子路等之志看做是"事之末"，源于《大学》的观点，未必中肯，但"吾与点也"的感叹无疑体现了孔子对于生存自由的强烈向往，的确蕴涵着与天地同流的精神境界。

现在我们又可以说，着眼于个体的生存，以孔子为代表的儒家可谓是穷亦乐，通亦乐，无往而不乐其乐。

三　自强厚德

日常生活中，人们常用"同志"或"同仁"相互称谓。最初使用时或为偶然，但既然能够普及，表明其中蕴涵着必然性。作为一个名词，"同志"一般指称志向、抱负相同的人，称谓古已有之[①]，现代发生过无产阶级革命的国家尤其流行；"同仁"又可作"同人"，一般指称具有仁爱之德的同事或同行，近代以来较为通用于文化阶层。采用《周易》的观念，若为名副其实的同志，则能携手开拓未来，显得健而动，体现乾德的一致；若为名副其实的同仁，则当实现相处和谐，显得顺而静，体现坤德的深厚。一个人如果既自强不息，又能厚德载物，就是人所应该有的样子。在现实生活中，他就可以算是一个自我实现的人。中国革命的先行者孙中山先生就属于这样的人。

　　孙中山出身于贫苦的农家，从小便上山打柴牧牛，到溪涧捕鱼虾，随外祖父到海边打蚝，养成勤劳勇敢的品质。后得长兄孙眉的帮助，先后求学于檀香山、广州、香港。在行医于澳门、广州期间，每天定时义诊赠药；在这一时段之外，求医者的付费也可量力而为。每逢假期回乡，还帮助农民选种施肥，改良水利，扩宽道路，并与乡绅商议改革乡政，制订预防盗贼的措施。可见他是一个关注民众疾苦的厚德之人。28岁草拟了《上李鸿章书》，冀其接纳"人尽其才，地尽其利，物尽其用，货畅其流"的宏图伟略，但未获接见。于是他转赴檀香山，组成了中国第一个资产阶级革命团体——兴中会，走上暴力革命的道路。据统计，自1894年到1911年之间发动的革命起义事件有29次之多。辛亥革命的果实被袁世凯篡夺后，他于1913年发动"二次革命"，后来又建立护法军政府。直到1925年因积劳成疾在北京逝世，真可谓是生命不止，奋斗不息，充分体现了乾健精神。

我们知道，《周易》的主导思想是积极入世的。它所赞颂的人格美主

---

① 如程颐、朱熹等就曾用"同志"称谓与己志同道合者。

要有三种类型：一是保合太和的圣人或大人，其生存是阴与阳、刚与柔、德与业的和谐统一。二是充分体现了乾德，勇于进取、奋斗不息的人。《乾文言》的结语写道："亢之为言也，知进而不知退，知存而不知亡，知得而不知丧，其唯圣人乎！知进退存亡而不失其正者，其唯圣人乎！"知进退而不失其正是第一种理想人格，知进而不知退则是第二种人格，在《易大传》的作者看来也可称之为"圣人"。① 三是充分表现了坤德的君子："君子黄中通理，正位居体，美在其中而畅于四支，发于事业，美之至也。"（《坤文言》）比较而言，第二种人格凸显了"易"的特性，第三种人格凸显了"简"的特性，严格说来，唯有第一种人格才真正具有"至德"，兼备易、简之善。不过，现实生活中一方面是人无完人，个性不免稍有所偏，另一方面，个体作用于世界，往往因时因地而求补其弊，所以"至德"通常是作为理想形态而存在，召唤人们持续努力以不断趋近它。

毋庸讳言，只要踏进社会实践领域，就不免时代、种族或阶级等局限性。我们不能因此而降格积极入世者的人生境界，否则就会导致仅以隐遁于丛林或寺院才有可能达到天地境界的误解。事实上，正如孔子孜孜不倦地寻求淑世救民，同时又向往曾点所描绘的自由自在的生活一样，兼济与独善常常在同一个体身上得到体现。兼济需要执着，独善需要洒脱。执着与洒脱应该是现实人生不宜缺少的两面，相互为用。美利坚合众国的开国元勋之一富兰克林就既有自强不息、泽及大众的执着，又有功成身退、身份还原的洒脱。

富兰克林1706年生于波士顿，由于贫穷而没有受过正规教育，完全依靠自学而成为美国历史上杰出的政治家、外交家、作家、音乐家、科学家、发明家和实业家。12岁在印刷厂当学徒，24岁接办《宾州公报》。他的作品《可怜李察的日记》曾成为仅次于《圣经》的畅销书。成名以后在北美殖民地的文化传播和社会福利方面做了大量的工作，先后组织建立了"共读社"、"美洲哲学学会"、"北美科学促进会"，创建了很多公共项目，包括建立图书馆、学校、医院等。他的人生信条是：节制、缄默、秩序、决心、节俭、勤勉、真

---

① 有注者以为是"愚人"之误，如此理解在义理上似通而实不顺。

诚、正义、中庸、清洁、平静、贞节、谦逊，并且身体力行，希望自己做的每一件事都有益于社会，造福于民众。作为独立革命的领袖，虽然他是首任总统的热门人选，但他认为华盛顿将军更合适，显现了高风亮节。1790 年，这位深受美国人民爱戴的伟大人物与世长辞，根据他的遗愿，还原了他的最普通的公民身份，其墓碑上铭刻着简单的两行字：富兰克林，印刷工人。

富兰克林的一生，是不断进取的一生；他的胸襟，比大海还要博大。自由、平等、博爱等现代精神在他身上得到集中的体现，他自觉平凡，其实伟大。这样的人格，甚至堪称为圣人。

早在先秦时期，儒家的人格理想本来就兼具乾易与坤简、执着与洒脱诸对立倾向。中古时期以后，尽管人们的人格理想往往兼含儒、道、释的成分，但基本格局并没有质的变化，只是坤顺和洒脱方面或有所增强而已。世俗多爱牡丹的娇艳，周敦颐则最为欣赏莲花高洁的品格，《爱莲说》是其人格理想的生动写照。莲是佛教所推崇的植物，是自性清净的象征。《华严经探玄记》卷三称莲花有四德：香、净、柔软、可爱，与真如所具有的常、乐、我、净四德相仿佛；还赞赏它在泥不染、自性开发、为众所用。周敦颐称赞莲为花中之"君子"，形容其"出淤泥而不染，濯清涟而不妖"，"香远益清，亭亭净植，可远观而不可亵玩"，显然有佛家观念的影响，而肯定"不蔓不枝"似有道家观念的印记，称颂其"中通外直"等则体现了儒家特别是《易传》的思想。周敦颐的爱莲充分表明审美是人从对象中直观自身的活动，欣赏者本人性情高逸，轻视科举，崇尚廉洁，公正执法，断狱如神，被公认为是一位理政执着而胸怀洒脱的贤者。不无巧合的是，他晚年还选择定居于庐山莲花峰下终老。

第二十六节 出世境界

出世境界力图摆脱现实社会规约的桎梏，甘于淡泊的物质生活，追求精神上的自由圆满。应该承认，出世境界主要是一种心灵境界，其心灵活动向内收敛以至于一，即一之于道、一之于天，乃至于圆寂。儒家也有精神自由的追求，且不排斥心灵内敛的倾向，但只是作为人生的一个方面；道家以之为主要倾向，释家则以之为全部诉求。

在一定意义上说，孔子也曾有过出世之思，如曾流露过"欲居九夷"、"乘桴浮于海"的念头。不过，儒家不能忘怀在现实社会生活中自我实现，依庄子看来属于"方内"之人。"方"为现实社会的规矩礼俗，是入世与出世的边界线。庄子以"游方之外"自诩，作为隐君子的老子，视仁义礼智为人类异化的表现，也当归入方外。至于佛家，更是与世俗划出一道鸿沟。

尽管可以同归于方外，但老、庄、释所趋向的人生境界仍各有自己的特点，我们拟分别以无为、逍遥、涅槃称之。

一　无为

无为的境界要求遵循自然之道，回归自然状态。它不是纯粹的出世境界，更应该看做是入世与出世的过渡地带，其中包含有不同的层次。

老子崇尚无为，与他的宇宙观密切相关。在他看来，道常无为而无不为，因此，圣人、王侯就应该师法道，也坚持无为而无不为，"处无为之事，行不言之教"（第二章）。这就从宇宙观转向生存论。在《老子》中，圣人与王侯是两个交叉概念。就理想而言，王侯应该是圣人，古之三皇五帝即是如此；但老子的言说还包括当代现实，王侯与圣人的身份已经分离，在这种意义上，圣人主要是思想者，王侯主要是实践者。因此，尽管圣人无疑是理想的人格，但王侯则或是或不是——如果是，就不需要告诫了；即使不是，也当以希圣自任。①

按老子的理解，作为思想者的圣人是道的静观者、感悟者，他在日常生活中通常少私寡欲，致虚守静，远离世俗，精神沉潜于宇宙的本原："俗人昭昭，我独若昏"；"众人皆有以，而我独顽似鄙。我独异于人，而贵食母。"（第二十章）道为万物之"母"，唯有沉入玄冥者适于侍奉或与之相守，能够透过变化莫测的现象界而窥视其中永恒的东西。如前所述，老子认为足不出户就可知天下，目不窥牖便能见天道，体道的关键在于致虚守静。这种意义的圣人就是"古之善为士者"（第十五章），他微妙玄通，深不可识。当然，可以更直接地看做是老子的自况。关于老子其人，至今仍是一个谜，庄子称他为"古之博大真人"（《天下》），司马迁在《史记·老庄申韩列传》中记述孔子曾问礼于老子，得到"若虚"、"若

---

① 在《老子》中，告诫王侯之处甚多，作者担当了导师的角色。

愚"之类告诫，于是对学生感叹说：老子仿佛是能乘风云而上天的龙啊。

王侯的人生境界一般是要达到治平天下的功利目的。尽管如此，他也应该像圣人那样"得一"或"抱一"，清虚以自守，然后循道而行，从而遂其欲。"不自见，故明；不自是，故彰；不自伐，故有功；不自矜，故长。"（第二十二章）"取天下常以无事；及其有事，不足以取天下。"（第四十八章）"我无为，而民自化；我好静，而民自正；我无事，而民自富；我无欲，而民自朴。"（第五十七章）若能这样，他便是道的体现者，其相无为，其用则无不为，"治大国，若烹小鲜"（六十章）。

就社会的治理而言，无为是一种很高的境界，但它其实只适宜于特定的历史时期。① 孔子曾赞美说："无为而治者，其舜也与？夫何为哉？恭己正南面而已矣！"（《论语·卫灵公》）在老子生活的春秋战国时期，无为而治只能存在于历史记忆或理想憧憬中。不过，经历了强力意志肆虐的暴秦之后，汉初黄老之术得势正适应了社会需求，统治者实行"与民休息"的基本方针，轻徭、薄赋、缓刑。至文帝、景帝统治时期，天下治平，史称"文景之治"。文帝刘恒接近于《老子》所描述的王侯之范。

　　吕氏乱除，大臣迎请刘恒登基，他一再推让，谦称自己的德才不如其他兄弟。即位之后，有司建议早立太子，他又婉言拒绝，说自己没让民众过上幸福生活之前考虑太子的事情不妥，又尽数诸侯王宗室昆弟之德，直到众望所归才应允。汉文帝在位23年，皇宫园林服饰车御等无所增加，但凡与百姓不便的事情马上就废止。他习惯于以德化人，吴王称病不愿朝见，就赐给他木屐和手杖，免去其朝见之礼；大臣中有张武等接受贿赂被发觉，就从皇宫仓库中取出金钱赐给他们，让他们内心愧疚而悔过自新。刘恒于临死前还写下遗诏，称"死者天地之理，物之自然，奚可甚哀？当今之时……厚葬以破业，重服以伤生，吾甚不取"，所以嘱咐葬礼当从简节用，不给家国和人

---

① 老子的无为思想可以作为生存智慧和政治智慧的一个重要方面运用于现代。"7 天"连锁酒店是现代企业管理实践中的成功范例。它仅用4年时间就和"如家"一样火爆，平均入住率保持在90%以上，成为我国当今经济型酒店的"双引擎"之一。酒店的 CEO 提出"放羊理论"，带有老子"无为而治"的意味。他认为，羊比牧羊人更知道哪里水草丰美；只需偶尔微调羊群的方向，一个牧羊人能放1000只羊。所以需要思考的是，怎样让员工不去关注上级或是公司领导而是关注客人，让"7 天"成为客人的朋友。

民添困扰。

老子阐述的内圣外王之道以无为而无不为的理念为核心，显然有别于儒家。《淮南子·原道训》发挥其思想道："是故圣人内修其本而不外饰其末，保其精神偃其才智，故漠然无为而无不为也，澹然无治而无不治也。"不难发现，这种观点的理想性甚浓，距离社会现实甚远，因此可以大致归入出世境界。历史表明，对于政治家而言，其一个极端是推行强力意志，另一个极端则坚持清静无为，前者过于重"人"，后者则过于顺"天"，都不免偏颇。

老子崇尚无为，还与他的历史观密切相关。他向往原始社会，因为它既朴且真，而社会的文明则带来了浮华与虚伪，与本原的道相去越来越远："上德不德，是以有德；下德不失德，是以无德。上德无为而无不为，下德为之而有以为。上仁为之而无以为，上义为之而有以为。上礼为之而莫之应，则攘臂而扔之。"（第三十八章）在老子看来，大丈夫当处其厚，而不处其薄；居其实，而不居其华。因此，从普通百姓角度考察，最为理想的生存是回到原始的状态中去：小国寡民，使有什佰之器而不用，使民重死而不远徙。虽有舟舆，无所乘之；虽有甲兵，无所陈之。使民复结绳而用之。甘其食，美其服，安其居，乐其俗。邻国相望，鸡犬之声相闻，民至老死不相往来。

这种终极性质的社会理想，其实又含有"去圣化"倾向，是对社会文明作更深层次上的解构——比较而言，上述圣人、王侯的境界都不过是筏，至此当舍筏登岸。① 毋庸置疑，老子所憧憬的彼岸是完全不同于我们所处的此岸的另一种世界，在这种意义上冠之以"出世境界"，当一点也不为过。

二　逍遥

逍遥的境界为无滞无碍的自由境界，为人们所普遍向往。前述孔子有"乘桴浮于海"之念和"吾与点"之叹，便是其心迹的袒露。庄子在世界观方面无疑是老子的传人，而在人生观方面也许同时受益于孔子甚多——

---

① 《老子》中主张"绝圣弃智"等都是合乎逻辑的言说，凡此种种都是精神内敛于一的必然。

在一定意义上说，庄子之学是逍遥之学，沿着欲居九夷、乘桴浮于海的路向而全力展开。

庄子之所以一味崇尚逍遥，一方面与社会现实愈来愈恶化密切相关。窃钩者诛，窃国者诸侯，而诸侯们个个都称自己有仁义，这种是非混淆、黑白颠倒的现象以至于司空见惯。他很欣赏且可能补充了楚狂接舆过孔子之门所唱的歌："凤兮！凤兮！何如德之衰也？来世不可待，往世不可追也！天下有道，圣人成焉；天下无道，圣人生焉。方今之时，仅免刑焉！"（《人间世》）所以在其编织的寓言中，塑造了兀者、无趾、支离无唇等似乎受过刑罚的正面人物群像。另一方面也与他对人生的悲观看法不无关联。基于其宇宙观，庄子认为人实在很渺小，不仅在空间上微不足道，而且在时间上犹如白驹之过隙。可是人在其有限的生命中却奋斗不止，甚是悲哀："一受其成形，不亡以待尽，与物相刃相靡，其行尽如驰而莫之能止，不亦悲乎？终身役役，而不见其成功，苶然疲役而不知其所归，可不哀耶？"（《齐物论》）因此，人来到世间就应该超脱，只有超脱才能达到逍遥。

什么人能够超脱这种种束缚而逍遥呢？庄子推崇真人、至人、神人："至人无己，神人无功，圣人无名。"（《逍遥游》）他们都顺物之自然而不加以刻意的造作，安时处顺而无迹可寻。他们就是理想的人格，若简洁地描绘其形象，可谓是"人貌而天虚"（《田子方》）。虽然也有具体的感性存在，但精神世界却葆有天德之全，如同虚旷的天宇，清而容物。既为人貌，未免须求食于地；又得天虚，就当求乐于天。求食于地存在种种局限，求乐于天则达到无限自由之境。《庄子》一书的主旨就是要摆脱现实的局限而寻求精神的自由。

正因为如此，生活中的庄子珍视人格的独立，渴求生存的自由。虽然他仅有一段时间做过管漆园的小官，曾靠编织草鞋为生，有时甚至吃了上顿愁下顿，却无损其铮铮傲骨。《列御寇》中描述一个叫曹商的人出使秦国，因获秦王赏赐车百乘而自炫，庄子讥之为不过是"舐痔"之所得。又据《史记·老庄申韩列传》记述，威王闻庄周贤，派使者厚币迎之，许以为相。庄周笑谓楚使者曰："千金，重利；卿相，尊位也。子独不见郊祭之牺牛乎？养食之数岁，衣以文绣，以入太庙。当是之时，虽欲为孤豚，岂可得乎？子亟去，无污我。我宁游戏污渎之中自快，无为有国者所羁。"这让我们不禁联想起《笑林广记》中收录的一则故事：

一鬼投生时，得到冥王的垂怜，判他为富人。谁知该鬼很不乐意，申述自己的意愿是只求一生衣食不缺，无是无非，烧清香，吃苦茶，安闲自在地过日子就足矣。这可让冥王犯难了，只得告诉他：要银子用，再给你几万也有；但给予这样的逍遥自在的生活，实在不是自己力所能及。

在这则故事中，将投生的小鬼似乎看破了红尘，以富贵如浮云，认恬适最难得。人生的快乐与幸福，其实并不取决于金钱与地位，更多是基于心灵的淡泊与宁静。物质生活可以清淡一些，精神生活的自由才弥足珍贵。

精神的自由驰骋可称之为"游心"。可以说，一部《庄子》，几乎全是游心的产物。该书以"游"题名的就有两篇：《逍遥游》和《知北游》。作者在行文中也多处谈到，如："若夫乘天地之正，御六气之辩，以游无穷者，彼且恶乎待哉"（《逍遥游》）；"乘云气，骑日月，而游乎四海之外"（《齐物论》）；"且夫乘物以游心，托不得已以养中，至矣"（《人间世》）；"游心乎德之和"（《德充符》）；"游乎天地之一气"（《大宗师》）；"游无何有之乡以处圹埌之野"（《应帝王》），等等。也就是说，"内篇"除《养生主》外，篇篇讲到"游"，可见庄子对它是何等重视，简直是其生存的寄托。

《庄子》中"游"的基本意义是精神无所羁绊，任志所之。首先，它是一种精神解放、无拘无束的自由状态，即所谓"灵台一而不桎"（《达生》）、"解心释神"（《在宥》）。主体由于离形、去知，抛弃了精神的枷锁，因而实现自由。其次，它有潜在的指向性，虽然外表上似乎"不知所求"，"不知所往"（同上），实际上它总是指归于"淡"，指归于"虚"，诸如"无何有之乡"、"四海之外"、"德之和"、"物之初"、"天地之一气"、"万物之所终始"等。再次，游心其实是心灵第三层面的敞开，是志性心灵能力的自由活动。心斋或坐忘是游心的前提条件，它意味着经过感性（无为事任）与知性（无为知主）两重超越，如前所述；《逍遥游》表现了作者傲睨万物以游无穷的心胸状态，可谓是庄子的述志篇；《知北游》还直接写道："澹而静乎？漠而清乎？调而谐乎？寥已吾志，吾往焉而不知其所至，去而来而不知其所止。"由此可见，游心实即任志，而任志就是自由。

由于游心指归于物之初或德之和，所以庄子强烈地向往原始生活。稍近一点是推崇建德之国，该国传说在南越，"其民愚而朴，少私而寡欲，知作而不知藏，与而不求其报，不知义之所适，不知礼之所将。猖狂妄行，乃蹈乎大方。"（《达生》）这与《老子》所描述的小国寡民较为接近，但其民不只是愚而朴，还猖狂妄行，凸显了生存的自由维度。再推进一层，庄子认为混沌的生存状态更接近于道，因而大加赞赏。《应帝王》写道："南海之帝为儵，北海之帝为忽，中央之帝为浑沌。……儵与忽谋报浑沌之德，曰：'人皆有七窍，以视听食息。此独无有，尝试凿之。'日凿一窍，七日而浑沌死。"浑沌颇为类似于伊甸园中的亚当。人类向往伊甸园，似乎保留着生活在母腹中的记忆，因为那里无忧无虑无纷争，恬静、自适而安全。且看《人间世》中描画的虽然形丑却生活自足的支离疏：颐隐于脐，肩高于顶，发髻指天，五脏贴背，腿骨靠肋——其形态就仿佛是胎盘中的幼婴。也许在弗洛伊德看来，庄子所编织的这些寓言都不过是白日梦；不过我们更倾向于用荣格的理论进行解释，它们蕴涵着人类的集体无意识。对于庄子来说，人的理想生存是以天合天，社会文化不过是人之造作，如同穿牛鼻或络马首，往往构成生存的枷锁，所以人应该向原始状态回归，即"与天为一"（《达生》）。

对于原始社会的向往纯粹属于精神上的逍遥，显然无从付诸实践；不过即使如此，它能够启发人们返朴归真，仍具有一定的积极意义。至于庄子在现实生活中追求人格的独立和自由，则鲜明而生动地展现了一种超脱的生存方式，为后世广泛赞美乃至效法，尤其在天下无道的时代。魏晋时期"竹林七贤"的任性放诞处处可见庄子的影响。东晋伟大诗人陶渊明，与庄子的人生态度也颇为相似，千百年来被传为佳话。

　　陶渊明身处动乱的时代，深感社会文化的堕落，企盼能找到世外桃园。他闲静少言，不慕荣利。家徒四壁，不蔽风日，裋褐穿结，箪瓢屡空，却能忘怀得失，仍然晏如。曾做过几次小官，终不愿为五斗米折腰，回归故里。《归田园居》写道："少无适俗韵，性本爱丘山。误落尘网中，一去三十年。羁鸟恋旧林，池鱼思故渊。……久在樊笼里，复得返自然。"他既像庄子那样超然物外，又像庄子一样精神独与天地相往来，得至美至乐："纵浪大化中，不喜亦不惧"（《神释》）；"俯仰终宇宙，不乐复何如？"（《读〈山海经〉》）

比较而言，逍遥的境界是最富有审美意味的境界，其主旨是复归于自然状态。① 主体摆脱现实的羁绊，恢复自由人的身份，展现了人所应该有的样子；精神往来于天地之间，将有限的生命融入于无限的宇宙，其乐不可胜言。

三　涅槃

庄子称真人"不知说生，不知恶死"（《大宗师》）以及所描述的浑沌的生存状态，近于佛家所谓的涅槃。在佛家看来，有世间法和出世间法之别，他们所要弘扬的是出世法。涅槃是出世最远、甚至从根本上否定世俗人生的境界。虽然否定现实人生，人们却又以之为人生境界，这似乎是一个悖论；不过，按照佛家所讲的万事万物都会经历生、住、异、灭的过程，人生至涅槃境界可谓之灭，向非人生或超人生的境界转化——涅槃恰好可以意译为寂灭。

佛家对宇宙和人生有一基本的看法，自原始佛教至小乘、大乘莫不坚持，就是所谓"三法印"②，即诸行无常，诸法无我，涅槃寂静。可以说它是整个佛学的理论纲领，是其思想大厦的三大支柱。前二者着重在破，后者则偏重于立。

所谓诸行无常，是说世间一切现象都在变化生灭之中，不可能常住或恒存。因为显而易见的是，一切事物都处于相互依存的关系中，由因缘和合而生，如果相关因缘散失它就不能独立存在，借用庄子的话说即万物皆有待。人们立世间法企求肯定和把握这些现象，实际上不过是梦幻或泡影而已。无常又可以分为刹那无常和相续无常，即无论是一刹那间还是延长为某一段时间，事物都不可避免地存在生、住、异、灭四相的变化。

所谓诸法无我，是说世间一切事物都没有独立的、实在的、自为主宰的本体。"诸法"指一切具有质的规定性的事物和现象。"我"是指纯一的能自为主宰的本体，或作灵魂，它既无集合离散，又无变化生灭。"无我"也可分为两类，一是人无我，因而当破除"人我执"；二是法无我，因而当

---

① 庄子在现实生活中珍视人格的独立与自由，保持本真的自我；妻死鼓盆而歌，自己将逝以天地为棺椁；向往建德之国和赞美混沌的状态，这些都可谓是复归自然。他有别于老子，完全抛却机心，更为不求事功。

② "法印"为标识、标志之义，犹如公私文件中所用的印鉴。

破除"法我执"。任何一个人都是由五蕴（色、受、想、行、识）组成，正如一所房屋由砖瓦木石所构成一样，既为集合而生，也就会因离散而灭。

比较而言，诸行无常偏于从时间维度检视，诸法无我则偏于从空间角度考察。由于无常，所以人对诸行无从把握；由于无我，所以人对诸法无可把握。生活在时间（宙）和空间（宇）中的人们对于自己和周围的一切其实都不能真正把握，所以"一切皆苦"——最初这一命题为第三法印，后来为"涅槃寂静"所取代。这一取代具有某种必然性，因为止步于一切皆苦，就只是停留于此岸世界，让人看不到出路；而加入涅槃寂静，则让人仿佛见到彼岸世界的曙光，可以增强或增添修习的信心和希望。

"涅槃"一词，为梵语的音译，佛学典籍中还译为泥洹、涅槃那；意译有灭度、寂灭、安乐、解脱、圆寂等。佛教产生以前，古印度就有这一概念，意谓火的熄灭或风的吹散状态。佛教产生以后，用以指称修习所要达到的最高境界。在小乘佛教中，涅槃可等同于死寂，即个体生命的中止。大乘则不然。玄奘将此词意译为圆寂，是表示进入其境则惑无不尽，德无不圆。考虑到《大涅槃经》以见证佛性为涅槃，《华严经》以见证一切诸法的自性为涅槃，等等，我们似乎有理由说，发展到大乘佛教，三法印中的无常、无我都必须作一定的限制，因为进入涅槃境界意味着具有常、乐、我、净的属性，所以必须肯定诸行无常中仍有真常，诸法无我中尚有真我存在。①

打开涅槃之门的当是悟。竺道生正是基于《涅槃经》而提出顿悟成佛说，他认为人人皆有佛性，通过顿悟"得本称性"即是涅槃。当然，与道生同出鸠摩罗什门下的慧观主张渐悟也有存在的理由。我们可以将达到涅槃之境的标志简要地表述为"破执入如"。"破执"主要指破除对于三界（欲界、色界、无色界）之执，断尽烦恼；"入如"则彻底消除无明，见证真如佛性或如来清净心。若仅为破执，尽管陶冶尘滓，如炼真金，万累都尽，但业报犹存，即还留有余缘或余依，是谓有余涅槃；入如则灰身灭智，捐形绝虑，浑然与太虚同体，身心果报都已不存在，是此便上升到无余涅槃。② 我们可以说，当释迦牟尼在菩提树下证悟宇宙人生的

---

① 竺道生《注维摩诘经·弟子品》中云："无我本无生死中我，非不有佛性我也。"

② 关于涅槃及其有余、无余之分多有意见分歧，此处兼参《大乘起信论》和僧肇的《涅槃无名论》的相关论述。无余涅槃高于有余涅槃之处在于无余缘或无余依。

真理，这种正觉就是涅槃，它泯灭了人我的对立，超越了时空的局限，达到将生命上升为永恒、身心融化于环宇的境界。

在佛家的四谛（苦、集、灭、道）说中，涅槃处在灭谛，其本义当有身心俱灭之意；灭又可理解为灭去烦恼、消除无明、清静无染。佛门还有一种视涅槃为出离生死轮回，身心得以永生的解释。如当代甚至流传说两千多年前得佛祖付法的迦叶还活着，据称不久之前，法国的柏格森博士曾在印度的鸡足山（即迦叶的涅槃之地）遇见他并皈依在他的座下。此事虽然言之凿凿却难以求证。不过可以肯定的是，涅槃妙境召引了众多信徒皈依佛门并严格地从事修习，直至生命的终点。当代的弘一法师就是典型一例。

　　弘一法师俗名李叔同，在诗、乐、画、金石、书法诸艺术领域均达到了炉火纯青的境界。然而，这位从小就家境富有的大艺术家，却于"五四"运动前夕的1918年8月，在杭州定慧寺出家，正式皈依佛门。李叔同原本常读儒家性理方面的书，后来对道教发生兴趣，最后决心抛妻别子，出家为僧。结发妻子无力挽留，另一日本妻子千里迢迢赶来也不得一见。弘一法师严格依照戒律修持，其诚笃近乎苦行僧，每天坚持过午不食。1942年10月在福建泉州不二祠温陵养老院圆寂。弥留之际，曾作一偈给旧友夏丏尊："君子之交，其淡如水。执象而求，咫尺千里。问余何适，廓尔忘言。华枝春满，天心月圆。"并且还题了"悲欣交集"四字，当是其时心境的真实写照。

也许进入涅槃境界者大多像弘一法师一样，悲众生之苦难、人心的执迷，欣灵魂之解脱、生命之圆满。如果搁置悲天悯人的情怀，就唯有"华枝春满，天心月圆"的境象朗朗呈现，它无疑具有常、乐、我、净的属性。

第二十七节　体用一如

追求入世境界，驻足于此岸，常常委屈了个体；追求出世境界，隐遁于彼岸，往往舍弃了群体。二者不免各有所偏，虽然各是充实人生的一个重要弧面，但并非一个全圆。理想的生存应该是既见用于日常生活，又保有精神的家园，快乐而自由地从事促进社会进步的事业，将个体的活动与通天下之志融为一体，这也可称之为即用即体或体用一如。

一　本末之分与体用之辨

本、末与体、用是两对交叉的范畴。二者的原初涵义无疑存在差别，本、末主要表示事物的根本和末节两端，体、用则主要表示事物的本体与功用两面。但在实际运用中又常有重叠之处，如通常以内圣为本，外王为末，而内圣的关键是明道，道是体，外王正是道之用；且本体与现象的关系既可表述为本末，又常称之为体用。

在宽泛的意义上，儒、道、释三家都会同意有子的说法，"君子务本，本立而道生"（《论语·学而》），如果将"本"抽象地界定为本体、将"道"一般地理解为人之所当行的话，务本是中国哲学的突出特色。儒家以天、太极、性等为本，道家以天、道、无等为本，佛家则以实相、佛性、真如等为本，称谓不同，所指也有差异，但都是指称那绝对的、一般说来还具有神圣性的存在。返本归根是先哲的普遍追求，其合理性在于，只有如此方能奠定人生价值系统的基石。

真正严峻的分歧出现在如何看待或处置同"本"相对的"末"上。《大学》以正心修身为本，以治平天下为末，代表了儒家的观点。昔日孔子之所以对子路、冉有和公西华所表述的政治抱负保持缄默，而更欣赏曾点的志趣，或许在于视前三者之志在事之末。尽管如此，儒家的基本倾向是"务本以振末"。《庄子·天下》称关尹、老聃之学"以本为精，以物为粗"，其所谓的"本"是指道，"物"即是末。《淮南子》直接分内外为本末。后来王弼将老子的学说归结为"崇本以息末"（《老子注》），甚得之。比较而言，佛家的宗旨更为极端，不仅视整个世俗世界和世俗事务为末，而且坚决要抛弃之，以期达到涅槃妙境，或可称之为"返本而弃末"。如果着眼于社会历史的发展，我们便不难看出，以儒家务本以振末的理念最为得宜。

与本末之分不同，体与用之间存在虚与实、常与变等关系，因而更为复杂。

先秦典籍中已见"体""用"的划分，如《易大传》中既称"易无方而神无体"，又讲"显诸仁，藏诸用"；《荀子·富国》更是将二者并举，鲜明地展现了其原始义："万物同宇而异体，无宜而有用。"体、用上升为哲学范畴，关键在于要赋予"体"以"本"的含义。汉初司马谈《论六家之要指》当是形成这对范畴的一个中介环节，其中写道："道家无为，又曰无不为。其实易行，其辞难知。其术以虚无为本，以因循为用。"这里的本、用兼举，至魏晋玄学和隋唐佛学发展出体、用之辨，以至绵延不绝。

王弼习惯于本末之分，也就方便于将事物的存在根据作为本体把握，从而将"体"这个形下概念提升到形上层次。他在注《老子》时，于第38章写下一大段文字，发挥了老子"当其无，有器之用"的观点，提出"虽贵以无为用，不能舍无以为体也"。在他看来，无不仅成就物之用，而且是物之本体或本质。晋代韩康伯接续王弼的《周易注》，却表达了不同的观点，或许是考虑到孔子与老子的区别之故："圣人虽体道以为用，未能全无以为体。"①

体用成为哲学范畴，虽然发端于玄学，但更应该归功于佛学。中国佛学的诸宗派大多注重体用之辨，且提出了一系列深刻的观点。他们一般认为，用有兴废，体无生灭；用者并非体，离体则无用，所以二者存在不即不离的关系。传为天台宗二祖慧思所作的《大乘止观法门》将二谛与体用结合起来，认为"体用不二"："今云体用不二者，非如揽众尘之别用，成泥团之一体；但以世谛之中一一事相，即是真谛全体。"其意是说，体非用之揉合，而是用中所含的大全。三论宗的创始人吉藏明确肯定"真为俗体，俗为真用"（《二谛义》）。华严宗的实际立宗者法藏主张"体用双融"，他以理为体，以事为用，"事虽宛然，恒无所有，是故用即体也，如会百川以归于海。理虽一味，恒自随缘，是故体即用也，如举大海以明百川。"（《华严经义海百门》）禅宗的《坛经》更为转向心学，它以无念为宗、无相为体、无住为本；强调无念是要拨乱反正，达到"真如即是念之体，念即是真如之用"（《定慧品》）。

尽管作为哲学范畴的体用研究发端于玄学和佛学，先儒却并不因人废言。唐宋以后，学界逐渐广泛地运用这对范畴解释人生诸问题。由于他们一般将体用之"用"理解为有益于现实人生的事务或作为，所以在继承玄、佛的思想成果的同时又进行了创造性的转化，有意识地向儒家哲学的

---

① 《周易·系辞传注》。此语中"全"或为"舍"字之误。若果真如此，则韩康伯其实是在重申王弼的观点。

有为方面位移。柳宗元认为，释家中"有能言体而不及用者"，"是世之所大患也"（《送琛上人南游序》）。刘禹锡主张天与人交相胜，从体用角度解释，就当肯定没有绝对的空之体，"空者，形之希微者也。为体也不妨乎物，而为用也恒资乎有，必依于物而后形焉。"（《天论》中）其后王夫之更指出："佛老之初，皆立体而废用；用既废，则体亦无实。"（《思问录·内篇》）他们近乎一致地认为，体是实存，不能是空无；用是从这实存产生出来的，为人世所必不可少；佛家的实质是废用，同时必然要导致体的消解。的确，佛家以俗为用，而他们正是要离弃世俗，即使是华严宗和禅宗，其实都只是在止观的意义上以心中的事相或意念为用罢了，与推动历史进步的社会实践不可等量齐观。

简要地说，我们以天道为体，人道为用；以性是体，情为用；以理为体，事为用。这与佛家以真为体、以俗为用等在逻辑上基本相通，但在价值取向上判然有别。因为我们还需要考虑社会实践方面，主张明体须致用，施用当显体，在日常的视听言动中体现对宇宙与人生整体的、终极的关切。如果说，指出体用一源主要引导人们体认世界，那么，倡导体用一如则旨在把握天道与人道的融合无间及其动态呈现。所言一者，空间上浑然一体、时间上保持一贯之谓；如者，在方为方，在圆为圆，不见斧凿而自是如此是也。

二 体用不二与即用即体

无论是天道与人道之分，还是性与情、理与事、真与俗等之别，都容易让人误解为体与用可以截然划分，如同康德所谓的现象界与物自体一样。应该说，在抽象的逻辑思维中，如此把握并不为过。然而，先哲更为追求圆而神的参透，因而提出体用不二与即用即体的命题，着重从交融互摄的视角切入，展现体用之间关系的具体性和统一性。

这一视角为佛家所常取。华严宗认为心融万有之境可分为四种，即四法界。一是事法界，专注于现象本身，所见的事事物物各维持自身的特色，有如波浪之相状千差万别。二是理法界，各具差异的事事物物其实同依一理（真如），如波浪之相状虽然千差万别，但其体都是水。三是理事无碍法界，此界真如即万法，万法即真如，现象与真如虽不一，又不异，圆通无碍，如水与波互相融通，实为一体。四是事事无碍法界，各有差别的现象，由于同依真如一理，因而彼此融摄，犹如帝网之珠，一即一切，一切即一。

熊十力先生由佛入儒，自称宗主《易经》，以体用不二立宗。他改写旧著《新唯识论》而成《体用论》，甚至申明"此书既成，《新（唯识）论》两本（文言本与语体本）俱毁弃，无保存之必要"。① 其体用不二说显然借鉴了佛学，不过有所改造。他所谓的体是指宇宙实体，所谓用则是指宇宙万象，所谓不二是指实体变动而成功用，当就功用领会其实体——换言之，离体则无用可存，离用则无体可说。这些观点无疑是深刻的，只是它主要表达的是一种宇宙观，我们还当进而运用于人生论，且不止于明心，还当落实于践行。

无论是华严大师澄观归纳的四法界还是熊十力先生再倡的体用不二，都是将宇宙分为事与理或用与体两个交融互摄的方面，他们都以海水和浪花为喻，简单又似乎自足。实际上，从宇宙本体（熊先生所谓的宇宙"实体"表述为"本体"可能要圆融一些）到宇宙万象之间存在许多层级，在道与器之间存在无穷的序列，前人用理一分殊予以描述，是人类认识和实践的过程中必然面临的事实，科学和技术的进步正是人类在这一领域艰难跋涉的印记。但哲学的主要任务是建本立极，强化人们的信仰和信念，赋予认识与实践活动以价值，在这种意义上，集中关注现象与本体之间的不即（或不一）不离（或不异），倡导个别与一般、有限与无限直接联通，便具有充分而必要的理由。

超越特殊层次的探究，直接联通个别与一般，只能是心灵的功能，但它对人的行为能发挥有益的指导作用。人的活动的理想状态当是即用即体，也就是将局部的、有限的活动同整体的、无限的存在融合为一体。在现实生活中，达到这样的境界甚为少见，但并非不可能。事实上，将认识个别的自然法则同关于宇宙本体的信念相联，将从事社会事务与对人类命运的终极关切贯通，都不仅是应该的，而且是可能的。爱因斯坦就较好地做到了这一点。

　　爱因斯坦的科学研究从一开始就渗透着哲学观念，将探索真与坚持善融为一体。在苏黎世工业大学，他与两个要好的朋友经常讨论科学与哲学。在伯尔尼联邦专利局期间，他与一些志同道合的青年经常

---

① 熊十力：《体用论》，中国人民大学出版社 2006 年版，第 7 页。

聚会，戏称"奥林匹克（一咖啡馆名）科学院"，从休谟、斯宾诺莎、马赫的哲学到黎曼的《几何学基础》，都是他们探讨和争论的对象。在此期间，爱因斯坦于 1905 年发表了光学与相对论的研究成果，因此而誉满世界，后来获诺贝尔奖。成名后的爱因斯坦一直关注着人类的命运，呼唤世界和平，反对种族歧视，在暴力压迫之下不低头，在名利诱惑中不失志，将个人的公民义务与全人类的需要联系在一起。爱因斯坦一辈子献身于科学，其研究活动又总是和一种真挚的"宇宙宗教感情"形影不离，他曾谈到："那些我们认为在科学上有伟大创造成就的人，全都浸染着真正的宗教的信念，他们相信我们这个宇宙是完美的，并且是能够使追求知识的理性努力有所感受的。"[①]

在生活中，如果实现有限与无限的直接联通，就会感到无滞无碍，活泼而自由。禅宗中的禅师曾如此形容他们的生活境界：青青翠竹，尽是法身；郁郁黄花，无非般若；担水劈柴，皆有妙道。即使在西方哲人看来，这样的境界也是可信且可贵的。黑格尔认为，人在现实生活中到处受到有限事物的纠缠，必然渴求一种更高的更有实体性的境界，在这里，有限事物的一切对立和矛盾得以解决，"只有这种最高的统一体的实在界才是真实、自由和满足的境界。这种境界里的生活，这种对真实的心满意足，作为情感，这就是享受神福，作为思想，这就是领悟……只有这种惟一真实的实在才使人觉得它是统制个别有限事物的最高威力，由于这种威力，一切本来分裂对立的东西都还原到高一层的绝对的统一。"[②] 超越有神论与无神论之分，仅从心灵呈现神圣的角度考量，正可谓是东圣西圣，心同理同。

中国哲学推崇这样的境界以实现内在的超越。程颢算是宋代儒家中最为圆融者，其《春日偶成》描绘了自己的生活境界："闲来无事不从容，睡觉东窗日已红。万物静观皆自得，四时佳兴与人同。道通天地有形外，思入风云变态中。富贵不淫贫贱乐，男儿到此是豪雄。"无论富贵还是贫贱，重要的是循道而行，从容自得。无论是静观万物，还是思入风云，都有神圣性的渗透，都是自由的体现。这样的生活，看似寻常却可以称之为

---

① 《爱因斯坦文集》第 3 卷，许良英等译，商务印书馆 1979 年版，第 256 页。

② 黑格尔：《美学》第 1 卷，朱光潜译，商务印书馆 1979 年版，第 128 页。

"诗意的栖居"。

方东美先生指出，中国哲学秉持一种机体主义的观念看待宇宙和人生，"自其积极方面而言之，机体主义旨在：统摄万有，包举万象，而一以贯之；当其观照万物也，无不自其丰富性与充实性之全貌着眼，故能'统之有宗，会之有元'，而不落于抽象与空疏。宇宙万象，颐然纷呈，然克就吾体验所得，发现处处皆有机体统一之迹象可寻，诸如本体之统一，存在之统一，生命之统一，乃至价值之统一……等等。进而言之，此类披纷杂陈之统一体系，抑又感应交织，重重无尽，如光之相网，如水之浸润，相与洽而俱化，形成一在本质上彼是相因，交融互摄，旁通统贯之广大和谐系统。"① 不管人们是否赞同"机体主义"的称谓，但方先生赋予它的特定涵义的确概括了中国哲学的突出特色和基本精神。

三　天人合一与超凡入圣②

先哲在理论探讨中提出体用不二命题，真正在人的社会实践中予以贯彻，更宜称之为体用一如。既然天道为体、人道为用，体用一如也就意味着精神上达到天人合一。应该说，任何个体并非生而为圣贤，必须通过修养才能达到体用一如，也就是不断超越自己，以至超凡入圣。曾有禅师说过，世间似乎不可思议之事为布衣登九五，出世间似乎不可思议之事为立地而成佛。二者通常被看做是奇迹，其实都是可能实现的。

无论是居于九五之尊的圣王还是感悟宇宙人生真谛的思想者，均似乎让人高山仰止，古代称之为"大人"，亦即先哲普遍认同的理想人格。《周易·文言传》兼顾知与行而写道："夫大人者，与天地合其德，与日月合其明，与四时合其序，与鬼神合其吉凶。先天而天弗违，后天而奉天时。天且弗违，而况于人乎？况于鬼神乎？"换言之，理想的人格本天道而行人道，秉天德而立人德，天人为一，物我不二，其人生既体现神圣，又臻于自由。

具体一点分析，理想人格的造就首先应该葆有赤子之心。儒、道、释于此几无异议，因为他们其实都注意到人的异化。孟子说："大人者，不

---

① 方东美：《生命理想与文化类型》，中国广播电视出版社1992年版，第190—191页。

② 就心灵境界而言，儒、道、释都为内圣之学。此处着眼于现实生活中的理想人格讲入圣，因而更强调合知行、一体用。老子倡和光同尘，慧能称烦恼即是菩提，是就精神生活而言，与孔子讲的从心所欲有异。

失其赤子之心者也。"（《离娄下》）《老子》称"常德不离，复归于婴儿"（第二十八章），"含德之厚，比于赤子"（第五十五章）。佛家亦然，据传唐玄素晚年入青山幽栖寺，事威禅师，"威诲以胜法，得其不刊之旨。从是伏形苦节，交养恬和，败衲衬身，寒暑不易。贵贱怨亲，曾无喜愠。时目之为婴儿行。"（《宋高僧传》卷九）同时还当看到，个体有必要每日三省自身，从全人类角度检视自己在社会生活中的行止语默，若偏离了正轨就予以修正。如果说回归赤子是求以天合天，那么三省自身是求让人心听命于道心。佛家要求拂尘去染，道家提出绝仁弃义，都更多局限于负的方法，儒家则在体天的同时要求则天而为，结合历史的发展和现实的需要积极地建构自己，不仅倡导尽心以知性知天，而且注重存心养性以事天，从而促进社会历史的进步。

孔子是知天而又则天的典范。他曾赞美先圣说："大哉，尧之为君也！巍巍乎，唯天为大，唯尧则之。"（《论语·泰伯》）孔子生前从不以圣贤自居，但总是希圣希贤，保持着崇高观念。他的一生可谓是不断学习、不断完善，迈向生命的圆满的一生。

> 据孔子晚年的自述①，我们可以大致领会其人格完善的历程：他从十五岁开始而有志于探求宇宙与人生的大道理，尽管其时他所从事的是主持婚丧仪式、主管仓库或牛羊放牧之类较为卑贱的事务；三十岁时有所成就，思想卓然有立，自成一家；由于志强学广，四十岁时已能洞察周围事物之理，少有困惑；五十岁后仕鲁和周游列国，深切领悟天命（包括道之将行或将废）力量之巨大，个体只能顺势而行；六十多岁后与世界更为亲近，耳闻心通，事理无碍，现实事物的生灭兴衰无羁于心，无累于情，因而不怨天，不尤人，应接不忤；七十岁后安居书斋，修书育人，生活中身心一致，行止语默无不自然而然地合乎规矩法度，真正化必然为自由，达到事事无碍的境界。

孔子是后世公认的圣人，其修身经验的可贵特别在于没有脱离现实社会生活，这种超凡入圣的路径具有更为积极和普遍的意义。他倡导"兴

---

① 《论语·为政》记述孔子的原话是："吾十有五而志于学，三十而立，四十而不惑，五十而知天命，六十而耳顺，七十而从心所欲，不逾矩。"

于诗，立于礼，成于乐"（《论语·泰伯》），可谓是人格修养的三部曲：兴于诗有益于个体知识、情趣的丰富；立于礼是个体向社会生成，造就社会秩序的建设者和遵守者；成于乐则是个体向人的类生成，乃至与天地合德，因为大乐与天地同和。孔子还要求"志于道，据于德，依于仁，游于艺"（《论语·述而》），其中道、德、仁、艺正好构成一个由体到用的序列；如果仅将艺作为用，那么它必须以前三者为体，所谓"游"也就是体用一如。再进一层剖析，子贡推崇孔子为圣人的理由还需要加以完善，他曾称赞其师曰："'学不厌'，智也；'教不倦'，仁也；仁且智，夫子既圣矣！"（见于《孟子·公孙丑上》）其实，能够不厌、不倦，都体现了其志弘毅，所以应该说，是志、仁、智三者的完善发育和高度融合成就了孔子的伟大。①

推而广之，任何人只要坚持扩充其心灵本来具备的志、仁、智三者，就都有可能超凡入圣，即人皆可以为尧舜。如前所述，志与仁是天命之性的二元，是乾道与坤道在人身上的体现，是心灵中神圣性之所在。志与仁得到完善发育就是孟子所谓的先立乎其大者，若再加以才智练达，能极高明而道中庸，处事臻于自由境界，便是当之无愧的圣人。简而言之，所谓入圣，就是人的知行呈现或体现神圣并达到自由。诚然，通常人们一提到圣人，便感觉高山仰止，仿佛他无所不知，无所不能。如果清除其中的神化成分，还原于《中庸》的作者所坦承的圣人也有所不知、行有所不能的公正评估，且考虑到人们常在宽泛意义上以心灵呈现神圣便谓之成佛②，我们就有理由说，超凡入圣的可能并不限于极少数天之骄子，较为普通的人通过努力修身也可以达成。

然而，为何许多人不能希圣希贤乃至以圣贤自任呢？程颢与程颐兄弟

---

① 限于篇幅，此处不拟展开，仅略述几点：一是三者大致与知、仁、勇"三达德"相对应；二是柳宗元认为孔子之言表达了天爵的两端，"为之不厌"为志，"敏而求之"为明；三是志为乾健之性，比较而言，仁、智均属坤顺之性——如前所述，在整体人格（尤其是天爵）中，志与明（智）相对，在狭义的德性系统中，志与仁相对。此外，这样理解也正好同圣人与天地合其德（志与仁）、与日月合其明（智）相贯通。

② 佛家最为重视的是智的开悟，又实含仁德；原始道家贬仁而抑志，亦重天道之智；于此可见二者之得失。志支配着主体的实践活动，对它重视与否构成入世与出世的心理分界线。儒家兼重三者，最得人格之全。

归因于无志而自暴自弃。① 王阳明则更直接地指出："人胸中各有个圣人。只自信不及，都自埋倒了。"（《传习录》下）几百年后，大洋彼岸的马斯洛表述了近似于王阳明的观点，他认为人人心中具有上帝般美好的东西，只是因为人们对自己的潜力缺少自信，怀有"约拿情结"②，往往给遮蔽了。据此看来，若能立志高远，恢复自信，呈现神圣，则途之人或可为禹。

1953 年诺贝尔和平奖的获得者史怀哲就是光辉的榜样，他在当代被称为"非洲圣人"。

史怀哲 1875 年出生于德国阿尔萨斯的一个牧师家庭，少年时性格顽皮，功课不好，常令家长和老师头疼。后来在博学多才的俾麦老师的影响下才爱上读书和思考。26 岁获得哲学和神学博士学位，并且在音乐演奏和宗教哲学研究方面崭露头角。无论是选择做一个学者、艺术家，还是担任神职人员，他都会是佼佼者。但在 29 岁时，他看到一篇文章，讲述法属赤道非洲（今日加蓬）恶劣的生存状况，迫切需要医疗服务，于是决定边做神学教授，边去医学院学习，38 岁才通过各项考试，获得医学博士学位。1913 年，史怀哲与新婚妻子一道，踏上陌生的非洲之旅。他在原始丛林中筹建诊所，为四面八方来求医的人免费治疗。50 年间先后 13 次进出非洲，在欧洲巡回演讲或举办音乐会筹措经费。其间爆发了两次世界大战，战火延烧到丛林，史怀哲曾被卷进俘虏营。获得自由后，他又开始重建医院，既当医生、护士，还要做泥工、木工的活。他的医院越来越大，至 1947 年，已拥有 45 间病房，除了他以外，还有 3 名医生，7 名护士。在二战期间，他的工作赢得交战双方的尊敬。1945 年初，英德两国还在进行激战，但英国广播公司在无线电波中播放了庆祝德国籍的史怀哲大夫 70 岁生日的节目。1965 年，年逾九旬的他感叹说："上帝啊！当跑的路我跑过了，尽力了，我一生扎实地活过了。"9 月 4 日，这位博爱而自强的老人辞世，安葬在医院附近先他而去的夫人墓旁。直

---

① 《二程遗书》卷十八："志无大小。且莫说道，'将第一等让与别人，且做第二等。'才如此说，便是自弃。……言学便以道为志，言人便以圣为志。自谓不能者，自贼者也。"

② 约拿（Jonah）为《圣经》中的人物，因不敢受命传道而被上帝处罚，被吞入鲸腹三天三夜才悔悟。

到今天，仍经常有一些黑人前来献上鲜花拜奠。

应该说，史怀哲早年也是一个凡人，但难能可贵的是觉悟后择善固执。他大爱无疆，视天下为一家，且生命不止而奋斗不息。神圣的观念伴随了他的一生，其一举一动都在履行神圣的使命，可谓是即用即体，体用一如。他真正是自我实现的人，其"我"并非一己之小我，也超越代表特定群体之中我，而是通天下之志的大我，所以受到全人类的尊敬和爱戴。

诚然，人作为具体的感性存在，很难延伸生命的长度；但人作为自觉的精神存在，却可以增加生命的厚度，即提高生存的质量，迈向生命的完满。人生的最高价值和意义就在于把个体作为水滴汇进大海，让短暂的生命融入永恒，在平凡中追寻伟大，将有限之事向无限之境提升。若能如此，任何人都有可能臻于至善的境界，奏响金声而玉振的人生乐章。

本章小结：本章阐述了儒、道、佛的境界论，可谓是前述方法论与知行观的合题。其本身又蕴涵着逻辑的秩序：一般说来，儒家积极入世，佛家消极出世，道家介乎在间——在道家中，老子较庄子执着，后者更为无挂无碍。由此构成中国传统哲学境界论的潜在序列。这里所谓的境界，是指人们在趋于至善过程中所能达到或追求、向往的生存境界。

总体上看，儒家主动，道家主静，佛家主寂，三者区别明显。据此易于形成歧见，似乎佛家所追求的涅槃境界最为深邃；但不能忽视，它只是精神极度的向内收敛。从人的族类生存角度看，儒家的学说更为高远和适宜，毕竟人类历史不能倒退乃至归于空寂。如果说出世的境界多专注于明体，入世的境界必须关注致用，那么重要的是将二者结合起来，明体须致用，施用当显体，此即体用一如——其关键在于体现神圣和达到自由。孔子倡导用行舍藏，至孟子更表述为兼善天下和独善其身，可视为个体实现人生价值的基本原则。着眼于社会历史的发展，我们赞赏执着的人生；着眼于个体生存的圆满，我们同样要赞美洒脱的人生。

无论着眼于个体还是群体，人们都应该坚持内外双修。不同于道家与佛家的偏于一端，儒家追求的境界既自强不息，又厚德载物，充分体现了天之道；既珍视个体的自由，又关注社会的建设，较好地履行了人之道；它介入现实事务，又有高远理想，下学而上达，以至体用一如。儒家学说成为中国传统文化的主干，无疑具有历史的必然性和逻辑的合理性。

　　［问题讨论］在自然科学中，承认"生物进化树"这样的比拟性说法；人类的种族繁衍是否也可用"树"来状貌？如果这种比喻性说法能够成立，那么每一个体就犹如一片叶子，其中在精神上能返本归根者，是否更能获得阳光雨露等的滋养？反之，在精神上同本根完全断开，是否会出现生命不能承受之轻，如同枯叶从枝头上飘落？从先天与后天两个方面考量，个体是否存在与天地合其德、与日月合其明、与四时合其序的可能？我们认为，志、仁、智是决定个体能否超凡入圣的心灵三要素，从孔子和史怀哲的人格中能否得到证实？

结　语

　　基于前述，现在我们可以谈几点具有结论性质的意见，作为本书的收结。

　　首先，中国传统哲学的确存在一个逻辑严密的潜在系统。

　　它以宇宙与人生的本根——太极或道作为原点，认为一方面是气化万物，一方面是理一分殊，于是而形成天、地、人三才。天道中包括天命与天理，分流于人类个体便是性命与性理。心性中仁与志构成阴阳两极，前者主合而收敛，后者主辟而发散，是既厚德载物又自强不息的天地之道在德性中的体现。人类生存需要和平与发展，从心性角度看正是依赖于二者。诚是联结天道与人道的桥梁，也是心灵收敛与发散的枢纽，并且是一与多的心理界线。心性中纯一无伪的领域我们称之为志性层面，驳杂多样的领域则是知性与感性层面。在知性领域，接近于天然的是智力与意气，属于社会熏陶而成的是礼、义。仁与义相对，但又可以统领义、礼诸德；志者气之帅，志者以仁为安宅，以义为正路；个体在社会生活中寻求自我实现基于心灵的以志统率气、义的发散式结构。在感性层面，获得事物表象的能力和受到内外刺激而形成的相关情绪体验是基于生理的部分，而对事务的处理和利害的评判则是社会化生存中的应对。象与智、事与礼、利与义、情与气显然具有表里关系，日常生活中相互配合而完成接物应事的过程。将这一过程抽绎出来，可以见出格物致知与身体力行两个方面，它们反映了心灵的双向运动，大致相当于现代所谓的认识与实践。然而中国传统哲学主要是道德哲学，其所谓知主要指致良知，它要求摒除感性欲念、超越知性观念而直接呈现天道或天理，同时让天道或天理见诸自己的行动，所以知行常相须，尽管在逻辑上有分际。由于知行的差异让人生达到不同的境界：小人喻于利，执着于感性的满足，停留于功利境界；君子喻于义，举手投足遵循伦理规范，生活于道德境界；圣人穷神知化，上下与天地同流，达到天地境界。不过，狭义的境界特指人生所期望达到的境地，所以功利境界当排除在外。考虑到中国哲学中儒、道、佛三家实际上都追求达到天地境界，我们又可从中区分出入世境界、出世境界和体用一如的境界。儒家多取入世境界，道家偏于出世境界，佛家较之道家更甚。着眼于推动社会历史发展进步的事业，应该说，只有儒家的学说才极高明而道中庸，能够接近即用即体、体用一如，也就是与天地合其德，与日月合其明，与四时合其序的境界。天生人，人合天，构成中国传统哲学的潜在系统。[①] 可图示如下。

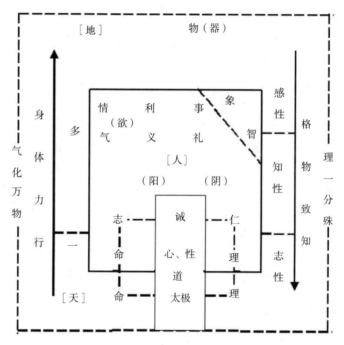

现代科学揭示，宇宙既像钟，又似云，是确定性与不确定性的统一。人类的心灵结构与宇宙的基本图式存在对应关系。在上图中也可见云（命—气—情）与钟（象—智—理）的相互对待。就人类的理想和期盼而言，任何个体的德与福应该相当，人格层次与命运遭际应当相符，是此则

---

① 这一哲学系统大致体现了东方哲人的智慧。其中心部分是人类心灵的三层面，感性层面应对物质之地，志性层面源于精神之天。印度现代著名哲学家奥罗宾多·高斯在印度传统哲学基础上提出"精神进化论"，展现的就是一个由物质（地）到生命（感性）、再到心思（知性）、超心思（志性），最后归于梵（天）的过程。这一过程的铺排不免神秘，而与之相对、相反的宇宙的物质化过程更只能被看做是臆测。中国哲学的相关观念则易于被证实。必须注意，我们只能说上述系统在中国哲学中是存在的，但不能说它是唯一的。

志性主导者（圣人）必将进入天堂，知性主导者（一般君子）处在炼狱中，而感性执迷者（小人）不能不堕入地狱。遗憾的是，宇宙与人生均是有序与无序的统一，所以现实生活中即使存在德、福相悖的情况也是可以理解的。望福而修德是他律，修德以合天是自律，中国哲学着重引导人们走向自律。一般而言，心灵中志性的敞亮依靠觉悟，知性的灌输依赖教育，而感性的欲求则需要法治予以调节。① 古今中外的人文社会科学，主轴就是促使个体觉悟、进行人生教育、研究社会法治。中国哲学不是万能的，因为它代替不了法治，甚至没有为建立法治提供基本理论②；但它又是必不可少的，因为它可以有效地启发人们觉悟，而无论是个体还是社会，觉悟毕竟是精神文明建设的基础。

其二，中国哲学具有自身的鲜明特点和独特优势。

应该承认，中国传统哲学确有其弱点。由于它主要是道德哲学，所以专注于为人自身立法，忽视了为自然立法方面，在开物成务上用心不够，对于认识自然和改造自然环境缺少直接的指导作用。它执着于高扬理想而不重灵活地应对现实，对人的感性需要和利益追求较为贬抑。虽然总体上以达成内圣外王为旨归，但普遍的内敛倾向使之只能在内圣方面卓有建树，佛家最甚，道家次之，儒家多以仁为核心建言立说，其实也着重的是向内凝聚。既然聚焦于内圣，客观性、思辨性、外展（extensional）性均较西方哲学薄弱就不足为怪了。张岱年先生在《中国哲学大纲》的"结论"部分指出它存在重内遗外、重德轻知、重"理"忽"生"诸倾向，确为中的之论。

从肯定方面看，中国哲学具有以下几个突出的特点。

一是一天人。它以人为天地之心，以人心为形身之君，强调其本合于天又有事于天，将道德立法建立在对天道的体认上，主张体天道而行人道，依天德而立人德，这就为内圣之学奠定了基石。个体仿佛安泰，站在坚实的大地上，精神可以永远不倒。诚然，信仰上帝与信仰天道一样可以获得神圣的观念，但后者存在于人的心灵中，其超越性是内在的而非外在的，更有利于个体觉悟而获得安身立命之所。

---

① 法治包括赏与罚两种基本手段，尤其在古代社会，往往作为激励或制衡感性欲求的政治杠杆。

② 荀子的性恶论可以作为法治的理论基础之一，但它很难融洽于专注内圣的主流哲学系统之中。

　　二是察态势。既然天人实为一体，且易道生生，那么就应该以生命的观念来看待人世间的事事物物。西方哲学揭示了对立统一法则，虽然概括普遍但却表述抽象；中国哲学将天地观念转化为乾坤，从乾坤延伸于阴阳，从阴阳延伸于动静，从动静又可延伸于刚柔、辟翕、伸屈，等等，展现出天地万物生机勃勃的样态。如果说，西方哲学观念的基础是物理学，那么，中国哲学观念的基础是生物学。

　　三是重心性。农业经济对天的依赖让人很难认可制天命而用之的观念，宗法制度让人们更多地关注人伦纲常，二者可能是造成中国文化主要关注人自身而非认识外部自然的基础条件，中国哲学更是注目于人的心性。虽然它对于心灵的剖析不及印度哲学那么繁密，但达到同样的深刻，且显现出简约而乐天的长处。它通过究天人之际而获得安身立命之所，致力于营造心灵的充实与和谐。

　　四是合知行。由于专注于道德哲学，所以若从西方哲学的认识论角度衡量中国传统的知行观，简直要将它归为异类，因为它缺少分解，总是强调相须或合一。但如果是康德之辈心学大家，他一定能理解中国哲学知行观的真理性，因为道德本身属于实践范畴，内在的良知呈现决定着人的态度和行为[①]；道德也是自由的领域，在性质上与对必然领域的认识与利用完全不同。

　　五是信体认。道德观念基于信仰或信念，并非通过经验剖析外部世界的事物所能获得。如果因为自然界存在残酷的生存竞争而以弱肉强食为人世间的基本原则，正好与道德律背道而驰。信仰领域存在于心灵的第三层面，必须超越感性和知性才得以敞亮，儒家的反身而诚、道家的心斋、释家的顿悟，都遵循这条切身体认的路径，以呈现神圣的观念或境域。

　　六是求境界。中国哲学关注人生，致力于提升人的精神境界，让每一个体的灵魂得到安顿。其主流思想是倡导积极入世，为社会发展有所贡献；如果缺少这样的条件，那么又可以选择独善其身，即使身逢浊世也燕处超然。先哲主张事功而循道，日用而依理，力求达到体用一如。如果所有的社会成员都能希圣希贤，努力追求这样的境界，我们所处的世界将远

---

　　①　良知不能单纯理解为恻隐之心，还应该包括有为之心。不觉恻隐则冷漠无情，不思有为则尸位素餐，二者分别是心性中仁与志的被"放失"或被遮蔽。在当代社会生活中，"打黑"与"治庸"都是必要的。

比现实的状况美好得多。①

　　由此可见，中国哲学无疑有着自己的独特优势。它揭示了宇宙与人生的统一，深入探求人类心灵的充实和完满，能有效地指导理想人格的建构。头上的星空与心中的道德律于此相贯通（即一天人）。不同于西方的普遍观念，我们的先人认为道不远人，神圣之物存在于自己的心中，依据它的律令行事便能大做一个人。从太极或道演化出人类的心性，再到人类的觉悟或诚明，实现了太极或道对自身的觉知，从必然进到自由；通过反身而觉悟和践履者，即是圣人。于是形成内圣之学，它在任何时候都有助于人生的"再圣化"。先哲对于其中机制的体察之细密和精微，世所罕见，实为瑰宝。在西方，研究同样领域的最有代表性的著作莫过于亚里士多德的《尼各马科伦理学》和康德的《实践理性批判》，比较而言，前者多为生活经验的描述，后者则集中于论证人类的道德立法如何可能的问题，均未能展开为中国道德哲学如此根深叶茂的系统。贯穿于《尼各马科伦理学》和《实践理性批判》中的都有应然的观念，"应然"是人类的道德文化的旗帜，正是中国传统哲学的主要标识。科学文化致力于判别真假，人文文化致力于为善去恶；真假是知识问题，善恶则是价值问题；知识基于本然，价值基于应然。从总体上看，西方哲学突出地反映了科学精神，中国哲学则更多渗透了宗教精神。② 采用《易传》的语词，大致可以说，西方哲学"方以智"，中国哲学"圆而神"。

　　其三，我们可以坚信，中国哲学具有光明的发展前景。

　　俄国作家契诃夫曾在《手记》中记述自己的深切体会："人应该或者是有信仰的，或者是在探索信仰的，否则他就是个空虚的人（也可译为行尸走肉——引者注）。"③ 一个人是如此，一个社会也是如此。某一种信仰作为时代精神的集中体现，为世人提供了价值尺度、奋斗目标和力量源泉。应该看到，信仰是超越感性和知性的，它既不能满足人们的现实功利欲望，又始终指向未知的、甚至不可知的领域；信仰突出体现人类的志性追求，即康德所谓的"Vernunft"，麦克斯·缪勒所谓的"信仰的天赋"。

----

　　① 康德曾如此为柏拉图所谓的"理想国"辩护。见于《纯粹理性批判》中"泛论理念"一节。

　　② 华夏民族没有成熟形态的宗教却有着深厚的道德文化让人安身立命，是一种很奇异的情况，它很大程度上是由于其独特的哲学和艺术文化开拓了精神家园。

　　③ 转引自《契诃夫怎样创作》，朱逸森译，上海译文出版社1991年版，第430页。

中国传统哲学正是在这超越知性的层面上大显精彩。信仰和信念为人类生存所必不可少，整个精神系统和文化世界需要神圣之物或神圣之境奠定基石。英国著名科学家和哲学家罗素在其《社会改造原理》一书的结语中指出，世界需要一种能促进生活的哲学和宗教，人们若能将现实的人生与不朽的世界相联结，就会带来强大的力量和根本的安宁。

　　然而近代以来，科学的发展对宗教形成强大的挑战。从哥白尼的"日心说"、达尔文的进化论到弗洛伊德的精神分析学等，许多科学领域的新发现挤压着宗教文化的地盘。社会发展的现实告诉我们，科学的祛魅化与人生的再圣化应该相辅相成，否则人类的精神系统将出现崩塌，造成灵魂的漂泊无寄。现代社会人文精神的沉沦和价值观念的混乱不容小觑，陀斯妥耶夫斯基有句名言在某种程度上揭示了其根源："如果上帝不存在，那么做什么事情都将是容许的。"（《卡拉马佐夫兄弟》）个中道理我们当不难理解，因为无论是就个体心灵还是就群体生活而言，天使一旦离去，魔鬼就将横行。

　　历史地看，由于适应人类的信仰需求，宗教文化具有存在的必然性和合理性。与哲学相比较，宗教文化的传授一般具有简易的特点，它直接表述神圣的宣示或告诫，让人们易懂和易行。它描述有一无限美好的彼岸世界，让信众心驰神往，从而超越此岸世界的种种烦恼，信仰诚笃者的确能得到精神家园。尽管全知全能的神灵是否存在既无从证实又无从证伪，但若相信它存在就会立刻产生敬畏，让人虔诚地自我约束，有助于修成良好的情操，等等。然而，宗教又有容易流于迷信、内部教派林立甚至互不相容的弱点。最显见的是可能产生愚弄民众的邪教，如美国的大卫教、日本的奥姆真理教①，其教主通过各种手段骗取信徒的敬畏，使之身心均沦为奴隶而不自觉，且以消灭异教徒的名义视大众为仇敌。其次是教派之间常常出现纷争，或者因为他们信仰的不是同一个神，或者因为他们对教旨的

---

　　① 大卫教最后一任教主叫考雷什，在卡梅尔庄园要求教徒们只能过清苦生活，不许有任何欲望，自己几年中却和19个女教徒结婚并生有一大群孩子。1993年对抗警方的解救焚烧了庄园，造成烧死86人的惨剧。奥姆真理教由麻原彰晃1985年创立。麻原编造谎言，宣扬自己在喜马拉雅山得到佛祖真传，能在空中浮游，且具有传心术。从1994年起，麻原组织了十多起暗杀"异教徒"事件，1995年3月指使教徒在东京地铁施放一种由德国纳粹研制的"沙林"毒气，造成12人丧生，5000多人受到严重伤害。

领会各执一词，前者如基督教与伊斯兰教①，后者如伊斯兰教中的逊尼派、什叶派及原教旨主义等。

因此，高层知识界有越来越多的人对上帝的存在持怀疑态度。康德认为上帝其实是人的实践理性（即本书所讲的志性），尼采甚至借笔下人物之口公开宣称上帝死了。许多人更宁愿信仰一种所谓"宇宙宗教"，它所信奉的不是人格化的上帝，而是近于斯宾诺莎所讲的神，即相信宇宙间存在神圣的力量和秩序，爱因斯坦在自传中认为它是宗教历史发展的第三个阶段。这样的宗教其实已接近于哲学形态。在黑格尔的哲学体系中，艺术、宗教和哲学是前后相续的表现绝对精神的文化形式。费尔巴哈称宗教和哲学一般来说乃是同一的。马克思也认为，哲学的最初形式存在于"意识的宗教中"。② 冯友兰先生大约也赞同这样的观点，他在美国发表哲学演讲时曾谈到："放弃了宗教的人，若没有代替宗教的东西，也就丧失了更高的价值。他们只好把自己限于尘世事务，而与精神事务绝缘。不过幸好除了宗教还有哲学，为人类提供了获得更高价值的途径……在未来的世界，人类将要以哲学代宗教。这是与中国传统相合的。"③ 中国哲学主要为成德之教，它寻求内在的超越，通过在心性中建本立极，构筑人生的精神家园，赋予道德活动以神圣感，的确具有代替宗教的功能。事实证明，它可与科学技术的发展并行不悖，东亚的崛起已经让世界更为重视儒家文化圈。

当然，哲学毕竟是玄学，不免抽象玄奥的弱点，给大众的接受带来困难，但随着全民文化素质的提高，将会有助于中国哲学的普及。现在最重要的问题也许是超越史学家的视界，让中国哲学的观念系统化，表述通俗化。唐宋时期，禅宗较之天台宗、法相宗及华严宗等拥有更多的信众，在于它能让佛学超越典籍的阐释和承传，创造性地转化为一种让妇孺都有可能理解的思想体系，如《坛经》；陆九渊的心学较之朱熹的理学更能以简驭繁，只是由于其观念不够系统而影响了普及。这类史实应当引起当代学界的充分注意。通俗而又系统地表述不无玄奥且甚为纷杂的哲学观念，无

---

① 美国 2010 年 "9·11" 事件十周年前夕就遇到棘手问题：伊斯兰教徒要在纽约世贸遗址附近建清真寺，基督教牧师扬言要在该处焚烧《古兰经》。

② 马克思：《资本论》第四卷（《剩余价值理论》）第一册，人民出版社 1975 年版，第 26 页。

③ 冯友兰：《中国哲学简史》，北京大学出版社 1985 年版，第 9 页。

疑极为困难，但当勉力为之。① 如果传统的内圣之学能以现代形态出现在人们的面前，那么它正好可填补当代信仰领域的空虚，满足人们对于精神家园的渴求，从而克服生命不能承受之轻，让人们的生活不仅有物质上的丰富多彩，而且有精神上的活水源头。

我们有理由坚信，中国哲学的基本观念应该、也完全能够走向世界、走向未来、走进人们的日常生活！

---

① 系统化与通俗化及与之相关的学术性与可读性的统一正是本书之所期，作者窃意作为一个导游引领海内外高低两端的读者欣赏中国哲学观念的宏伟殿堂。其中取例较多，旨在说明"道不远人"。

主要参考书目

1. 张岱年：《中国哲学大纲》，中国社会科学出版社 1982 年版。

2. 牟宗三：《道德理想主义的重建——牟宗三新儒学论著辑要》，中国广播电视出版社 1992 年版。

3. 牟宗三：《心体与性体》（全三册），上海古籍出版社 1999 年版。

4. 熊十力：《新唯识论》，商务印书馆 2010 年版。

5. 冯友兰：《中国哲学简史》，北京大学出版社 1985 年版。

6. 贺麟：《儒家思想的新开展——贺麟新儒学论著辑要》，中国广播电视出版社 1995 年版。

7. 唐君毅：《中国哲学原论》（导论篇），中国社会科学出版社 2005 年版。

8. 张世英：《天人之际——中西哲学的困惑与选择》，人民出版社 1995 年版。

9. 成中英：《世纪之交的抉择——论中西哲学的会通与融合》，知识出版社 1991 年版。

10. 蒙培元：《理学范畴系统》，人民出版社 1989 年版。

11. 张立文：《中国哲学逻辑结构论》，中国社会科学出版社 1989 年版。

12. 郭齐勇：《中国哲学智慧的探索》，中华书局 2008 年版。

13. 李存山：《中国传统哲学纲要》，中国社会科学出版社 2008 年版。

14. 陈来：《现代中国哲学的追寻——新理学与新心学》，三联书店 2010 年版。

15. 曾春海等：《中国哲学概论》，吉林出版集团 2009 年版。

16. 方立天：《佛教哲学》，中国人民大学出版社 1986 年版。

17. 李鼎祚：《周易集解》，上海古籍出版社 1989 年版。

18. 朱熹：《四书集注》，岳麓书社 1987 年版。

19. 《老子 庄子 列子》，岳麓书社 1989 年版。

20. 吴毓江：《墨子校注》，中华书局 2006 年版。

21. 杨倞注：《荀子》，上海古籍出版社 2010 年版。

22. 刘文典：《淮南鸿烈集解》，中华书局 1989 年版。

23. 《周敦颐集》，中华书局 2009 年版。

24. 王夫之：《张子正蒙注》，中华书局 1975 年版。

25. 《二程集》，中华书局 2004 年版。

26. 《朱子语类》，中华书局 1986 年版。

27. 《陆九渊集》，中华书局 2008 年版。

28. 陈淳：《北溪字义》，中华书局 1983 年版。

29. 王阳明：《传习录》，中州古籍出版社 2008 年版。①

30. 王夫之：《读四书大全说》（全二册），中华书局 1975 年版。

31. 戴震：《孟子字义疏证》，中华书局 2008 年版。

32. 《大乘起信论》，真谛译，中华书局 1992 年版。

33. 《金刚经·心经·坛经》，中华书局 2007 年版。

34. 普济：《五灯会元》（全三册），中华书局 1984 年版。

35. 《亚里士多德选集·伦理学卷》，苗力田等译，中国人民大学出版社 1999 年版。

36. 康德：《实践理性批判》，关文运译，商务印书馆 1960 年版。

37. 罗尔斯：《正义论》，何怀宏等译，中国社会科学出版社 1988 年版。

38. 黑格尔：《哲学史讲演录》（全四册），贺麟、王太庆译，商务印书馆 1959—1978 年版。

---

① 本书所引的清代以前的古代典籍一般直接依据文渊阁《四库全书》，个别句读与当代某些校点本或有不同。

后　记

我对哲学的爱好，由来已久。中学时代立志献身于人类的科学事业，意识到需要端正世界观和掌握方法论，于是熟读了艾思奇先生主编的《辩证唯物主义历史唯物主义》，浏览了恩格斯的《自然辩证法》等著作。毕业后适逢"批林批孔"运动，经历坎坷，劳动之余泛读了人民出版社其时发行的所有白皮本马恩列斯著作。粉碎"四人帮"后，命运出现逆转，1981 年走上教育岗位，治学兴趣由马克思进入黑格尔，由黑格尔转向康德。

1993—1994 年在北京大学访问，主要参照康德哲学和通过反身叩问写成《试论人类的心理结构》（发表时改名为《感性·知性·志性——论人类心灵的层次结构》），在"附言"中提及依此文所描述的心灵结构图式有助于理解康德的思想，且可能促进当代哲学、美学、文艺学基础理论的革新。曾就此文请教张世英和赵敦华先生，得到有益的点拨。随后陆续写成美学、文艺学和中国哲学基本问题的"论纲"，先后分别送阎国忠、王岳川和张岱年先生过目，均得到肯定的评价。张先生还热情地寄语勉励："胡家祥同志勤于运思，努力钻研，对很多问题提出新的见解。这是值得赞许的。望继续努力，达于较高的成就！"1994 年 5 月，致信蒙培元先生，禀报有可能建构中国哲学原理。蒙先生认为是"很有兴味"的倡议，邀约去社科院中哲史室面谈。由于专家们大多手上有自己的课题，企盼他们牵头撰写的愿望未能实现。

十几年来，笔者在教学相长过程中先后出版了《审美学》和《文艺的心理阐释》（二者均得到再版或重印，且获省部级优秀社科成果奖）等小书，2009 年正式将建设中国哲学原理的课题提上日程。当年 7 月在台湾辅仁大学召开的第 16 届国际中国哲学大会上宣读了《建构中国哲学原理的初步思考》，受到来自美、日、韩等地的学者的热切关注。2010 年在全校研究生中开设通选课，激发了较多同学的学习热情，其中还有武汉大学哲学学院的研究生前来旁听。以几轮修订的讲义和系列论文为基础，2011 年春节后动笔，历时十个月撰成初稿。随后分别呈送成中英、蒙培元、郭齐勇等先生过目，在得到亲切鼓励的同时还反馈了很多宝贵的批评建议。令笔者感佩的是，蒙先生抱病为拙著写了序言；成先生远隔重洋传来一则评论；郭先生不仅自己细读了，还与他的门生文碧芳教授一道写出几千字的审阅意见。非亲非故，这些先生及时伸出援手，只为中国哲学的振兴！

本书主要从个体人格建构着眼发掘、整理和光大先哲的思想遗产，力图揭示中国哲学的潜在系统，寻求宇宙与人生、理想与现实、致知与力行等的统一。如果说中国哲学的着重点是讲人（冯友兰），为心性之学（牟宗三），人生论最为丰富（张岱年），那么选取这一视角应该是适宜的。当然，这并不排斥其他可能的选择。一个相对成熟的人文学科，往往有多种观点不同的原理，因为研究对象是四维的存在，可以从不同的角度考察和描述。任何基础理论体系其实都像是一张地图，对于整体地把握研究对象是必要的；但是若要求它完全展现研究对象的整体，则显然不切实际。相反地，如果一个学科只能存在一种原理，那么就意味着它已经停滞不前；而如果它还没有系统表述的基础理论，则意味着这门学科远未成熟。在这种意义上说，建设中国哲学原理应该是当代治中国哲学的同仁的共同愿望和集体意志。本书权作铺路之石或引玉之砖，恳请方家不吝斧正，呼唤后来者不断超越。学术乃天下之公器，当接受共检，欢迎共享。

本书能及时面世，得力于中国社会科学出版社的大力支持。赵剑英社长在百忙中给予了关切，冯春凤主任付出了大量心血，在此一并致以诚挚的谢意。

胡家祥
2012 年 9 月 6 日